NOMOSSTUDIUM

Prof. Dr. Daniela Winkler
Dr. Max Baumgart
Thomas Ackermann

Europäisches Energierecht

2. Auflage

Prof. Dr. Daniela Winkler, Geschäftsführende Direktorin, Abteilung für Rechtswissenschaft des Instituts für Volkswirtschaftslehre und Recht, Universität Stuttgart | **Dr. Max Baumgart**, Assistant Professor, Tilburg Institute for Law, Technology, and Society (TILT), Tilburg University | **Thomas Ackermann, LL.M.**, Rechtsanwalt, Freshfields Bruckhaus Deringer LLP

Die Deutsche Nationalbibliothek verzeichnet diese Publikation in
der Deutschen Nationalbibliografie; detaillierte bibliografische
Daten sind im Internet über http://dnb.d-nb.de abrufbar.

ISBN 978-3-7560-0451-5 (Print)
ISBN 978-3-7489-3945-0 (ePDF)

2. Auflage 2024
© Nomos Verlagsgesellschaft, Baden-Baden 2024. Gesamtverantwortung für Druck
und Herstellung bei der Nomos Verlagsgesellschaft mbH & Co. KG. Alle Rechte, auch die
des Nachdrucks von Auszügen, der fotomechanischen Wiedergabe und der Übersetzung,
vorbehalten.

Vorwort

Das Energierecht gewinnt nicht nur in der praktischen und wissenschaftlichen Arbeit zunehmend an Bedeutung, sondern auch im universitären Curriculum. Hier findet es sich als Teilbereich eines umweltrechtlichen Schwerpunkts („Umweltenergierecht") ebenso wieder wie als Anwendungsfall des Regulierungsrechts („Energiewirtschaftsrecht"). Es umfasst privat- wie öffentlich-rechtliche Elemente. Als Rechtsgebiet ist das Energierecht insbesondere deshalb von besonderem Interesse, weil es verschiedene Ordnungslogiken (ökonomische, regulatorische, ökologische) vereinen muss. Es ist aber auch ein Rechtsgebiet, das einem besonders schnellen Wandel unterworfen ist.

Zugleich gehört das Energierecht zu jenen Rechtsgebieten, die in besonderer Weise durch das EU-Recht geprägt sind. Dies betrifft zunächst das Selbstverständnis der EU als Energieunion, sodann das kompetenzrechtliche Verhältnis zwischen EU und Mitgliedstaaten sowie das Außenverhältnis der EU zu Drittstaaten. Das vorliegende Studienbuch hofft daher, eine Lücke zu schließen, indem es sich auf den Bereich des *europäischen* Energierechts konzentriert und beschränkt.

Über die Frage, was eigentlich genau *Energierecht* ist, lässt sich trefflich streiten. So könnte man unter den Begriff nur die sektorspezifischen *Regelungen* fassen, also im europäischen Bereich insbesondere das EU-Sekundärrecht, welches den Energiemarkt reguliert. Auf der anderen Seite bietet es sich an, die Gesamtheit des Rechts als Energierecht anzuerkennen, welches auch auf energiesektor-spezifische *Sachverhalte* Anwendung findet, dh bspw. auch das allgemeine Kartellrecht (hierzu auch *Baumgart*, in: Baumgart, Energierecht. Fälle und Lösungen, 2022, S. 19). Dieses Studienbuch orientiert sich an dem letztgenannten Verständnis. Der Begriff des *europäischen* Energierechts geht ferner nach dem diesem Studienbuch zugrunde gelegten Verständnis über das Recht der EU hinaus und umfasst auch diejenigen Regelungen und Sachverhalte, die Staaten in Europa betreffen, die nicht Teil der EU sind, sowie das Energievölkerrecht, welches für Europa relevant ist. Der Begriff des Europäischen Energierechts umfasst auch die transnationalen Beziehungen mit Energiebezug einzelner in Europa ansässiger Individuen. Dieser privatrechtliche Bezug wird seit der vorliegenden Zweitauflage in einem eigenen Kapitel behandelt.

Hiervon ausgehend gliedert sich das Studienbuch in drei Teile: Der *erste Teil* betrifft das Energieverfassungsrecht und umfasst Ausführungen zur Entwicklung von Energieunion und Energiebinnenmarkt (1. Kap.), zu den Gesetzgebungskompetenzen der EU im Energiebereich (2. Kap.), zu den Grundfreiheiten des Energiebinnenmarkts (3. Kap.) sowie zum Energiewettbewerbsrecht (4. Kap.). Der *zweite Teil* beschäftigt sich mit der regulatorischen Agenda der EU im Energiebereich. Dies umfasst die Liberalisierung der Energiewirtschaft (5. Kap.), den Ausbau der Energienetze (6. Kap.), Energieeffizienz als Werkzeug des Klimaschutzes (7. Kap.) sowie fiskalische Steuerungsinstrumente (8. Kap.). Der *dritte Teil* schließlich betrachtet die Globalisierung der Energiewirtschaft: Dies umfasst die völkerrechtliche Regulierung des Energiehandels (9. Kap.), den Schutz energiebezogener Auslandsinvestitionen (10. Kap.) sowie das Europäische Energieprivatrecht (11. Kap.).

Das Studienbuch richtet sich insbesondere an Studierende des Energierechts sowie Rechtsreferendare, denen das Rechtsgebiet auf eine verständliche und vollständige Weise vermittelt werden soll. Das Anliegen, eine komprimierte leserfreundliche Darstellung zu bieten, steht aufgrund der hohen Komplexität der Thematik im Mittelpunkt. Die graphische Hervorhebung wesentlicher Begriffe, die Ergänzung mit (Rechtsprechungs-)Beispielen und die jedem Kapitel angehängten Kontrollfragen sollen diese Zielsetzung unterstützen.

Das Studienbuch ist ein Gemeinschaftswerk: die Autoren sind für den Inhalt des ganzen Buches gleichermaßen verantwortlich. Eventuelle Fehler oder Ungenauigkeiten sind daher allen Autoren zuzurechnen. Das Buch befindet sich auf dem Stand von Januar 2024. Weitere Rechtsentwicklungen konnten in der vorliegenden Auflage nicht berücksichtigt werden. Insbesondere eine Auseinandersetzung mit dem im August 2024 in Kraft getretenen *hydrogen and decarbonised gas market package*, bestehend aus der RL (EU) 2024/1788 und der VO (EU) 2024/1789, durch das Vorschriften des Erdgasbinnenmarkts aktualisiert und eigene Regeln für die Wasserstoffinfrastruktur eingeführt werden, bleibt der dritten Auflage des Studienbuchs vorbehalten.

Für Hinweise und Anregungen sind die Autoren auch mit Blick auf eine mögliche nächste Auflage jederzeit dankbar und über die E-Mail-Adressen thomas.ackermann@gmail.com, m.baumgart@tilburguniversity.edu und daniela.winkler@ivr.uni-stuttgart.de zu erreichen.

August 2024

Thomas Ackermann, Düsseldorf
Max Baumgart, Tilburg
Daniela Winkler, Stuttgart

Inhaltsübersicht

Abkürzungsverzeichnis   15

Teil I: Die Energieverfassung der Europäischen Union

Kapitel 1:	Energieunion und Energiebinnenmarkt	29
Kapitel 2:	Energiegesetzgebungskompetenzen	51
Kapitel 3:	Die Grundfreiheiten des Energiebinnenmarkts	71
Kapitel 4:	Energiewettbewerbsrecht	81

Teil II: Die regulatorische Agenda der Europäischen Union im Energiebereich

Kapitel 5:	Liberalisierung der Energiewirtschaft	99
Kapitel 6:	Ausbau der Energienetze	116
Kapitel 7:	Energieeffizienz als Werkzeug des Klimaschutzes	135
Kapitel 8:	Fiskalische Steuerungsinstrumente	154

Teil III: Globalisierung der Energiewirtschaft

Kapitel 9:	Völkerrechtliche Regulierung des Energiehandels	163
Kapitel 10:	Der Schutz energiebezogener Auslandsinvestitionen	181
Kapitel 11:	Europäisches Energieprivatrecht	190

Stichwortverzeichnis   205

Inhalt

Abkürzungsverzeichnis 15

Teil I: Die Energieverfassung der Europäischen Union

Kapitel 1: Energieunion und Energiebinnenmarkt 29
A. Einleitung 29
B. Leitziele der Europäischen Energiepolitik 31
C. Der völkerrechtliche Rahmen 35
D. Vom Energiebinnenmarkt ... 38
E. ...zur Energieunion 40
    I. Entwicklung 40
    II. Dimensionen 41
    III. Bürger 42
F. Wichtige Behörden 44
    I. ACER 44
    II. ENTSO 45
    III. Regionale Koordinierungszentren der Übertragungsnetzbetreiber 46
    IV. Nationale Regulierungsbehörden 46
G. Acquis communautaire 48
H. Regelungsmechanismus: Governance 48
I. Fazit 50
J. Wiederholungs- und Vertiefungsfragen 50

Kapitel 2: Energiegesetzgebungskompetenzen 51
A. Einführung 51
B. Kompetenzregime 52
    I. Grundsätze 52
        1. Ausschließliche und geteilte Zuständigkeit 52
        2. Unionrechtliche Schrankentrias 54
        3. Binnen- und Außenkompetenz 55
    II. Relevante Kompetenzgrundlagen 57
        1. Art. 194 AEUV (Energie) 57
            a) Änderung mit dem Vertrag von Lissabon 57
            b) Prinzipien 57
                aa) Solidarität 57
                bb) Binnenmarkt 58
                cc) Umwelt 59
            c) Ziele 59
                aa) Funktionieren des Energiemarkts 59
                bb) Energieversorgungssicherheit 60
                cc) Energieeffizienz, Energieeinsparungen und Entwicklung von Energiequellen 60
                dd) Interkonnektion 61
            d) Handlungsermächtigung 61
        2. Art. 114 AEUV (Binnenmarkt) und Art. 169 AEUV (Verbraucherschutz) 63

		3. Art. 122 AEUV (Notfallkompetenz)	64
		4. Art. 170 ff. AEUV (Transeuropäische Netze)	65
		5. Art. 173 AEUV (Industrie)	66
		6. Art. 179 ff. AEUV (Forschung, technologische Entwicklung und Raumfahrt)	66
		7. Art. 191 ff. AEUV (Umwelt)	66
		8. Art. 352 AEUV (Vertragsabrundungskompetenz)	67
		9. Vertrag zur Gründung der Europäischen Atomgemeinschaft	68
		10. Abgrenzung	68
	C.	Fazit	70
	D.	Wiederholungs- und Vertiefungsfragen	70

Kapitel 3: Die Grundfreiheiten des Energiebinnenmarkts — 71

- A. Die Grundfreiheiten — 71
  - I. Warenverkehrsfreiheit — 71
    1. Freier Warenverkehr — 71
       - a) Wareneigenschaft — 71
       - b) Grenzüberschreitender Sachverhalt — 72
       - c) Harmonisierung — 72
       - d) Ein- und Ausfuhrbeschränkungen sowie Maßnahmen gleicher Wirkung — 73
       - e) Rechtfertigungsmöglichkeiten — 73
         - aa) Versorgungssicherheit — 74
         - bb) Umweltschutz — 74
    2. Staatliche Handelsmonopole — 76
  - II. Arbeitnehmerfreizügigkeit — 76
  - III. Niederlassungsfreiheit — 76
  - IV. Dienstleistungsfreiheit — 76
  - V. Kapital- und Zahlungsverkehrsfreiheit — 77
- B. Verbot von Ein- und Ausfuhrzöllen und Abgaben gleicher Wirkung — 77
- C. Steuern — 79
- D. Fazit — 79
- E. Wiederholungs- und Vertiefungsfragen — 79

Kapitel 4: Energiewettbewerbsrecht — 81

- A. Einführung — 81
- B. Europäisches Kartellrecht (im weiteren Sinne) — 82
  - I. Grundlegendes — 82
  - II. Marktabgrenzung — 83
  - III. Art. 101 AEUV — 84
  - IV. Art. 102 AEUV — 85
    1. Ausbeutungsmissbrauch — 86
    2. Behinderungsmissbrauch — 87
    3. Strukturmissbrauch — 88
    4. Weitere Beispiele — 88
  - V. Fusionskontrolle — 89
  - VI. Art. 106 AEUV — 90
  - VII. Art. 4 Abs. 3 EUV iVm den Kartellrechtsvorschriften — 92

	VIII. Sanktionen	93
C.	Staatliche Beihilfen	93
	I. Voraussetzungen und Ausnahmen	93
	II. Aufsichtsverfahren	95
	III. Klima-, Umwelt- und Energiebeihilfeleitlinien	96
	IV. Das Beihilfeverbot am Beispiel des EEG 2012	96
D.	Fazit	97
E.	Wiederholungs- und Vertiefungsfragen	98

Teil II: Die regulatorische Agenda der Europäischen Union im Energiebereich

Kapitel 5: Liberalisierung der Energiewirtschaft — 99

A.	Einführung und Grundsätze	99
B.	Der europäische Liberalisierungsprozess	101
C.	Energiewirtschaftliche Entflechtung auf Grundlage des EU-Sekundärrechts	106
D.	Anwendungsbereich der Entflechtungsvorschriften	106
E.	Die verschiedenen Entflechtungsmodelle	107
	I. Eigentumsrechtliche Entflechtung (Ownership Unbundling)	108
	II. Unabhängiger Systembetreiber (ISO)	109
	III. Unabhängiger Übertragungsnetzbetreiber (ITO)	109
	IV. Zertifizierungsverfahren	110
F.	Kollision mit der Grundrechtecharta	110
	I. Einwand der fehlenden Gesetzgebungskompetenz	110
	II. Eigentum	111
	1. Schutzgut	111
	2. Eingriffe	112
	a) Ownership Unbundling	112
	b) ISO/ITO	112
	3. Rechtfertigung	113
	a) Dem Gemeinwohl dienendes Ziel	113
	b) Eignung	113
	c) Erforderlichkeit	114
G.	Fazit	114
H.	Wiederholungs- und Vertiefungsfragen	115

Kapitel 6: Ausbau der Energienetze — 116

A.	Einleitung	116
B.	Insbesondere TEN-E VO	119
	I. Rechtsform und Kompetenz	121
	1. Erlass als Verordnung	122
	2. Inhalt der Regelung	123
	II. Inhalt	123
	1. Der Gegenstand der Verordnung: Vorhaben von gemeinsamem Interesse und Vorhaben von gegenseitigem Interesse	124
	2. Genehmigungsverfahren	126
	3. Insbesondere Öffentlichkeitsbeteiligung	128

	4.	Insbesondere Zuständigkeit	131
	5.	Finanzielle Unterstützung	132
C.	Fazit		133
D.	Wiederholungs- und Vertiefungsfragen		134

Kapitel 7: Energieeffizienz als Werkzeug des Klimaschutzes   135

A. Einführung und Grundsätze   135
B. Energieeffizienz durch EU-Recht: Sekundärrechtliche Grundlagen   136
   I. Entwicklung des rechtlichen Rahmens   137
     1. Gebäudeeffizienz: Neufassung der RL 2002/91/EG durch RL 2010/31/EU   139
     2. Energieverbrauchskennzeichnung: Neufassung der RL 92/75/EWG durch RL 2010/30/EU   139
     3. Ökodesignrichtlinie: Neufassung der RL 2005/32/EG durch RL 2009/125/EG   140
     4. Elektrizitäts- und Gasbinnenmarktrichtlinie: RL 2009/72/EU und RL 2009/73/EU   140
     5. Energieeffizienz-RL 2012/27/EU   141
   II. Aktuelle Entwicklungen   144
     1. Energieeffizienzrichtlinie: Änderungen der RL 2012/27/EU   144
     2. Gebäudeeffizienzrichtlinie: Änderungen der RL 2010/31/EU   145
     3. Energieverbrauchskennzeichnung: Neufassung der RL 2010/30/EU   146
C. Smart Meter Rollout   146
   I. Datenschutzrechtliche Bedenken   147
     1. Anwendungsbereich der DSGVO   147
     2. Rechtswidrigkeit der Datenverarbeitung   147
     3. Rechtsfolgen der Datenverarbeitung   148
   II. Grundrechtliche Bedenken   149
     1. Anwendbarkeit & Schutzbereich   149
     2. Beeinträchtigung   149
     3. Rechtfertigung   150
        a) Wesensgehalt   150
        b) Gesetzesvorbehalt, Zweck & Umfang   150
        c) Verhältnismäßigkeit   151
           aa) Effizienzrichtlinie, Art. 9 Abs. 1, Art. 9a Abs. 1, Art. 9b Abs. 1 RL 2012/27/EU   151
           bb) Art. 19 Abs. 2 i.V.m. Anhang II Nr. 3 RL (EU) 2019/944   152
D. Fazit   153
E. Wiederholungs- und Vertiefungsfragen   153

Kapitel 8: Fiskalische Steuerungsinstrumente   154

A. Einleitung   154
B. Der Treibhausgasemissionshandel   155
   I. Hintergrund   155
   II. Rechtliche Grundlagen und Funktionsweise   156
   III. Wirkung und Reformen   158
C. Steuern   161
D. Fazit   161

Inhalt

E.	Wiederholungs- und Vertiefungsfragen	161

Teil III: Globalisierung der Energiewirtschaft

Kapitel 9: Völkerrechtliche Regulierung des Energiehandels — 163

A.	Einführung und Grundsätze	163
	I. Die Liberalisierung des Welthandels	163
	II. Verlust des Momentums	165
B.	Übereinkommen der WTO	166
	I. Zielsetzungen der WTO	166
	II. Struktur	167
	III. Rolle der EU – Kompetenz und unmittelbare Anwendbarkeit	167
C.	Regelungsbefugnisse der WTO für den Energiehandel	168
	I. Energie als Ware unter GATT	169
	1. Warenbegriff	169
	2. Handelsübliche Energie als Ware	169
	II. Energie als Dienstleistung unter GATS	170
	III. Rechtsfolge: Die Schutzprinzipien des WTO-Rechts	170
	1. Nichtdiskriminierung	170
	2. Abbau von Handelshemmnissen	172
D.	WTO Dispute Settlement Body	172
E.	WTO und Umweltschutz	174
	I. Art. III GATT 1994	175
	II. Rechtfertigung durch Art. XX GATT 1994	176
F.	Energiecharta-Vertrag	178
G.	Fazit	179
H.	Wiederholungs- und Vertiefungsfragen	180

Kapitel 10: Der Schutz energiebezogener Auslandsinvestitionen — 181

A.	Einführung und Grundsätze	181
B.	Schutzstandards (am Beispiel des ECT)	181
	I. Enteignungsschutz (Expropriation)	182
	II. Gewährleistung von „Schutz und Sicherheit" (Full Protection and Security)	182
	III. Gewährleistung einer „fairen und gerechten Behandlung" (Fair and Equitable Treatment)	183
	IV. Umbrella Clause	183
C.	Streitbeilegung durch Schiedsgerichte	184
	I. Rechtsgrundlagen für internationale Schiedsverfahren	184
	1. Institutionell: ICSID	185
	2. Ad-hoc Verfahren	186
	II. Zuständigkeitsabgrenzung zum EuGH	186
	1. Die Rechtsprechung des EuGHs in der Rs. Achmea	186
	2. Auswirkungen auf den Vertrag über die Energiecharta	187
	3. Die Rechtsprechung des EuGHs in der Rechtssache Komstroy	187
D.	Fazit	188
E.	Wiederholungs- und Vertiefungsfragen	188

Inhalt

Kapitel 11: Europäisches Energieprivatrecht	190
A. Europäisches Energieprivatrecht	190
I. Das europäische Privatrecht und das Zivilverfahrensrecht	190
1. Das zuständige Gericht	191
a) Anwendbarkeit der Brüssel Ia-Verordnung	191
b) Verträge auf der Großhandelsebene	191
aa) Allgemeiner Gerichtsstand	191
bb) Besondere Gerichtsstände	191
cc) Gerichtsstandsvereinbarungen nach Art. 25 Brüssel Ia-VO	192
c) Verträge auf der Letztverbraucherebene	192
aa) Wahlgerichtsstände des Verbrauchers	192
bb) Besonderheiten bei Gerichtsstandsvereinbarungen gem. Art. 25 Brüssel Ia-VO	192
2. Das anwendbare materielle Recht	193
a) Anwendbarkeit der Rom I-Verordnung	193
b) Verträge auf der Großhandelsebene	193
aa) Grundsatz der freien Rechtswahl	194
bb) Das mangels Rechtswahl anzuwendende Recht	195
c) Verträge auf der Letztverbraucherebene	196
aa) Grundsatz der freien Rechtswahl	196
bb) Das mangels Rechtswahl anzuwendende Recht	197
II. Materielles europäisches Energieprivatrecht	198
a) Vorgaben zum Energielieferungsvertrag	198
b) Rechtzeitige Unterrichtung und Rücktrittsrecht bei Änderung der Vertragsbedingungen	199
c) Gestaltung der allgemeinen Vertragsbedingungen	199
d) Lieferantenwechsel	199
e) Versorgerwahl	199
f) Einrichtung zentraler Anlaufstellen	200
B. Aktuelle Debatten im Energierecht	200
I. Preisanpassungen durch die Energieversorger	200
II. Kurzfristige Kündigung und Belieferungseinstellung durch die Energieversorger	201
III. Vorgehen im Wege einer Verbandsklage	202
C. Fazit und Ausblick	203
D. Wiederholungsfragen	204
Stichwortverzeichnis	205

Abkürzungsverzeichnis

aA	andere(r) Ansicht
aF	alte Fassung
AB	Appellate Body, Berufungsgremium
Abb.	Abbildung
ABl.	Amtsblatt (der Europäischen Union)
Abs.	Absatz
ACER	Agentur für die Zusammenarbeit der Energieregulierungsbehörden, Agency for the Cooperation of Energy Regulators
AEUV	Vertrag über die Arbeitsweise der Europäischen Union
AoA	Übereinkommen über Landwirtschaft, Agreement on Agriculture
ArchVR	Archiv des Völkerrechts
Art.	Artikel
Aufl.	Auflage
Bd.	Band
BeckOGK	Beck'scher Online-Großkommentar
BeckOK	Beck'scher Online-Kommentar
BeckRS	Beck-Rechtsprechung
Beschl.	Beschluss
BIT	Bilateral Investment Treaty
BGB	Bürgerliches Gesetzbuch
BGBl.	Bundesgesetzblatt
BGH	Bundesgerichtshof
BMU	Bundesministerium für Umwelt, Naturschutz und nukleare Sicherheit
BMWi	Bundesministerium für Wirtschaft und Energie
bspw.	Beispielsweise
BT-Drs.	Bundestagsdrucksache
BVerfG	Bundesverfassungsgericht
BVerfGE	Entscheidungen des BVerfG
CACM	Verordnung (EU) 2015/1222 der Kommission vom 24. Juli 2015 zur Festlegung einer Leitlinie für die Kapazitätsvergabe und das Engpassmanagement (ABl. L 197 vom 25.7.2015, S. 24).
CETA	Comprehensive Economic and Trade Agreement
CISG	Übereinkommen der Vereinten Nationen über Verträge über den internationalen Warenkauf
CO_2	Kohlenstoffdioxid
CTE	Ausschuss für Handel und Umwelt, Committee on Trade and Environment
ders.	Derselbe
dies.	Dieselbe
Dh	das heißt
DÖV	Die Öffentliche Verwaltung
DSB	Dispute Settlement Body
DSGVO	Datenschutzgrundverordnung
DSU	WTO- Streitschlichtungsverfahren, Dispute Settlement Understanding
DuD	Datenschutz und Datensicherheit
DVBl.	Deutsches Verwaltungsblatt
EAG	Europäische Atomgemeinschaft
EAGV	Vertrag zur Gründung der Europäischen Atomgemeinschaft
ECT	Energiecharta-Vertrag, Energy Charter Treaty

EE-Anlagen	Erneuerbare-Energien-Anlagen
EEG	Erneuerbare-Energien-Gesetz
EG	Europäische Gemeinschaft
EGKS	Europäische Gemeinschaft für Kohle und Stahl
EGKS-Vertrag	Vertrag über die Europäische Gemeinschaft für Kohle und Stahl
EGMR	Europäischer Gerichtshof für Menschenrechte
EGV	Vertrag zur Gründung der Europäischen Gemeinschaft
EL	Ergänzungslieferung
EMIT	Group on Environmental Measures and International Trade
EnEG	Energieeinsparungsgesetz
endg.	Endgültig
EnLAG	Gesetz zum Ausbau von Energieleitungen
ENTSO	Europäisches Netz der Übertragungsnetzbetreiber, European Network of Transmission System Operators
ENTSO-E	Europäischer Übertragungsnetzbetreiberverband
ENTSOG	Europäisches Netz der Fernleitungsbetreiber Gas
EnVKG	Energieverbrauchskennzeichnungsgesetz
EnWG	Energiewirtschaftsgesetz
EnWZ	Zeitschrift für das gesamte Recht der Energiewirtschaft
EnzEuR	Enzyklopädie Europarecht
ER	EnergieRecht (Zeitschrift)
et	Energiewirtschaftliche Tagesfragen (Zeitschrift)
et al	und andere
EU	Europäische Union
EU ETS	European Commission, Emissions Trading System
EUCO	Europäischer Rat
EuG	Gericht der Europäischen Union
EuGH	Europäischer Gerichtshof
EU-GrCh	Charta der Grundrechte der Europäischen Union
EuR	Zeitschrift Europarecht
EU-Recht	Recht der Europäischen Union
EurUP	Zeitschrift für Europäisches Umwelt- und Planungsrecht
EUV	Vertrag über die Europäische Union
EuZW	Europäische Zeitschrift für Wirtschaftsrecht
EWeRK	Zeitschrift des Instituts für Energie- und Wettbewerbsrecht in der kommunalen Wirtschaft e.V.
EWG	Europäische Wirtschaftsgemeinschaft
EWG-Vertrag	Vertrag zur Gründung der Europäischen Wirtschaftsgemeinschaft
EWR	Europäischer Wirtschaftsraum
EWR-Abkommen	Abkommen über den Europäischen Wirtschaftsraum
EWS	Europäisches Wirtschafts- und Steuerrecht (Zeitschrift)
f.	folgende/s
ff.	und folgende
Fn.	Fußnote
FS	Festschrift
FTA	Free Trade Agreement
GATS	Allgemeine Übereinkommen über den Handel mit Dienstleistungen, General Agreement on Trade in Services
GATT	Allgemeine Zoll- und Handelsabkommen, General Agreement on Tarifs and Trade
GG	Grundgesetz
GWB	Gesetz gegen Wettbewerbsbeschränkungen
hM	herrschende Meinung

Hs.	Halbsatz
iSd	im Sinne der (des)
iVm	in Verbindung mit
IASS	Institute for Advanced Sustainability Studies
ICTSD	International Centre for Trade and Sustainable Development
ILM	International Legal Materials
IP	Pressemitteilung der Europäischen Kommission
IR	Infrastrukturrecht (Zeitschrift)
ISO	Unabhängige Netzbetreiber
ITO	Unabhängige Übertragungsnetzbetreiber
ITO	Internationale Handelsorganisation, International Trade Organisation
JuS	Juristische Schulung
JWIT	The Journal of World Investment & Trade
JZ	Juristenzeitung
Kap.	Kapitel
km	Kilometer
KOM	Europäische Kommission, Veröffentlichungen der Kommission der Europäischen Union
KSzW	Kölner Schrift zum Wirtschaftsrecht
kV	Kilovolt
kW	Kilowatt
KWKG	Kraft-Wärme-Kopplungs-Gesetz
KWK-RL	Kraft-Wärme-Kopplungs-Richtlinie
LG	Landgericht
MAI	Multilateral Agreement on Investment
mAnm	mit Anmerkung
Mio.	Millionen
MIT	Multilateral Investment Treaty
Mrd.	Milliarden
MsbG	Messstellenbetriebsgesetz
MüKo	Münchner Kommentar
mwN	mit weiteren Nachweisen
N&R	Netzwirtschaften und Recht (Zeitschrift)
NABEG	Netzausbaubeschleunigungsgesetz Übertragungsnetz
NEEAP	Nationaler Energieeffizienz-Aktionsplan
NIMBY(-Prinzip)	engl.: Not in my backyard
NJW	Neue Juristische Wochenschrift
NuR	Zeitschrift Natur und Recht
NVwZ	Neue Zeitschrift für Verwaltungsrecht
NZKart	Neue Zeitschrift für Kartellrecht
PA	Pariser Abkommen
PCI	Projects of Common Interest
PPMs	process and production methods
RdE	Recht der Energiewirtschaft
RL	Richtlinie
Rn.	Randnummer
ROG	Raumordnungsgesetz
RoV	Raumordnungsverordnung
Rs.	Rechtssache
Rspr.	Rechtsprechung
S.	Satz, Seite
s.	siehe

SchiedsVZ	Zeitschrift für Schiedsverfahren
Slg	Sammlung der Rechtsprechung des EuGH
sog.	Sogenannt
SPS	Übereinkommen über sanitäre und phytosanitäre Maßnahmen, Agreement on the Application of Sanitary and Phytosanitary Measures
Spstr.	Spiegelstrich
StromNZV	Verordnung über den Zugang zu Elektrizitätsversorgungsnetzen (Stromnetzzugangsverordnung)
TBT	Übereinkommen über technische Handelshemmnisse, Agreement on Technical Barriers to Trade
TEHG	Treibhausgas-Emissionshandelsgesetz
TEN-E VO	Verordnung (EU) Nr. 347/2013 des europäischen Parlaments und des Rates vom 17.4.2013 zu Leitlinien für die transeuropäische Energieinfrastruktur und zur Aufhebung der Entscheidung Nr. 1364/2006/EG und zur Änderung der Verordnungen (EG) Nr. 713/2009, (EG) Nr. 714/2009 und (EG) Nr. 715/2009, ABl. L 115 v. 25.4.2013, S. 39.
TPP11	Trans-Pazifische Partnerschaft
TPRB	Trade Policy Review Body, Überwachung nationaler Handelspolitiken
TRIMs	Abkommen über handelsbezogene Investitionsmaßnahmen, Agreement on Trade-Related Investment Measures
TRIPS	Übereinkommen über handelsbezogene Aspekte der Rechte des geistigen Eigentums, Agreement on Trade-Related Aspects of Intellectual Property Rights
Tz.	Textziffer
ua	unter anderem
U.S.	Vereinigte Staaten
UAbs.	Unterabsatz
UKuR	Ukraine-Krieg und Recht
UmwRG	Gesetz über ergänzende Vorschriften zu Rechtsbehelfen in Umweltangelegenheiten nach der EG-Richtlinie 2003/35/EG (Umwelt-Rechtsbehelfsgesetz)
UN	Vereinte Nationen
UNFCCC	Rahmenübereinkommen der Vereinten Nationen über Klimaänderungen, United Nations Framework Convention on Climate Change
Urt.	Urteil
USA	Vereinigte Staaten von Amerika
US-Bundesstaat	Bundesstaat der Vereinigten Staaten
UTR	Umwelt- und Technikrecht (Schriftenreihe)
UVP	Umweltverträglichkeitsprüfung
v.	Vom
VGI	Vorhaben von Gemeinsamem Interesse
vgl.	Vergleiche
VO	Verordnung
VuR	Verbraucher und Recht
VwVfG	Verwaltungsverfahrensgesetz
w. Nachw.	weitere Nachweise
WTO	Welthandelsorganisation, World Trade Organisation
WTO-Ü	WTO-Übereinkommen
WuW	Wirtschaft und Wettbewerb (Zeitschrift)

Abkürzungsverzeichnis

zB	zum Beispiel
ZaöRV	Zeitschrift für ausländisches öffentliches Recht und Völkerrecht
ZEuS	Zeitschrift für europarechtliche Studien
ZfBR-Beil.	Zeitschrift für deutsches und internationales Bau- und Vergaberecht- Beilage
ZNER	Zeitschrift für Neues Energierecht
ZÖR	Zeitschrift für öffentliches Recht
ZPO	Zivilprozessordnung
ZUR	Zeitschrift für Umweltrecht

VO-/RL-Verzeichnis

Verordnung (EG) Nr. 659/1999 des Rates vom 22. März 1999 über besondere Vorschriften für die Anwendung von Artikel 93 des EG-Vertrags (ABl. L 83 S. 1–9)

Verordnung (EG) Nr. 1/2003 des Rates vom 16. Dezember 2002 zur Durchführung der in Artikeln 81 und 82 des Vertrags niedergelegten Wettbewerbsregeln (ABl. L 1 S. 1–25)

Verordnung (EG) Nr. 1228/2003 des Europäischen Parlaments und des Rates vom 26. Juni 2003 über die Netzzugangsbedingungen für den grenzüberschreitenden Stromhandel (ABl. L 176 S. 1–10) (aufgehoben durch Verordnung (EG) Nr. 714/2009 des Europäischen Parlaments und des Rates vom 13. Juli 2009)

Verordnung (EG) Nr. 139/2004 des Rates vom 20. Januar 2004 über die Kontrolle von Unternehmenszusammenschlüssen ("EG-Fusionskontrollverordnung") (ABl. L 24 S. 1–22)

Verordnung (EG) Nr. 1775/2005 des Europäischen Parlaments und des Rates vom 28. September 2005 über die Bedingungen für den Zugang zu den Erdgasfernleitungsnetzen (ABl. L 289 S. 1–13) (aufgehoben durch Verordnung (EG) Nr. 715/2009 des Europäischen Parlaments und des Rates vom 13. Juli 2009)

Verordnung (EG) Nr. 106/2008 des Europäischen Parlaments und des Rates vom 15. Januar 2008 über ein gemeinschaftliches Kennzeichnungsprogramm für Strom sparende Bürogeräte (Neufassung) (ABl. L 39 S. 1–7)

Verordnung (EG) Nr. 219/2009 des Europäischen Parlaments und des Rates vom 11. März 2009 zur Anpassung einiger Rechtsakte, für die das Verfahren des Artikels 251 des Vertrages gilt, an den Beschluss 1999/468/EG des Rates in Bezug auf das Regelungsverfahren mit Kontrolle (Anpassung an das Regelungsverfahren mit Kontrolle – Zweiter Teil) (ABl. L 87 S. 109–154)

Verordnung (EG) Nr. 244/2009 der Kommission vom 18. März 2009 zur Durchführung der Richtlinie 2005/32/EG des Europäischen Parlaments und des Rates im Hinblick auf die Festlegung von Anforderungen an die umweltgerechte Gestaltung von Haushaltslampen mit ungebündeltem Licht (ABl. L 76 S. 3–16)

Verordnung (EG) Nr. 713/2009 des Europäischen Parlaments und des Rates vom 13. Juli 2009 zur Gründung einer Agentur für die Zusammenarbeit der Energieregulierungsbehörden (ABl. L 211 S. 1–14)

Verordnung (EG) Nr. 714/2009 des Europäischen Parlaments und des Rates vom 13. Juli 2009 über die Netzzugangsbedingungen für den grenzüberschreitenden Stromhandel und zur Aufhebung der Verordnung (EG) Nr. 1228/2003 (ABl. L 211 S. 15–35)

Verordnung (EG) Nr. 715/2009 des Europäischen Parlaments und des Rates vom 13. Juli 2009 über die Bedingungen für den Zugang zu den Erdgasfernleitungsnetzen und zur Aufhebung der Verordnung (EG) Nr. 1775/2005 (ABl. L 211 S. 36–54)

Verordnung (EG) Nr. 1222/2009 des Europäischen Parlaments und des Rates vom 25. November 2009 über die Kennzeichnung von Reifen in Bezug auf die Kraftstoffeffizienz und andere wesentliche Parameter (ABl. L 342 S. 46–58)

Verordnung (EU) Nr. 994/2010 des Europäischen Parlamentes und des Rates vom 20. Oktober 2010 über Maßnahmen zur Gewährleistung der sicheren Erdgasversorgung und zur Aufhebung der Richtlinie 2004/67/EG des Rates (ABl. L 295 S. 1–22)

Verordnung (EU) Nr. 1015/2010 der Kommission vom 10. November 2010 zur Durchführung der Richtlinie 2009/125/EG des Europäischen Parlaments und des Rates im Hinblick auf die Festlegung von Anforderungen an die umweltgerechte Gestaltung von Haushaltswaschmaschinen (ABl. L 293 S. 21–30)

Verordnung (EU) Nr. 1016/2010 der Kommission vom 10. November 2010 zur Durchführung der Richtlinie 2009/125/EG des Europäischen Parlaments und des Rates im Hinblick auf die Festlegung von Anforderungen an die umweltgerechte Gestaltung von Haushaltsgeschirrspülern (ABl. L 293 S. 31–40)

Verordnung (EU) Nr. 1227/2011 des Europäischen Parlaments und des Rates vom 25. Oktober 2011 über die Integrität und Transparenz des Energiegroßhandelsmarkts (ABl. L 326 S. 1–16)

Verordnung (EU) Nr. 347/2013 des Europäischen Parlaments und Rates vom 17. April 2013 zu Leitlinien für die transeuropäische Energieinfrastruktur und zur Aufhebung der Entscheidung Nr. 1364/2006/EG und zur Änderung der Verordnung (EG) Nr. 713/2009, (EG) Nr. 714/2009 und (EG) Nr. 715/2009 (ABl. L 115 S. 39–75)

Delegierte Verordnung (EU) Nr. 665/2013 der Kommission vom 3. Mai 2013 zur Ergänzung der Richtlinie 2010/30/EU des Europäischen Parlaments und des Rates im Hinblick auf die Energieverbrauchskennzeichnung von Staubsaugern (ABl. L 192 S. 1–23)

Verordnung (EU) Nr. 4/2014 der Kommission vom 6. Januar 2014 zur Änderung der Verordnung (EG) Nr. 640/2009 zur Durchführung der Richtlinie 2005/32/EG des Europäischen Parlaments und des Rates im Hinblick auf die Festlegung von Anforderungen an die umweltgerechte Gestaltung von Elektromotoren (ABl. L 2 S. 1–2)

Verordnung (EU) Nr. 651/2014 der Kommission vom 17. Juni 2014 zur Feststellung der Vereinbarkeit bestimmter Gruppen von Beihilfen mit dem Binnenmarkt in Anwendung der Artikel 107 und 108 des Vertrages über die Arbeitsweise der Europäischen Union (ABl. L 187 S. 1–78)

Verordnung (EU) 2015/1222 der Kommission vom 24. Juli 2015 zur Festlegung einer Leitlinie für die Kapazitätsvergabe und das Engpassmanagement (ABl. L 197 S. 24–72)

Verordnung (EU) 2015/1589 des Rates vom 13. Juli 2015 über besondere Vorschriften für die Anwendung von Artikel 108 des Vertrages über die Arbeitsweise der Europäischen Union (kodifizierter Text) (ABl. L 248 S. 9–29)

Verordnung (EU) 2016/679 des Europäischen Parlaments und des Rates vom 27. April 2016 zum Schutz natürlicher Personen bei der Verarbeitung personenbezogener Daten, zum freien Datenverkehr und zur Aufhebung der Richtlinie 95/46/EG (Datenschutz-Grundverordnung) (ABl. L 119 S. 1–88)

Verordnung (EU) 2017/1369 des Europäischen Parlaments und des Rates vom 4. Juli 2017 zur Festlegung eines Rahmens für die Energieverbrauchskennzeichnung und zur Aufhebung der Richtlinie 2010/30/EU (ABl. L 198 S. 1–23)

Verordnung (EU) 2017/1938 des Europäischen Parlaments und des Rates vom 25. Oktober 2017 über Maßnahmen zur Gewährleistung der sicheren Gasversorgung und zur Aufhebung der Verordnung (EU) Nr. 994/2010 (ABl. L 280 S. 1–56)

Verordnung (EU) 2018/1999 des Europäischen Parlaments und des Rates vom 11. Dezember 2018 über das Governance-System für die Energieunion und für den Klimaschutz, zur Änderung der Verordnungen (EG) Nr. 663/2009 und (EG) Nr. 715/2009 des Europäischen Parlaments und des Rates, der Richtlinien 94/22/EG, 98/70/EG, 2009/31/EG, 2009/73/EG, 2010/31/EU, 2012/27/EU und 2013/30/EU des Europäischen Parlaments und des Rates, der Richtlinien 2009/119/EG und (EU) 2015/652 des Rates und zur Aufhebung der Verordnung (EU) Nr. 525/2013 des Europäischen Parlaments und des Rates (ABl. L 328 S. 1–77)

Verordnung (EU) 2019/942 des Europäischen Parlaments und des Rates vom 5. Juni 2019 zur Gründung einer Agentur der Europäischen Union für die Zusammenarbeit der Energieregulierungsbehörden (Neufassung) (ABl. L 158 S. 22–53)

Verordnung (EU) 2019/943 des Europäischen Parlaments und des Rates vom 5. Juni 2019 über den Elektrizitätsbinnenmarkt (ABl. L 158 S. 54–124)

Verordnung (EU) 2021/1119 des Europäischen Parlaments und des Rates vom 30. Juni 2021 zur Schaffung des Rahmens für die Verwirklichung der Klimaneutralität und zur Änderung der Verordnungen (EG) Nr. 401/2009 und (EU) 2018/1999 („Europäisches Klimagesetz") (ABl. L 243 S. 1–17)

Verordnung (EU) 2021/1153 des Europäischen Parlaments und des Rates vom 7. Juli 2021 zur Schaffung der Fazilität „Connecting Europe" und zur Aufhebung der Verordnungen (EU) Nr. 1316/2013 und (EU) Nr. 283/2014 (ABl. L 249 S. 38–81)

Verordnung (EU) 2022/869 des Europäischen Parlaments und des Rates vom 30. Mai 2022 zu Leitlinien für die transeuropäische Energieinfrastruktur, zur Änderung der Verordnungen (EG) Nr. 715/2009, (EU) 2019/942 und (EU) 2019/943 sowie der Richtlinien 2009/73/EG und (EU) 2019/944 und zur Aufhebung der Verordnung (EU) Nr. 347/2013 (ABl. L 152 S. 45–102)

Verordnung (EU) 2022/1032 des Europäischen Parlaments und des Rates vom 29. Juni 2022 zur Änderung der Verordnungen (EU) 2017/1938 und (EG) Nr. 715/2009 im Hinblick auf die Gasspeicherung (Text von Bedeutung für den EWR) (ABl. L 173 S. 17–33)

Verordnung (EU) 2022/1369 des Rates vom 5. August 2022 über koordinierte Maßnahmen zur Senkung der Gasnachfrage (ABl. L 206 S. 1–10)

Richtlinie 79/530/EWG des Rates vom 14. Mai 1979 zur Unterrichtung über den Energieverbrauch von Haushaltsgeräten durch Etikettierung (ABl. L 145 S. 1–6) (aufgehoben durch Richtlinie 92/75/EWG des Rates vom 22. September 1992)

Richtlinie 90/547/EWG des Rates vom 29. Oktober 1990 über den Transit von Elektrizitätslieferungen über große Netze (ABl. L 313 S. 30–33) (aufgehoben durch Richtlinie 2003/54/EG des Europäischen Parlaments und des Rates vom 26. Juni 2003)

Richtlinie 91/296/EWG des Rates vom 31. Mai 1991 über den Transit von Erdgas über große Netze (ABl. L 147 S. 37–40) (aufgehoben durch Richtlinie 2003/55/EG des Europäischen Parlaments und des Rates vom 26. Juni 2003)

Richtlinie 92/42/EWG des Rates vom 21. Mai 1992 über die Wirkungsgrade von mit flüssigen oder gasförmigen Brennstoffen beschickten neuen Warmwasserheizkesseln (ABl. L 167 S. 17–28)

Richtlinie 92/75/EWG des Rates vom 22. September 1992 über die Angabe des Verbrauchs an Energie und anderen Ressourcen durch Haushaltsgeräte mittels einheitlicher Etiketten und Produktinformationen (ABl. L 297 S. 16–19) (aufgehoben durch Richtlinie 2010/30/EU des Europäischen Parlaments und des Rates vom 19. Mai 2010)

Richtlinie 93/76/EWG des Rates vom 13. September 1993 zur Begrenzung der Kohlendioxidemissionen durch eine effizientere Energienutzung (SAVE) (ABl. L 237 S. 28–30) (aufgehoben durch Richtlinie 2006/32/EG des Europäischen Parlaments und des Rates vom 5. April 2006)

Richtlinie 96/92/EG des Europäischen Parlaments und des Rates vom 19. Dezember 1996 betreffend gemeinsame Vorschriften für den Elektrizitätsbinnenmarkt (ABl. L 27 S. 20–29) (aufgehoben durch Richtlinie 2003/54/EG des Europäischen Parlaments und des Rates vom 26. Juni 2003)

Richtlinie 98/30/EG des Europäischen Parlaments und des Rates vom 22. Juni 1998 betreffend gemeinsame Vorschriften für den Erdgasbinnenmarkt (ABl. L 204 S. 1–12) (aufgehoben durch Richtlinie 2003/55/EG des Europäischen Parlaments und des Rates vom 26. Juni 2003)

Richtlinie 2002/91/EG des Europäischen Parlaments und des Rates vom 16. Dezember 2002 über die Gesamtenergieeffizienz von Gebäuden (ABl. L 1 S. 65–71) (aufgehoben durch Richtlinie 2010/31/EU des Europäischen Parlaments und des Rates vom 19. Mai 2010)

Richtlinie 2003/54/EG des Europäischen Parlaments und des Rates vom 26. Juni 2003 über gemeinsame Vorschriften für den Elektrizitätsbinnenmarkt und zur Aufhebung der Richtlinie 96/92/EG -Erklärungen zu Stilllegungen und Abfallbewirtschaftungsmaßnahmen (ABl. L 176 S. 37–56) (aufgehoben durch Richtlinie 2009/72/EG des Europäischen Parlaments und des Rates vom 13. Juli 2009)

Richtlinie 2003/55/EG des Europäischen Parlaments und des Rates vom 26. Juni 2003 über gemeinsame Vorschriften für den Erdgasbinnenmarkt und zur Aufhebung der Richtlinie 98/30/EG (ABl. L 176 S. 57–78) (aufgehoben durch Richtlinie 2009/73/EG des Europäischen Parlaments und des Rates vom 13. Juli 2009)

Richtlinie 2003/87/EG des Europäischen Parlaments und des Rates vom 13. Oktober 2003 über ein System für den Handel mit Treibhausgasemissionszertifikaten in der Gemeinschaft und zur Änderung der Richtlinie 96/61/EG des Rates (ABl. L 275 S. 32–46)

Richtlinie 2003/96/EG des Rates vom 27. Oktober 2003 zur Restrukturierung der gemeinschaftlichen Rahmenvorschriften zur Besteuerung von Energieerzeugnissen und elektrischem Strom (ABl. L 283 S. 51–70)

Richtlinie 2004/8/EG des Europäischen Parlaments und des Rates vom 11. Februar 2004 über die Förderung einer am Nutzwärmebedarf orientierten Kraft-Wärme-Kopplung im Energiebinnenmarkt und zur Änderung der Richtlinie 92/42/EWG (ABl. L 52 S. 50–60) (aufgehoben durch Richtlinie 2012/27/EU des Europäischen Parlaments und des Rates vom 25. Oktober 2012)

Richtlinie 2005/32/EG des Europäischen Parlaments und des Rates vom 6. Juli 2005 zur Schaffung eines Rahmens für die Festlegung von Anforderungen an die umweltgerechte Gestaltung energiebetriebener Produkte und zur Änderung der Richtlinie 92/42/EWG des Rates sowie der Richtlinien 96/57/EG und 2000/55/EG des Europäischen Parlaments und des Rates (ABl. L 191 S. 29–58) (aufgehoben durch Richtlinie 2009/125/EG des Europäischen Parlaments und des Rates vom 21. Oktober 2009)

Richtlinie 2005/89/EG des Europäischen Parlaments und des Rates vom 18. Januar 2006 über Maßnahmen zur Gewährleistung der Sicherheit der Elektrizitätsversorgung und von Infrastrukturinvestitionen (ABl. L 33 S. 22–27)

Richtlinie 2006/32/EG des Europäischen Parlaments und des Rates vom 5. April 2006 über Endenergieeffizienz und Energiedienstleistungen und zur Aufhebung der Richtlinie 93/76/EWG des Rates (ABl. L 114 S. 64–85) (aufgehoben durch Richtlinie 2012/27/EU des Europäischen Parlaments und des Rates vom 25. Oktober 2012)

Richtlinie 2009/28/EG des Europäischen Parlaments und des Rates vom 23. April 2009 zur Förderung der Nutzung von Energie aus erneuerbaren Quellen und zur Änderung und anschließenden Aufhebung der Richtlinie 2001/77/EG und 2003/30/EG (ABl. L 140 S. 16–62)

Richtlinie 2009/29/EG des Europäischen Parlaments und des Rates vom 23. April 2009 zur Änderung der Richtlinie 2003/87/EG zwecks Verbesserung und Ausweitung des Gemeinschaftssystems für den Handel mit Treibhausgasemissionszertifikaten (ABl. L 140 S. 63–87)

Richtlinie 2009/72/EG des Europäischen Parlaments und des Rates vom 13. Juli 2009 über gemeinsame Vorschriften für den Elektrizitätsbinnenmarkt und zur Aufhebung der Richtlinie 2003/54/EG (ABl. L 211 S. 55–93)

Richtlinie 2009/73/EG des Europäischen Parlaments und des Rates vom 13. Juli 2009 über gemeinsame Vorschriften für den Erdgasbinnenmarkt und zur Aufhebung der Richtlinie 2003/55/EG (ABl. L 211 S. 94–136)

Richtlinie 2009/125/EG des Europäischen Parlaments und des Rates vom 21. Oktober 2009 zur Schaffung eines Rahmens für die Festlegung von Anforderungen an die umweltgerechte Gestaltung energieverbrauchsrelevanter Produkte (ABl. L 285 S. 10–35)

Richtlinie 2010/30/EU des Europäischen Parlaments und des Rates vom 19. Mai 2010 über die Angabe des Verbrauchs an Energie und anderen Ressourcen durch energieverbrauchsrelevante Produkte mittels einheitlicher Etiketten und Produktinformationen (ABl. L 153 S. 1–12) (aufgehoben durch Verordnung (EU) 2017/1369 des Europäischen Parlaments und des Rates vom 4. Juli 2017)

Richtlinie 2010/31/EU des Europäischen Parlaments und des Rates vom 19. Mai 2010 über die Gesamtenergieeffizienz von Gebäuden (ABl. L 153 S. 13–35)

Richtlinie 2012/27/EU des Europäischen Parlaments und des Rates vom 25. Oktober 2012 zur Energieeffizienz, zur Änderung der Richtlinien 2009/125/EG und 2010/30/EU und zur Aufhebung der Richtlinien 2004/8/EG und 2006/32/EG (ABl. L 315 S. 1–56)

Richtlinie (EU) 2017/1132 des Europäischen Parlaments und des Rates vom 14. Juni 2017 über bestimmte Aspekte des Gesellschaftsrechts (ABl. L 169 S. 46–127)

Richtlinie (EU) 2018/410 des Europäischen Parlaments und des Rates vom 14. März 2018 zur Änderung der Richtlinie 2003/87/EG zwecks Unterstützung kosteneffizienter Emissionsreduktionen und zur Förderung von Investitionen mit geringem CO_2-Ausstoß und des Beschlusses (EU) 2015/1814 (ABl. L 76 S. 3–27)

Richtlinie (EU) 2018/844 des Europäischen Parlaments und des Rates vom 30. Mai 2018 zur Änderung der Richtlinie 2010/31/EU über die Gesamtenergieeffizienz von Gebäuden und der Richtlinie 2012/27/EU über Energieeffizienz (ABl. L 156 S. 75–919)

Richtlinie (EU) 2018/2001 des Europäischen Parlaments und des Rates vom 11. Dezember 2018 zur Förderung der Nutzung von Energie aus erneuerbaren Quellen (ABl. L 328 S. 82–209)

Richtlinie (EU) 2018/2002 des Europäischen Parlaments und des Rates vom 11. Dezember 2018 zur Änderung der Richtlinie 2012/27/EU zur Energieeffizienz (ABl. L 328 S. 210–2309)

Richtlinie (EU) 2019/692 des Europäischen Parlaments und des Rates vom 17. April 2019 zur Änderung der Richtlinie 2009/73/EG über gemeinsame Vorschriften für den Erdgasbinnenmarkt (ABl. L 117 S. 1–79)

Richtlinie (EU) 2019/944 des Europäischen Parlaments und des Rates vom 5. Juni 2019 mit gemeinsamen Vorschriften für den Elektrizitätsbinnenmarkt und zur Änderung der Richtlinie 2012/27/EU (ABl. L 158 S. 125–199)

Richtlinie (EU) 2020/1828 des Europäischen Parlaments und des Rates vom 25. November 2020 über Verbandsklagen zum Schutz der Kollektivinteressen der Verbraucher und zur Aufhebung der Richtlinie 2009/22/EG (ABl. L 409 S. 1–27)

Literatur (Auswahl)

Kommentierungen

Altrock/Oschmann/Theobald (Hrsg.), EEG, Kommentar, 4. Aufl., München 2013.
Bourwieg/Hellermann/Hermes (Hrsg.), EnWG, Kommentar, 4. Aufl., München 2023.
Callies/Ruffert (Hrsg.), EUV/AEUV, Kommentar, 6. Aufl., München 2022.
Frenz/Müggenborg/Cosack/Hennig/Schomerus (Hrsg.), EEG, Kommentar, 5. Aufl., Berlin 2017.
Grabitz/Hilf/Nettesheim (Hrsg.), Das Recht der Europäischen Union, München, 78. EL 2023.
Kment (Hrsg.), Energiewirtschaftsgesetz, Kommentar, 2. Aufl., Baden-Baden 2019.
Säcker/Ludwigs (Hrsg.), Berliner Kommentar zum Energierecht, Band 1–6, 5. Aufl., Frankfurt am Main 2022.
Schwarze (Hrsg.), EU-Kommentar, 4. Aufl., Baden-Baden 2019.
Streinz (Hrsg.) EUV/AEUV, Kommentar, 3. Aufl., München 2018.
Theobald/Kühling (Hrsg.), Energierecht, Kommentar, Loseblatt, Stand: 122. EL 2023, München.

Hand- und Studienbücher zum Europarecht

Bieber/Epiney/Haag/Kotzur (Hrsg.), Die Europäische Union, 15. Aufl., Baden-Baden 2022.
Dauses/Ludwigs (Hrsg.), Handbuch des EU-Wirtschaftsrechts, 57. Aufl., München 2022.
Ehlers/Germelmann (Hrsg.), Europäische Grundrechte und Grundfreiheiten, 5. Aufl., Berlin 2023.
Haratsch/Koenig/Pechstein, Europarecht, 13. Aufl., Tübingen 2023.
Oppermann/Claasen/Nettesheim, Europarecht, 9. Aufl., München 2021.
von der Groeben/Schwarze/Hatje, Europäisches Unionsrecht, 7. Aufl., Baden-Baden 2015.
Wendt/Kilian, Europäisches Wirtschaftsrecht, 9. Aufl., Baden-Baden 2023.

Hand- und Studienbücher zum Energierecht

Hoch/Haucap, Praxishandbuch Energiekartellrecht, 2. Aufl., Berlin 2023.
Hunter/Herrera/Crossley/Alvarez, Routledge Handbook of Energy Law, London 2020.
Kalus, A Research Agenda for International Energy Law, Cheltenham 2024.
Kelly, Das intelligente Energiesystem der Zukunft – Regulierungsgefüge, Europarechtskonformität und Grundrechtsmäßigkeit des Smart Meter Rollouts, Baden-Baden 2020.
Kühling/Rasbach/Busch, Energierecht, 5. Aufl., Baden-Baden 2023.
Krüger, European Energy Law and Policy – An Introduction –, Cheltenham Northhampton 2016.
Leal-Arcas, The European Energy Union – The quest for secure, affordable and sustainable energy, Deventer 2016.
Leal-Arcas/Grasso/Ríos, Energy Security, Trade and the EU – Regional and International Perspectives, Cheltenham Northhampton 2016.
Leal-Arcas/Wouters (Hrsg.), Research Handbook von EU Energy Law and Policy, Cheltenham Northhampton 2017.
Pritzsche/Vacha, Energierecht, Einführung und Grundlagen, München 2017.
Schneider/Theobald, Recht der Energiewirtschaft, Praxishandbuch, 5. Aufl., München 2021.
Scherer, International Arbitration in the Energy Sector, Oxford 2018.
Talus, EU Energy Law, Oxford 2016.
Woltering, Die europäische Energieaußenpolitik und ihre Rechtsgrundlagen, Berlin 2010.

Teil I:
Die Energieverfassung der Europäischen Union

Kapitel 1: Energieunion und Energiebinnenmarkt

A. Einleitung

Eine **gemeinsame europäische Energiepolitik** stand bereits am Anfang des europäischen Einigungsprozesses, wie die Gründung der Europäischen Gemeinschaft für Kohle und Stahl (EGKS; sog. Montanunion)[1] im Jahre 1951 und die Gründung der Europäischen Atomgemeinschaft (EAG)[2] im Jahre 1957 verdeutlichen.[3] Die Vergemeinschaftung beschränkte sich jedoch zunächst lange Zeit auf diese Teilbereiche der Energieerzeugung. Ein **darüber hinausgehender** energiepolitischer Ansatz der Union ist erst in den letzten dreißig Jahren – beginnend mit dem Erlass des Ersten Energiebinnenmarktpakets von 1996/1998 – zu beobachten.[4] Seitdem verfolgt die EU die Zielsetzung eines gemeinsamen europäischen Energiemarkts. **Vorläufiger Schlusspunkt** ist der von der neuen EU-Kommission unter Kommissionspräsidentin *Ursula von der Leyen* veröffentlichte **European Green Deal**, dessen erklärtes Ziel die CO_2-Neutralität Europas bis zum Jahre 2050 ist. Dies soll durch eine Umgestaltung in eine nachhaltige (ökonomisch stabile, soziale und ökologische) Wirtschaft gelingen. Als Teilbereiche werden weitreichende Investitionen in den öffentlichen Verkehr, ökologische Landwirtschaft und die Bewahrung der Ökosysteme, die Schaffung eines smarten Energiesystems sowie soziale und demokratische Gestaltungsprozesse hervorgehoben.[5] Entsprechend der „Fit for 55"-Maßgabe erörtert die EU zahlreiche Maßnahmen, die die Netto-Treibhausgasemissionen bis 2030 um mind. 55 % gegenüber 1990 absenken sollen. Der Treibhausgasausstoß soll hierfür um mind. 40 % bis 2030 reduziert werden.

Die **konkrete** Ausrichtung der europäischen Energiepolitik änderte sich je nach (aktuellen) politischen Zielsetzungen und Anforderungen:[6] Im Fokus standen und stehen die starke Importabhängigkeit, die fortwährend steigende Energienachfrage und die parallel steigenden Klimaschutzerwägungen, schwankende Energiepreise, Sicherheitsrisiken für die Erzeuger- und Transitländer und generell die Entwicklung eines funktionsfähigen Energiebinnenmarktes. Insbesondere wurde die zunächst stark ökonomische Ausrichtung durch ökologische Überlegungen ergänzt.[7] So zeigt sich bei den in der EU installierten Anlagenleistungen ein Rückgang insbesondere des Kohle- und Atomstroms und ein leichter Ausbau der regenerativen Energien (vgl. hierzu Abbildung

---

[1] Der EGKS-Vertrag lief am 23.7.2002 – nach 50 Jahren Geltungsdauer – aus. Seine Regelungsmaterie ging fortan im EGV bzw. seit 2009 im AEUV auf.
[2] Die Europäische Atomgemeinschaft (EAG) besteht seit ihrer Gründung fast unverändert fort. Sie ist eine eigenständige Europäische Gemeinschaft neben der EU und teilt mit dieser sämtliche Organe.
[3] Insgesamt zur politischen Rolle der (europäischen) Energiepolitik *Pellerin-Carlin*, The European Energy Union, in: Leal-Arcas/Wouters, Research Handbook on EU Energy Law and Policy, 2017, S. 69.
[4] Einen Überblick über das energiepolitische Sekundärrecht seit den 1970er Jahren vermittelt *Bings*, in: Streinz, 3. Aufl. 2018, AEUV Art. 194 Rn. 7 ff.
[5] https://ec.europa.eu/info/strategy/priorities-2019-2024/european-green-deal_en (Stand: 30.9.2023).
[6] So noch unter Rn. 5 ff.
[7] Siehe bereits Mitteilung der Kommission v. 10.1.2007, „Fahrplan für Erneuerbare Energien im 21. Jahrhundert: Größere Nachhaltigkeit in der Zukunft", KOM (2006) 848 endg.

1). Unter Zugrundelegung der importierten Energieträger stellt sich dieses Verhältnis jedoch anders dar: So importierte die EU im Jahre 2016 1.483 Millionen Tonnen Rohöleinheiten aus Drittstaaten. Von den Gesamtimporten entfielen 63,5 % auf Rohöl und Mineralölerzeugnisse, 24,1 % auf Gas und 9,1 % auf feste Brennstoffe (insbesondere Kohle), so dass sich die Klimabilanz der EU weniger positiv liest.

Abbildung 1: Anteil der Energieträger an der installierten Anlagenleistung zur Stromerzeugung in der EU im Jahresvergleich 2005 und 2017

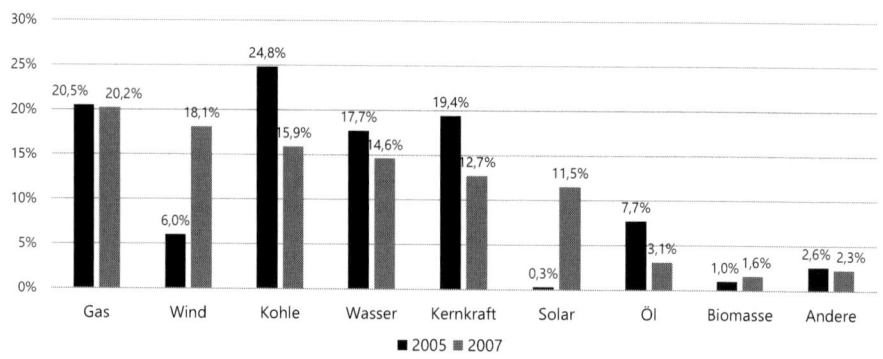

Quelle: Wind Europe @ Statista 2019

3   Insbesondere das Verhältnis der EU-Mitgliedstaaten zum Atomstrom ist gespalten: Während sich Belgien, Deutschland und Spanien für einen Ausstieg aus der Atomenergie entschieden und Italien, Litauen und Österreich diesen bereits abgeschlossen haben, setzen andere Länder gerade auch zur Verminderung der CO_2-Emissionen auf Atomenergie (als klimaneutrale und daher vermeintlich ökologische Technik). In Finnland, Frankreich, den Niederlanden, Ungarn, Rumänien und der Slowakei sind daher aktuell Atomkraftwerke in der Planung oder im Bau.[8] Insgesamt werden in 12 der 27 EU-Mitgliedstaaten derzeit Atomkraftwerke betrieben.[9] Der Ukrainekrieg hat hierbei eine Verschiebung der Diskussion ausgelöst, da auf dem Weg in die Klimaneutralität insbesondere die Gasabhängigkeit reduziert werden soll, weshalb sogar in Deutschland eine kurze Laufzeitverlängerung vorgenommen wurde. Die Tendenz zu mehr statt weniger Atomkraft wird noch durch die neue EU-Taxonomie unterstützt (VO (EU) 2020/852), wonach Investitionen in Erdgas und Atomkraft ab 1.1.2023 als nachhaltig einzustufen sind.[10]

4   Zunehmendes Gewicht gewinnt die Frage, wie die gemeinschaftlichen energiepolitischen Ziele zu erreichen sind. Prohibitive Elemente werden durch fiskalische Anreize[11] und technische Maßnahmen ergänzt. Insbesondere die Digitalisierung gewinnt hier zunehmende Bedeutung.[12] Die europäische Energiepolitik ist jedoch immer noch sehr zerfasert, basierend auf den stark ausdifferenzierten Interessen der einzelnen Mitglied-

---

[8] Hierzu https://www.rnd.de/politik/atomkraft-in-europa-wie-es-frankreich-und-co-mit-der-kernenergie-halten-5A7K2XE4UJAXNGTN4PPJQ6JURA.html (Stand: 30.9.2023).
[9] Zum Umgang mit Risikotechniken siehe *Beck*, Risikogesellschaft, 25. Aufl. 2022, passim.
[10] https://www.europarl.europa.eu/news/de/press-room/20220701IPR34365/taxonomie-keine-einwande-gegen-einstufung-von-gas-und-atomkraft-als-nachhaltig (Stand: 30.9.2023).
[11] Hierzu noch unter Teil II Rn. 117 ff.
[12] Hierzu noch unter Teil II Rn. 104 ff.

B. Leitziele der Europäischen Energiepolitik

staaten und den unvollständigen EU-Kompetenzen.[13] Dem versucht die EU (auch) durch einen neuen Governance-Ansatz zu begegnen,[14] welcher die europäische Rechtssetzung durch integrative Steuerungsmodelle ergänzt.

B. Leitziele der Europäischen Energiepolitik

Die politische Vision der EU-Politik fokussiert sich im Begriff der Energieunion.[15] Diese bewegt sich in einem **Zieldreieck**, welches aus Energieversorgungssicherheit, Nachhaltigkeit und Wettbewerbsfähigkeit[16] besteht[17] und damit ökonomische, ökologische und Verbraucherinteressen zusammenführt. Diese Ziele sind schon herkömmlich Gegenstand der EU-Energiepolitik und werden durch die Gestaltung der Energieunion zwar weiter ausdifferenziert,[18] aber nicht relativiert.[19]

Der Gedanke der **Energieversorgungssicherheit** meint in erster Linie eine sichere leitungsgebundene Versorgung der Allgemeinheit mit Strom und Gas, wie sie auch im 22. Erwägungsgrund der RL 2019/944/EU (explizit für Haushaltskunden und Klein-Unternehmer) Erwähnung findet.[20] Diese ist sichergestellt, wenn ausreichende Erzeugungskapazitäten bzw. Energieimporte bestehen, um den prognostizierten Energiekonsum zu decken, wenn eine hinreichende Netzinfrastruktur besteht, die Netzstabilität sichergestellt ist und die Netze ausreichend gegen Eingriffe Dritter abgesichert sind.[21] Insbesondere die Netzstabilität kann in einem regenerativen Energiesystem, bei welchem Strom volatil abhängig von der Wind- und Sonnenkraft eingespeist wird,[22] Schwierigkeiten bereiten. Zugleich stellt das (digitalisierte) Stromnetz eine fortschreitend störanfällige Infrastruktur dar.[23] Die Energieversorgungssicherheit wird mit Blick auf den in Art. 194 Abs. 1 AEUV benannten **Solidaritätsgrundsatz** auch aus einer solidarischen Perspektive betrachtet. Der EuGH hat in seinem Urteil in der Rs. C-848/19 P vom 15.7.2021[24] die zuvor umstrittene Frage, ob aus dem Grundsatz der Solidarität auch Zusammenarbeitspflichten der Mitgliedstaaten – insbesondere im Falle einer Versor-

---

13 Hierzu noch unter Teil I Rn. 43 ff.
14 Hierzu unter Teil I Rn. 36 ff.
15 Dazu noch ausführlich unter Teil I Rn. 20 ff.
16 Tlw. wird anstelle der Wettbewerbsfähigkeit von der Errichtung eines Binnenmarktes gesprochen (so bei *Ludwigs*, EnWZ 2013, 483 [485]).
17 So Mitteilung der Kommission v. 10.1.2007, „Eine Energiepolitik für Europa", KOM(2007) 1 endg.; Mitteilung der Kommission v. 8.3.2006, Grünbuch "Eine europäische Strategie für nachhaltige, wettbewerbsfähige und sichere Energie", KOM (2006), 105 endg., S. 20 f.; Europäischer Rat v. 23./24.3.2006, Schlussfolgerungen des Vorsitzes, Dok. 7775/1/06, Tz. 44, 46; Europäischer Rat v. 8./9.3.2007, Schlussfolgerungen des Vorsitzes, Dok. 7224/1/07, S. 10 ff. Für das deutsche Recht ähnlich § 1 Abs. 1 EnWG.
18 Hierzu noch unter Teil I Rn. 21 ff.
19 So *Pellerin-Carlin*, The European Energy Union, in: Leal-Arcas/Wouters, Research Handbook on EU Energy Law and Policy, 2017, S. 69: „still key objectives of the Energy Union". Vgl. im Übrigen die in Art. 194 AEUV genannten Leitprinzipien, im Detail dazu in Teil I Rn. 68 ff.
20 Vgl. auch 55. Erw. der RL 2019/944/EU.
21 Ausf. zu einzelnen Teilbereichen der Energieversorgungssicherheit *Gundel*, in: Dauses/Ludwigs, Handbuch des EU-Wirtschaftsrechts, 58. Aufl. 2023, M. Energierecht, Rn. 202 ff.
22 Hierzu noch unter Rn. 40.
23 Mit der unionsrechtlich angestoßenen Digitalisierung der Elektrizitätsinfrastruktur werden auch neue grund- und datenschutzrechtliche Problemlagen virulent, vgl. hierzu bereits *Baumgart*, RdE 2016, 454 (454 ff.); *Kelly*, Das intelligente Energiesystem der Zukunft – Regulierungsgefüge, Europarechtskonformität und Grundrechtsmäßigkeit des Smart Meter Rollouts, 2020, S. 17 f., 43 ff.
24 EuGH, Rs. C-848/19 P, ECLI:EU:C:2021:598; hierzu *Gundel*, EuZW 2021, 758 ff.; *Kreuter-Kirchhof*, NVwZ 2022, 993 ff.

gungskrise – abgeleitet werden können,[25] dahingehend beantwortet, dass die Mitgliedstaaten zur Solidarität untereinander und zur Wahrung der gemeinsamen Interessen der Union verpflichtet sind, ohne dass es hierfür einer expliziten sekundärrechtlichen Umsetzung bedarf. Gleichermaßen ist die Union zur Solidarität gegenüber den Mitgliedstaaten verpflichtet. Das Urteil hebt hervor, dass der Grundsatz der Solidarität nicht nur dem gesamten Rechtssystem der Union zugrunde liegt, sondern noch einmal besondere Betonung im Energierecht erfahren hat.[26] Hier ist es aber gerade nicht (nur) auf den Gedanken der Versorgungssicherheit begrenzt, sondern bezieht sich auf alle in Art. 194 Abs. 1 lit. a-d AEUV genannten Ziele.[27] Konkret bedeutet dies, dass bei energiepolitischen Entscheidungen auch die Auswirkungen auf andere Mitgliedstaaten zu berücksichtigen sind. Zugleich lassen sich hieraus prozedurale Solidaritätspflichten in Form gegenseitiger Information, Abstimmung und Koordination ableiten.[28]

7 Die Wichtigkeit der Versorgungssicherheit wurde insbesondere durch den – auch durch die EU verurteilten[29] – völkerrechtswidrigen Angriffskrieg auf die Ukraine und die hierdurch ausgelöste Gaskrise ins allgemeine Bewusstsein gerückt.[30] Die Europäische Union hat eine Vielzahl von Regelungen und Vereinbarungen erlassen, um dieser Herausforderung zu begegnen. Im Zentrum steht die Verordnung (EU) 2022/1369 vom 5.8.2022 über koordinierte Maßnahmen zur Senkung der Gasnachfrage,[31] der die Mitteilung der Kommission vom 20.7.2022 „Gaseinsparungen für einen sicheren Winter" vorangegangen ist.[32] Aus dem Gedanken der Solidarität vereinbarten die Mitgliedstaaten eine freiwillige Senkung ihres Gasverbrauchs im Zeitraum vom 1.8.2022 bis zum 31.3.2023 um mindestens 15% gegenüber ihrem durchschnittlichen Gasverbrauch in demselben Zeitraum in den letzten fünf Jahren. Im Falle eines Unionsalarms, der bei dem erheblichen Risiko eines gravierenden Engpasses bei der Gasversorgung oder im Falle einer außergewöhnlich hohen Nachfrage ausgerufen wird, besteht die Verpflichtung zur Senkung des Gasverbrauchs.

Bereits am 8.3.2022 hat die Kommission mit ihrer Mitteilung „REPowerEU: gemeinsames europäisches Vorgehen für erschwinglichere, sichere und nachhaltige Energie"[33] den REPowerEU-Plan vorgestellt, der zum Ziel hat, die Abhängigkeit der Union von fossilen Brennstoffen aus Russland so bald wie möglich, spätestens jedoch bis 2027, zu beenden. Entsprechend der Mitteilung der Kommission vom 18.5.2022 „REPower-EU-Plan"[34] soll die Energiesicherheit durch den Ausbau regenerativer Energiequellen, Energieeinsparungen sowie eine Diversifizierung der Energieeinfuhren gewährleistet

---

25 Bejahend *Calliess*, in: Calliess/Ruffert, 6. Aufl. 2022, AEUV Art. 194 Rn. 6 unter Verweis auf die Mitteilung der Kommission, „Rahmenstrategie für eine krisenfeste Energieunion mit einer zukunftsorientierten Klimaschutzstrategie", KOM (2015) 80 endg., S. 4 ff.; verneinend *Baumgart*, Unionsprimärrechtliche Pflichten der EU-Mitgliedstaaten zum Ausbau der Stromnetze, 2020, S. 129 f.
26 EuGH Urt. v. 15.7.2021 – Rs. C-848/19 P, ECLI:EU:C:2021:598, Rn. 37 ff., 46 – OPAL.
27 EuGH Urt. v. 15.7.2021 – Rs. C-848/19 P, ECLI:EU:C:2021:598, Rn. 47 – OPAL.
28 *Calliess*, in: Calliess/Ruffert, 6. Aufl. 2022, AEUV Art. 194 Rn. 6.
29 Als Reaktion auf den anhaltenden Angriffskrieg Russlands gegen die Ukraine hat der Rat am 23.6.2023 bereits das elfte Sanktionspaket angenommen (hier die entsprechende Übersicht: https://finance.ec.europa.eu/eu-and-world/sanctions-restrictive-measures/sanctions-adopted-following-russias-military-aggression-against-ukraine_en?prefLang=de#timeline-measures-adopted-in-2022-2023; Stand: 30.9.2023).
30 Bereits zuvor deutlich: *Penttinen*, Energy Market Liberalisation, in: Routledge Handbook of Energy Law, 2020, 77 (89).
31 ABl. L 206/1 vom 8.8.2022.
32 KOM(2022) 360 endg.
33 KOM(2022 108 endg.
34 KOM(2022) 230 endgl.

B. Leitziele der Europäischen Energiepolitik

werden. In den Fokus gerückt ist zugleich die Verordnung 2017/1938 zur Gewährleistung einer unterbrechungsfreien Gasversorgung in der gesamten EU.[35] Hierdurch wird insbesondere ein Solidaritätsmechanismus eingeführt, der die Mitgliedstaaten zur gegenseitigen Unterstützung verpflichtet. Angesichts des russischen Angriffskrieges in der Ukraine und der daraus resultierenden Notwendigkeit, die Gasreserven der EU zu sichern, wurde die Verordnung durch VO (EU) 2022/1032[36] dahingehend geändert, dass die unterirdischen Gasspeicher im Hoheitsgebiet der Mitgliedstaaten mit mind. 80% ihrer Kapazität vor dem Winter 2022/2023 und mit mind. 90% ihrer Kapazität vor dem folgenden Wintern aufgefüllt werden müssen.

Die VO (EU) 2019/941[37] über die Risikovorsorge im Stromsektor begründet Notfallvorsorgepflichten der Mitgliedstaaten und Solidaritätspflichten im Krisenfall nach dem Vorbild der Gassicherungsverordnung VO (EU) 2017/38.

Nachhaltigkeit meint zunächst einmal eine Wirtschaftsweise, die die Bewahrung der natürlichen Regenerationsfähigkeit der beteiligten Systeme gewährleistet.[38] Mit Blick auf die Endlichkeit der (fossilen) Energieträger ist dieses Ziel bereits seit längerem mit dem Wunsch nach größerer Energieeffizienz verbunden. Mittlerweile steht der Gedanke des **Klimaschutzes** im Fokus. Dies ist den immer deutlicher werdenden Auswirkungen der Klimakrise geschuldet. Eine nachhaltige Energiepolitik ist hiernach zuvörderst eine ressourcenschonende und klimaschützende. Zudem wird Umwelt- und Klimaschutz nicht nur selbstreferenziell, sondern immer auch mit Bezug zu ökonomischen Interessen, insbesondere der Innovations- und Wettbewerbsfähigkeit Europas im internationalen Vergleich, gedacht.[39] Im Mittelpunkt dieser Überlegungen steht die Energiewende – der Übergang von der Nutzung fossiler zu regenerativen Energieträgern im gesamten Energiesystem. Der Nachhaltigkeit dient auch die Verordnung (EU) 2021/1119 vom 30.6.2021 zur Schaffung des Rahmens für die Verwirklichung der Klimaneutralität (sog. Europäisches Klimagesetz).[40] Durch diese Verordnung soll ein Rahmen „für die unumkehrbare, schrittweise Senkung der anthropogenen Emissionen von Treibhausgasen aus Quellen und die Steigerung des Abbaus von Treibhausgasen durch Senken" geschaffen werden (vgl. Art. 1 VO [EU] 2021/1119). Die Verordnung formuliert das Ziel der Klimaneutralität bis 2050 (Art. 2 VO [EU] 2021/1119) und als Zwischenziel die Senkung der Nettotreibhausgasemissionen bis 2030 um min. 55% gegenüber 1990 (Art. 4 VO [EU] 2021/1119). Gegenstand der VO ist ein umfassendes Monitoring, in dessen Zentrum die Einrichtung eines Klimarats steht (Art. 3 VO [EU] 2021/1119; Art. 10a VO (EG) 401/2009). Zugleich darf der Bezug der Nachhaltigkeit zur Erreichung größtmöglicher Versorgungssicherheit nicht unterschätzt werden.

Unter **Wettbewerbsfähigkeit** wird in erster Linie (Markt-)Wirtschaftlichkeit verstanden.[41] Voraussetzung für die Entwicklung wettbewerblicher Strukturen ist die

---

35 Abl. 2017 L 280/1.
36 Abl. 2022 L 173/17.
37 Abl. 2019 L 158/1.
38 Ausf. hierzu *Ekardt*, Theorie der Nachhaltigkeit, 3. Aufl. 2021.
39 Dies verdeutlichen bspw. Die Mitteilung der Kommission v. 3.3.2010, „EUROPA 2020 – Eine Strategie für intelligentes, nachhaltiges und integratives Wachstum", KOM(2010) 2020 endg., S. 18 (1. Spstr.) und die Mitteilung der Kommission v. 30.11.2016, „Saubere Energie für alle Europäer", KOM(2016) 860 endg., S. 2.
40 Abl. L 243/1 vom 9.7.2021.
41 Hierzu bspw. Mitteilung der Kommission v. 8.3.2006, Grünbuch "Eine europäische Strategie für nachhaltige, wettbewerbsfähige und sichere Energie", KOM (2006), 105 endg., S. 20. Zum deutschen Recht vgl. *Theobald*, in: Theobald/Kühling, Energierecht, 122. EL 2023, EnWG § 1 Rn. 2.

(Fort-)Entwicklung eines Energiebinnenmarktes.[42] Durch Wettbewerblichkeit soll eine möglichst sichere, preisgünstige, verbraucherfreundliche, effiziente und umweltverträgliche Energieversorgung der Allgemeinheit erreicht werden, die zunehmend auf dem Einsatz erneuerbarer Energien beruht.[43] Entsprechend marktwirtschaftlicher Grundprinzipien soll die Zielerreichung durch die Gewährleistung eines wirksamen und unverfälschten Wettbewerbs bei der Versorgung mit Energie erfolgen.[44] Bei vollständiger Konkurrenz, so die ökonomische Annahme, werden die knappen Ressourcen optimal verteilt.

10 Eine wesentliche Komponente ist die Preisgünstigkeit der Energieversorgung.[45] Bereits Ende 2021 war ein deutlicher Strompreisanstieg spürbar, welcher durch den russischen Angriffskrieg auf die Ukraine und die hiermit verbundene Gaspreiserhöhung zusätzlich verstärkt wurde. Die Europäische Kommission hat infolgedessen bereits Ende 2021 eine „Toolbox" mit Gegenmaßnahmen und Hilfeleistungen erstellt.[46] Im Mittelpunkt standen hierbei fiskalische Maßnahmen (wie Steuererleichterungen, Beihilfen oder Investitionen).

11 Weitere ökonomische Überlegungen tendieren in jüngerer Zeit dazu, den Aspekt der **Wirtschaftlichkeit** um die Aspekte der **Technologiesouveränität** und **Innovationskompetenz** zu ergänzen,[47] um auf diesem Wege den Gedanken der europäischen (und deutschen) Wettbewerbsfähigkeit stärker in den Blick zu nehmen. Zugleich dient die Erweiterung dazu, Nachhaltigkeit und Wirtschaftlichkeit zusammenzuführen. Damit schließt sich der Kreis zu dem vorgenannten Nachhaltigkeitskriterium. Mit der Sicherstellung technologischer Souveränität soll auch verhindert werden, dass die mit der Umsetzung der Energiewende zu erreichende Überwindung der Importabhängigkeit von Energieträgern,[48] die sich in jüngster Zeit als schmerzhafte Fehlentwicklung dargestellt hat, durch eine neue Importabhängigkeit von Energietechnologien konterkariert wird.[49]

12 Bedenkenswert sind weiterhin Überlegungen, dieses Zieldreieck um ein viertes Ziel – die **Akzeptanz(fähigkeit)** energiepolitischer Maßnahmen – zu erweitern.[50] Während wesentliche Systementscheidungen europäischer wie nationaler Energiepolitik – wie vornehmlich die Energiewende – (grundsätzliche) Unterstützung erfahren,[51] sieht sich

---

42 Hierzu noch unter Teil I Rn. 15 ff.
43 Mitteilung der Kommission v. 8.3.2006, Grünbuch "Eine europäische Strategie für nachhaltige, wettbewerbsfähige und sichere Energie", KOM (2006), 105 endg., S. 20 f. Vgl. auch § 1 Abs. 1 EnWG, der von der „preisgünstige(n)" Versorgung spricht.
44 *Krüger*, European Energy Law and Policy, 2016, S. 99.
45 Vgl. hierzu noch unter Kap. 2 Rn. 32.
46 Mitteilung der Kommission, Steigende Energiepreise – eine „Toolbox" mit Gegenmaßnahmen und Hilfeleistungen, KOM(2021), 660 endg.
47 Hierzu Fraunhofer-Allianz Energie, „Wettbewerbsfähigkeit als Schlüsselbaustein für ein nachhaltiges Energiesystem", Positionspapier, abrufbar unter https://www.energie.fraunhofer.de/de/presse-medien/aktuelle-presseinformationen/presseinformationen-2018/PI-181128-fraunhofer-energie-positionspapier-wettbewerbsfaehigkeit-als-schluesselbaustein-fuer-nachhaltiges-energiesystem.html (Stand: 30.9.2023). Zum Konzept der Technologiesouveränität: https://www.isi.fraunhofer.de/content/dam/isi/dokumente/publikationen/technologiesouveraenitaet.pdf (Stand: 30.9.2023).
48 Hierzu noch unter Teil I Rn. 21.
49 Fraunhofer-Allianz Energie (o. Fn. 50), S. 2.
50 *Kelly*, EurUP 2018, 449 (450); *Hauff et al.*, et 2011 (10), S. 83 ff.; *Becker/Gailing/Naumann*, RaumPlanung 2012 (162/3), S. 42 ff.
51 Zu Deutschland *Setton/Renn*, Soziales Nachhaltigkeitsbarometer der Energiewende 2018: Kernaussagen und Zusammenfassung der wesentlichen Ergebnisse. IASS Study. Potsdam: Institute for Advanced Sustainability Studies (IASS), S. 6 ff. (abrufbar unter https://publications.rifs-potsdam.de/rest/items/

die **Umsetzung** wesentlicher Ziele europäischer Energiepolitik (so bspw. der Ausbau von Stromtrassen)[52] vermehrtem Widerstand ausgesetzt, so dass „der Umgang mit Bürgerprotesten und Akzeptanzfragen" in den Mittelpunkt der Regulierungstätigkeit gerückt zu sein scheint.[53] Die Energiewende wird daher nicht gelingen, wenn nicht die Einbindung des Bürgers und die Berücksichtigung seiner berechtigten Interessen gelingt,[54] wenn nicht Entscheidungsprozesse und Entscheidungsergebnisse akzeptabel sind. Inhaltlich gehört dazu maßgeblich die Herausforderung, die Umsetzung der Energiewende hinsichtlich ihrer ökologischen, sozialen und wirtschaftlichen Wirkungen intra- und intergenerativ gerecht zu gestalten.[55] Gerade im Hinblick auf einzelne Infrastrukturvorhaben wird es – aufgrund der damit verbundenen gesellschaftspolitischen Konflikte – jedoch nur schwer gelingen, vollständige Akzeptanz auf Seiten der Betroffenen herbeizuführen.[56] Umso mehr muss das Verfahren durch Transparenz, Kommunikation und einen deliberativen Diskurs die Einbindung des Bürgers ermöglichen.[57]

C. Der völkerrechtliche Rahmen

Die EU ist in energiepolitischer Hinsicht auch **völkerrechtlich** eingebunden.[58] So ist sie Unterzeichnerin des **Vertrags über die Energiecharta** (einschließlich des Protokolls über die Energieeffizienz),[59] dessen Ziel es ist, die langfristige internationale Zusammenarbeit im Energiesektor zu fördern.[60] Die Charta errichtet einen **Rahmen für die grenzüberschreitende wirtschaftliche Zusammenarbeit** im Energiesektor. Zu seinen wesentlichen Bestandteilen gehören der Investitionsschutz für ausländische Investoren,[61] der Handel mit Energie, Energieerzeugnissen und Energieeinrichtungen entsprechend der WTO, die Freiheit des Energietransits, der Grundsatz der Energieeffizienz sowie ein umfassender Streitschlichtungsmechanismus. Dem Vertrag wurde eine „Pionierrolle für die internationale Energiekooperation" zugesprochen, da er „der engen Verzahnung von Handel, Investitionen, Transit und Energieeffizienz" Rechnung trägt, ein „ständiges Diskussions- und Konsultationsforum" eröffnet und offen für dynamische

13

---

item_3983913_19/component/file_3983911/content, Stand: 30.9.2023). Zu Europa Special Eurobarometer 490, Climate Change, Survey requested by the European Commission, S. 54 ff. (abrufbar unter: https://ec.europa.eu/commfrontoffice/publicopinion/index.cfm/survey/getsurveydetail/instruments/special/surveyky/2212, Stand: 30.9.2023).
52 Zur Problematik noch unter Teil II Rn. 38 ff.
53 *Homann*, Die Bundesnetzagentur als Motor der Energiewende in der Rechtswirklichkeit, in: Mohr, Energierecht im Wandel – Kolloquium zu Ehren des 75. Geburtstages von Franz Jürgen Säcker, 2018, S. 40 f.
54 Zur genaueren Analyse der Herbeiführung gesellschaftlicher Akzeptanz am Bsp. des Messstellenbetriebsgesetzes *Kelly*, EurUP 2018, 449 (450 ff.).
55 Hierzu bereits *Hauff*, Unsere gemeinsame Zukunft. Der Brundtland-Bericht der Weltkommission für Umwelt und Entwicklung, 1987, S. 3 ff.
56 Zur normativen Ausgestaltung des Beteiligungsprozesses noch unter Teil II Rn. 64 ff. Zur rechtlichen Dimension der Akzeptanz *Zeccola/Gessner*, Akzeptanzfaktoren in der Energiewende und ihre Übertragbarkeit in das Recht, in: Fraune et al., Akzeptanz und politische Partizipation in der Energietransformation, 2019, S. 133 ff.
57 Hierzu *Fraune/Knodt*, Politische Partizipation in der Mehrebenengovernance der Energiewende als institutionelles Beteiligungsparadox, in: Fraune et al., Akzeptanz und politische Partizipation in der Energietransformation, 2019, S. 159 (162).
58 Vgl. dazu insbesondere auch Teil II Rn. 1 ff.
59 Vgl. Beschluss des Rates und der Kommission 98/181/EG, EGKS, Euratom v. 23.9.1997 über den Abschluss des Vertrags über die Energiecharta und des Energiechartaprotokolls über Energieeffizienz und damit verbundene Umweltaspekte durch die Europäischen Gemeinschaften, Abl. 1998 L 69/1. Näher hierzu *Gundel*, AVR 42 (2004), 157 ff.; *ders.*, in: Säcker, Berliner Kommentar zum Energierecht, Band 1, 4. Aufl. 2019. Einl. D.
60 Art. 2 (abgedruckt bei *Theobald/Kühling*, in: dies., Annex. Vertrag über die Energiecharta, Rn. 29).
61 Hierzu noch unter Teil III Rn. 24 ff.

Entwicklungen und den Dialog mit Nichtmitgliedsländern ist.[62] Mittlerweile wird der Vertrag jedoch als investorenfreundlich und klimaschädlich eingestuft[63] und daher (zumindest) als reformbedürftig angesehen.[64] Mehrere Mitgliedstaaten der EU haben daher den Austritt aus dem Vertrag durchgeführt oder angekündigt. Auch Deutschland plant den raschen Ausstieg.[65] Zudem wird auch ein Rückzug der EU aus dem Vertragsabkommen diskutiert.[66] Zugleich hat der EuGH bereits 2021 entschieden, dass die vom Energiecharta-Vertrag vorgesehenen Schiedsgerichte bei Streitigkeiten innerhalb der EU verdrängt werden:[67] Art. 26 Abs. 2 lit. c ECT, der die Zuständigkeiten der Schiedsgerichte für derartige Streitigkeiten festlegt, sei „auf Streitigkeiten zwischen einem Mitgliedstaat und einem Investor aus einem anderen Mitgliedstaat über eine Investition des Investors im zuerst genannten Mitgliedstaat nicht anwendbar".[68]

14 In völkerrechtlicher Hinsicht ist auch der **Vertrag zur Gründung der Energiegemeinschaft** zu erwähnen, welcher eine internationale Kooperation begründet, die über die EU hinausgeht und auch Länder wie Albanien, Bosnien und Herzegowina, die ehemalige jugoslawische Republik Mazedonien, Montenegro oder Serbien umfasst.[69] Eine weitere energiepolitische Zusammenarbeit ist auf der Grundlage von **bilateralen völkerrechtlichen Verträgen** möglich.[70] Letztlich betreffen aber auch das Seerechtsübereinkommen[71] (beispielsweise bei der Schürfung von Manganknollen) oder auch das Weltraumrecht (Energieträger auf Asteroiden), ggf. auch der Antarktis-Vertrag[72] (Förderung von Erdgas) energierechtliche Sachverhalte. Alle diese Konzepte bieten große Möglichkeiten für die energierechtliche Kooperation, allerdings auch eine Reihe von Ansätzen, die die Energiepolitik politisieren. So wird etwa die CACM ausdrücklich dafür genutzt, die Schweiz zum Abschluss eines Energieabkommens zu bewegen, indem der Gesetzestext in der Schweiz tätige Marktbetreiber und ÜNB ausdrücklich von der einheitlichen Day-Ahead-Marktkopplung und der einheitlichen Intraday-Marktkopplung ausschließt, solange ein solches zwischenstaatliches Abkommen nicht existiert.[73]

15 Im Umweltvölkerrecht ist die **Klimarahmenkonvention** (UNFCCC)[74] aus dem Jahre 1992 zu beachten, welche rechtliche Maßnahmen zur Bekämpfung des menschengemachten Klimawandels vorsieht. Gemäß Art. 2 ist es Ziel des Übereinkommens, „die Stabilität der Treibhausgaskonzentration in der Atmosphäre auf einem Niveau zu erreichen, auf dem eine gefährliche anthropogene Störung des Klimasystems verhindert wird. Ein solches Niveau sollte innerhalb eines Zeitraums erreicht werden, der ausreicht, damit sich die Ökosysteme auf natürliche Weise den Klimaänderungen anpas-

---

62 So *Theobald/Kühling*, in: dies., Annex. Vertrag über die Energiecharta, Rn. 8.
63 Im Detail hierzu *Ipp*, ZUR 2022, 387 ff.; *Reins*, EnK-Aktuell 2022, 01018.
64 Vgl. Auch *Talus/Särkänne*, in: Baltag/Stanic, The Future of Investment Treaty Arbitration in the EU, 2020, 9 ff.
65 Redaktion beck-aktuell, becklink 2025326.
66 Zu den Konsequenzen des Austritts Deutschlands aus dem Energiecharta-Vertrag *Mantilla Blanco*, EnK-Aktuell 2023, 01046.
67 EuGH Urt. v. 2.9.2021 – Rs. C-741/19, ECLI:EU:C:2021:655 – *Republik Moldau/Komstroy LLC*.
68 EuGH, ECLI:EU:C:2021:655 – *Republik Moldau/Komstroy LLC*, Rn. 66.
69 S. Beschluss des Rates 2006/500/EG v. 29.5.2006 über den Abschluss des Vertrags zur Gründung der Energiegemeinschaft durch die Europäische Gemeinschaft, Abl. 2006 L 198/15.
70 Z.B. für Verträge zwischen EU und Russland untersucht von *Pritzkow*, Das völkerrechtliche Verhältnis zwischen der EU und Russland im Energiesektor, 2011.
71 Abl. EG vom 23.6.1998, L 179/3.
72 BGBl. 1978 II S. 1517, 1518.
73 Vgl. Art. 1 Abs. 4 CACM.
74 UN Treaty Collection, Vol II; Kap. 27; 7.

C. Der völkerrechtliche Rahmen

sen können, die Nahrungsmittelerzeugung nicht bedroht wird und die wirtschaftliche Entwicklung auf nachhaltige Weise fortgeführt werden kann." Im Rahmen der jährlichen UN-Klimakonferenzen ringen die 197 Vertragsstaaten regelmäßig um konkrete Veränderungen und Nachjustierungen. Besondere Bekanntheit haben die UN-Konferenzen von 2015 in Paris, von 2009 in Kopenhagen und von 1997 in Kyoto erlangt. Letztere begründete einen Emissionszertifikatehandel auf internationaler Ebene.[75]

Das auf der UN-Konferenz von Paris verabschiedete **Pariser Abkommen (PA)**[76] verstärkt die Transnationalisierung des Klimaschutzrechts.[77] Bekannt ist insbesondere die 1,5°C-Beschränkung des Abkommens. So soll gemäß Art. 2 Abs. 1 lit. a PA) der Anstieg der durchschnittlichen Erdtemperatur „deutlich unter 2°C über dem vorindustriellen Niveau gehalten" werden, und es sollen „Anstrengungen unternommen werden, um den Temperaturanstieg auf 1,5°C über dem vorindustriellen Niveau zu begrenzen". Gemäß Art. 4 Abs. 1 PA bemühen sich die Vertragsparteien, zum Erreichen der langfristigen Temperaturziele so bald wie möglich den weltweiten Scheitelpunkt der Emissionen von Treibhausgasen zu erreichen; dies ist – wie auch Abbildung 2 verdeutlicht – noch nicht gelungen, auch wenn bspw. Deutschland seine CO_2-Emissionen in den vergangenen 25 Jahren um 22,4 % verringert hat. Gleichzeitig erkennt das Abkommen, dass der zeitliche Rahmen für das Erreichen des Scheitelpunkts bei Entwicklungsländern größer sein wird. Hierin kommt das Prinzip der *common, but differentiated responsibilities* zum Ausdruck.[78] Ist dieser Scheitelpunkt erreicht, sollen rasche Reduktionen im Einklang mit den besten verfügbaren wissenschaftlichen Erkenntnissen herbeigeführt werden. Den Industrieländern kommt demnach ein besonderes Gewicht nicht nur bei der Reduktion von Treibhausgasen, sondern auch bei der Entwicklung der wissenschaftlichen Erkenntnisse (und technischen Möglichkeiten) zur Treibhausgasverminderung zu. In der zweiten Jahrhunderthälfte soll dann nach Art. 4 Abs. 1 PA „ein Gleichgewicht zwischen den anthropogenen Emissionen von Treibhausgasen aus Quellen und dem Abbau solcher Gase durch Senken" hergestellt sein. Sowohl die EU als auch Deutschland haben dieses Abkommen ratifiziert. Das Abkommen ist am 4.11.2016 in Kraft getreten.

16

---

[75] S. hierzu noch Teil II Rn. 120 ff.
[76] UN Treaty Collection, Vol. II Kap. 27; 7d Paris Agreement. Bei der UN-Klimakonferenz in Paris (Frankreich) im Dezember 2015 einigten sich 197 Staaten auf ein neues, globales Klimaschutzabkommen. Das Abkommen trat am 4.11.2016 in Kraft, nachdem es von 55 Staaten, die mindestens 55 % der globalen Treibhausgase emittieren, ratifiziert wurde. Mittlerweile haben 180 Staaten das Abkommen ratifiziert, darunter auch die EU und Deutschland (Ratifikation am 5.10.2016).
[77] Hierzu *Franzius*, ZUR 2017, 515 (516), der hierunter "Transformationsprozesse des überstaatlichen, aber auch des staatlichen Rechts im Sinne einer 'Vergesellschaftung' des Rechts" versteht. Vgl. auch *Boysen*, AVR 50 (2012), 377 ff.; *Fuhr/Hickmann*, ZfU-Sonderheft Pariser Abkommen 2016, S. 88 ff.; *Hartmann*, AVR 50 (2012), 475 ff.; *Spiesshofer*, AVR 57 (2019), 26 ff.
[78] Hierzu *Rajamani*, RECIEL 9 (2000), 120 ff.

Abbildung 2: Entwicklung der CO_2-Emissionen

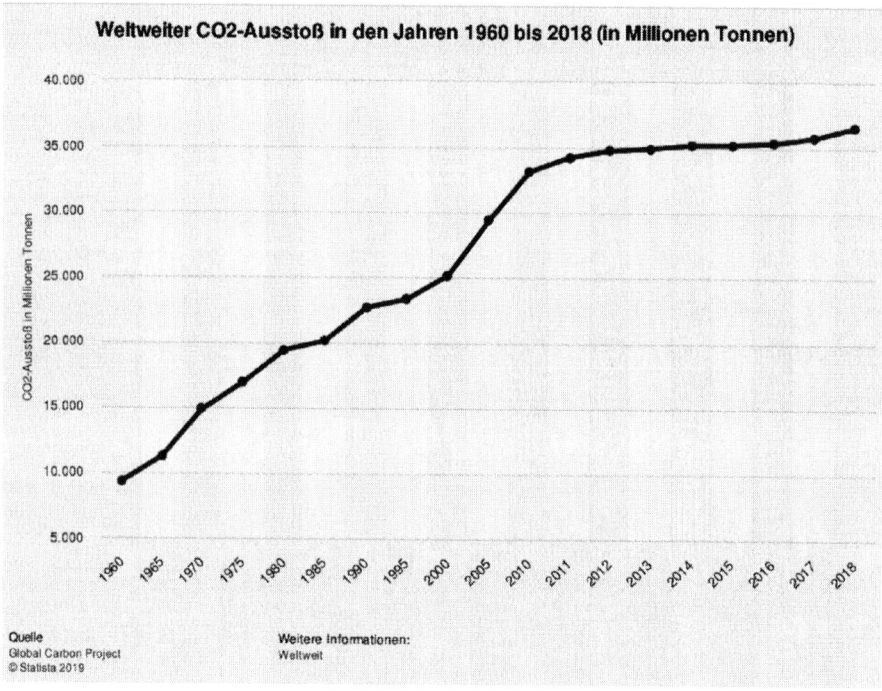

D. Vom Energiebinnenmarkt ...

17 Art. 3 Abs. 3 S. 1 EUV verpflichtet die EU zur Errichtung eines **Binnenmarktes** – auch im Bereich des Energiesektors. Der Begriff wird durch das Protokoll über den Binnenmarkt und den Wettbewerb (Protokoll Nr. 27)[79] genauer ausgestaltet. Danach umfasst der Binnenmarkt, wie er in Art. 3 EUV beschrieben wird, ein System, das den Wettbewerb vor Verfälschungen schützt (vgl. auch Art. 26 Abs. 2 AEUV). Hierin kommt der Grundsatz der Wettbewerblichkeit zum Ausdruck. Eine Relativierung erfährt dieser, soweit man bedenkt, dass die Union – ebenfalls nach Art. 3 Abs. 3 S. 1 EUV – auch einer sozialen Entwicklung und dem Umwelt- (und Klima-)Schutz verpflichtet ist. Ähnlich verpflichtet Art. 194 Abs. 1 AEUV die Union explizit zu einer Energiepolitik, die „im Geiste der Solidarität zwischen den Mitgliedstaaten" der Verwirklichung des Binnenmarktes *und* der Erhaltung und Verbesserung der Umwelt dienen soll. Dies entspricht zugleich dem Integrationsprinzip nach Art. 11 AEUV (sog. Querschnittsklausel), wonach die Erfordernisse des Umweltschutzes „bei der Festlegung und Durchführung der Unionspolitiken und -maßnahmen insbesondere zur Förderung einer nachhaltigen Entwicklung einbezogen werden" müssen.

18 Im Mittelpunkt der energiepolitischen Bemühungen stand (dennoch) lange Zeit die **Errichtung eines Energiebinnenmarktes**.[80] Dieser ist – wie gesehen – durch die Verwirk-

---

[79] Nach Art. 51 AEUV sind die Protokolle und Anhänge der Verträge Bestandteile der Verträge.
[80] Zu dieser Entwicklung ausf. *Penttinen*, Energy Market Liberalisation, in: Routledge Handbook of Energy Law, 2020, 77 ff.

D. Vom Energiebinnenmarkt ...

lichung der Grundfreiheiten und einen unverfälschten Wettbewerb gekennzeichnet.[81] Der Energiebinnenmarkt soll den Verbrauchern „echte Wahlmöglichkeiten zu fairen, wettbewerbsorientierten Preisen bieten."[82] Die durch den Wettbewerb erzielten Preisreduktionen und Qualitätsverbesserungen sollen im Ende eine Wohlstandsvermehrung erzielen. Der Europäische Rat betont in seinen Schlussfolgerungen vom 4.2.2011[83] jedoch einmal mehr, dass diese Wettbewerblichkeit für leitungsgebundene Energieträger (Erdgas und Elektrizität) besondere Regelungen voraussetzt. Die als natürliche Monopole wirkenden Strom- und Gasnetze können in einem unreglementierten System den Markteintritt von Konkurrenten behindern. Funktionierende und zugängliche Übertragungsnetze[84] sind zwingende Voraussetzung, damit entsprechende Märkte überhaupt entstehen.[85] Dadurch, dass den – zur Errichtung der Netze erforderlichen – hohen Fixkosten vergleichsweise geringe Betriebskosten gegenüberstehen, handelt es sich um **natürliche Monopole**. Ein Parallelbau wäre unwirtschaftlich und teils gar nicht möglich.[86] Dem möchte die EU-Energiepolitik entgegenwirken. Der Energiebinnenmarkt soll das notwendige Umfeld dafür schaffen, dass „die energiepolitischen Ziele auf kosteneffiziente Weise erreicht werden."[87] Zugleich bedarf es eines umfassenden rechtlichen Rahmens, um das Gleichgewicht zwischen Marktelementen und Gemeinwohlinteressen sicherzustellen, weshalb europäische Gesetzgebungsaktivitäten in diesem Politikfeld nicht etwas zurückgehen, sondern sich stattdessen ebenso intensivieren wie extensivieren.[88]

Die Verwirklichung des Binnenmarktes fordert verschiedene **Schritte**, die im Laufe der vergangenen Jahre bereits in unterschiedlichem Maße verwirklicht worden sind: 1. eine stärkere Entflechtung zwischen den Netzbetreibern einerseits und den Energieerzeugern andererseits,[89] 2. eine Angleichung der Rechtsvorschriften und insbesondere der technischen Vorgaben (Netzkodizes),[90] 3. der Ausbau des Stromnetzes,[91] 4. die Kooperation der nationalen Regulierungsbehörden[92] sowie 5. eine organisatorische Untermauerung, insbesondere durch die Einrichtung einer europäischen Behörde.[93] Dieser Maßnahmen bedarf es insbesondere zur Ermöglichung eines tatsächlichen Energieaustauschs über die Landesgrenzen hinweg.[94]

Die Einführung der europäischen **Kompetenznormen** – Art. 170 ff. AEUV (durch den Vertrag von Maastricht) sowie Art. 194 Abs. 1 AEUV (durch den Vertrag von Lissabon) – stellten dabei wesentliche Meilensteine dar.[95] Zuvor behalf sich die EU bei

---

81 Zur Binnenmarktcharakteristik vgl. *Pechstein*, in: Streinz, 3. Aufl. 2018, EUV Art. 3 Rn. 7. Hierzu noch unter Teil I Rn. 90 ff.
82 Mitteilung der Kommission vom 10.1.2007, „Eine Energiepolitik für Europa", KOM(2007) 1 endg.
83 EUCO 2/1/11 REV 1, S. 1.
84 Das Folgende gilt entsprechend für die Fernleitungsnetze der Gasmärkte.
85 *Talus*, Introduction to EU Energy Law, 2016, S. 24.
86 *Talus*, Introduction to EU Energy Law, 2016, S. 24.
87 Mitteilung der Kommission vom 22.1.2014, „Ein Rahmen für die Klima- und Energiepolitik im Zeitraum 2020–2030", KOM(2014) 15 endg., S. 10.
88 Vgl. auch *Anchustergui/Formoso*, Energy Market Liberalisation, in: Routledge Handbook of Energy Law, 2020, 90 (91).
89 So Mitteilung der Kommission vom 10.1.2007, „Eine Energiepolitik für Europa", KOM(2007) 1 endg. Hierzu noch unter Teil II Rn. 5 ff., 14 ff.
90 Hierzu noch unter Teil I Rn. 31 f., 40.
91 Hierzu noch unter Teil II Rn. 38 ff.
92 Hierzu noch unter Teil I Rn. 30 ff.
93 Hierzu noch unter Teil I Rn. 28 ff.
94 Mitteilung der Kommission vom 10.1.2007: „Eine Energiepolitik für Europa", KOM(2007) 1 endg.
95 Hierzu noch detailliert unter Teil I Rn. 67 ff.

Teil I: Die Energieverfassung der Europäischen Union

energiepolitischen Rechtssetzungsvorhaben mit der Binnenmarktkompetenz (Art. 114 AEUV), der Umweltkompetenz (Art. 192 AEUV), der Forschungs- und Entwicklungskompetenz (Art. 179, 180 AEUV) sowie der Vertragsabrundungskompetenz nach Art. 352 AEUV.[96]

21 Meilensteine in der Entwicklung des Energiebinnenmarktes[97] waren das **Erste Energiebinnenmarktpaket** von 1996 (bzw. 1998 für Gas), welches die RL 96/92/EG betreffend gemeinsame Vorschriften für den Elektrizitätsbinnenmarkt sowie die RL 98/30/EG betreffend gemeinsame Vorschriften für den Erdgasbinnenmarkt umfasste, sowie das **Zweite Energiebinnenmarktpaket** von 2003 mit den RL 2003/54/EG über gemeinsame Vorschriften für den Elektrizitätsbinnenmarkt und 2003/55/EG über gemeinsame Vorschriften über den Erdgasbinnenmarkt sowie den VO (EG) Nr. 1228/2003 über die Netzzugangsbedingungen für den grenzüberschreitenden Stromhandel und Nr. 1775/2005 über die Bedingungen für den Zugang zu den Erdgasfernleitungsnetzen. Das sog. **Dritte Energiebinnenmarktpaket** umfasst die VO (EG) Nr. 713/2009 zur Gründung einer Agentur für die Zusammenarbeit der Energieregulierungsbehörden, die VO (EG) Nr. 714/2009 über Netzzugangsbedingungen für den grenzüberschreitenden Stromhandel, die VO (EG) Nr. 715/2009 über Bedingungen für den Zugang zu den Erdgasfernleitungsnetzen, die RL 2009/72/EG über den Elektrizitätsbinnenmarkt und die RL 2009/73/EG über den Erdgasbinnenmarkt. Mit Erlass des *Clean Energy Package* („Saubere Energie für alle Europäer", auch **viertes Energiebinnenmarktpaket** oder Winterpaket genannt)[98] sind die Entwicklungen zu einem vorläufigen Abschluss gekommen. Das Paket umfasst die Gebäudeeffizienz-RL (EU) 2018/844, die Energieeffizienz-RL (EU) 2018/2002, die Erneuerbare-Energien-RL (EU) 2018/2001, die Governance-VO (EU) 2018/1999, die Elektrizitätsbinnenmarkt-RL (EU) Nr. 2019/944, die Elektrizitätsbinnenmarkt-VO (EU) 2019/943, die Risikovorsorge-VO (EU) 2019/941 und die ACER-VO (EU) 2019/942.[99]

E. ...zur Energieunion

I. Entwicklung

22 Die **Energieunion** ist zunächst ein politischer Begriff, der im April 2014 vom damaligen polnischen Ministerpräsidenten und späteren Ratspräsidenten *Donald Tusk* geprägt wurde,[100] um auf die Abhängigkeit der europäischen Energiepolitik von russischen Gaslieferverträgen hinzuweisen.[101] Darin liegt zugleich eine Rückkehr zu den Grundgedanken europäischer Einigung, die auch durch die Erfordernisse des Kalten Krieges vorangetrieben wurden. Die Schaffung einer europäischen *Energieunion* wurde

---

96 Hierzu noch unter Teil I Rn. 90 ff.
97 Zu den Details dieser Entwicklung noch unter Kap. 6.
98 Hierzu noch unter Teil II Rn. 10, 100 ff.
99 Zur ACER-VO siehe Rn. 28 f.; zur Governance-VO Rn. 36 ff.
100 Frühere Verwendungen jedoch bspw. Bei *Kahl*, EuR 2009, 601 (601 ff.). Zur Konzeption *Buzek/Delors*, "Towards a new European Energy Community", 2010, Rede abrufbar unter https://institutdelors.eu/wp-content/uploads/2018/01/en_buzek-delors_declaration.pdf (Stand: 31.12.2023).
101 S. *Donald Tusk*, A united Europe can end Russia's energy stranglehold, Financial Times v. 21.4.2014, abrufbar unter https://www.ft.com/content/91508464-c661-11e3-ba0e-00144feabdc0 (Stand: 30.9.2023). Um dieser zu begegnen, forderte dieser ua eine positive Neubewertung einheimischer fossiler Brennstoffe, was auch eine Wiederbelebung des Kohlestroms zur Folge hätte und daher dem energiepolitischen Ziel der Nachhaltigkeit diametral entgegensteht. Vgl. hierzu *Kafsack*, Energieunion: Tusk setzt sich durch, et 4/2015, S. 7.

E. ...zur Energieunion

daraufhin zu einem zentralen Projekt der *Juncker*-Kommission,[102] unter deren Ägide ua der Posten eines Vizekommissionspräsidenten für die Energieunion geschaffen wurde. Gemeinsam mit anderen Leitinitiativen (vgl. Abb. 3) soll die Energieunion dazu beitragen, „in Europa Arbeitsplätze zu schaffen und Wachstum sowie Investitionen anzukurbeln".[103]

Abbildung 3: Modernisierung der Wirtschaft – Rolle der Energieunion und des Klimaschutzes

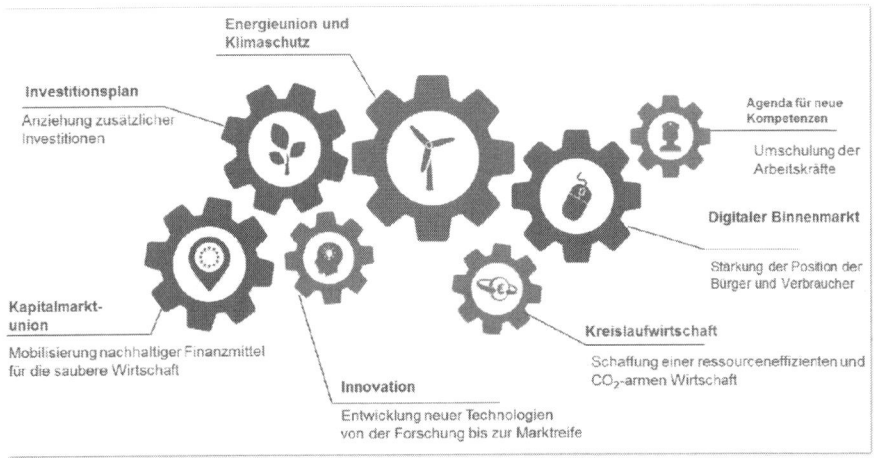

Quelle: Mitteilung der Kommission vom 30.11.2016, „Saubere Energie für alle Europäer", KOM(2016) 860 endg., S. 2.

II. Dimensionen

Der *Union(s)*-Begriff findet immer Verwendung, um Projekte der verstärkten Vergemeinschaftung zu beschreiben,[104] welche die bessere Kontrolle systemischer Risiken auf europäischer Ebene gewährleisten sollen.[105] So soll auch die Europäische Energieunion **Krisenfestigkeit** herbeiführen: Sie beinhaltet neben dem Ziel, die Importabhängigkeit des europäischen Energiesektors abzubauen, Impulse zur Erhöhung der Versorgungssicherheit, zur Schaffung eines integrierten Energiebinnenmarktes, zur Förderung der Energieeffizienz, zur Förderung der EU-Klimapolitik bzw. konkret zur Verringerung der CO_2-Emissionen sowie zur Forschungs- und Innovationsförderung.[106] Diese verschiedenen – miteinander verknüpften – **fünf Dimensionen**, die zu-

---

102 So explizit Mitteilung der Kommission vom 30.11.2016, „Saubere Energie für alle Europäer", KOM(2016) 860 endg., S. 2.
103 Mitteilung der Kommission vom 30.11.2016, „Saubere Energie für alle Europäer", KOM(2016) 860 endg., S. 2.
104 Dies zeigt sich bei der Entwicklung der verschiedenen Spezialunionen (wie Zollunion, Wirtschafts- und Währungsunion, Bankenunion).
105 *Zachmann*, Die Europäische Energieunion: Schlagwort oder wichtiger Integrationsschritt?, in: Friedrich-Ebert-Stiftung, 2017, S. 2 (abrufbar unter http://library.fes.de/pdf-files/wiso/11468.pdf, Stand: 30.9.2023).
106 Hierzu detailliert Mitteilung der Kommission vom 25.2.2015, „Rahmenstrategie für eine krisenfeste Energieunion mit einer zukunftsorientierten Klimaschutzstrategie", KOM(2015), 105 ff.

gleich Ausprägung der energiepolitischen Leitziele der Union sind,[107] werden durch die „Rahmenstrategie für eine krisenfeste Energieunion" vom 25.2.2015[108] in einen Zeitplan für die Jahre 2015 bis 2020 eingebettet. Rechtliche Wirkung entfaltet der *Unions*-Begriff jedoch erst,[109] sobald er durch konkrete Rechtsakte ausgefüllt wird. Hierbei ist die Governance-VO ein Kerninstrument des jüngsten Legislativpakets, des *Clean Energy Packages*, welches den Zielen der Energieunion dienen soll.

24 Das klimapolitisch wohl wichtigste Ziel der **Dekarbonisierung** wurde im Laufe der Verhandlungen zunächst fallen gelassen,[110] insbesondere da die Befürchtung bestand, dass diese Zielsetzung wegen Art. 194 Abs. 2 UAbs. 2 AEUV nicht im Rahmen der europäischen Energiekompetenzen liegt.[111] In Art. 1 Abs. 2 der Governance-VO findet es sich jetzt wieder. Die Kompetenzproblematik soll dadurch umgangen werden, dass sich die Governance-VO explizit auf europaweite – nicht mehr nationale[112] – Ziele hinsichtlich erneuerbarer Energien und Energieeffizienz bezieht.

25 Eine erste **Bewertung** der Energieunion von Seiten der Kommission fiel gemischt aus: Während hierin einerseits eine „neue Dynamik bei der Verwirklichung des Übergangs zu einer emissionsarmen, sicheren und wettbewerbsfähigen Wirtschaft"[113] gesehen wurde, enthielt der Bericht auch zahlreiche Hinweise auf notwendige und noch zu erfüllende Maßnahmen. Hierzu gehört insbesondere die weitere Abkehr von einer auf fossile Brennstoffe gestützten Volkswirtschaft. Erforderlich sind beträchtliche Investitionen, insbesondere in Stromnetze, Energieerzeugung, Energieeffizienz und Innovation.

III. Bürger

26 Hervorzuheben ist die jüngste Fokussierung der europäischen Energiepolitik auf den **Bürger**. Die Akzeptanz der zur Durchführung der Energiewende notwendigen Maßnahmen ist insbesondere von der Einbindung des Bürgers abhängig. Der EU-Gesetzgeber widmet sich daher in besonderer Weise dem „aktiven Bürger",[114] der in einem bisher unbekannten Umfang auch in die Prozesse der Energieerzeugung eingebunden wird. Nach Einschätzung des EU-Gesetzgebers ist dank der Technologien zur dezentralen Energieerzeugung und der Stärkung der Verbraucher Bürgerenergie zu einem wirksamen und kosteneffizienten Instrument geworden, um den Bedürfnissen und Erwartungen der Bürger an Energiequellen, Dienstleistungen und lokale Beteiligung zu entsprechen.[115] So führt der Bericht zur Lage der Energieunion 2015 aus, dass die Umstellung auf eine Wirtschaft und Gesellschaft mit geringen CO_2-Emissionen nur dann erfolgreich und sozial gerecht sein kann, wenn die Bürger mehr Verantwortung übernehmen, die neuen Technologien und den intensiveren Wettbewerb zur Senkung

---

107 Vgl. hierzu bereits unter Teil I Rn. 5 ff.
108 Mitteilung der Kommission vom 25.2.2015, „Rahmenstrategie für eine krisenfeste Energieunion mit einer zukunftsorientierten Klimaschutzstrategie", KOM(2015) 80 endg., S. 4.
109 Zweifelnd hinsichtlich der Bedeutung des Konzepts Energieunion *Schwintowski*, EweRK 2015, 267 ff.
110 Hierzu *Frenz*, EnWZ 2015, 481 ff.
111 Hierzu noch unter Teil I Rn. 84 ff.
112 So noch in Anhang I der Erneuerbare-Energien-Richtlinie 2009/28/EG. *Schlacke/Knodt*, sprechen daher auch von einem „Paradigmenwechsel" (ZUR 2019, 404 [406]).
113 Mitteilung der Kommission vom 18.11.2015, „Bericht zur Lage der Energieunion 2015", KOM(2015) 572 endg., S. 1.
114 Hierzu bereits unter Teil I Rn. 24 ff.
115 So explizit 43. Erwägungsgrund der Energieeffizienzrichtlinie.

ihrer Energiekosten nutzen und aktiver am Markt teilnehmen.[116] Dahinter stehen verschiedene Überlegungen: Zum einen verlangt eine Umstellung der Energieerzeugung eine stärkere Einbindung des Bürgers als Energieerzeuger – durch die Errichtung von Solaranlagen, die Nutzung von Wärmepumpen oder die Beteiligung an Bürgerenergiegemeinschaften.[117] Zum anderen verlangt eine erfolgreiche – weil akzeptable – Umgestaltung der Energielandschaft auch einen realen ökonomischen Nutzen auf gesellschaftlicher Seite. Der Bürger agiert unter diesen Voraussetzungen nicht mehr nur als Konsument, sondern gleichzeitig als Erzeuger bzw. Prosumer.[118]

27 Durch Art. 2 Nr. 8 der neugefassten Elektrizitätsbinnenmarkt-Richtlinie RL (EU) 2019/944 wurde daher der „aktive" Kunde eingeführt. Dieser Begriff bezeichnet „einen Endkunden oder eine Gruppe gemeinsam handelnder Endkunden, der bzw. die an Ort und Stelle innerhalb definierter Grenzen oder – sofern ein Mitgliedstaat es gestattet – an einem anderen Ort erzeugte Elektrizität verbraucht oder speichert oder eigenerzeugte Elektrizität verkauft oder an Flexibilitäts- oder Energieeffizienzprogrammen teilnimmt, sofern es sich dabei nicht um seine bzw. ihre gewerbliche oder berufliche Haupttätigkeit handelt". Art. 15 RL (EU) 2019/944 konkretisiert die Rechte der aktiven Kunden. Nach Abs. 1 haben Endkunden das Recht, „als aktive Kunden zu handeln, ohne unverhältnismäßigen oder diskriminierenden technischen Anforderungen, administrativen Anforderungen, Verfahren, Umlagen und Abgaben sowie nichtkostenorientierten Netzentgelten unterworfen zu werden". Weitere Konkretisierungen erfahren diese Rechte in den Abs. 2 und 5 dieser Vorschrift.

28 Eine ähnliche Stoßrichtung entfaltet die **Bürgerenergiegemeinschaft**, welche die Diversifizierung der Energieerzeugung und gleichzeitig die Einbindung des Bürgers durch finanzielle und lokale Beteiligung erreichen soll.[119] Nach der Definition des Art. 2 Nr. 11 Elektrizitätsbinnenmarkts-RL 2019/944 ist eine „Bürgerenergiegemeinschaft" eine auf freiwilliger und offener Mitgliedschaft beruhende und von natürlichen Personen, Gebietskörperschaften oder Kleinunternehmen kontrollierte Rechtsperson, deren Hauptzweck nicht in der Erwirtschaftung finanzieller Gewinne besteht, sondern darin, ihren Mitgliedern oder Anteilseignern oder den lokalen Gebieten, in denen sie tätig ist, Umwelt-, Wirtschafts- oder soziale Gemeinschaftsvorteile zu bieten. Sie kann in den Bereichen Erzeugung, Verteilung, Versorgung, Verbrauch, Aggregierung, Energiespeicherung, Energieeffizienzdienstleistungen oder Ladedienstleistungen tätig sein oder andere Energiedienstleistungen für ihre Mitglieder oder Anteilseigner erbringen. Ob die Gemeinschaften in ihrem Tätigkeitsgebiet zudem auch ein Verteilernetz betreiben dürfen, hängt von einer entsprechenden Entscheidung der Mitgliedstaaten ab (Art. 16 Abs. 4). Die Mitgliedstaaten haben einen nationalen Regelungsrahmen („*enabling framework*") vorzusehen, der einzelne Grundsätze sicherstellen soll. Hier werden sowohl Mindestrechte der Beteiligten und eine diskriminierungsfreie Behandlung von Bürgerenergiegemeinschaften (Art. 16 Abs. 1) als auch eine diskriminierungsfreie Ausübung der zugedachten Tätigkeiten (Art. 16 Abs. 3) genannt.

29 Nach Ansicht der Kommission führt insbesondere die lokale Bürgerbeteiligung an Projekten der Erzeugung erneuerbarer Energien zu einer höheren Akzeptanz der Pro-

---

116 Mitteilung der Kommission, „Bericht zur Lage der Energieunion 2015" vom 18.11.2015, KOM(2015) 572 endg., S. 1.
117 Zu letzterem noch unter Teil II Rn. 130 ff.
118 In dieser Wortneuschöpfung vereinen sich die englischen Begrifflichkeiten für Konsument (*consumer*) und Produzent (*producer*).
119 Hierzu noch im Detail unter Teil II Rn. 130 ff.

jekte und zugleich zur Mobilisierung zusätzlichen privaten Kapitals.[120] Daher soll zugleich die Wettbewerbsfähigkeit lokaler Erneuerbare-Energien-Gemeinschaften gegenüber größeren Akteuren gestärkt und ihre Marktintegration erleichtert werden.[121] Diese sind als spezifische Formen der Bürgerenergiegemeinschaften auf Projekte im Bereich der erneuerbaren Energien bezogen.[122]

Gemäß Art. 22 Erneuerbare-Energien-RL sind die Mitgliedstaaten dazu verpflichtet, sicherzustellen, dass Erneuerbare-Energien-Gemeinschaften keinen unverhältnismäßigen Verfahren oder Gebühren unterworfen werden. Außerdem sind deren Besonderheiten bei dem Design von Fördermechanismen zu berücksichtigen.

30 Das deutsche EEG 2023 kennt „Bürgerenergiegesellschaften", deren Voraussetzungen den europäischen Erneuerbare-Energien-Gemeinschaften ähneln, jedoch nicht gänzlich deckungsgleich sind. Die regenerative Energieerzeugung nach dem EEG 2017 ist nicht nur dem Gedanken der Nachhaltigkeit, Kosteneffizienz und Verbraucherfreundlichkeit verpflichtet, sie möchte auch Akteursvielfalt sicherstellen. Dies dient zum einen dem Ziel, über die unternehmerische und ökonomische Einbeziehung der Bürger die Akzeptanz der Energiewende zu erhöhen. Zum anderen soll eine „Vermachtung der Erzeugungsmärkte"[123] vermieden werden. Dies ist „im Sinne einer möglichst kompetitiven Anzahl von Bietern zu verstehen, also gerade nicht als atomistische Marktstruktur gemäß den unrealistischen Vorgaben des ökonomischen Modells 'vollkommener Konkurrenz'".[124] *Akteursvielfalt* soll demnach „eine Ausprägung des wettbewerbspolitischen Konzepts der chancengleichen Verbraucherwohlfahrt"[125] sein.

F. Wichtige Behörden

I. ACER

31 Um die europaweiten Anstrengungen zu koordinieren und systematisieren, bedarf es zugleich einer Koordination der nationalen Energieregulierungsbehörden. Zu diesem Zweck wurde die Agentur für die Zusammenarbeit der Energieregulierungsbehörden (ACER, engl.: *Agency for the Cooperation of Energy Regulators*)[126] mit Sitz in Ljubljana 2009 durch die – auf die Binnenmarktkompetenz nach Art. 95 EGV gestützte – Verordnung VO (EG) Nr. 713/2009 gegründet. Zugleich regelte die Verordnung Rechtsstellung, Aufgaben, Organisation und Finanzierung. Die Agentur soll die Liberalisierung des Energiebinnenmarktes im Rahmen der durch das dritte „Energiepaket" (von 2009) vorgesehenen Maßnahmen unterstützen. Sie hatte ursprünglich vornehmlich eine beratende Funktion, die sich in der Abgabe von Empfehlungen und Stellungnahmen erschöpfte.[127] Die Befugnisse und die Unabhängigkeit von ACER

---

120 Vorschlag der Europäischen Kommission für eine Richtlinie zur Förderung der Nutzung von Energie aus erneuerbaren Quellen vom 23.2.2017, KOM(2016) 767 endg.
121 Vgl. hierzu die Erwägungsgründe 54 f. der Erneuerbare-Energien-RL.
122 § 2 Nr. 16 Erneuerbare-Energien-RL.
123 *Mohr*, EnWZ 2015, 99 (100). Siehe auch Kommission, Leitlinien für staatliche Umweltschutz- und Energiebeihilfen, Abl EU Nr. C 200/1 vom 28.6.2014, Rn. 43.
124 *Mohr*, EnWZ 2015, 99 (100) mwN; auch *Säcker*, JZ 2013, 9 (12). Siehe auch BMWI, Zentrale Vorhaben Energiewende für die 18. Legislaturperiode.
125 *Mohr*, EnWZ 2015, 99 (100). Ebenso r2b energy consulting GmbH/Brandenburgische TU Cottbus, Auktionsdesign für Photovoltaikanlagen auf Freiflächen, September 2014, S. 2.
126 Hierzu https://www.acer.europa.eu/de (Stand: 30.9.2023).
127 Zur Kritik Mitteilung der Kommission vom 25.2.2015, „Rahmenstrategie für eine krisenfeste Energieunion mit einer zukunftsorientierten Klimaschutzstrategie", KOM(2015) 80 endg., S. 11.

F. Wichtige Behörden

bei der Wahrnehmung von Regulierungsfunktionen auf europäischer Ebene sollte jedoch erheblich erweitert werden, um die Entwicklung des Energiebinnenmarktes und der damit zusammenhängenden Marktregelungen wirksam zu beaufsichtigen und alle grenzübergreifenden Fragen behandeln zu können.[128] Mit der Neufassung der Gründungsverordnung durch VO (EU) 2019/942 vom 5.6.2019 – nunmehr gestützt auf Art. 194 Abs. 2 AEUV – bleibt die grundsätzlich beratende Ausrichtung bestehen. Die Neufassung reagiert jedoch auch auf wichtige Aufgabenerweiterungen durch die VO (EU) 1227/2011, die VO (EU) 347/2013 (nunmehr: VO (EU) 2022/869), die VO (EU) 2017/1938 (2. Erwägungsgrund) sowie die VO (EU) 2022/869. Hinzu tritt ein erweiterter Bedarf, die nationalen Regulierungsmaßnahmen miteinander zu koordinieren (vgl. 3. und 10. Erwägungsgrund).

Neben informellen Beratungspflichten (Art. 2 lit. a)-c) und Art. 3 Abs. 1, Art. 4 Abs. 1 VO (EU) 2019/942) trifft die Agentur auch bindende Einzelfallentscheidungen, ua die Bereitstellung von Information, die Genehmigung von Methoden zur Verwendung der Einnahmen aus Engpasserlösen, Einzelfallentscheidungen in technischen Fragen nach Art. 6 Abs. 1 VO (EU) 2019/942, Schlichtungen zwischen Regulierungsbehörden gemäß Art. 6 X VO (EU) 2019/942 sowie Entscheidungen über Investitionsanträge nach Art. 11 lit. d) VO (EU) 2019/942.

II. ENTSO

Weitere Institutionalisierungen finden sich in Gestalt des Europäischen Netzes der Übertragungsnetzbetreiber (kurz: ENTSO = *European Network of Transmission System Operators*).[129] Die ENTSO wurde durch Art. 4 und 5 der Verordnung (EG) Nr. 714/2009 vom 13.7.2009 zu ENTSO (Strom) und Art. 4 und 5 der Verordnung (EG) Nr. 715/2009 vom 13.7.2009 zu ENTSO (Gas) (erstere aufgehoben durch VO (EU) 2019/943 (Elektrizitätsbinnenmarkt-VO)) gegründet. Die in der ENTSO (Strom) (zwangsweise)[130] zusammengefassten Übertragungsnetzbetreiber arbeiten auf Unionsebene zusammen, um die Vollendung und das Funktionieren des Elektrizitätsbinnenmarktes und des zonenübergreifenden Handels zu fördern und die optimale Verwaltung, den koordinierten Betrieb und die sachgerechte technische Weiterentwicklung des europäischen Stromübertragungsnetzes sicherzustellen (Art. 28 Abs. 1 VO (EU) 2019/943). Hierbei dienen sie auch umwelt- und klimaschützenden Zielen (vgl. Art. 28 Abs. 2 VO (EU) 2019/943).

Zu ihren Aufgaben gehört es insbesondere, in den in Art. 59 Abs. 1 VO (EU) 2019/943 benannten Bereichen Netzkodizes (also: rechtliche Bedingungen des Netzzugangs)[131] auszuarbeiten (Art. 30 Abs. 1 lit. a) VO), alle zwei Jahre einen nicht bindenden unionsweiten zehnjährigen Netzentwicklungsplan ("unionsweiter Netzentwicklungsplan") anzunehmen und zu veröffentlichen (lit. b), Empfehlungen zur Koordinierung der technischen Zusammenarbeit zwischen der Union und den Übertragungsnetzbetreibern in Drittländern zu verabschieden (lit. d), mit den Verteilernetzbetreibern und der EU-VNBO (d.i. eine Organisation der Verteilernetzbetreiber in der Union, lit. g) zusammenzuarbeiten sowie die Digitalisierung der Übertragungsnetze zu fördern (lit. h).

---

[128] Mitteilung der Kommission vom 25.2.2015, „Rahmenstrategie für eine krisenfeste Energieunion mit einer zukunftsorientierten Klimaschutzstrategie", KOM(2015) 80 endg., S. 11.
[129] Ausführlich dazu *Calliess/Lippert*, in: Wegener, EnzEuR, Band 8, 2. Aufl. 2021, § 2 Rn. 226.
[130] *Stomberg*, Governance-Strukturen im Energierecht, 2019, S. 119.
[131] Hierzu *Leffler/Fischerauer*, EU-Netzkodizes und Kommissionsleitlinie, 2017, sowie noch unter Teil I Rn. 40.

35 Die Netzkodizes beziehen sich im Hinblick auf den grenzüberschreitenden Netzbetrieb auf Fragen der Netzsicherheit und -zuverlässigkeit, der Interoperabilität sowie der Kapazitätsvergabe und des Engpassmanagements. Damit wird die Regelung wesentlicher Fragen auf Private übertragen. Die Kodizes müssen schließlich von der Kommission angenommen werden.

III. Regionale Koordinierungszentren der Übertragungsnetzbetreiber

36 Neu eingeführt sind auch die regionalen Koordinierungszentren der Übertragungsnetzbetreiber (Art. 35 ff. Elektrizitätsbinnenmarkt-VO (EG) 2019/943), welche das Aufgabenfeld der Übertragungsnetzbetreiber ergänzen, indem sie Aufgaben von regionaler Bedeutung wahrnehmen. Bis zum 5.7.2020 legen alle Übertragungsnetzbetreiber einer Netzbetriebsregion den betroffenen Regulierungsbehörden einen Vorschlag für deren Errichtung vor (Art. 35 Elektrizitätsbinnenmarkt-VO (EG) 2019/943, insbes. in Abs. 1 zu den Inhalten). Die Regulierungsbehörden der Netzbetriebsregion überprüfen und billigen den Vorschlag. Die regionalen Koordinierungszentren ersetzen dann die regionalen Sicherheitskoordinatoren und nehmen bis zum 1.7.2022 ihre Tätigkeit auf (Abs. 2). Die Aufgaben der regionalen Koordinierungszentren werden in Art. 37 sowie Anhang 1 der Elektrizitätsbinnenmarkt-VO (EG) 2019/943 konkretisiert. Ihre räumliche Zuständigkeit bezieht sich auf einzelne Netzbetriebsregionen, welche im Einklang mit Art. 36 Elektrizitätsbinnenmarkt-VO (EG) 2019/943 festgelegt werden.

IV. Nationale Regulierungsbehörden

37 Eine wichtige Rolle spielen auch die nationalen Regulierungsbehörden, die in Art. 57 ff. RL (EU) 2019/944 und Art. 39 ff. RL 2009/37/EG explizit Erwähnung finden. Nach Art. 57 Abs. 1 RL (EU) 2019/944, Art. 39 Abs. 1 RL 2009/37/EG benennt jeder Mitgliedstaat auf nationaler Ebene eine einzige nationale Regulierungsbehörde. In Art. 58 RL (EU) 2019/944, Art. 40 RL 2009/37/EG sind die Ziele der Regulierungsbehörden, in Art. 59 RL (EU) 2019/944, Art. 41 RL 2009/37/EG sind ihre Aufgaben und Befugnisse niedergelegt. Gemäß Art. 57 Abs. 4, 5 RL (EU) 2019/944 bzw. Art. 39 Abs. 4, 5 RL 2009/73/EG ist inbesondere die Unabhängigkeit der Regulierungsbehörden sicherzustellen. Diese müssen rechtlich getrennt und funktional unabhängig von anderen öffentlichen und privaten Einrichtungen agieren. Zugleich muss sichergestellt sein, dass Personal und Management unabhängig von Marktinteressen handeln und bei der Wahrnehmung der Regulierungsaufgaben keine direkten Weisungen von Regierungsstellen oder anderen öffentlichen oder privaten Einrichtungen einholen oder entgegennehmen. Mit Urteil vom 2.9.2021 (Rs. C-718/18) hat der EuGH festgestellt, dass die geforderte Unabhängigkeit der Regulierungsbehörden bei der Erfüllung ihrer Aufgaben „eine Stellung bezeichnet, die garantiert, dass die betreffende Stelle im Verhältnis zu den Einrichtungen, denen gegenüber ihre Unabhängigkeit zu wahren ist, völlig frei handeln kann und dabei vor jeglicher Weisung und Einflussnahme von außen geschützt ist".[132] Dies bedeutet, dass die nationale Regulierungsbehörde im Rahmen ihrer Regulierungsaufgaben ihre Entscheidungen „selbständig und allein auf der Grundlage des öffentlichen Interesses trifft, um die Einhaltung der mit [der] Richt-

---

[132] EuGH Urt. v. 2.9.2021 – Rs. C-718/18, ECLI:EU:C:2021:662, Rn. 108 – Kommission/Deutschland, unter Berufung auf EuGH Urt. v. 11.6.2020 – Rs. C-378/19, EU:C:2020:462, Rn. 32 und 33 – Prezident Slovenskej republiky.

F. Wichtige Behörden

linie verfolgten Ziele zu gewährleisten".[133] Hierdurch soll insbesondere eine bevorzugte Behandlung bestimmter Unternehmen, die besonderen politischen Einfluss haben, ausgeschlossen werden. Dem widerspricht § 24 S. 1 EnWG insoweit, als die Vorschrift bestimmte Zuständigkeiten, die ausschließlich der Bundesnetzagentur zustehen, der Bundesregierung in Form einer Rechtsverordnungsermächtigung überträgt. Die Bundesnetzagentur weist daher nach Rechtsauffassung des EuGH nicht die nach Unionsrecht erforderliche Unabhängigkeit auf.[134] Wenig überraschend hat diese Entscheidung ein breites Reaktionsspektrum von Lob bis Kritik heraufbeschworen.[135] Zu Recht wird hieraus die Rechtspflicht zur Schaffung eines neuen bzw. zum grundsätzlichen Umbau des bisherigen Regulierungsrechtsrahmens abgeleitet.[136] Dass der Gesetzgeber bislang dieser Pflicht noch nicht nachgekommen ist, resultiert vermutlich aus einer Vielzahl rechtlicher Unklarheiten. So wird auch die Frage aufgeworfen, ob der EuGH mit dieser Entscheidung, die wesentliche Auswirkungen auf das Demokratieprinzip nach Art. 20 Abs. 3 GG und den hieraus abgeleiteten Grundsatz demokratischer Legitimation entfaltet, in die nationale Identität eingreift.[137] Jedenfalls ist im Rahmen weiterer gesetzgeberischer Initiativen der schmale Grat zwischen unionsrechtlichen und verfassungsrechtlichen Vorgaben mit besonderer Sorgfalt auszuloten.[138] Unklarheit besteht auch im Einzelnen, wieweit der Unabhängigkeitsanspruch des EuGH reicht, insbesondere ob er einer gesetzlichen Regelung a priori entgegensteht, was wiederum Rückwirkungen auf die Geltung des Demokratieprinzips entfaltet.

Rechtspraktisch stellt sich die Frage, wie mit den unionsrechtswidrigen Vorgaben bis zu einer gesetzgeberischen Entscheidung weiter zu verfahren ist, insbesondere ob die betroffenen Normen aufgrund ihrer Unionsrechtswidrigkeit unanwendbar sind – etwa mit der Folge der unmittelbaren Anwendbarkeit der einschlägigen Unionsvorschriften.[139] Der BGH hat hierzu festgestellt, dass Vorschriften der StromNEV sowie der ARegV auch dann (noch) anzuwenden sind, wenn sie gegen die oben genannten verfassungsrechtlichen Vorgaben verstoßen. Dieses leitet er maßgeblich aus Art. 288 Abs. 3 AEUV ab, wonach eine RL für jeden Mitgliedstaat, an den sie gerichtet wird, hinsichtlich des zu erreichenden Ziels verbindlich ist, den innerstaatlichen Stellen jedoch die Wahl der Form und der Mittel überlassen bleibt. Die unionsrechtlichen Vorgaben seien hingegen nicht dahingehend auszulegen, dass sich der nationale Gesetzgeber jeder inhaltlichen Vorgabe zur Regulierung des Zugangs und der Nutzung von Elektrizitätsnetzen zu enthalten und alle diesbezüglichen Entscheidungen der Regulierungsbehörde zu überlassen habe.[140] Hierdurch wird in erster Linie eine rechtlich praktikable Lösung geschaffen. Um einen (drohenden) Konflikt mit dem EuGH zu vermeiden, betont der BGH darüber hinaus die Wirkung der unionsrechtskonformen Auslegung und bestätigt seinen Willen, die streitgegenständlichen Regelungen „wo auch immer möglich und bis zu der den Gerichten durch den Willen des nationalen Gesetzgebers gezogenen Grenze [...] im Sinne einer Gewährleistung und Sicherung

---

133 EuGH Urt. v. 2.9.2021 – Rs. C-718/18, ECLI:EU:C:2021:662, Rn. 109 – Kommission/Deutschland
134 Im Ergebnis EuGH Urt. v. 2.9.2021 – Rs. C-718/18, ECLI:EU:C:2021:662, Rn. 133 – Kommission/Deutschland, Hierzu *Di Fabio*, EnWZ 2022, 291 ff.
135 Positiv etwa *Frenz*, ZRP 2022, 59 ff.
136 So *Heim/Schwintowski*, EWerK 2022, 209 ff.; *Gundel*, EnWZ 2021, 339 ff.
137 In diesem Sinne *Di Fabio*, EnWZ 2022, 291 ff.; sehr ausf. zugleich ders., BeckRS 2022, 20657.
138 Vgl. hierzu auch *Kreuter-Kirchhof*, NVwZ 2021, 589 ff..
139 Hierzu ausf., im Erg. jedoch ablehnend *Ludwigs*, N&R 2001, Beil., 1 (5 ff.); vgl. auch *Gundel*, EnWZ 2021, 339 (340).
140 BGH, EnWZ 2020, 61 (62); zustimmend OLG Düsseldorf, 3 Kart 637/19 (V), BeckRS 2022, 6921.

dieser Unabhängigkeit auszulegen".¹⁴¹ Im Ergebnis entspricht dies auch der Rechtsauffassung der BNetzA.

G. Acquis communautaire

38 Das europäische Energierecht wird maßgeblich durch das – auf der Grundlage der EU-Kompetenzen¹⁴² ergangene – Sekundärrecht geprägt. Hier finden sich etwa Vorschriften zu Handel, Transport und Versorgung mit Erdgas, zu Erzeugung, Transport, Verbrauch von und Versorgung mit Strom und die Gewinnung von Erdöl und Kohlenwasserstoffen. Einen wesentlichen Bestandteil des europäischen Energierechts machen mittlerweile Regelungen zu Energieeffizienz und erneuerbaren Energien aus. Hinzu kommen Vorschriften über den Ausbau der transeuropäischen Netze. Weitere im Nuklearbereich angesiedelte Vorschriften finden im Folgenden keine nähere Betrachtung. Eine weitere Schärfung des Energierechts findet durch die Rechtsprechung der europäischen Gerichte statt, die gemeinsam mit dem europäischen Gesetzesrecht und sonstigen Rechtsakten den „acquis communautaire" bildet.

39 Eine nach Themenbereichen sortierte aktuelle Übersicht ist unter https://eur-lex.europa.eu/summary/chapter/energy/1809.html?root=1809 (Stand: 30.9.2023) abrufbar. Wichtige europäische Sekundärakte finden sich bereits unter Rn. 19 ff. sowie zu den jeweiligen Themen in den einzelnen Kapiteln.¹⁴³

H. Regelungsmechanismus: Governance

40 Zwar sind die energiepolitischen Ziele schon seit geraumer Zeit formuliert, ihre Umsetzung bleibt jedoch eine (gesamteuropäische) Herausforderung. Dies erklärt sich nicht zuletzt aus den nur bruchstückhaften EU-Kompetenzen zur Energiepolitik; insbesondere die Wahl der Energieträger bleibt der nationalen Entscheidungsfindung überlassen.¹⁴⁴ Dieser Herausforderung versucht die EU mit der Einführung eines neuen Steuerungssystems zu begegnen.¹⁴⁵ Der Europäische Rat hat daher bereits im Oktober 2014 die Forderung aufgestellt, dass „ein zuverlässiges und transparentes Governance-System ohne unnötigen Verwaltungsaufwand zu entwickeln ist, das dazu beiträgt, dass die EU ihre energiepolitischen Ziele erreicht".¹⁴⁶

Nach Auffassung der Kommission sollten die zuvor getrennten Verfahren für die Berichterstattung über erneuerbare Energien, Energieeffizienz und die Treibhausgasminderung im Zeitraum nach 2020 durch Einführung eines Governance-Verfahrens vereinfacht und gestrafft werden.¹⁴⁷ Die (weitestgehend) bereits am 24.12.2018 in Kraft getretene Governance-Verordnung 2018/1999¹⁴⁸ soll dieses Ziel – und insbesondere die Erreichung der fünf Dimensionen¹⁴⁹ der Energieunion – umsetzen, indem sie die

---

141 BGH, EnVR 12/20, BeckRS 2021, 45459, Rn. 15; ebenso BGH, EnVR 17/20, BeckRS 2021, 42681, Rn. 13 ff.
142 Dazu noch unter Teil I Rn. 45 ff.
143 Ergänzend findet sich eine Sammlung nationaler energierechtlicher Gesetze bei *Ehricke*, Energierecht, 18. Aufl. 2019.
144 Vgl. noch unter Teil II Rn. 84 ff.
145 *Pause*, ZUR 2019, 387 (389) spricht von einem "neue(n) zentrale(n) Lenkungsmechanismus".
146 Tagung des Europäischen Rats vom 23./24.10.2014, Schlussfolgerungen, abrufbar unter www.consilium.europa.eu/uedocs/cms_data/docs/pressdata/de/ec/145424.pdf (Stand: 30.9.2023).
147 Mitteilung der Kommission vom 22.1.2014, „Ein Rahmen für die Klima- und Energiepolitik im Zeitraum 2020–2030", KOM(2014)15 endg., S. 14.
148 Abl. L 328/1.
149 Siehe bereits unter Teil I, Rn. 21 ff.

H. Regelungsmechanismus: Governance

Schaffung eines voll integrierten europäischen Energiemarkts vorantreibt. Hierzu ist sie auf die Umsetzung der energie- und klimapolitischen Politiken und Maßnahmen, die Anregung der Zusammenarbeit zwischen den Mitgliedstaaten, die Gewährleistung der rechtzeitigen Verfügbarkeit, Transparenz, Genauigkeit, Kohärenz, Vergleichbarkeit und Vollständigkeit der Berichterstattung der Union und ihrer Mitgliedstaaten an das Sekretariat des UNFCCC und des PAs sowie die Erhöhung der Rechts- und Investitionssicherheit gerichtet (Art. 1 Abs. 1 S. 1 Governance-VO).

Die Governance-VO stützt sich auf langfristige Strategien: Zu diesem Zweck hat jeder Mitgliedstaat der Kommission den Entwurf eines integrierten nationalen Energie- und Klimaplans mit einer Laufzeit von jeweils zehn Jahren vorzulegen. Der erste Zehnjahresplan, der sich auf den Zeitraum 2021 bis 2031 bezieht, war der Kommission bis zum 31.12.2019 zu übermitteln (Art. 3 Abs. 1 S. 1, 2 Governance-VO). Die genauen Inhalte sind in Abs. 2 des Art. 3 und in Anhang I der Governance-VO näher konkretisiert. Insbesondere erläutert der Mitgliedstaat, welche Ziele, Vorgaben und Beiträge er im Hinblick auf die fünf Dimensionen der Europäischen Energieunion verfolgt (Art. 4 Governance-VO).

Zum anderen haben die Mitgliedstaaten – in Übereinstimmung mit den Vorgaben des PAs[150] – gemäß Art. 15 Governance-VO Langfrist-Strategien zur Treibhausgasreduktion für den Zeitraum von 2021 bis 2050 zu erarbeiten und sie bis zum 1.1.2020 der Kommission zu melden.[151] Deutschland ist der völkerrechtlichen Verpflichtung im Jahre 2016 mit dem Erlass des Klimaschutzplans 2050 nachgekommen.[152]

Die Verordnung weist insgesamt eine finale Ausrichtung auf. Sie formuliert Ziele, ohne entsprechende Instrumente anzubieten. Die Zielerreichung wird über Planungsmodelle und „Verfahrensvorschriften" wie Melde- und Berichtspflichten, Monitoring etc angestrebt.[153] Dennoch wird dem Governance-Mechanismus bescheinigt, „ein ausdifferenziertes System" darzustellen.[154]

Governance meint auch die **gemeinsame Zielverwirklichung** staatlicher und privater Akteure. Dies zeigt sich bei der Einbindung von ENTSO an der Rechtssetzung durch Übertragung der Kompetenz zur Festlegung der Netzkodizes.[155] Zielsetzung ist die Nutzung privaten Sachverstandes. Die Entscheidungsspielräume werden zwischen staatlichen und privaten Akteuren *geteilt*.[156] Formen privater Rechtsetzung kennt das Energierecht bereits mit den (nationalen) Verbändevereinbarungen.[157] Das Rechtsetzungsverfahren der ENTSO (Strom/Gas) bewegt sich nun in einem deutlich formalisierteren Rahmen.[158]

---

150 Art. 4 XIX PA.
151 Die nationalen Klimaschutzstrategien der 27 Mitgliedstaaten wurden eingereicht und durch Empfehlung der Kommission vom 18.6.2019 bewertet; für Deutschland siehe „Empfehlungen der Kommission zum Entwurf des integrierten nationalen Energie- und Klimaplans Deutschlands für den Zeitraum 2021–2030", KOM(2019) 4405 endg.; hierzu noch unter Teil II Rn. 101.
152 Bundesministerium für Umwelt, Naturschutz und nukleare Sicherheit, Klimaschutzplan 2050, 2. Aufl., S. 34 (abrufbar unter https://www.bmuv.de/publikation/climate-action-plan-2050-de, Stand: 30.9.2023).
153 Nach *Schlacke/Knodt*, (ZUR 2019, 404 [406]) soll durch die prozeduralen Instrumente die „materielle Durchsetzungsschwäche" ausgeglichen werden.
154 *Pause*, ZUR 2019, 387 (389).
155 Hierzu bereits unter Teil I Rn. 17, 31 f.
156 *Stomberg*, Governance-Strukturen im Energierecht, 2019, S. 119.
157 Vgl. z.B. *Säcker*, in: Säcker, Berliner Kommentar zum Energierecht, Band 1, 4. Aufl. 2018, EnWG Einl. A, Rn. 24 ff.
158 *Stomberg*, Governance-Strukturen im Energierecht, 2019, S. 120.

I. Fazit

45 Der Energiesektor hat für Europa und insbesondere die EU eine **herausragende Bedeutung**. Ohne die benötigte Energie ist die europäische Wirtschaft handlungsunfähig. Um den Wettbewerb zu stärken und damit letztlich auch Wohlstandszugewinne zu erzeugen, verfolgt die EU das Ziel der Verwirklichung des **Energiebinnenmarktes**. Die Herstellung von Wettbewerblichkeit soll Versorgungssicherheit und Preisgünstigkeit garantieren.

46 Mit der Schaffung einer **Energieunion** sollen weitere energiepolitische Ziele zusammengeführt werden. Dazu gehören neben dem Ziel, die Importabhängigkeit des europäischen Energiesektors abzubauen, Impulse zur Erhöhung der Versorgungssicherheit, zur Schaffung eines integrierten Energiebinnenmarktes, zur Förderung der Energieeffizienz, zur Förderung der EU-Klimapolitik bzw. konkret zur Verringerung der CO_2-Emissionen sowie zur Forschungs- und Innovationsförderung.[159] Entscheidend für den Erfolg der Energieunion wird die Prioritätensetzung und Ausgestaltung der konkreten Maßnahmen sein. Gelingt eine konsistente Umsetzung der Ziele, so wäre dies ein spürbarer Schritt auf dem Weg zu einer gemeinsamen inneren und äußeren Energiepolitik.

J. Wiederholungs- und Vertiefungsfragen

1. Welche Bedeutung hat der Energiesektor für den Europäischen Binnenmarkt?
2. Welche Leitziele verfolgt die EU bei ihrer Energiepolitik?
3. Benennen Sie die wesentlichen Entwicklungsschritte des Europäischen Energiebinnenmarktes.
4. Wer prägte den Begriff der Energieunion maßgeblich?
5. Was zeichnet die Europäische Energieunion aus und was ist der Unterschied zum Konzept des Europäischen Binnenmarktes?
6. Welche Bedeutung hat der energievölkerrechtliche Rahmen für Energiebinnenmarkt und Energieunion?
7. Welche Behörden und Institutionen sind maßgeblich in die Vollendung des Energiebinnenmarktes und die Schaffung einer Energieunion involviert?
8. Welche Rolle nehmen die Bürger bei der Umstellung der Energiewirtschaft ein?
9. Was bedeutet „Acquis communautaire" und wie stellt sich dieser zusammengefasst im Energiebereich dar?
10. Welche Regelungsmechanismen nutzt die EU, um das Ziel der Vollendung des Energiebinnenmarktes und die Schaffung einer Energieunion voranzutreiben?

---

[159] Hierzu detailliert Mitteilung der Kommission vom 25.2.2015, „Rahmenstrategie für eine krisenfeste Energieunion mit einer zukunftsorientierten Klimaschutzstrategie", KOM(2015) 80 endg.

Kapitel 2: Energiegesetzgebungskompetenzen

A. Einführung

Eine gemeinsame europäische Energiepolitik, wie sie in Kap. 1 skizziert wurde, setzt das Vorhandensein entsprechender EU-Kompetenzen voraus. Eine der grundlegenden Fragen des europäischen Energierechts betrifft daher die Handlungsspielräume der EU. Das von der EU gemäß Art. 3 Abs. 3 UAbs. 1 S. 1 EUV verfolgte Ziel der Errichtung eines Binnenmarkts umfasst auch die Errichtung eines **Binnenmarkts für Energie**. Auch dieser ist durch die Verwirklichung der Grundfreiheiten und einen unverfälschten Wettbewerb gekennzeichnet.[1] Die Handlungsspielräume der EU bestimmen, inwieweit diese Maßnahmen ergreifen kann, um ihre im Primärrecht verankerten Zielen sukzessive zu verwirklichen.

Daraus ergibt sich die Notwendigkeit, die legislativen Möglichkeiten des EU-Gesetzgebers zur Gestaltung der unionalen Energiepolitik im Interesse eines einheitlichen Energiebinnenmarkts zu eruieren. Der **EU-Gesetzgeber** besteht aus der initiativberechtigten Europäischen Kommission, dem Europäischen Parlament und dem Rat der EU, welche zur Beschlussfassung berechtigt sind, sowie den hiermit befassten Ausschüssen.[2] Insgesamt berührt die Tätigkeit der EU auf dem Gebiet des Energierechts eine Vielzahl anderer Politikbereiche, in denen bereits ein enges Geflecht von Regelungen existiert. Der Gesetzgeber steht daher vor der Herausforderung, die Regelungen der einzelnen, zum Teil sehr unterschiedlichen Bereiche miteinander zu koordinieren[3] und nationale und europäische Interessen in einen angemessenen Ausgleich zu bringen.[4] Zentrales europäisches Interesse ist dabei die fortschreitende **Integration** der EU. Die Integration wird nicht nur durch den EU-Gesetzgeber, sondern auch durch den EuGH vorangetrieben. Letzterer hat in Bereichen, in denen der Unionsgesetzgeber mangels Kompetenz nicht befugt war, Maßnahmen zu treffen, oder in Bereichen, in denen dieser aus politischen Gründen notwendige Entscheidungen nicht getroffen hat, Entscheidungen gefällt, die weitreichende Konsequenzen für den Integrationsstatus der Union mit sich brachten.[5] Während die Energiekompetenz des Art. 194 AEUV erst mit dem Vertrag von Lissabon eingeführt wurde, hatte ein bis dahin de jure fehlender Energiekompetenztitel den Unionsgesetzgeber aber nicht aufgehalten, de facto auch als Gesetzgeber für den Energiesektor tätig zu werden.[6] Bis zur Einführung des Art. 194 AEUV waren es vorrangig die Vorschriften der Art. 114 AEUV, 192 Abs. 1 AEUV sowie des Art. 352 AEUV, auf die energiepolitische Gesetzesvorhaben gestützt wurden.[7]

---

1 Zur Binnenmarktcharakteristik vgl. *Pechstein*, in: Streinz, 3. Aufl. 2018, EUV Art. 3 Rn. 7.
2 *Pechstein*, in: Streinz, 3. Aufl. 2018, EUV Art. 3 Rn. 4.
3 *Talus*, Introduction to EU Energy Law, 2016, S. 155 ff.
4 *Ehricke/Hackländer*, ZEuS 2008, 579 (580).
5 Vgl. zB im Bereich der Grundrechtsharmonisierung: EuGH Urt. v. 18.11.2011 – Rs. C-34/10, ECLI:EU:C:2011:669 – *Brüstle*; EuGH Urt. v. 26.2.2013 – Rs. C-617/10, ECLI:EU:C:2013:105 – *Akerberg Fransson*; EuGH Urt. v. 26.2.2013 – Rs. C-399/11, ECLI:EU:C:2013:107 – *Melloni*; im Bereich des ungeschriebenen generellen Anwendungsvorrangs des supranationalen Rechts (als Integrationsmotor) grundlegend EuGH Urt. v. 15.7.1964 – Rs. 6/64, ECLI:EU:C:1964:66 – *Costa/ENEL*; EuGH Urt. v. 9.3.1978 – Rs. 106/77, ECLI:EU:C:1978:49, Rn. 17/18 – *Simmenthal II*.
6 *Talus*, Introduction to EU Energy Law, 2016, S. 12.
7 *Ehricke/Hackländer*, ZEuS 2008, 579 (580); *Talus*, Introduction to EU Energy Law, 2016, S. 11; *Talus/Aalto*, Competences in EU Energy Policy, in: Leal-Arcas/Wouters, Research Handbook on EU Energy Law and Policy, 2017, S. 15 (20).

B. Kompetenzregime

I. Grundsätze

1. Ausschließliche und geteilte Zuständigkeit

3   Im Allgemeinen erlaubt es das europäische Vertragsregime der EU nur, in solchen Politikbereichen tätig zu werden, für welche ihr und ihren Organen die entsprechende Kompetenz ausdrücklich zugewiesen wurde.[8] Die **Legislativbefugnis** der Union muss sich hierbei innerhalb der Vorgaben der europäischen Verträge (EUV, AEUV) und im verfassungsrechtlichen Korsett der Charta der Grundrechte der Europäischen Union (EU-GrCh), welche gem. Art. 4 Abs. 1 UAbs. 1 EUV primärrechtsäquivalente Rechtswirkung entfaltet, bewegen.[9] Mithin stellt das vertraglich gefasste Primärrecht „Grundlage, Rahmen und Grenze" für das sekundäre Unionsrecht und die Gesetzgebungsgewalt der EU dar.[10] Das Kompetenzregime orientiert sich dabei an wesentlichen Grundsätzen, die verhindern sollen, dass die EU Handlungsspielräume erhält, die über das von den Mitgliedstaaten bei Vertragsschluss Gewollte hinausgeht.[11] Dafür unterscheiden die Verträge drei wesentlich von einander abzugrenzende **Kategorien**: Erstens solche Politikbereiche, in denen die EU eine ausschließliche Gesetzgebungskompetenz besitzt; zweitens solche, in denen die Mitgliedstaaten ausschließlich berechtigt sind, Gesetze zu erlassen; drittens solche, in denen sich die EU und die Mitgliedstaaten die Befugnis teilen.[12] Die EU muss sich für den Erlass von Gesetzgebungsvorhaben auf entsprechende Kompetenzvorschriften stützen.[13] Unklarheiten in der Anwendung der Befugnisnormen werden dabei durch die Rechtsprechung des EuGHs beseitigt.[14]

4   Die Differenzierung zwischen **ausschließlicher** und **geteilter Zuständigkeit**, die in **Art. 2 AEUV** geregelt ist, richtet sich nicht nur an die EU – auch die Mitgliedstaaten haben darauf zu achten. In Bereichen der ausschließlichen Zuständigkeit sowie im Bereich der geteilten Zuständigkeit, wenn und soweit die EU hier bereits gesetzgeberisch tätig geworden ist, müssen sich die Mitgliedstaaten eigener Vorhaben enthalten (vgl. Art. 2 Abs. 1, Abs. 2 S. 2 AEUV).

5   Art. 2 Abs. 1 AEUV legt fest, dass im Falle **ausschließlicher Zuständigkeit** der EU grundsätzlich nur diese gesetzgeberisch tätig werden und verbindliche Rechtsakte erlassen darf. Allerdings bestehen auch die in Art. 2 Abs. 1 Hs. 2 AEUV normierten wie auch ungeschriebene Ausnahmen.[15] Art. 3 AEUV konkretisiert die Bereiche, in denen die Union eine ausschließliche Zuständigkeit besitzt. Denkbar ist, dass dabei die Bereiche der Festlegung der für das Funktionieren des Binnenmarkts erforderlichen Wettbewerbsregeln (lit. b)) sowie die gemeinsame Handelspolitik (lit. e)) wie auch die Erhaltung der biologischen Meeresschätze im Rahmen der gemeinsamen Fischereipolitik (lit. d)) abhängig vom jeweiligen Einzelfall und der spezifischen Anwendung eine energierechtliche Bedeutung entfalten können. Nach Art. 5 Abs. 3 EUV zeigt das

---

8   Zum Prinzip der begrenzten Einzelermächtigung vgl. *Streinz*, in: Streinz, 3. Aufl. 2018, EUV Art. 5 Rn. 3.
9   EuGH Urt. v. 9.3.1978 – Rs. C-106/77, ECLI:EU:C:1978:49 – *Simmenthal I.*
10 *Nettesheim*, in: Recht der EU, 80. EL 2023, EUV Art. 1 Rn. 10 mit Bezug auf EuGH Urt. v. 7.3.1997 – Rs. C-26/78, ECLI:EU:C:1978:172, Rn. 9, 14 – *Viola*.
11 Vgl. Auch *Calliess*, in: Calliess/Ruffert, 6. Aufl. 2022, AEUV Art. 2 Rn. 1.
12 Dazu auch *Ehricke/Hackländer*, ZEuS 2008, 579 (582 f.) und *Talus*, Introduction to EU Energy Law, 2016, S. 7 ff.
13 *Pelka*, in: Schwarze, EU-Kommentar, 4. Aufl. 2019, AEUV Art. 2 Rn. 24.
14 *Pelka*, in: Schwarze, EU-Kommentar, 4. Aufl. 2019, AEUV Art. 2 Rn. 25.
15 *Pelka*, in: Schwarze, EU-Kommentar, 4. Aufl. 2019, AEUV Art. 2 Rn. 12.

B. Kompetenzregime

im selben Absatz normierte unionsrechtliche Subsidiaritätsprinzip im Falle einer ausschließlichen Zuständigkeit keine Wirkung.

Art. 2 Abs. 2 AEUV regelt die Kompetenzkategorie der **geteilten Zuständigkeit**. Sehen die Verträge für einen bestimmten Politikbereich eine geteilte Zuständigkeit vor, so können nach dieser Vorschrift sowohl die EU als auch die Mitgliedstaaten tätig werden, allerdings gilt dies für die Mitgliedstaaten nur, sofern und soweit die Union ihre Zuständigkeit nicht ausgeübt hat oder sofern und soweit die Union entschieden hat, ihre Zuständigkeit nicht mehr auszuüben. Letztlich wäre es besser gewesen, den Begriff der „konkurrierenden Zuständigkeit"[16] zu verwenden, da die Mitgliedstaaten bei der rechtmäßigen Ausübung einer Kompetenz durch die Union oder einer entsprechenden von der Union getroffenen Entscheidung von dem Erlass einer Maßnahme in diesem Bereich ausgeschlossen sind. Wirklich „geteilt" ist die Kompetenz nur in den von Art. 4 Abs. 3 und 4 AEUV erfassten Bereichen, in denen Union und Mitgliedstaaten parallel Maßnahmen treffen dürfen.

6

Die **ausschließliche Zuständigkeit der Mitgliedstaaten** für verschiedene Politikbereiche wird in Art. 2 AEUV nicht erwähnt, ergibt sich aber daraus, dass die nicht der EU zugewiesenen Kompetenzbereiche im Hoheitsbereich der Mitgliedstaaten verbleiben, sowie ausdrücklich aus Art. 5 Abs. 2 S. 2 EUV.

7

Für den **Energiebereich** deutlich wichtiger als die Fälle der ausschließlichen Unionskompetenz sind die Fälle der geteilten Zuständigkeit nach Art. 2 Abs. 2 AEUV iVm Art. 4 AEUV. Dabei ist die Aufzählung in Art. 4 Abs. 2 AEUV aufgrund ihres deskriptiven Charakters nicht als abschließend anzusehen.[17] Art. 4 Abs. 2 lit. i) AEUV erwähnt ausdrücklich die „Energie".[18] Auch die Kompetenztitel Binnenmarkt (lit. a), Umwelt (lit. e) sowie transeuropäische Netze (lit. h) können im Einzelfall einschlägig sein.

8

Art. 2 Abs. 3 AEUV weist der Union eine Regelungskompetenz zu, die einen Rahmen für die **Koordinierung** der mitgliedstaatlichen Wirtschafts- und Beschäftigungspolitik durch die Mitgliedstaaten darstellen. Diese Zuständigkeit konkretisiert Art. 5 AEUV.

9

Art. 2 Abs. 4 AEUV regelt, dass der Union die Zuständigkeit obliegt, eine **gemeinsame Außen- und Sicherheitspolitik** einschließlich der schrittweisen Festlegung einer gemeinsamen Verteidigungspolitik zu erarbeiten und zu verwirklichen. Mit diesem Absatz korrespondiert keiner der im AEUV auf Art. 2 AEUV folgenden Artikel; detailliertere Regelungen finden sich in dem die gemeinsame Außen- und Sicherheitspolitik betreffenden Abschnitt im EUV, insbesondere in Art. 24 EUV.[19]

10

Art. 2 Abs. 5 AEUV weist der EU für bestimmte Bereiche, die in der Vorschrift selbst nicht definiert sind, eine Zuständigkeit für Maßnahmen zur Unterstützung, Koordinierung oder Ergänzung der Maßnahmen der Mitgliedstaaten zu, ohne dabei die Zuständigkeit der Mitgliedstaaten zu tangieren. Die Politikbereiche für diese Kompetenz, von denen zumindest auch in Bezug auf Industrie und Verwaltungszusammenarbeit energierechtliche Sachverhalte erfasst werden könnten, beschreibt Art. 6 AEUV.

11

Art. 2 Abs. 6 AEUV weist darauf hin, dass sich die detaillierte Abgrenzung der Kompetenzkategorien allerdings gerade nicht aus den Art. 2 ff. AEUV ergibt; folglich be-

12

---

16 Siehe dazu die Darstellung bei *Calliess*, in: Calliess/Ruffert, 6. Aufl. 2022, AEUV Art. 4 Rn. 1.
17 *Pelka*, in: Schwarze, EU-Kommentar, 4. Aufl. 2019, AEUV Art. 2 Rn. 13.
18 Vgl. *Schneider*, in: Schneider/Theobald, Recht der Energiewirtschaft. Praxishandbuch, 5. Aufl. 2021, § 2 Rn. 9.
19 Vgl. auch *Pelka*, in: Schwarze, EU-Kommentar, 4. Aufl. 2019, AEUV Art. 2 Rn. 2.

schreiben die Art. 2 ff. AEUV nur die einzelnen Kompetenzkategorien, ohne genaue Festlegungen für diese zu treffen.[20]

13 Überdies können Mitgliedstaaten keine Maßnahmen ergreifen, die das EU-Recht behindern.[21] Dies ergibt sich bereits aus Art. 4 Abs. 3 UAbs. 3 EUV.

▶ **Beispiel:** In Europa wird der Strom in sog. Stromgebotszonen gehandelt. Innerhalb einer solchen Stromgebotszone wird auf Handelsebene angenommen, es bestünden keine physikalischen Netzengpässe; die Strombörsen ermitteln einen einheitlichen Strompreis in jeder Gebotszone.[22] Strom, der hinter einem Engpass zu viel oder zu wenig eingespeist wird, wird dann durch von den Übertragungsnetzbetreibern veranlasste Ausgleichsmaßnahmen ausgeglichen. Einzelne Mitgliedstaaten, wie die Bundesrepublik Deutschland, wollen diese Stromgebotszonen entlang ihrer mitgliedstaatlichen Grenzen festhalten. So schreibt der deutsche § 3a S. 1 und 2 StromNZV vor: „Die Betreiber von Übertragungsnetzen sind verpflichtet, Handelstransaktionen innerhalb des Gebiets der Bundesrepublik Deutschland ohne Kapazitätsvergabe in der Weise zu ermöglichen, dass das Gebiet der Bundesrepublik Deutschland eine einheitliche Stromgebotszone bildet. Sie dürfen insbesondere nicht einseitig eine Kapazitätsvergabe einführen, die zu einer einseitigen Aufteilung der einheitlichen deutschen Stromgebotszone führen würde."

14 Mit Blick auf die gerade skizzierten Kompetenzfragen stellt eine derartige nationale Maßnahme einen Verstoß gegen Art. 194 AEUV iVm Art. 2 Abs. 2 AEUV dar. Dies liegt daran, dass die VO (EU) 2015/1222 der Kommission vom 24.7.2015 zur Festlegung einer Leitlinie für die Kapazitätsvergabe und das Engpassmanagement die Konfiguration der Gebotszonen bereits umfassend regeln. Art. 2 Abs. 2 S. 2 AEUV erteilt den Mitgliedstaaten nur dann eine eigene Rechtsetzungsbefugnis in den erfassten Regelungsbereichen, „sofern und soweit die Union ihre Zuständigkeit nicht ausgeübt hat". Abweichende nationale Vorschriften sind dann unanwendbar (sog. Anwendungsvorrang).[23] Hier hat die EU durch die auf der Grundlage des Sekundärrechts erlassene Kommissionsverordnung den Politikbereich der Stromgebotszonen bereits abschließend geregelt, da die Verordnung gerade alle Übertragungsnetze und Verbindungsleitungen in der EU betrifft. ◀

2. Unionrechtliche Schrankentrias

15 Neben der Frage nach der ausschließlichen und geteilten Zuständigkeit sind die in Art. 5 EUV enthaltenen Grundsätze des EU-Kompetenzregimes zu beachten. Die darin enthaltene **sog. unionsrechtliche Schrankentrias** verlangt die Beachtung der Grundsätze der begrenzten Einzelermächtigung, der Subsidiarität und der Verhältnismäßigkeit: Art. 5 Abs. 1 S. 1 iVm Abs. 2 EUV sieht vor, dass nach dem **Grundsatz der begrenzten Einzelermächtigung** die Union nur dann handeln kann, wenn und soweit ihr die Mitgliedstaaten in den Verträgen Zuständigkeiten übertragen haben.[24] Ausgeschlossen ist damit auch, dass sich die Union auf der Grundlage bestehender Kompetenzen weitere Kompetenzen aneignet.[25] Eine sog. „Kompetenz-Kompetenz"[26], wie sie beispielsweise in den Parlamenten der Mitgliedstaaten üblich ist, hat sie also gerade nicht.

---

20 *Pelka*, in: Schwarze, EU-Kommentar, 4. Aufl. 2019, AEUV Art. 2 Rn. 3.
21 *Talus*, Introduction to EU Energy Law, 2016, S. 7 ff.
22 Dazu und zum Beispiel insgesamt *König/Baumgart*, EuZW 2018, 491 (491 ff.).
23 Vgl. hierzu bereits unter Fn. 5.
24 Zu diesen im Einzelnen unter Teil I Rn. 66 ff.
25 Ausführlich zum Grundsatz der begrenzten Einzelermächtigung in den EU-Verträgen *Calliess*, in: Calliess/Ruffert, 6. Aufl. 2022, EUV Art. 5 Rn. 6 ff.
26 Vgl. *Calliess*, in: Calliess/Ruffert, 6. Aufl. 2022, EUV Art. 5 Rn. 6.

B. Kompetenzregime

Weiterhin regelt Art. 5 Abs. 2 S. 1 iVm Abs. 3 EUV, dass die Union bei der Ausübung ihrer Zuständigkeiten in den Bereichen, die nicht in ihre ausschließliche Zuständigkeit fallen, nur tätig wird, sofern und soweit die Ziele der in Betracht gezogenen Maßnahmen von den Mitgliedstaaten weder auf zentraler noch auf regionaler oder lokaler Ebene ausreichend verwirklicht werden können, sondern vielmehr wegen ihres Umfangs oder ihrer Wirkungen auf Unionsebene besser zu verwirklichen sind. Dieses **Subsidiaritätsprinzip**, abgesichert durch Subsidiaritätsrüge und Subsidiaritätsklage der mitgliedstaatlichen Parlamente,[27] soll sicherstellen, dass die Union nur dann tätig wird, wenn dies im Lichte der mit der Maßnahme verfolgten Ziele wirklich erforderlich ist.[28]

Schließlich erhebt Art. 5 Abs. 2 S. 1 iVm Abs. 4 EUV das dem deutschen Recht entstammende **Verhältnismäßigkeitsprinzip** zu einem unionsrechtlichen Prinzip. Demnach muss auch eine von der Union getroffene Maßnahme geeignet, erforderlich und ggf. angemessen sein.[29] Hierbei trennt der EuGH anders als das deutsche BVerfG in seiner Praxis nicht zwingend zwischen Erforderlichkeit und Angemessenheit.[30] Im Hinblick auf die gesetzliche Beschränkung von unionalen Grundrechten durch EU-Organe oder bei der Umsetzung von Unionsrecht durch die Mitgliedstaaten enthält auch Art. 52 Abs. 1 S. 2 EU-GrCh einen allgemeinen Verhältnismäßigkeitsmaßstab. Dieser wurde in der Vergangenheit etwa bei Einschränkungen der Eigentums- und Berufsfreiheit (zB durch besondere Genehmigungsvorbehalte, bedarfsgerechte Netzausbauverpflichtungen nach NOVA-Prinzip[31]), bei Einschränkungen der Vertragsfreiheit (zB durch Anschluss- und Benutzungszwänge bei Fernwärme oder Kontrahierungszwängen) sowie bei Einschränkungen des Rechts auf informationelle Selbstbestimmung (in Zukunft zB auch bei der gesetzlichen Duldung von Smart-Meters)[32] relevant.

3. Binnen- und Außenkompetenz

Für das Tätigwerden der EU ist zudem zwischen **Binnen- und Außenkompetenz** zu unterscheiden. Die politische Relevanz der EU-Außenkompetenz manifestiert sich bereits in dem Befund, dass die EU über das Jahr betrachtet[33] deutlich mehr Energie benötigt als auf ihrem Territorium produziert wird. Ferner sind Klimaziele nur durch globale Anstrengung zu erreichen, so dass es von Seiten der EU sinnvoll ist, im Rahmen ihrer Kompetenzen auf die internationale Klimapolitik einzuwirken.[34] Daraus resultiert die Bedeutung und Notwendigkeit der Kooperation mit Drittstaaten und von Kooperationskonzepten wie dem Europäischen Wirtschaftsraum, der Energiegemeinschaft und auf der Grundlage von weiteren bi- und multilateralen Abkommen.

---

27 Dazu ausführlich *Bickenbach*, EuR 2013, 523 (523 ff.).
28 Vgl. auch *Ehricke/Hackländer*, ZEuS 2008, 579 (598); *Talus*, Introduction to EU Energy Law, 2016, S. 8.
29 *Ehricke/Hackländer*, ZEuS 2008, 579 (598); *Lienbacher*, in: Schwarze, EU-Kommentar, 4. Aufl. 2019, EUV Art. 5 Rn. 38.
30 Vgl. hierzu nur EuGH Urt. v. 8.4.2014 – verb. Rs C-293/12 und C-594/12, ECLI:EU:C:2014:238, Rn. 45 ff. – *Digital Rights Ireland*.
31 NOVA steht für Netzoptimierung vor Netzverstärkung vor Netzausbau, siehe *Posser*, in: Kment, EnWG, 2. Aufl. 2019, § 12b Rn. 23.
32 Hierzu noch unter Teil II Rn. 104 ff.
33 Dieses rechnerisch auf das Jahr bezogene Minus gilt nicht zu jedem Zeitpunkt an jedem Ort; hier kann auch punktuell ein Überschuss entstehen – so steigt die Anzahl an Tagen/Jahr mit negativen Strompreisen kontinuierlich an.
34 *Fischer*, Global energy security and EU energy policy, in: Leal-Arcas/Wouters, Research Handbook on EU Energy Law and Policy, 2017, S. 150 (150); *Kamphof/Bonenkamp/Selleslaghs/Hosli*, External competences in energy and climate change, in: Leal-Arcas/Wouters, Research Handbook on EU Energy Law and Policy, 2017, S. 30 (30 f.).

19 In Umsetzung und Ergänzung der auf der *implied powers*-Doktrin aufbauenden AETR-Rechtsprechung[35] wurde mit dem Vertrag von Lissabon die **EU-Außenkompetenz** in **Art. 3 Abs. 2, Art. 216 AEUV** primärrechtlich geregelt. Danach ergibt sich die Außenkompetenz aus ausdrücklichen vertraglichen Ermächtigungen, anderen Bestimmungen des Primärrechts sowie aus den auf ihnen beruhenden Rechtsakten des EU-Gesetzgebers.[36] Eine vorherige Ausübung der internen Ermächtigung ist nicht erforderlich, wenn das angestrebte Ziel nicht alleine mit internen Mitteln erreicht werden kann.[37]

20 Die EU-Außenkompetenzen sind grundsätzlich **konkurrierende Kompetenzen**, es sei denn, a) die entsprechende innergemeinschaftliche Kompetenz ist eine ausschließliche (vgl. Art. 3 Abs. 1 AEUV), b) der Abschluss der Übereinkunft ist in einem Gesetzgebungsakt der Union vorgesehen, c) er ist notwendig, damit die Union ihre interne Zuständigkeit ausüben kann, oder d) er kann gemeinsame Regeln beeinträchtigen oder deren Tragweite verändern (zu Letzterem Art. 3 Abs. 2 AEUV).[38] Sofern die Außenkompetenzen von EU und Mitgliedstaaten nicht überschneidungsfrei trennbar sind, besteht auch die Möglichkeit eines **gemischten Abkommens**.[39]

21 Allgemeine **Bestimmungen des auswärtigen Handels** finden sich in den Art. 21 ff. EUV und 205 ff. AEUV. Eine explizite **Umweltaußenkompetenz** ist Art. 191 Abs. 4 UAbs. 1 iVm Art. 192 AEUV zu entnehmen. Nach Art. 191 Abs. 4 UAbs. 1 AEUV arbeiten die Union und die Mitgliedstaaten im Rahmen ihrer jeweiligen Befugnisse mit dritten Ländern und den zuständigen internationalen Organisationen zusammen; dabei können die Einzelheiten der Zusammenarbeit der Union Gegenstand von Abkommen zwischen dieser und den betreffenden dritten Parteien sein. Art. 191 Abs. 4 UAbs. 2 stellt klar, dass dies nicht die Zuständigkeit der Mitgliedstaaten, in internationalen Gremien zu verhandeln und internationale Abkommen zu schließen, berührt. Nach Art. 171 Abs. 3 AEUV kann die Union beschließen, mit dritten Ländern zur Förderung von Vorhaben von gemeinsamem Interesse sowie zur Sicherstellung der Interoperabilität der Netze zusammenzuarbeiten.[40]

22 Das aufgrund der EU-Kompetenzen erlassene **Sekundär- und Tertiärrecht** der EU wurde insbesondere in den letzten Jahren zunehmend in seiner Außendimension politisiert. So ist zu beobachten, dass das an die Mitgliedstaaten oder an die in der EU-befindlichen Akteure gerichtete Recht vermehrt Drittstaatenausschlussklauseln enthält. In diesem Zusammenhang kann von einer Politisierung des EU-Rechts gesprochen werden. Diese Drittstaatenklauseln finden sich auch bei sonst sehr technischen Vorschriften, wie etwa bei der Kommissionsverordnung über das Kapazitätsmanagement.[41]

---

35 EuGH Urt. v. 31.3.1971 – Rs. 22/70, ECLI:EU:C:1971:32, Rn. 13 ff., 22, 23 ff. – *Kommission/Rat*.
36 *Kahl*, EuR 2009, 601 (614).
37 *Kahl*, EuR 2009, 601 (614). Insgesamt zur Thematik *Kamphof/Bonenkamp/Selleslaghs/Hosli*, External competences in energy and climate change, in: Leal-Arcas/Wouters, Research Handbook on EU Energy Law and Policy, 2017, S. 30 (37).
38 *Kahl*, EuR 2009, 601 (614).
39 *Vranes*, EuR 2009, 44 (57).
40 Siehe für weitere Beispiele die Übersicht bei *Breitenmoser/Weyeneth*, Europarecht. Unter Einbezug des Verhältnisses Schweiz-EU, 4. Aufl. 2020, S. 427 ff.
41 Verordnung (EU) 2015/1222 der Kommission v. 24.7.2015 zur Festlegung einer Leitlinie für die Kapazitätsvergabe und das Engpassmanagement, Abl. L 197 v. 25.7.2015, S. 24 ff.

II. Relevante Kompetenzgrundlagen

Im Folgenden werden die wesentlichen **Kompetenzgrundlagen der EU in der Energiepolitik** dargestellt, die sich maßgeblich aus dem AEUV, aber auch aus dem Vertrag zur Gründung der Europäischen Atomgemeinschaft ergeben.[42]

1. Art. 194 AEUV (Energie)

a) Änderung mit dem Vertrag von Lissabon

Die wohl **wichtigste energierechtliche Kompetenzgrundlage** stellt Art. 194 iVm Art. 4 Abs. 2 lit. i) AEUV dar. Durch ihre Einführung mit dem Vertrag von Lissabon bezweckte der europäische Gesetzgeber der fehlenden Regelungskompetenz im Energiebereich entgegenzutreten.[43] Seit der Einführung von Art. 194 AEUV stützte der europäische Gesetzgeber beispielsweise die Neufassung der Elektrizitätsbinnenmarkt-RL (EU) 2019/944 und die Energieeffizienz-RL 2012/27/EU auf die neue Energiekompetenz.[44] Nach Art. 194 Abs. 1 AEUV verfolgt die Energiepolitik der Union „im Geiste der Solidarität zwischen den Mitgliedstaaten im Rahmen der Verwirklichung oder des Funktionierens des Binnenmarkts und unter Berücksichtigung der Notwendigkeit der Erhaltung und Verbesserung der Umwelt" im weiteren genannte energiepolitische Ziele (Art. 194 Abs. 1 lit. a) – d) AEUV).

b) Prinzipien

Damit sind bereits zu Beginn der Vorschrift die **drei Leitprinzipien** der Solidarität, der Binnenmarktverwirklichung und des Umweltschutzes normiert. Die im Weiteren genannten energiepolitischen Ziele werden also ausdrücklich vor dem Hintergrund dieser drei Leitmotive verfolgt und sind von diesen zu unterscheiden:[45]

aa) Solidarität

Das erste Leitprinzip wird mit der Formulierung „**im Geiste der Solidarität** zwischen den Mitgliedstaaten" angesprochen. Diese Formulierung findet sich auch in Art. 122 Abs. 1 AEUV. Dabei handelt es sich letztlich um ein übergeordnetes Leitmotiv, das ähnlich dem noch zu erörternden Umweltmotiv nur eine Richtung vorgibt, in welche die Ziele der Energiepolitik zeigen. Eine auf Art. 194 AEUV gestützte Maßnahme, welche sich gegen die Solidarität der Mitgliedstaaten stellen würde, wäre rechtswidrig. Das in Art. 194 AEUV verankerte Solidaritätsmotiv deutet sich bereits in der Ausprägung der „Stärkung der Solidarität zwischen den Völkern" in den Präambeln der EU-Verträge an.[46] So formuliert die Präambel zum EUV den mitgliedstaatlichen „Wunsch, die Solidarität zwischen ihren Völkern unter Achtung ihrer Geschichte, ihrer Kultur und ihrer Traditionen zu stärken". Nach Auffassung des Europäischen Gerichtshofs liegt der Solidaritätsgedanke „gemäß der in [… Art. 4 Abs. 3 EUV] eingegangenen Verpflichtung […] dem gesamten Gemeinschaftssystem zugrunde[…]"[47]. Somit wird das

---

[42] Diese Unterscheidung bereits bei *Kahl*, EuR 2009, 601 (612 ff.).
[43] *Ehricke/Hackländer*, ZEuS 2008, 579 (581). Zur Entstehungsgeschichte der Vorschrift *dies.*, S. 581 f.
[44] Vgl. Auch *Talus*, Introduction to EU Energy Law, 2016, S. 12 f.
[45] *Ehricke/Hackländer*, ZEuS 2008, 579 (585).
[46] Vgl. ausführlich *Baumgart*, Unionsprimärrechtliche Pflichten der EU-Mitgliedstaaten zum Ausbau der Stromnetze, 2020, S. 52, 130.
[47] EuGH Urt. v. 10.12.1969 – verb. Rs. C-6/69 und C-11/69, ECLI:EU:C:1969:68, Rn. 14 ff. – *Kommission/Frankreich*.

in der Präambel zum EUV normierte Vertragsziel durch die Formulierung in Art. 194 Abs. 1 AEUV unterstützt. Die Solidaritätsidee erlangt durch die Verankerung in der Vorschrift eine wesentliche Bedeutung, da durch die zunehmende Vernetzung der nationalen Märkte gegenseitige Abhängigkeiten entstehen, weshalb sich Maßnahmen negativ auf Nachbarmärkte auswirken können: So wirkt sich bspw. die hohe Erzeugung von Energie aus erneuerbaren Energien im Norden von Deutschland nachteilig auf die Stromnetze in Ländern wie Polen und Tschechien aus.[48] Tlw. wird überlegt, Solidarität als „Korrekturmechanismus" im Falle des Versagens nationaler Märkte zur Sicherung der Versorgungssicherheit zu verstehen.[49] In jedem Fall ist festzuhalten, dass Art. 194 Abs. 1 AEUV das Solidaritätsprinzip besonders sichert.[50] Die Union hat bei ihrer Energiepolitik die Solidarität zwischen den Mitgliedstaaten zu beachten. Zudem ähnelt das Solidaritätsprinzip dem ebenfalls in den Verträgen enthaltenen **Loyalitätsgrundsatz**.[51] Das Solidaritätsziel stellt sich folglich als Erweiterung des ebenfalls in den EU-Verträgen enthaltenen Integrationsziels dar.[52]

27 Der EuGH leitet wie bereits zuvor erläutert[53] mittlerweile weitere **Rechtsfolgen** aus dem Solidaritätsprinzip ab. Ferner wird der Solidaritätsmechanismus durch entsprechende sekundärrechtliche Verpflichtungen aktiviert, wie sie sich etwa in der Verordnung (EU) 2017/1938 des Europäischen Parlaments und des Rates vom 25. Oktober 2017 über Maßnahmen zur Gewährleistung der sicheren Gasversorgung und zur Aufhebung der Verordnung (EU) Nr. 994/2010 finden.

bb) Binnenmarkt

28 Die Energiepolitik verfolgt die Ziele auch „im Rahmen der Verwirklichung oder des Funktionierens des **Binnenmarkts**". Dabei unterscheiden sich bereits die verschiedenen Sprachfassungen und rufen unterschiedliche Assoziationen hervor.[54] Beispielsweise heißt es in der ebenso gültigen englischen Fassung: „In the context of the establishment and functioning of the internal market". Die französische Fassung spricht von „Dans le cadre de l'établissement ou du fonctionnement du marché intérieur". Insgesamt ist daher ein Verständnis des Binnenmarktaspekts entweder als „Begrenzung" des unionsgesetzgeberischen Tätigwerdens oder lediglich als Bezugnahme auf das Binnenmarktprinzip möglich.[55] Der Binnenmarktaspekt erlangt damit je nach vertretener Auffassung entweder die Rolle einer Schranke, die verhindert, dass die EU energiepolitische Maßnahmen, die über den Binnenmarkt hinausgehen, auf die Energiekompetenz stützen kann, oder die Rolle eines eher gestaltenden Leitprinzips. Mit Blick auf die Konzeptionsidee des Art. 194 AEUV, energiepolitische Handlungsermächtigungen in den Verträgen in einer Norm zu konsolidieren, überzeugt es eher, auch in dem Binnen-

---

48 *Talus/Aalto*, Competences in EU energy policy, in: Leal-Arcas/Wouters, Research Handbook on EU Energy Law and Policy, 2017, S. 15 (19); *Baumgart*, RdE 2020, 243 (243).
49 *Talus/Aalto*, Competences in EU energy policy, in: Leal-Arcas/Wouters, Research Handbook on EU Energy Law and Policy, 2017, S. 15 (19).
50 Vgl. vertiefend zur Verankerung des Solidaritätsgedankens in den EU-Verträgen *Ehricke/Hackländer*, ZEuS 2008, 579 (594 ff.).
51 Ausführlich *Hatje*, Loyalität als Rechtsprinzip, 2001, S. 16 f.
52 Vgl. *Baumgart*, Unionsprimärrechtliche Pflichten der EU-Mitgliedstaaten zum Ausbau der Stromnetze, 2020, S. 23.
53 Hierzu Kap. 1 Rn. 6.
54 *Ehricke/Hackländer* ZEuS 2008, 579 (592 f.).
55 *Ehricke/Hackländer* ZEuS 2008, 579 (592 f.).

marktaspekt ein Leitprinzip zu sehen. Dem entspricht auch die Parallelisierung mit den anderen ebenfalls als Leitprinzipien zu charakterisierenden Aspekten.

cc) Umwelt

Energiepolitische Maßnahmen sollen schließlich „unter Berücksichtigung der Notwendigkeit der Erhaltung und Verbesserung der **Umwelt**" ergehen. Hierdurch wird ein weiteres Leitmotiv der Energieunion aufgegriffen. Zugleich korrespondiert diese Vorgabe mit der Querschnittsklausel nach Art. 11 AEUV.[56]

c) Ziele

Der Begriff der „Energiepolitik" umfasst sämtliche Stationen der Energiewirtschaft (Erzeugung, Übertragung, Verteilung, Verbrauch) wie auch sämtliche Energieträger und Rohstoffe, also zB Strom, Gas, Fernwärme oder Wasserkraft.[57] Bei den **energiepolitischen Zielen**, die die Union gemäß Art. 194 Abs. 1 lit. a) – d) AEUV mit der Vorschrift verfolgt, handelt es sich um die Sicherstellung des Funktionierens des Energiemarkts (lit. a)), die Gewährleistung der Energieversorgungssicherheit in der Union (lit. b)), die Förderung der Energieeffizienz und von Energieeinsparungen sowie Entwicklung neuer und erneuerbarer Energiequellen (lit. c)) und die Förderung der Interkonnektion der Energienetze (lit. d)).

aa) Funktionieren des Energiemarkts

Das erste genannte Ziel betrifft die „**Sicherstellung des Funktionierens des Energiemarkts**". Der Begriff des **Energiemarkts** geht über den Begriff des Energiebinnenmarktes hinaus. Gemeint sind also nicht lediglich die Herstellung und Sicherung des Binnenmarktes, sondern eine darüber hinausreichende umfangreiche Steuerung, welche insbesondere die Funktionsfähigkeit sicherstellt. Dies umfasst die Möglichkeit wettbewerbliche Maßnahmen zu ergreifen, um Marktstörungen zu verhindern.[58] Weitergehend lassen sich darauf evtl. sogar politische Maßnahmen im Kontext der Gestaltung des Energiemarkts stützen.[59]

Fraglich ist, ob hierunter auch das Ziel einer möglichst preisgünstigen Versorgung der Verbraucher mit Energie zu fassen ist.[60] Eine solche explizit formulierte Zielvorstellung findet sich beispielsweise in nationalen Gesetzen wie dem deutschen Energiewirtschaftsgesetz (EnWG).[61] Möglicherweise ist eine preisgünstige Versorgung nicht als eigenes Ziel, sondern lediglich als Annex zu einer Vertiefung und Verstärkung des Wettbewerbs zu sehen, wobei der zwingend kausale Zusammenhang zwischen einem günstigen Preis und verstärktem Wettbewerb gerade nicht abschließend geklärt ist und in der Energiewirtschaft nicht immer offenkundig war.[62]

Die „**Sicherstellung des Funktionierens des Energiemarkts**" meint daher insgesamt, dass im Bereich des Energiesektors sowohl die Warenverkehrsfreiheit, die Dienstleis-

---

[56] *Calliess*, in: Calliess/Ruffert, 6. Aufl. 2022, AEUV Art. 194 Rn. 8; *Rodi*, in: *Vedder/Heintschel von Heinegg*, EU, 2. Aufl. 2018, AEUV Art. 194 Rn. 4 spricht sogar von einer „deklaratorische[n] Wiederholung".
[57] *Ehricke/Hackländer*, ZEuS 2008, 579 (584); *Frenz/Kane*, NuR 2010, 464 (464).
[58] *Schulenberg*, Die Energiepolitik der Europäischen Union, 2009, S. 380.
[59] So *Nettesheim*, in: Grabitz/Hilf/Nettesheim, Recht der EU, 80. EL 2023, AEUV Art. 194 Rn. 15.
[60] Siehe nur *Ehricke/Hackländer*, ZEuS 2008, 579 (596 f.m.w.N.).
[61] Vgl. § 1 Abs. 1 EnWG; ferner auch den Hinweis bei *Ehricke/Hackländer*, ZEuS 2008, 579 (587).
[62] So *Ehricke/Hackländer*, ZEuS 2008, 579 (588).

tungs-, die Kapitalverkehrsfreiheit wie auch – wohl als Annex zur Warenverkehrsfreiheit – der Verkehr von Energie selbst zwischen den Mitgliedstaaten verstärkt werden soll.[63]

bb) Energieversorgungssicherheit

33 Das zweite Ziel ist die „**Gewährleistung der Energieversorgungssicherheit** in der Union". Bei diesem Ziel geht es um die immerwährende Verfügbarkeit von Energie zu einem bezahlbaren Preis, wobei tlw. auch die sozialen Kosten berücksichtigt werden.[64] Hierfür könnte sprechen, dass bspw. die Berücksichtigung von Umweltbelangen als Zielsetzung aller Unionspolitiken und -maßnahmen in Art. 11 AEUV vorgesehen ist. Dogmatisch stringenter ist es allerdings, die sozialen Kosten erst im Rahmen der Angemessenheit einer Maßnahme zu berücksichtigen. Maßnahmen, die nur darauf abzielen, möglichst minimale soziale Kosten zu schaffen, sollten sich hingegen nicht auf die Vorschrift stützen lassen.

34 Im Übrigen betrifft die Sicherstellung der Energieversorgungssicherheit auch insbesondere die Unabhängigkeit von Energieimporten aus Drittländern.[65] Die besondere Relevanz dieses Aspekts lässt sich bereits daran erkennen, dass die Initiative einer Energieunion vom damaligen Ministerpräsidenten Polens *Donald Tusk* insbesondere die Abhängigkeit von Gasimporten aus Russland reduzieren wollte.[66]

cc) Energieeffizienz, Energieeinsparungen und Entwicklung von Energiequellen

35 Das Ziel der „**Förderung der Energieeffizienz** und von **Energieeinsparungen** sowie **Entwicklung neuer und erneuerbarer Energiequellen**" strebt an, einerseits weniger Energieerzeugung notwendig zu machen, andererseits die Energieerzeugung möglichst und weitestgehend auf erneuerbare Quellen umzustellen. Dabei definiert die Vorschrift nicht abschließend, was unter erneuerbaren Energiequellen im Sinne der Vorschrift zu verstehen ist.[67] Dies eröffnet die Möglichkeit, auch noch nicht denkbare oder ausgereifte technologische Verfahren unter den Begriff der erneuerbaren Energiequellen zu fassen.

36 **Fraglich** ist überdies, ob die Vorschrift nur die technologische „Entwicklung" oder auch die wirtschaftliche „Förderung" neuer und erneuerbarer Energiequellen umfasst.[68] Während die deutsche Sprachfassung nämlich von der „Förderung" spricht, gehen die englische („promote") und französische („promouvoir") Sprachfassung wohl etwas weiter. Grammatikalisch gesehen hätte in der deutschen Sprachfassung ein „der" vor dem Wort „Entwicklung" die bestehende Unklarheit beseitigt. Sinn und Zweck des Art. 194 AEUV legen allerdings bereits eine Auslegung im Sinne der englischen und französischen Sprachfassung nahe.

---

63 *Talus/Aalto*, Competences in EU energy policy, in: Leal-Arcas/Wouters, Research Handbook on EU Energy Law and Policy, 2017, S. 15 (18).
64 *Talus/Aalto*, Competences in EU energy policy, in: Leal-Arcas/Wouters, Research Handbook on EU Energy Law and Policy, 2017, S. 15 (18). Vgl. darüber hinaus die anderslautende Definition bei *Ehricke/Hackländer*, ZEuS 2008, 579 (588).
65 Vgl. *Ehricke/Hackländer*, ZEuS 2008, 579 (589).
66 Hierzu Rn. 20 ff.
67 Vgl. *Ehricke/Hackländer*, ZEuS 2008, 579 (590 f.).
68 Für ein umfassendes Verständnis auch *Bings*, in: Streinz, 3. Aufl. 2018, AEUV Art. 194 Rn. 27 f.

B. Kompetenzregime

Weiterhin bestehen Bezüge dieser Zielvorschrift zu den Art. 11 und 191 AEUV,[69] da der Gedanke der Energieeffizienz und der Förderung regenerativer Energieerzeugung eine ökologische (v.a. klimaschützende; vgl. Art. 191 Abs. 1 4. Spstr. AEUV) Zielrichtung hat.

dd) Interkonnektion

Das letzte in der Vorschrift genannte Ziel betrifft die „Förderung der Interkonnektion der Energienetze" und betrifft insbesondere die für das Funktionieren des Energiemarkts notwendige Infrastruktur.[70] Um einen Energiebinnenmarkt zu schaffen, müssen die einzelnen nationalen Netze miteinander verbunden sein.[71]

Allerdings kann auf dieses Ziel nicht auch der Auf- und Ausbau der Infrastruktur gestützt werden, da diese spezieller in den Art. 170 ff. AEUV geregelt sind.[72]

d) Handlungsermächtigung

Die eigentliche **Handlungsermächtigung** zur Verwirklichung der in Art. 194 Abs. 1 lit. a) – d) AEUV genannten energiepolitischen Ziele enthält Art. 194 Abs. 2 AEUV. Die EU kann ausweislich der Vorschrift „Maßnahmen" erlassen. Als EU-Gesetzgeber treten hier im Rahmen des ordentlichen Gesetzgebungsverfahrens das Europäische Parlament und der Rat der EU auf, wobei der Wirtschafts- und Sozialausschuss sowie der Ausschuss der Regionen anzuhören sind.

Art. 194 Abs. 2 UAbs. 2 AEUV stellt klar, dass die von der EU getroffenen Maßnahmen „das Recht eines Mitgliedstaats, die Bedingungen für die Nutzung seiner Energieressourcen, seine Wahl zwischen verschiedenen Energiequellen und die allgemeine Struktur seiner Energieversorgung zu bestimmen", nicht berühren dürfen. Es handelt sich um den vielfach zitierten „**Souveränitätsvorbehalt**". Dieser stellt eine **Grenze für die Ausübung der unionalen Kompetenz** aus Art. 194 Abs. 1 AEUV dar,[73] um die nationalen Kompetenzen zu schützen.[74] Die Vorschrift stellt aber zugleich heraus, dass der Souveränitätsvorbehalt nicht für Maßnahmen gilt, die auf der Grundlage von Art. 192 Abs. 2 lit. c) AEUV getroffen werden („unbeschadet des Artikels 192 Absatz 2 Buchstabe c");[75] nach dieser Vorschrift wird die Souveränität der Mitgliedstaaten über das Einstimmigkeitsprinzip gesichert.

▶ **Beispiel:** Der Vorbehalt des Art. 192 Abs. 2 lit. c) AEUV wurde in einer jüngeren Entscheidung des EuGHs **relevant**: Klagegegenstand war ein Beschluss von Parlament und Rat, der vorsah, eine Marktstabilitätsreserve[76] im Kontext des Emissionshandelssystems einzurichten und anzuwenden. Polen beantragte die Nichtigerklärung dieses Beschlusses, der die

---

69 *Talus/Aalto*, Competences in EU energy policy, in: Leal-Arcas/Wouters, Research Handbook on EU Energy Law and Policy, 2017, S. 15 (18).
70 Vgl. *Talus/Aalto*, Competences in EU energy policy, in: Leal-Arcas/Wouters, Research Handbook on EU Energy Law and Policy, 2017, S. 15 (18).
71 *Ehricke/Hackländer*, ZEuS 2008, 579 (591).
72 Vgl. *Baumgart*, Unionsprimärrechtliche Pflichten der EU-Mitgliedstaaten zum Ausbau der Stromnetze, 2020, S. 22.
73 Vgl. *Ehricke/Hackländer*, ZEuS 2008, 579 (598 f.) und *Talus*, Introduction to EU Energy Law, 2016, S. 13.
74 *Schneider*, in: Schneider/Theobald, Recht der Energiewirtschaft. Praxishandbuch, 5. Aufl. 2021, § 2 Rn. 8.
75 Vgl. die Diskussionen bei *Ehricke/Hackländer*, ZEuS 2008, 579 (598 f.); *Talus/Aalto*, Competences in EU energy policy, in: Leal-Arcas/Wouters, Research Handbook on EU Energy Law and Policy, 2017, S. 15 (21 ff.); insbes. stellt sich die Frage, ob diese Rückausnahme nur gilt, wenn die von der Vorschrift genannten Belange in *erheblicher* Weise berührt werden.
76 Hierzu noch unter Teil II Rn. 128.

Wahl Polens, das in erheblichem Umfang von fossilen Energiequellen abhängt, zwischen verschiedenen Energieträgern berühre.[77] Der EuGH wies hingegen die Auffassung zurück, dass jede Maßnahme, die zwangsläufig die Wahl eines Mitgliedstaats zwischen verschiedenen Energiequellen oder die allgemeine Struktur seiner Energieversorgung berühre, dem besonderen Gesetzgebungsverfahren zu folgen habe.[78] Vielmehr gelte der Souveränitätsvorbehalt und damit das Einstimmigkeitsprinzip im Rat nur dann, wenn sich aus „Ziel und Inhalt [des Unionsrechtsakts] ergibt, dass das in erster Linie mit ihm angestrebte Ergebnis darin besteht, die Wahl eines Mitgliedstaats zwischen verschiedenen Energiequellen und die allgemeine Struktur seiner Energieversorgung erheblich zu berühren."[79] Der EuGH stellte damit gerade nicht auf die Auswirkungen einer Maßnahme, sondern ausdrücklich auf Ziel und Inhalt einer Maßnahme ab. ◂

42   Im Rahmen des Art. 194 AEUV stellen sich noch **ungelöste Fragen**. So ist beispielsweise unklar, ob der Souveränitätsvorbehalt die Gesetzgebungsbefugnis der Union generell ausschließt oder den Mitgliedstaaten (nur) erlaubt, eine auf Grundlage von Art. 194 AEUV ergangene Maßnahme nicht gegen sich gelten zu lassen.[80]

▸ **Beispiel:** Der europäische Gesetzgeber erlässt mit dem Ziel einer umfassenden Gewährleistung der Versorgungssicherheit in Europa auf der Grundlage von Art. 194 AEUV einen Solidaritätsmechanismus für Gas.[81] Hier könnte ein Konflikt mit dem Souveränitätsvorbehalt des Art. 194 Abs. 2 UAbs. 3 AEUV entstehen, der den Mitgliedstaaten das Recht einräumt, „die Bedingungen für die Nutzung seiner Energieressourcen [...] zu bestimmen".[82] Ein solcher Solidaritätsmechanismus wäre dann wohl unzulässig oder einzelne Mitgliedstaaten könnten – je nach vertretener Auffassung – die Maßnahme (lediglich) nicht gegen sich gelten lassen. ◂

Im Sinne der praktischen Wirksamkeit des Unionsrechts ist die erstgenannte Alternative zu bevorzugen.[83]

43   Ähnlich der Diskussion bei Art. 192 Abs. 2 AEUV[84] könnte überdies auch im Rahmen von Art. 194 AEUV überlegt werden, ob die verschiedenen Teilbereiche des „Rechts der Mitgliedstaaten" bei Art. 194 Abs. 2 UAbs. 2 AEUV kumulativ oder alternativ vorliegen müssen. Richtigerweise genügt es, dass einer der genannten Teilbereiche betroffen ist, da in jedem Einzelfall die mitgliedstaatliche Souveränität berührt wird. Wäre nun das hier verwendete „und" kumulativ statt aufzählend gemeint, führte dies zu einer Verkleinerung des mitgliedstaatlichen Souveränitätsbereichs, was ersichtlich nicht gewollt ist.

44   Ferner enthält Art. 194 Abs. 3 AEUV ein von Art. 194 Abs. 2 AEUV abweichendes Verfahren für Maßnahmen, die **überwiegend steuerlicher Natur** sind.[85] Hier ist das Europäische Parlament nur beratend tätig, um die Finanzhoheit der Mitgliedstaaten zu schützen.[86] Zudem muss der Rat der EU **einstimmig** entscheiden.[87] Parallel zu

---

77   EuGH Urt. v. 21.6.2018 – Rs. C-5/16, ECLI:EU:C:2018:483, Rn. 1, 29 – *Polen/Parlament und Rat*.
78   EuGH Urt. v. 21.6.2018 – Rs. C-5/16, ECLI:EU:C:2018:483, Rn. 24 ff. – *Polen/Parlament und Rat*.
79   EuGH Urt. v. 21.6.2018 – Rs. C-5/16, ECLI:EU:C:2018:483, Rn. 44 ff. – *Polen/Parlament und Rat*.
80   *Talus/Aalto*, Competences in EU energy policy, in: Leal-Arcas/Wouters, Research Handbook on EU Energy Law and Policy, 2017, S. 15 (24).
81   Beispiel nach *Ehricke/Hackländer*, ZEuS 2008, 579 (598 f.).
82   *Ehricke/Hackländer*, ZEuS 2008, 579 (598 f.).
83   Vgl. die Nachweise bei *Talus/Aalto*, Competences in EU energy policy, in: Leal-Arcas/Wouters, Research Handbook on EU Energy Law and Policy, 2017, S. 15 (24).
84   *Kahl*, EuR 2009, 601 (610 mwN).
85   Hierzu noch unter Teil I Rn. 134 ff.
86   Ausführlicher *Talus*, Introduction to EU Energy Law, 2016, S. 13; *Talus/Aalto*, Competences in EU energy policy, in: Leal-Arcas/Wouters, Research Handbook on EU Energy Law and Policy, 2017, S. 15 (24).
87   *Bings*, in: Streinz, 3. Aufl. 2018, AEUV Art. 194 Rn. 41.

Art. 192 Abs. 2 UAbs. 1 lit. a) AEUV erfasst Abs. 3 nur Steuern ‚im engeren Sinne', nicht hingegen sonstige Abgaben. Hierfür sprechen der Wortlaut der Regelung sowie deren Ausnahmecharakter. Einer einstimmigen Entscheidung bedarf es im Übrigen nur dann, wenn die steuerlichen Regelungen den Schwerpunkt (Wortlaut: „überwiegend") der Maßnahme bilden.

2. Art. 114 AEUV (Binnenmarkt) und Art. 169 AEUV (Verbraucherschutz)

Art. 114 AEUV zielt auf die **Errichtung und das Funktionieren des Binnenmarkts** und wird tlw. als Auffangkompetenz betrachtet.[88] Der **Energiebinnenmarkt** ist ein Unterfall des Binnenmarkts.[89] Da also auch die Errichtung des Energiebinnenmarkts vom Zweck dieser Vorschrift erfasst ist, ist es grundsätzlich möglich, auch über Art. 114 AEUV Vorschriften zu erlassen, die den Energiesektor betreffen.[90] Dennoch besteht mit Blick auf die dem EU-Recht immanenten Grundsätze der Verhältnismäßigkeit und der Subsidiarität durchaus Kritik, energiepolitische Gesetzesvorhaben auf Art. 114 AEUV zu stützen.[91]

45

Art. 114 Abs. 1 S. 2 AEUV stellt die zentrale **Gesetzgebungskompetenz** für die Union dar, um Vorschriften der Mitgliedstaaten zu **harmonisieren**. Der Artikel schreibt vor, dass „das Europäische Parlament und der Rat […] gemäß dem ordentlichen Gesetzgebungsverfahren und nach Anhörung des Wirtschafts- und Sozialausschusses die Maßnahmen zur Angleichung der Rechts- und Verwaltungsvorschriften der Mitgliedstaaten [erlassen], welche die Errichtung und das Funktionieren des Binnenmarkts zum Gegenstand haben."

46

Nach Abs. 1 S. 1 ist Art. 114 AEUV **subsidiär**: die Vorschrift gilt für die Verwirklichung der Ziele des Art. 26 AEUV nur, wenn und soweit in den Verträgen nichts anderes bestimmt ist. Art. 114 Abs. 2 AEUV enthält Ausnahmen der Anwendungsmöglichkeiten von Art. 114 Abs. 1 AEUV.

47

Ausnahmsweise können unter den Voraussetzungen von Art. 114 Abs. 4 und 5 AEUV von den **Mitgliedstaaten** auch andere Bestimmungen beibehalten oder eingeführt werden. Die weiteren Absätze der Vorschrift betreffen insbesondere das sich an solche Abweichungen anschließende Verfahren.

48

Energierechtsrelevante Sachverhalte können auch Fragen des **Verbraucherschutzes** betreffen. In solchen Fällen könnte auch Art. 169 AEUV zur Anwendung kommen. Nach Art. 169 Abs. 1 AEUV leistet die Union „zur Förderung der Interessen der Verbraucher und zur Gewährleistung eines hohen Verbraucherschutzniveaus […] einen Beitrag zum Schutz der Gesundheit, der Sicherheit und der wirtschaftlichen Interessen der Verbraucher sowie zur Förderung ihres Rechtes auf Information, Erziehung und Bildung von Vereinigungen zur Wahrung ihrer Interessen."

49

Art. 169 Abs. 2 AEUV **differenziert** diesen Beitrag in Maßnahmen nach Art. 114 AEUV (lit. a)) und Maßnahmen zur Unterstützung, Ergänzung und Überwachung der Politik der Mitgliedstaaten (lit. b)), wobei Art. 169 Abs. 3 AEUV das Gesetzgebungs-

50

---

[88] *Korte*, in: Calliess/Ruffert, 6. Aufl. 2022, AEUV Art. 114 Rn. 11 spricht von einer "Generalrechtsangleichungskompetenz".
[89] Siehe oben, Teil I Rn. 15.
[90] *Talus*, Introduction to EU Energy Law, 2016, S. 11 f.; vgl. *Talus/Aalto*, Competences in EU energy policy, in: Leal-Arcas/Wouters, Research Handbook on EU Energy Law and Policy, 2017, S. 15 (20).
[91] *Ehricke/Hackländer*, ZEuS 2008, 579 (580).

verfahren für letztere regelt. Beinahe wortgleich mit Art. 193 AEUV stellt Art. 169 Abs. 4 AEUV klar, dass es den Mitgliedstaaten grundsätzlich auch in Bezug auf den Verbraucherschutz erlaubt ist, höhere Schutzstandards zu treffen oder beizubehalten.

3. Art. 122 AEUV (Notfallkompetenz)

51 Nach Art. 122 Abs. 1 AEUV kann der Rat „auf Vorschlag der Kommission unbeschadet der sonstigen in den Verträgen vorgesehenen Verfahren im Geiste der Solidarität zwischen den Mitgliedstaaten über die der Wirtschaftslage angemessenen Maßnahmen beschließen, insbesondere falls **gravierende Schwierigkeiten** in der Versorgung mit bestimmten Waren, vor allem im Energiebereich, auftreten." Damit kann auch diese im Kapitel zur Wirtschaftspolitik (Art. 120 bis 126 AEUV) verortete Vorschrift grundsätzlich für den Energiebereich zur Anwendung kommen. Sie findet – schon aufgrund ihres ausdrücklichen Wortlauts („unbeschadet der sonstigen in den Verträgen vorgesehenen Verfahren") – neben allen anderen Vorschriften der Verträge Anwendung, auch neben dem ausdrücklich als Solidaritätsklausel benannten Art. 222 AEUV.[92]

52 Befürchtet wird dadurch tlw. eine Aushöhlung der ausdifferenzierten Kompetenzverteilung des AEUV. Dem lässt sich entgegenhalten, dass Art. 122 Abs. 1 AEUV nur während oder zur konkreten präventiven Vorbeugung einer Krise angewendet werden kann.[93] Auf der Grundlage der Vorschrift können dann temporäre Ad-hoc-Maßnahmen ergehen. Für diesen beschränkten Anwendungsbereich spricht auch das vereinfachte Genehmigungsverfahren, in welchem der Rat – ohne Beteiligung des Europäischen Parlaments – mit qualifizierter Mehrheit entscheidet.[94]

Auf Grundlage des Art. 122 Abs. 1 AEUV sind verschiedene Regelungen zur Umsetzung des REPowerEU-Plans vom 18.5.2022 ergangen, der zum Ziel hatte, die Abhängigkeit der Union von fossilen Brennstoffen aus Russland in Folge des russischen Angriffskriegs auf die Ukraine so bald wie möglich, spätestens jedoch bis 2027, zu beenden: Im Einzelnen sind dies die VO (EU) 2022/1369 des Rates vom 5.8.2022 über koordinierte Maßnahmen zur Senkung der Gasnachfrage,[95] die VO (EU) 2022/1854 des Rates vom 6.10.2022 über Notfallmaßnahmen als Reaktion auf die hohen Energiepreise,[96] die VO (EU) 2022/2576 des Rates vom 19.12.2022 über mehr Solidarität durch eine bessere Koordinierung der Gasbeschaffung, zuverlässige Preis-Referenzwerte und den grenzüberschreitenden Austausch von Gas,[97] die VO (EU) 2022/2577 des Rates vom 22.12.2022 zur Festlegung eines Rahmens für einen beschleunigten Ausbau der Nutzung erneuerbarer Energien, die VO (EU) 2022/2578 des Rates vom 22.12.2022 zur Einführung eines Marktkorrekturmechanismus zum Schutz der Bürgerinnen und Bürger der Union und der Wirtschaft vor überhöhten Preisen[98] sowie die VO (EU)2022/2577 des Rates vom 22.12.2022,[99] welche der Beschleunigung von Verfahren zur Genehmigungserteilung von Solaranlagen, dem Repowering von erneuerbaren Energieanlagen sowie dem Ausbau von Wärmepumpen dient.[100] Alle

---

[92] AA *Kahl*, EuR 2009, 601 (613).
[93] *Kment/Maier*, ZUR 2023, 323 (327).
[94] *Gundel*, in: Dauses/Ludwigs, Handbuch des EU-Wirtschaftsrecht, 58. Aufl. 2023, M. Energierecht Rn. 37.
[95] ABl. 2022 L 206.
[96] ABl. 2022 L 261/1.
[97] ABl. 2022 L 335/1.
[98] ABl. 2022 L 335/45.
[99] ABl. 2022 L 335/36.
[100] Hierzu *Kment/Maier*, ZUR 2023, 323 ff.

Verordnungen sind zeitlich beschränkt. Die Verstetigung der Maßnahmen müsste dann auf der Grundlage der regulären Kompetenzen (insbes. Art. 194 AEUV) erfolgen.

4. Art. 170 ff. AEUV (Transeuropäische Netze)

Art. 170 bis 172 AEUV betreffen die **Transeuropäische Infrastruktur**. Die Vorschriften beziehen sich nicht nur auf die Energieinfrastruktur, sondern ausdrücklich auch auf die Verkehrs- und Telekommunikationsinfrastruktur.[101]

Art. 170 Abs. 1 AEUV rekurriert dabei auf die **Ziele der Art. 26 und 174 AEUV** und ergänzt diesen Kanon um das Ziel, „den Wirtschaftsbeteiligten sowie den regionalen und lokalen Gebietskörperschaften in vollem Umfang die Vorteile zugute kommen zu lassen, die sich aus der Schaffung eines Raumes ohne Binnengrenzen ergeben". Art. 170 Abs. 2 AEUV ergänzt diese Zielsetzung. Die Vorschrift legt auch das **Mittel** fest, um die Ziele zu erreichen: Die Union soll zum Auf- und Ausbau transeuropäischer Netze in den Bereichen der Verkehrs-, Telekommunikations- und Energieinfrastruktur **beitragen**. Art. 171 AEUV konkretisiert das Vorgehen zum Erreichen der in Art. 170 AEUV beschriebenen Ziele und enthält auch für die Mitgliedstaaten die Pflicht, sich untereinander und mit der Kommission abzustimmen, wenn einzelstaatliche Maßnahmen diese Ziele betreffen. Art. 172 AEUV regelt das Gesetzgebungsverfahren für die nach Art. 171 Abs. 1 AEUV getroffenen Maßnahmen. Zentrales Gestaltungsmittel sind dabei sog. Leitlinien.[102] Von dieser Kompetenz hat die Union durch den Erlass der TEN-E VO Gebrauch gemacht.[103]

Zum Ausbau der Infrastruktur kann die Union nur beitragen.[104] Sie kann zwar aufgrund von Art. 194 Abs. 1 lit. d) AEUV weitere Maßnahmen treffen, um den Ausbau der Stromnetze zu erleichtern, nicht jedoch den eigentlichen Ausbau vornehmen, da die Art. 170 bis 172 AEUV in Bezug auf den Ausbau von Stromnetzen Art. 194 AEUV als *leges speciales* vorgehen:[105] Würde Art. 194 AEUV ebenfalls den Ausbau von Energieinfrastruktur erfassen, würde dadurch das Regelungssystem der Art. 170 ff. AEUV umgangen. Art. 170 AEUV benennt ausdrücklich auch die „Energieinfrastruktur" und erklärt, dass die europäische Kompetenz auf einen *Beitrag* zum Ausbau transeuropäischer Netze beschränkt ist. Die Vertragsparteien hätten diesen ausdrücklichen Wortlaut geändert, hätten sie bei Einführung des Art. 194 AEUV das Verhältnis der Vorschriften zueinander neu regeln wollen.[106] Dadurch verbleibt die wesentliche Kompetenz zum Ausbau der Stromnetze, nämlich die Planung, die Errichtung und weiterhin die Unterhaltung und der Betrieb der Energienetze, bei den Mitgliedstaaten.[107]

---

101 Vgl. auch *Schneider*, in: Schneider/Theobald, Recht der Energiewirtschaft. Praxishandbuch, 5. Aufl. 2021, § 2 Rn. 7.
102 Vgl. auch *Schneider*, in: Schneider/Theobald, Recht der Energiewirtschaft. Praxishandbuch, 5. Aufl. 2021, § 2 Rn. 7.
103 Zur Frage, ob die TEN-E VO zu Recht auf Art. 172 AEUV gestützt ist, und zugleich zur Reichweite des Leitlinien-Begriffs noch unter Teil II Rn. 47 ff.
104 Vgl. nur *Ehricke/Hackländer*, ZEuS 2008, 579 (581).
105 *Baumgart*, Unionsprimärrechtliche Pflichten der EU-Mitgliedstaaten zum Ausbau der Stromnetze, 2020, S. 22 mwN.
106 *Baumgart*, Unionsprimärrechtliche Pflichten der EU-Mitgliedstaaten zum Ausbau der Stromnetze, 2020, S. 22.
107 Vgl. auch *Schneider*, in: Schneider/Theobald, Recht der Energiewirtschaft. Praxishandbuch, 5. Aufl. 2021, § 2 Rn. 7.

5. Art. 173 AEUV (Industrie)

56 Die **Industriepolitik** der Union, in deren Zentrum die Gewährleistung der industriellen Wettbewerbsfähigkeit steht, ist in Art. 173 AEUV geregelt. Zur Erreichung dieses Ziels formuliert Art. 173 Abs. 1 UAbs. 2 AEUV verschiedene Unterziele, ua „die Erleichterung der Anpassung der Industrie an die strukturellen Veränderungen". Davon könnte auch eine Anpassung des Energiesektors an die sich verändernde Struktur der Energieversorgung umfasst sein. Während Art. 173 Abs. 2 AEUV eine Koordinierungs- und Konsultierungspflicht für die Mitgliedstaaten untereinander und mit der Union enthält und die Europäische Kommission die Kompetenz besitzt, sich für diese Koordinierung zu engagieren, stellt Art. 173 Abs. 3 AEUV im Wesentlichen klar, dass die Union sich anderer Kompetenzgrundlagen zu bedienen hat, um die in Art. 173 Abs. 1 AEUV niedergelegten Ziele zu erreichen, oder eigene Maßnahmen nach dem ordentlichen Gesetzgebungsverfahren und nach Anhörung des Wirtschafts- und Sozialausschusses treffen kann, um die Mitgliedstaaten bei der Verfolgung der Ziele zu unterstützen.

6. Art. 179 ff. AEUV (Forschung, technologische Entwicklung und Raumfahrt)

57 Die Art. 179–190 AEUV betreffen die Bereiche **Forschung, technologische Entwicklung und Raumfahrt**. Auch hier sind Überschneidungen mit speziell energiebezogenen Politiken möglich, insbesondere bei der Entwicklung neuer und erneuerbarer Energiequellen (Art. 194 Abs. 1 lit. c) Var. 2).[108] Bezüglich der Förderung der Kernforschung finden sich spezielle Vorschriften in den Art. 4 ff. des Vertrags zur Gründung der Europäischen Atomgemeinschaft (EAGV).

7. Art. 191 ff. AEUV (Umwelt)

58 Die Art. 191–193 AEUV regeln die Kompetenz der Union, Gesetzgebungsvorhaben **auf dem Gebiet des Umweltrechts** zu treffen. Dabei definiert Art. 191 AEUV im Wesentlichen die Ziele der Union im umweltpolitischen Bereich. Art. 192 AEUV regelt das Gesetzgebungsverfahren für die Maßnahmen, die erforderlich sind, um die in Art. 191 AEUV niedergelegten Ziele zu erreichen. Art. 193 AEUV enthält eine **Schutzverstärkungsklausel**, wonach die Mitgliedstaaten verstärkte Umweltschutzmaßnahmen beibehalten oder treffen dürfen, die über die unionalen Maßnahmen hinausgehen, solange diese mit den Verträgen vereinbar sind.[109] Grundsätzlich wurde und wird Art. 192 AEUV auch als Befugnisnorm für energiepolitische Maßnahmen genutzt.[110] Vor der Einführung der Energiekompetenz durch den Vertrag von Lissabon war Art. 192 AEUV daher richtige Grundlage zur Festschreibung von Maßnahmen, die der Energieeffizienz dienen.[111] Zu den Zielsetzungen des Art. 191 Abs. 1 zählen explizit die „umsichtige und rationelle Verwendung der natürlichen Ressourcen" (3. Spstr.) sowie die „Förderung von Maßnahmen auf internationaler Ebene […] insbesondere zur Bekämpfung des Klimawandels" (4. Spstr.). Art. 192 Abs. 2 lit. c) AEUV korre-

---

108 *Hilf*, in: von der Groeben/Schwarze/Hatje, Europäisches Unionsrecht, 7. Aufl. 2015, Art. 179 Rn. 49 und 52.
109 Näher dazu etwa *Kahl/Gärditz*, Umweltrecht, 11. Aufl. 2019, § 2 Rn. 47.
110 *Talus/Aalto*, Competences in EU energy policy, in: Leal-Arcas/Wouters, Research Handbook on EU Energy Law and Policy, 2017, S. 15 (20 ff.).
111 Während die Erneuerbare-Energien-Richtlinie 2009/28/EG (ABl. 2009 L 140/16) noch auf Art. 175 Abs. 1 EGV gestützt wurde, basiert die Nachfolgerichtlinie RL (EU) 2018/2001 (ABl. 2018 L 328/82) auf der Energiekompetenz des Art. 194 Abs. 1 AEUV.

spondiert mit Art. 194 Abs. 2 UAbs. 2 AEUV.[112] Im Zentrum steht die Idee, dass die Entscheidungsfreiheit der Mitgliedstaaten beim Energiemix – auch zum Zwecke des Umweltschutzes – nicht eingeschränkt werden soll.[113]

Weiterhin besteht auch hier[114] Streit, ob die verschiedenen Teilbereiche des „Rechts der Mitgliedstaaten" bei Art. 192 Abs. 2 S. 1 lit. c) AEUV ("Wahl zwischen verschiedenen Energiequellen" und "allgemeine Struktur der Energieversorgung") kumulativ oder alternativ vorliegen müssen.[115] Aufgrund der weitgehenden Parallelität der Art. 192 Abs. 2 S. 1 lit. c) und Art. 194 Abs. 2 AEUV können die Überlegungen zur Energiekompetenz[116] auch auf die Umweltkompetenz übertragen werden.

8. Art. 352 AEUV (Vertragsabrundungskompetenz)

Art. 352 AEUV stellt die sog. **Vertragsabrundungskompetenz** der Union dar.[117] Art. 352 Abs. 1 AEUV legt fest: „Erscheint ein Tätigwerden der Union im Rahmen der in den Verträgen festgelegten Politikbereiche erforderlich, um eines der Ziele der Verträge zu verwirklichen, und sind in den Verträgen die hierfür erforderlichen Befugnisse nicht vorgesehen, so erlässt der Rat einstimmig auf Vorschlag der Kommission und nach Zustimmung des Europäischen Parlaments die geeigneten Vorschriften. Werden diese Vorschriften vom Rat gemäß einem besonderen Gesetzgebungsverfahren erlassen, so beschließt er ebenfalls einstimmig auf Vorschlag der Kommission und nach Zustimmung des Europäischen Parlaments." Art. 352 AEUV dient der Fortführung des Integrationsprozesses.[118] Die Vorschrift steht aufgrund ihres auf den ersten Blick sehr weiten Anwendungsbereichs in einem Konflikt mit dem Prinzip der begrenzten Einzelermächtigung. Schon deshalb kann die Norm nur eine „Flexibilisierung" dieses Grundsatzes und nicht dessen „Durchbrechung" bedeuten.[119] Mit Blick auf die dem EU-Recht immanenten Grundsätze der Verhältnismäßigkeit und der Subsidiarität besteht durchaus Kritik, energiepolitische Gesetzesvorhaben auf diese Norm zu stützen.[120] Jedenfalls sind die weiteren, eingrenzenden Bestimmungen nach Art. 352 Abs. 2 bis 4 AEUV zu beachten. Vor dem Hintergrund der Einführung des Art. 194 sowie dessen Ergänzung durch Art. 191 ff. sowie Art. 170 ff. AEUV kommt ein eigenständiger Anwendungsbereich des Art. 352 AEUV für energiepolitische Maßnahmen nicht mehr[121] in Betracht.

---

112 Vgl. auch *Talus/Aalto*, Competences in EU energy policy, in: Leal-Arcas/Wouters, Research Handbook on EU Energy Law and Policy, 2017, S. 15 (21).
113 *Talus/Aalto*, Competences in EU energy policy, in: Leal-Arcas/Wouters, Research Handbook on EU Energy Law and Policy, 2017, S. 15 (22), vertreten daher, dass die Erneuerbare-Energien-Richtlinie 2009/28/EG auf die falsche Rechtsgrundlage gestützt wurde.
114 Vgl. bereits unter Teil I Rn. 88.
115 Im letzteren Sinne *Kahl*, EuR 2009, 601 (610 mwN). A.A. *Calliess*, in: Calliess/Ruffert, 6. Aufl. 2022, AEUV Art. 192 Rn. 32; *Epiney*, in: Landmann/Rohmer, Umweltrecht, 102. EL 2023, Art. 192 Rn. 20; *Nettesheim*, in: Grabitz/Hilf/Nettesheim, Recht der EU, 80. EL 2023, AEUV Art. 192 Rn. 81.
116 Vgl. unter Teil I Rn. 46.
117 Zur Vertiefung *Winkler*, EuR 2011, 384 (384 ff.).
118 Zum Recht als „Mittel und [...] Motor der Integration" in Bezug auf Art. 352 AEUV *Winkler*, EuR 2011, 384 (390).
119 *Winkler*, EuR 2011, 384 (388 mwN).
120 *Ehricke/Hackländer*, ZEuS 2008, 579 (580 mwN).
121 Zu früheren Anwendungsfeldern *Winkler*, in: Grabitz/Hilf/Nettesheim, Recht der EU, 80. EL 2023, AEUV Art. 352 Rn. 27 Fn. 5.

9. Vertrag zur Gründung der Europäischen Atomgemeinschaft

61 Grundsätzlich können energiepolitische Maßnahmen auch auf Grundlage des weiterhin geltenden **EAGV** getroffen werden.[122] Bei der Europäischen Atomgemeinschaft handelt es sich formell um eine selbstständige Organisation neben der EU, die ein eigenes Kompetenzregime besitzt. Ihre Organe sind aber mit denen der EU bis auf die Agentur (Art. 53 ff. EAGV) seit Inkrafttreten des Vertrags zur Einsetzung eines gemeinsamen Rates und einer gemeinsamen Kommission der Europäischen Gemeinschaften" (Fusionsvertrag) am 1.7.1967 identisch (siehe auch den mit dem Vertrag von Lissabon eingeführten Art. 106a EAGV). Insbesondere in Fragen der Kernenergie hat die Europäische Atomgemeinschaft großen Einfluss auf das Tätigwerden der EU unter den EU-Verträgen.[123] Hervorgehoben seien die den Strahlenschutz betreffenden Art. 31 und 32 EAGV, die als „praktisch bedeutsam"[124] beschrieben werden. Auf der Grundlage dieser Vorschriften werden sog. Grundnormen für den Gesundheitsschutz der Bevölkerung und der Arbeitskräfte gegen die Gefahren ionisierender Strahlungen festgesetzt (Art. 30 EAGV).

10. Abgrenzung

62 Über die Frage, welche der unterschiedlichen **Kompetenzvorschriften** im **Einzelfall** einer gesetzgeberischen Maßnahme der EU zugrunde zu legen ist, wird zum Teil heftig gestritten.[125] Die Antwort auf diese Frage entscheidet insbesondere darüber, welches Gesetzgebungsverfahren einschlägig ist und wie weit die Gesetzgebungsbefugnis im Lichte nationaler Souveränitätsvorbehalte reicht. Deshalb überrascht es sicherlich auch nicht, dass sich die Abgrenzung der verschiedenen Ermächtigungsgrundlagen als besonders schwierig darstellt. Fraglich ist zugleich, inwieweit nach der Einführung von Art. 194 AEUV überhaupt noch auf die übrigen Kompetenzvorschriften zurückgegriffen werden kann.

63 Die Wahl der Rechtsgrundlage muss auf objektiven, gerichtlich nachprüfbaren Kriterien beruhen, zu denen insbes. Ziel und Inhalt des Rechtsakts gehören.[126] Verfolgt die Maßnahme mehrere Ziele, ist die Rechtsgrundlage nach dem objektiv zu bestimmenden **Schwerpunkt** der Maßnahme zu wählen.[127] Ist die Bestimmung eines solchen Schwerpunkts nicht möglich, kann ein Rechtsakt auch auf der Grundlage mehrerer, gleichrangig in Betracht kommender Kompetenzvorschriften erlassen werden.[128] Sind zwei Kompetenzartikel aufgrund unterschiedlicher Verfahren, insbesondere mit Blick

---

122 Vgl. die konsolidierte Fassung des Vertrags zur Gründung der Europäischen Atomgemeinschaft unter: ABl. C 327 v. 26.10.2012, S. 1 ff.; zur Historie des Vertrags *Müller-Graff*, in: Dauses/Ludwigs, Handbuch des EU-Wirtschaftsrechts, 58. Aufl. 2023, A. I. Verfassungsziele der Europäischen Union, Rn. 16 ff.; einen guten Überblick gibt auch *Winkler*, in: Bergmann, Handlexikon der Europäischen Union, 6. Auflage 2022, Atomgemeinschaft, Europäische (EURATOM/EAG).
123 *Kahl*, EuR 2009, 601 (619 f.).
124 *Kahl*, EuR 2009, 601 (615).
125 Siehe *Schneider*, in: Schneider/Theobald, Recht der Energiewirtschaft. Praxishandbuch, 5. Aufl. 2021, § 2 Rn. 10.
126 *Kahl/Gärditz*, Umweltrecht, 11. Aufl. 2019, § 2 Rn. 40 mwN.
127 *Pelka*, in: Schwarze, EU-Kommentar, 4. Aufl. 2019, AEUV Art. 2 Rn. 28 mit Hinweis auf EuGH Urt. v. 11.6.1991 – Rs. C-300/89, ECLI:EU:C:1991:244 – *Kommission/Rat*; EuGH Urt. v. 23.2.1999 – Rs. C-42/97, ECLI:EU:C:1999:81 – *Parlament/Rat*. Siehe ferner EuGH Urt. v. 21.6.2018 – Rs. C-5/16, ECLI:EU:C:2018:483, Rn. 38 – *Polen/Parlament und Rat*.
128 *Pelka*, in: Schwarze, EU-Kommentar, 4. Aufl. 2019, AEUV Art. 2 Rn. 26 mit Hinweis auf die EuGH-Rechtsprechung.

B. Kompetenzregime

auf die Beteiligung der Unionsorgane, miteinander unvereinbar, so ist nach einer Auffassung das Verfahren zu wählen, in dem in einem höheren Maße die Gesetzgebungsorgane beteiligt werden; nach einer anderen Auffassung ist der fragliche Rechtsakt inhaltlich so zu trennen, dass diese getrennten Teile unabhängig voneinander auf die gegenläufigen Kompetenzvorschriften gestützt werden können.[129] Die zweitgenannte Ansicht überzeugt mit dem Hinweis, dass andernfalls durch die Festlegung auf das „intensivere" Verfahren ein faktisches Vorrangverhältnis einer der betroffenen Rechtsgrundlagen etabliert würde, welches nicht in den EU-Verträgen angelegt ist.[130] Bislang scheint sich der EuGH weder der einen noch der anderen Auffassung in ständiger Rechtsprechung angeschlossen zu haben.[131]

Eine Abgrenzung nach dem Schwerpunkt der Maßnahme ist nicht nötig, soweit die Anwendung einer Vorschrift den Rückgriff auf eine andere von vornherein sperrt. **Art. 194 AEUV sperrt** die Anwendung der anderen Kompetenzgrundlagen **nicht**.[132] Dies ergibt sich daraus, dass das in Art. 194 Abs. 2 AEUV vorgesehene Gesetzgebungsverfahren ausdrücklich „[u]nbeschadet der Anwendung anderer Bestimmungen der Verträge" gilt. Zudem entspricht es auch dem Sinn und Zweck der Vorschrift, die Kompetenzlücke in den EU-Verträgen zu schließen. Ferner erschließt Art. 194 AEUV auch nur begrenzt neue Kompetenzbereiche für die EU.[133]

Umgekehrt ist es allerdings möglich, dass andere Kompetenzvorschriften die Anwendung von Art. 194 AEUV **ausschließen**. So sind die Art. 170 ff. AEUV gegenüber Art. 194 AEUV in Bezug auf den Auf- und Ausbau von Energieinfrastruktur **vorrangig** anzuwenden: Art. 194 AEUV betrifft lediglich die „Förderung" der Interkonnektion, während Gegenstand des Art. 170 Abs. 1 AEUV nach seinem Wortlaut ausdrücklich auch die Energieinfrastruktur ist. Dieser Wortlaut wurde bei der Einführung des Art. 194 AEUV nicht geändert, so dass Art. 170 Abs. 1 AEUV weiterhin Anwendung findet.[134]

Das Verhältnis der anderen Kompetenzvorschriften untereinander wird im **Einzelfall** festzustellen sein, da auch hier eine klare Linie in der EuGH-Rechtsprechung nur schwer auszumachen ist. Während aufgrund der dem Wortlaut nach ausdrücklichen Subsidiarität von Art. 114 Abs. 1 S. 1 AEUV gegenüber anderen Handlungsermächtigungen wenig zu diskutieren sein sollte,[135] stellt sich das Meinungsspektrum im Übrigen in dem nur schwer zu durchdringenden Problemkreis der horizontalen Kompetenzabgrenzung als nahezu unüberschaubar dar.[136]

---

129 *Pelka*, in: Schwarze, EU-Kommentar, 4. Aufl. 2019, AEUV Art. 2 Rn. 26 mwN; vgl. auch *Schwartz*, in: Die Wahl der Rechtsgrundlage im Recht der Europäischen Union, 2013, S. 217 f.; *Calliess*, in: Calliess/Ruffert, 6. Aufl. 2022, AEUV Art. 2 Rn. 31.
130 *Schwartz*, Die Wahl der Rechtsgrundlage im Recht der Europäischen Union, 2013, S. 217 f.
131 *Calliess*, in: Calliess/Ruffert, 6. Aufl. 2022, AEUV Art. 2 Rn. 31.
132 AA *Talus/Aalto*, Competences in EU energy policy, in: Leal-Arcas/Wouters, Research Handbook on EU Energy Law and Policy, 2017, S. 15 (22 f.); wohl auch EuGH Urt. v. 6.11.2012 – Rs. C-490/10, ECLI:EU:C:2012:525, Rn. 65 ff. – Parlament/Rat, der zur Feststellung der richtigen Kompetenzgrundlage prüft „ob der Rechtsakt nach seinem Ziel und seinem Inhalt für die Verwirklichung der speziellen Ziele der Energiepolitik der Union gemäß Art. 194 Abs. 1 AEUV *erforderlich* ist" (Hervorhebung durch den Verfasser).
133 *Schneider*, in: Schneider/Theobald, Recht der Energiewirtschaft. Praxishandbuch, 5. Aufl. 2021, § 2 Rn. 11.
134 *Baumgart*, Unionsprimärrechtliche Pflichten der EU-Mitgliedstaaten zum Ausbau der Stromnetze, 2020, S. 22; *Callies*, in: Callies/Ruffert, 6. Aufl. 2022, AEUV Art. 194 Rn. 17; siehe auch bereits oben Teil I Rn. 100.
135 Vgl. aber bereits zum Verhältnis von Art. 172 AEUV zu Art. 114 AEUV *van Vormizeele*, in: Schwarze, EU-Kommentar, 4. Aufl. 2019, AEUV Art. 170 Rn. 19 f.
136 Vgl. hier nur *Frenz/Kane*, NuR 2010, 464 (469 f.); *Nettesheim*, in: Grabitz/Hilf/Nettesheim, Recht der EU, 78. EL 2023, AEUV Art. 194 Rn. 35 f.

C. Fazit

67 Das vorliegende Kapitel zu den **Handlungsformen des EU-Gesetzgebers** zeigt, dass viele Fragen, insbesondere die Abgrenzung der einzelnen Handlungsermächtigungen, nicht abschließend geklärt sind. Generell bewegt sich die europäische Energiepolitik im **Spannungsfeld von europäischen und nationalen Interessen** und mithin im Rahmen der Wertungstrias von europäischer Integration, mitgliedstaatlicher Solidarität und nationaler Souveränität.[137] Dies ist insbesondere auch an den verschiedenen nationalen Vorbehalten in den Kompetenzvorschriften zu erkennen. Die EU wird versuchen müssen, den (Re-)Nationalisierungstendenzen in der EU-Energiepolitik durch den ihr zur Verfügung stehenden Maßnahmenkatalog entgegenzutreten.

D. Wiederholungs- und Vertiefungsfragen

1. Wer steht hinter dem Begriff „EU-Gesetzgeber"?
2. Wie wird die Europäische Integration aus rechtlicher Sicht verwirklicht?
3. Welche EU-kompetenzrechtlichen Grundsätze sind zu beachten und was ist die kompetenzrechtliche Schrankentrias?
4. Worauf stützt sich die Binnen- und worauf die Außenkompetenz der EU im Energiebereich?
5. Welche Neuerung brachte der Vertrag von Lissabon in Bezug auf die Energiepolitik der EU?
6. Auf welchen Prinzipien gründet Art. 194 AEUV? Welche Ziele verfolgt er?
7. Was ist der Unterschied zwischen den Leitprinzipien und den Zielen des Art. 194 AEUV?
8. Beschreiben Sie das rechtliche Spannungsfeld von Art. 194 Abs. 1 lit. d) AEUV und Art. 170 ff. AEUV. Inwieweit kann der Ausbau der Stromnetze auf Art. 194 Abs. 1 lit. d) AEUV gestützt werden?
9. Welche Vorschriften sind für die Energiekompetenz der EU relevant? Welche Rolle spielt der Vertrag zur Gründung der Europäischen Atomgemeinschaft?
10. Ist die Energiepolitik vorrangig eine nationale oder eine europäische Aufgabe?

---

137 Vgl. auch *Baumgart*, Unionsprimärrechtliche Pflichten der EU-Mitgliedstaaten zum Ausbau der Stromnetze, 2020, S. 51.

Kapitel 3: Die Grundfreiheiten des Energiebinnenmarkts

A. Die Grundfreiheiten

Der Energiesektor ist nicht von der Anwendung der Vorschriften der EU-Verträge und insbesondere der **Grundfreiheiten** ausgenommen.[1] Vielmehr dienen die Grundfreiheiten auch im Energiebereich dazu, einen **freien Wettbewerb** in Europa zu ermöglichen. Dabei ist nicht nur die Garantie der Warenverkehrsfreiheit für das Energierecht relevant; auch andere Grundfreiheiten können in Einzelfällen für Unternehmungen im Bereich des Energiesektors relevant werden.[2]

I. Warenverkehrsfreiheit

Die herausgehobene Bedeutung der Warenverkehrsfreiheit für das europäische Energierecht lässt sich bereits an der besonders häufigen Fallpraxis des EuGHs ablesen.[3] Die Warenverkehrsfreiheit stellt dabei insbesondere zusammen mit den Vorschriften über die staatlichen Beihilfen einen europäischen Regulierungsrahmen für erneuerbare Energien auf.

1. Freier Warenverkehr

a) Wareneigenschaft

Damit der Anwendungsbereich der Vorschriften zum freien Warenverkehr eröffnet ist, muss zunächst eine **Ware** vorliegen (vgl. Art. 28 Abs. 2 AEUV).[4] Das bedeutet für Fragen des Energierechts, dass sich auch Energieträger wie Strom, Gas und Fernwärme als Waren im Sinne der Vorschriften qualifizieren lassen können müssen. Nach dem EuGH unterliegen jedenfalls „Gegenstände, die im Hinblick auf Handelsgeschäfte über eine Grenze verbracht werden", den Vorschriften zur Warenverkehrsfreiheit.[5] Dabei ist die Körperlichkeit allerdings nicht ausschlaggebendes Kriterium, obgleich **Gas** und **Fernwärme** bereits deshalb als Ware im Sinne der Vorschrift einzuordnen sind. So führte der EuGH bereits 1968 an, dass unter Waren im Sinne der Warenverkehrsfreiheit auch „Erzeugnisse zu verstehen [sind], die einen Geldwert haben und deshalb Gegenstand von Handelsgeschäften sein können. [...] Sonach sind Güter den Normen des Gemeinsamen Marktes unterworfen, sofern der Vertrag nicht ausdrücklich Ausnahmen vorsieht."[6] Überdies ist **nach der ständigen Rechtsprechung des EuGHs auch Strom eine Ware.**[7] Nach Auffassung des EuGHs ergibt sich dies daraus, dass die

---

1 *Schneider*, in: Schneider/Theobald, Recht der Energiewirtschaft. Praxishandbuch, 5. Aufl. 2021, § 2 Rn. 12 mwN.
2 Vgl. nur die Ausführungen bei *Krüger*, European Energy Law and Policy, 2016, S. 58 ff.
3 Vgl. zB EuGH Urt. v. 25.9.1985 – Rs. 72/84, ECLI:EU:C:1984:256 – *Campus Oil*; EuGH Urt. v. 23.10.1997 – Rs. C-159/94, ECLI:EU:C:1997:501 – *Kommission/Frankreich*; EuGH Urt. v. 13.3.2001 – Rs. C- 379/98, ECLI: EU:C:2001:160 – *PreussenElektra*; EuGH Urt. v. 1.7.2014 – Rs. C-573/12, E- CLI:EU:C:2014:2037 – *Ålands Vindkraft*.
4 Zu diesem Themenbereich *Baumgart*, Unionsprimärrechtliche Pflichten der EU-Mitgliedstaaten zum Ausbau der Stromnetze, 2020, S. 41 ff.
5 EuGH Urt. v. 9.7.1992 – Rs. C-2/90, ECLI:EU:C:1992:310, Rn. 26 – *Kommission/Belgien*. Diese Aussage des EuGHs ist mit Blick auf die übrigen Urteile nicht als abschließend zu betrachten.
6 EuGH Urt. v. 10.12.1968 – Rs. C-7/68, ECLI:EU:C:1968:51 – *Kommission/Italien*; so auch EuGH Urt. v. 21.10.1999 – Rs. C-97/98, ECLI:EU:C:1999:515, Rn. 30 – *Jägerskiöld*.
7 EuGH Urt. v. 27.4.1994 – Rs. C-393/92, ECLI:EU:C:1994:171, Rn. 28 – *Gemeente Almelo ua/Energiebedrijf Ijsselmij*; zur Entwicklung und zum Streitstand zusammenfassend *Presser*, Grenzüberschreitender Stromhandel, 2011, Fn. 192.

Wareneigenschaft von Strom durch die Mitgliedstaaten schon nicht bestritten werde.[8] Ferner werden Stromlieferungen im Zollschema aufgeführt.[9] Andere Verträge, wie beispielsweise das CISG, nehmen den Strom ausdrücklich vom Warenbegriff aus,[10] woraus im Umkehrschluss ebenfalls die Wareneigenschaft des Stroms abzuleiten ist.[11] Sinn und Zweck der Vorschriften zum freien Warenverkehr ist es schließlich, alles zu erfassen, was gehandelt werden kann.

b) Grenzüberschreitender Sachverhalt

Ferner muss nach herrschender Meinung auch ein **grenzüberschreitender Sachverhalt** gegeben sein.[12] Dies wird insbesondere auf die im Wortlaut der Vorschriften enthaltene Formulierung „zwischen den Mitgliedstaaten" gestützt.[13]

c) Harmonisierung

In Bezug auf erneuerbare Energien stellt sich regelmäßig die Frage, ob Verstöße gegen die Warenverkehrsfreiheit auch rügbar sind, wenn die Maßnahme **mit einer sekundärrechtlichen Vorschrift vereinbar** ist.[14] So wird allgemein angenommen, dass im Falle der Vollharmonisierung eines Politikbereichs durch Sekundärrecht einzelne mitgliedstaatliche Maßnahmen nicht mehr anhand des EU-Primärrechts, sondern ausschließlich anhand des EU-Sekundärrechts geprüft werden.[15] Beispielsweise überlässt Art. 5 Abs. 1 der Richtlinie zur Förderung der Nutzung von Energie aus erneuerbaren Quellen[16] den Mitgliedstaaten die Entscheidung, ob die nationalen Regime zur Förderung von erneuerbaren Energien auch auf Strom aus anderen Mitgliedstaaten Anwendung finden.

Selbst wenn man der Ansicht folgt, dass eine mitgliedstaatliche Maßnahme bei einer Vollharmonisierung nicht mehr am Primärrecht geprüft werden darf, ist **jedenfalls das Sekundärrecht selbst am Primärrecht** zu messen. In dem oben genannten Beispiel ist Art. 5 Abs. 1 der Richtlinie zur Förderung der Nutzung von Energie aus erneuerbaren Quellen daher bereits als Eingriff in Art. 34 AEUV zu werten, da die Vorschrift die Förderung von erneuerbaren Energien grundsätzlich auf den im jeweiligen Mitgliedstaat erzeugten Strom beschränkt; es liegt mithin eine Diskriminierung vor, die an die

---

8 EuGH Urt. v. 27.4.1994 – Rs. C-393/92, ECLI:EU:C:1994:171, Rn. 28 – *Gemeente Almelo ua/Energiebedrijf Ijsselmij*; zur Entwicklung und zum Streitstand zusammenfassend *Presser*, Stromhandel, Fn. 192.
9 EuGH Urt. v. 27.4.1994 – Rs. C-393/92, ECLI:EU:C:1994:171, Rn. 28 – *Gemeente Almelo ua/Energiebedrijf Ijsselmij*.
10 Vgl. Art. 2 f.) CISG, dazu *Herber*, in: von Caemmerer/Schlechtriem, Kommentar zum Einheitlichen UN-Kaufrecht, 2. Aufl. 1995, Art. 2 Rn. 37.
11 Zu demselben Ergebnis kommt letztlich eine Auffassung, nach welcher die Wareneigenschaft erst durch die Regulierung herbeigeführt wird; *Hermes*, in: Bohne, Neubestimmung ordnungspolitischer Aufgaben des Staates im Strommarkt, 2003, 135 (141 f.); in diesem Sinne wohl auch: *Epiney*, in: Bieber/Epiney/Haag/Kotzur, Die Europäische Union,15. Aufl. 2022, § 11 Rn. 6.
12 *Epiney*, in: Ehlers/Germelmann, Europäische Grundrechte und Grundfreiheiten, 5. Aufl. 2023, § 8 Rn. 15; *Haratsch/Koenig/Pechstein*, Europarecht, 13. Aufl. 2023, Rn. 825.
13 *Becker*, in: Schwarze, EU-Kommentar, 4. Aufl. 2019, AEUV Art. 34 Rn. 19 f.
14 Vgl. *Altrock/Oschmann*, in: Altrock/Oschmann/Theobald, EEG, 4. Aufl. 2013, Einf. Rn. 115 (dort auch mwN).
15 EuGH, Urt. v. 11.7.2019 – Rs. C-91/18 INT, ECLI:EU:C:2019:600, Rn. 44 – Kommission/ Griechenland (Tsipouro); *Becker*, in: Schwarze, EU-Kommentar, 4. Aufl. 2019, AEUV Art. 34 Rn. 95 ff.; *Nettesheim*, EuR 2006 Heft 6, 737 (757 ff.).
16 RL (EU) 2018/2001.

A. Die Grundfreiheiten

Herkunft des Stroms anknüpft.[17] Ob eine solche Diskriminierung mit Hinweis auf den Umwelt- und Klimaschutz gerechtfertigt ist, wie es der EuGH in seinen Entscheidungen in den Rs. *PreussenElektra/Schhleswag*[18] und *Ålands Vindkraft AB*[19] erwägt, ist fraglich.[20]

d) Ein- und Ausfuhrbeschränkungen sowie Maßnahmen gleicher Wirkung

Art. 34 und 35 AEUV stellen die **zentralen Vorschriften** der EU-Verträge dar. Sie regeln die Ein- und Ausfuhr von Waren innerhalb der EU und sind damit auch für das Energierecht relevant.[21] Der *abwehrrechtlichen* Dimension der Warenverkehrsfreiheit entsprechend sind Maßnahmen eines Mitgliedstaats, die gegen die Vorschriften zur Warenverkehrsfreiheit verstoßen, abzustellen.[22] Nach der *schutzrechtlichen* Dimension müssen Mitgliedstaaten auch gegen Verhaltensweisen nicht-staatlicher Akteure vorgehen, die den freien Warenverkehr beeinträchtigen könnten.[23] Richtigerweise ist aber auch eine *Gewährleistungsdimension* anzuerkennen: So kann den Art. 34 und 35 AEUV eine Pflicht der Mitgliedstaaten entnommen werden, ihre Energieinfrastruktur auszubauen.[24] Aus den Lücken im Kompetenzregime der EU-Verträge auf der einen Seite und dem Ziel der Verwirklichung des Binnenmarkts auf der anderen Seite ergibt sich die Notwendigkeit, Art. 34 und 35 AEUV so weit zu interpretieren, dass sie eine Leistungspflicht der Mitgliedstaaten zum Ausbau ihrer grenzüberschreitenden und innerstaatlichen Infrastruktur und insbesondere ihrer Stromnetze enthalten, denn nur so ist freier Warenverkehr für die Ware Strom überhaupt erst möglich.[25]

e) Rechtfertigungsmöglichkeiten

Es ist möglich, einen Verstoß gegen Art. 34 und 35 AEUV **durch die in Art. 36 AEUV** genannten Gründe zu rechtfertigen.[26] Dazu gehören solche „der öffentlichen Sittlichkeit, Ordnung und Sicherheit, zum Schutze der Gesundheit und des Lebens von Menschen, Tieren oder Pflanzen, des nationalen Kulturguts von künstlerischem, geschichtlichem oder archäologischem Wert oder des gewerblichen und kommerziellen Eigentums". Ferner kann auch Art. 106 Abs. 2 AEUV als Rechtfertigungsgrund herangezogen werden. Weitere ungeschriebene Rechtfertigungsgründe können sich aus den

---

17 Vgl. hierzu *Altrock/Oschmann*, in: Altrock/Oschmann/Theobald, EEG, 4. Aufl. 2013, Einf. Rn. 115 (dort auch mwN).
18 EuGH Urt. v. 13.3.2001 – Rs. C-379/98, ECLI:EU:C:2001:160 – *PreussenElektra*.
19 EuGH, Urt.v. 1.7.2014 – Rs. C-573/12, ECLI:EU:C:2014:2037, Rn. 77 ff. – *Ålands Vindkraft AB*. Hierzu noch unter Rn. 124 f.
20 Vgl. zur Problematik ferner *Steffens*, in: Säcker/Ludwigs, Berliner Kommentar zum Energierecht, Band 2, 4. Aufl. 2019, Einl. C – Teil I, Rn. 99 ff.
21 Vgl. auch *Krüger*, European Energy Law and Policy, 2016, S. 47 ff.
22 Vgl. dazu *Kingreen*, in: Calliess/Ruffert, 6. Aufl. 2022, AEUV Art. 34–36 Rn. 11.
23 EuGH Urt. v. 9.12.1997 – Rs. C-265/95, ECLI:EU:C:1997:595 – *Kommission/Frankreich*; EuGH Urt. v. 12.6.2003 – Rs. C-112/00, ECLI:EU:C:2003:333 – *Schmidberger*; EuGH Urt. v. 1.7.2014 – Rs. C-573/12, ECLI:EU:C:2014:2037, Rn. 74 – *Ålands Vindkraft*. Vgl. dazu auch *Kingreen*, in: Calliess/Ruffert, 6. Aufl. 2022, AEUV Art. 34–36 Rn. 13.
24 *Baumgart*, Unionsprimärrechtliche Pflichten der EU-Mitgliedstaaten zum Ausbau der Stromnetze, 2020, S. 23.
25 Ausf. hierzu *Baumgart*, Unionsprimärrechtliche Pflichten der EU-Mitgliedstaaten zum Ausbau der Stromnetze, 2020, S. 112 ff.
26 Vgl. auch *Schneider*, in: Schneider/Theobald, Recht der Energiewirtschaft. Praxishandbuch, 5. Aufl. 2021, § 2 Rn. 15; *Talus*, Introduction to EU Energy Law, 2016, S. 89 f.

im *Cassis de Dijon*-Urteil[27] festgesetzten Grundsätzen ergeben.[28] Hierzu zählen ua der Umweltschutz[29] und der Schutz öffentlicher Netze.[30]
Die folgende Darstellung beschränkt sich auf die im Zusammenhang mit energiepolitischen Maßnahmen diskutierten Rechtfertigungsmöglichkeiten.

aa) Versorgungssicherheit

9 In der **Rechtssache Campus Oil** hat der Europäische Gerichtshof entschieden, dass unter dem Blickwinkel der öffentlichen Sicherheit eine gegen die Vorschriften zum freien Warenverkehr verstoßende Regelung gerechtfertigt sein kann, die bezweckt, die „Unterbrechung der Versorgung mit Erdölerzeugnissen und die sich daraus für die Existenz eines Staates ergebenden Gefahren" zu verhindern.[31] Damit begründete der EuGH die von Teilen der Literatur sogenannte „security of supply doctrine".[32] Eine Berufung auf die Versorgungssicherheit unterliegt wie jede Rechtfertigung im Rahmen des Art. 36 AEUV der Verhältnismäßigkeit.[33] Zudem können rein ökonomische Überlegungen binnenmarktwidrige Maßnahmen auch im Energiesektor gerade nicht rechtfertigen.[34]

bb) Umweltschutz

10 Auch Aspekte zur Förderung des **Umweltschutzes** können im Rahmen der Rechtfertigung bei Art. 34 und 35 AEUV relevant werden. Besonders hervorzuheben sind die Verfahren *Outokumpu*, *PreussenElektra*, *Ålands Vindkraft* und *Essent Belgium*.[35] Illustrierend soll hier das Verfahren *Ålands Vindkraft AB gegen Energimyndigheten* dargestellt werden:[36]

11 Am 1.7.2014 fällte der EuGH sein **Urteil in der Rechtssache Ålands Vindkraft AB gegen Energimyndigheten.** Der Rechtsstreit erreichte den Gerichtshof über ein Vorlageverfahren aufgrund einer Klage der *Ålands Vindkraft AB* gegen die schwedische Energiebehörde,

---

27 EuGH Urt. v. 20.2.1979 – Rs. C-120/78, ECLI:EU:C:1979:42.
28 *Schneider*, in: Schneider/Theobald, Recht der Energiewirtschaft. Praxishandbuch, 5. Aufl. 2021, § 2 Rn. 16.
29 EuGH Urt. v. 20.9.1988 – Rs. 302/86, ECLI:EU:C:1988:421, Rn. 8 f. – *Pfandflaschen*; Urt. v. 13.3.2001 – Rs. C-379/98, Rn. 76 – *PreussenElektra*.
30 EuGH Urt. v. 13.12.1991 – Rs. C-18/88, ECLI:EU:C:1991:474, Rn. 29 – *GB-Inno-BM*.
31 EuGH Urt. v. 10.7.1984 – Rs. C-72/83, ECLI:EU:C:1984:256, Rn. 34 – *Campus Oil Limited und andere gegen Minister for Industry and Energy und andere*. Vgl. dazu auch *Talus*, Introduction to EU Energy Law, 2016, S. 91 f. Vgl. auch EuGH Urt. v. 13.12.1990 – Rs. C-347/88, ECLI:EU:C:1990:470, Rn. 48 – *Kommission der Europäischen Gemeinschaften/Griechische Republik*.
32 *Krüger*, European Energy Law and Policy, 2016, S. 53.
33 EuGH Urt. v. 10.7.1984 – Rs. C-72/83, ECLI:EU:C:1984:256, Rn. 37 – *Campus Oil Limited und andere gegen Minister for Industry and Energy und andere*; EuGH Urt. v. 13.12.1990 – Rs. C-347/88, ECLI:EU:C:1990:470, Rn. 49 – *Kommission der Europäischen Gemeinschaften gegen Griechische Republik*; EuGH Urt. v. 25.10.2001 – Rs. C-398/98, ECLI:EU:C:2001:565, Rn. 31 – *Kommission der Europäischen Gemeinschaften gegen Republik Griechenland*.
34 EuGH Urt. v. 25.10.2001 – Rs. C-398/98, ECLI:EU:C:2001:565, Rn. 30 – *Kommission der Europäischen Gemeinschaften gegen Republik Griechenland*; EuGH Urt. v. 10.7.1984 – Rs. C-72/83, ECLI:EU:C:1984:256, Rn. 35 – *Campus Oil Limited und andere gegen Minister for Industry and Energy und andere*. Vgl. auch die Ausführungen bei *Talus*, Introduction to EU Energy Law, 2016, S. 94 f. zur Frage, ob der EuGH nicht mittlerweile einen leicht abgeschwächten Ansatz verfolgt.
35 EuGH Urt. v. 2.4.1998 – Rs. C-213/96, ECLI:EU:C:1998:155 – *Outokumpu*; EuGH Urt. v. 13.3.2001 – Rs. C-379/98, ECLI:EU:C:2001:160 – *PreussenElektra*; EuGH Urt. v. 1.7.2014 – Rs. C-573/12, ECLI:EU:C:2014:2037 – *Ålands Vindkraft*; EuGH Urt. v. 11.9.2014 – verb. Rs. C-204/12 bis C-208/12, ECLI:EU:C:2014:2192 – *Essent Belgium*; dazu auch *Talus*, Introduction to EU Energy Law, 2016, S. 96 ff.
36 EuGH Urt. v. 1.7.2014 – Rs. C-573/12, ECLI:EU:C:2014:2037 – *Ålands Vindkraft AB gegen Energimyndigheten*.

A. Die Grundfreiheiten

die einen Windenergiepark des Unternehmens, der sich nicht in Schweden, sondern in Finnland befand, nicht für die Zuteilung von bestimmten Stromzertifikaten zulassen wollte.[37] Der schwedischen Rechtslage entsprechend konnten nur solche EE-Anlagen, die sich auf schwedischem Territorium befanden, an der Zuteilung der Stromzertifikate für erzeugte Megawattstunden teilnehmen.[38] Insbesondere die mit der Stromversorgung betrauten Unternehmen hatten jedes Jahr eine gewisse Anzahl solcher Stromzertifikate vorzuhalten.[39] Die Vorlagefragen betrafen auch die Prüfung, ob die schwedische Regelung einen nicht gerechtfertigten Verstoß gegen Art. 34 AEUV darstellte.[40] ◂

Mangels abschließender Harmonisierung der Rechtslage durch EU-Sekundärrecht, was nach Ansicht des EuGHs eine Vereinbarkeitsprüfung mit dem Primärrecht ausgeschlossen hätte,[41] konstatierte der Gerichtshof, „dass die im Ausgangsverfahren in Rede stehende Regelung geeignet ist, Stromeinfuhren aus anderen Mitgliedstaaten, insbesondere von grünem Strom, zumindest mittelbar und potenziell zu behindern"[42]. Insbesondere sähen sich die Stromversorger gezwungen, um ihre Vorhaltepflicht an Zertifikaten zu erfüllen, Strom aus auf dem schwedischen Staatsgebiet befindlichen EE-Anlagen zu beziehen.[43] Allerdings sieht der EuGH hier, obgleich es sich um eine diskriminierende Regelung handelt, eine Rechtfertigung aus Gründen des Umweltschutzes und des – in Art. 36 S. 1 AEUV ausdrücklich erwähnten – Schutzes der Gesundheit und des Lebens von Menschen, Tieren und Pflanzen als gegeben.[44]

Problematisch war hier vor allen Dingen die **Verhältnismäßigkeit** der Maßnahme: *Ålands Vindkraft AB* brachte vor, dass das mit der Regelung bezweckte Ziel einer Verminderung der Treibhausgasemissionen auch durch die Erzeugung in anderen Ländern erreicht werde.[45] Der Gerichtshof erwog hingegen, „dass beim derzeitigen Stand des Unionsrechts eine solche territoriale Beschränkung an sich als erforderlich angesehen werden kann, um das im vorliegenden Fall verfolgte legitime Ziel zu erreichen, das darin besteht, eine vermehrte Nutzung erneuerbarer Energiequellen zur Stromerzeugung zu fördern."[46] Den Mitgliedstaaten stehe es „grundsätzlich frei, durch solche Regelungen nur die in ihrem Hoheitsgebiet stattfindende Erzeugung von grünem Strom zu fördern."[47] Und auch die im Falle des Nicht-Vorhaltens einer bestimmten Anzahl an Stromzertifikaten zu zahlende Abgabe bewege sich im Rahmen des dem Mitgliedstaat

---

37 EuGH Urt. v. 1.7.2014 – Rs. C-573/12, ECLI:EU:C:2014:2037, Rn. 2 – *Ålands Vindkraft AB gegen Energimyndigheten*.
38 EuGH Urt. v. 1.7.2014 – Rs. C-573/12, ECLI:EU:C:2014:2037, Rn. 12 – *Ålands Vindkraft AB gegen Energimyndigheten*.
39 EuGH Urt. v. 1.7.2014 – Rs. C-573/12, ECLI:EU:C:2014:2037, Rn. 15 ff. – *Ålands Vindkraft AB gegen Energimyndigheten*.
40 EuGH Urt. v. 1.7.2014 – Rs. C-573/12, ECLI:EU:C:2014:2037, Rn. 32, 55 ff. – *Ålands Vindkraft AB gegen Energimyndigheten*.
41 EuGH Urt. v. 1.7.2014 – Rs. C-573/12, ECLI:EU:C:2014:2037, Rn. 56 ff. – *Ålands Vindkraft AB gegen Energimyndigheten*. Hierzu bereits oben, Teil I Rn. 118 f.
42 EuGH Urt. v. 1.7.2014 – Rs. C-573/12, ECLI:EU:C:2014:2037, Rn. 67 – *Ålands Vindkraft AB gegen Energimyndigheten*.
43 EuGH Urt. v. 1.7.2014 – Rs. C-573/12, ECLI:EU:C:2014:2037, Rn. 68 ff. – *Ålands Vindkraft AB gegen Energimyndigheten*.
44 EuGH Urt. v. 1.7.2014 – Rs. C-573/12, ECLI:EU:C:2014:2037, Rn. 76 ff. – *Ålands Vindkraft AB gegen Energimyndigheten*.
45 EuGH Urt. v. 1.7.2014 – Rs. C-573/12, ECLI:EU:C:2014:2037, Rn. 93 – *Ålands Vindkraft AB gegen Energimyndigheten*.
46 EuGH Urt. v. 1.7.2014 – Rs. C-573/12, ECLI:EU:C:2014:2037, Rn. 92 – *Ålands Vindkraft AB gegen Energimyndigheten*.
47 EuGH Urt. v. 1.7.2014 – Rs. C-573/12, ECLI:EU:C:2014:2037, Rn. 94 – *Ålands Vindkraft AB gegen Energimyndigheten*.

bei der Verhältnismäßigkeitsprüfung zuzuerkennenden **Wertungsspielraumes**.[48] Im Ergebnis ging der EuGH wohl davon aus, dass die Regelung gerade keine „willkürliche Diskriminierung" iSv Art. 36 S. 2 AEUV darstellte.

2. Staatliche Handelsmonopole

14   Neben Art. 34 und 35 AEUV ist auch **Art. 37 AEUV** zu beachten. Allerdings hat Art. 37 AEUV deutlich an Bedeutung verloren, seitdem die Rechtsprechung Art. 34 und 35 AEUV auch in Bezug auf den Energiesektor anwendet.[49] Staatliche Handelsmonopole werden besonders durch Art. 37 AEUV reguliert. Zudem ist zu überlegen, ob die Mitgliedstaaten nach Art. 37 Abs. 1 UAbs. 1 AEUV nicht darauf hinzuwirken haben, dass die in ihrem Eigentum stehenden Netzbetreiber das ihnen gehörende Stromnetz derart ausbauen, dass eine (diskriminierende) Kapazitätsvergabe an den mitgliedstaatlichen Grenzen entfällt.[50]

II. Arbeitnehmerfreizügigkeit

15   Die in Art. 45–48 AEUV geregelte Arbeitnehmerfreizügigkeit verbietet jede auf der Nationalität beruhende unterschiedliche Behandlung der Arbeitnehmer der Mitgliedstaaten in Bezug auf die Beschäftigung, den Zugang zur Beschäftigung, die Entlohnung und die sonstigen Arbeitsbedingungen. Die Vorschriften zur **Arbeitnehmerfreizügigkeit** können bspw. relevant werden, wenn es um die Tätigkeit von Energiespezialisten in anderen Mitgliedstaaten geht.[51]

III. Niederlassungsfreiheit

16   Die **Niederlassungsfreiheit** (Art. 49–55 AEUV) garantiert das Recht von natürlichen und juristischen Personen, in einem anderen Staat selbstständige Erwerbstätigkeiten aufzunehmen und auszuüben, die auf der Grundlage einer festen Einrichtung dauerhaft auf die Teilnahme am Wirtschaftsleben eines anderen Mitgliedstaats angelegt ist, sowie Unternehmen zu gründen und zu leiten.[52] Sie findet bspw. Anwendung, wenn Mitgliedstaaten Konzessionen nur an solche Unternehmen vergeben wollen, die bereits vorher im Besitz dieser Konzessionen waren.[53]

IV. Dienstleistungsfreiheit

17   Die **Dienstleistungsfreiheit** nach Art. 56–62 AEUV umfasst im Wesentlichen das Recht, sich zur Einbringung einer Dienstleistung i.S.d. Art. 57 AEUV in einen anderen Mitgliedstaat zu begeben und dort im Rahmen der gesetzlichen Vorschriften tätig zu werden. Relevanz könnte sie aktuell im Bereich des Betriebs von Messstellen erlangen. Dabei ist allerdings zu berücksichtigen, dass die Dienstleistungsfreiheit nach Art. 57 Abs. 1 AEUV zurücktritt, sobald der Anwendungsbereich einer anderen Grundfreiheit

---

48 EuGH Urt. v. 1.7.2014 – Rs. C-573/12, ECLI:EU:C:2014:2037, Rn. 105 ff. – *Ålands Vindkraft AB gegen Energimyndigheten*.
49 Vgl. *Schneider*, in: Schneider/Theobald, Recht der Energiewirtschaft. Praxishandbuch, 5. Aufl. 2021, § 2 Rn. 14.
50 *Baumgart*, Unionsprimärrechtliche Pflichten der EU-Mitgliedstaaten zum Ausbau der Stromnetze, 2020, S. 136 ff.
51 *Krüger*, European Energy Law and Policy, 2016, S. 59.
52 *Müller-Graff*, in: Streinz, 3. Aufl. 2018, AEUV Art. 49 Rn. 11.
53 *Krüger*, European Energy Law and Policy, 2016, S. 60.

eröffnet ist. Je nach Sachverhalt erscheint auch für den Netzbetrieb aufgrund seines Dienstleistungscharakters eine Anwendung der Art. 56 ff. AEUV geboten. Jedenfalls gestaltet sich die Abgrenzung zur Warenverkehrsfreiheit in einigen Fällen schwierig.[54]

V. Kapital- und Zahlungsverkehrsfreiheit

Nicht zu unterschätzen ist auch die Bedeutung der **Kapital- und Zahlungsverkehrsfreiheit** (Art. 63–66 AEUV), welche den freien Fluss von Geld- und Zahlungsströmen garantiert.[55] Relevant wird diese bspw. bei sog. *golden shares*, also Aktienanteilen, in Bezug auf deren Erwerb sich ein Mitgliedstaat besondere Privilegien vorbehält, so zB dass er einem Erwerb widersprechen kann.[56] Solche grundsätzlich in den Anwendungsbereich der Kapitalverkehrsfreiheit fallende Fälle sind ebenfalls nur dann gerechtfertigt, wenn sie aus Gründen der Versorgungssicherheit geschehen.[57]

B. Verbot von Ein- und Ausfuhrzöllen und Abgaben gleicher Wirkung

Neben die allgemeinen Vorschriften zum freien Warenverkehr treten die **Vorschriften der Art. 28 und 30 AEUV als speziellere Regelungen**.[58] Diese knüpfen ausschließlich an finanzielle Aspekte an.[59] Sie beziehen sich auf ein Verbot von Ein- und Ausfuhrzöllen bzw. Abgaben gleicher Wirkung und stellen in ihrer Ausprägung ebenfalls Vorschriften dar, die für die Verwirklichung des Binnenmarkts unverzichtbar sind. Konkret stellt Art. 28 Abs. 1 AEUV fest: „Die Union umfasst eine Zollunion, die sich auf den gesamten Warenaustausch erstreckt; sie umfasst das Verbot, zwischen den Mitgliedstaaten Ein- und Ausfuhrzölle und Abgaben gleicher Wirkung zu erheben, sowie die Einführung eines Gemeinsamen Zolltarifs gegenüber dritten Ländern."

Das in der Vorschrift benannte Verbot wird durch Art. 30 AEUV genauer ausgestaltet: „Ein- und Ausfuhrzölle oder Abgaben gleicher Wirkung sind zwischen den Mitgliedstaaten verboten. Dieses Verbot gilt auch für Finanzzölle." Ein- und Ausfuhrzölle sind solche Abgaben, die als Zoll bezeichnet und auf der Grundlage eines Zolltarifs wegen der Verbringung einer Ware über die Grenze eines Mitgliedsstaats erhoben werden.[60] Abgaben gleicher Wirkung sind zoll-äquivalente Verteuerungen der Ware, die eine an den Grenzübertritt anknüpfende einseitig auferlegte Belastung darstellen.[61]

▶ **Beispiel** *FENS spol. s. r./Slovenská republika – Úrad pre reguláciu sieťových odvetví*:[62] In dieser Entscheidung erklärte der Gerichtshof ein Entgelt, welches für Netzdienstleistungen im Zusammenhang mit der Ausfuhr in einen anderen Mitgliedstaat erhoben wird, für unvereinbar mit den Art. 28 und 30 AEUV, wenn dieses Entgelt nur im Inland erzeugten Strom betrifft. Grundlage des Vorabentscheidungsersuchens des slowakischen Gerichts war

---

54 Vgl. nur die Abgrenzung bei EuGH Urt. v. 24.3.1994 – Rs. C-275/92, ECLI:EU:C:1994:119, Rn. 25 ff. – *Schindler*.
55 Zur Konkretisierung *Sedlacek/Züger*, in: Streinz, 3. Aufl. 2018, AEUV Art. 63 Rn. 19 f., 22.
56 Vgl. nur EuGH Urt. v. 4.6.2002 – Rs. C-503/99, ECLI:EU:C:2002:328, Rn. 36 ff. – Golden Shares III; vgl. auch *Krüger*, European Energy Law and Policy, 2016, S. 62 f. und *Talus*, Introduction to EU Energy Law, 2016, S. 100 ff.
57 EuGH Urt. v. 4.6.2002 – Rs. C-503/99, ECLI:EU:C:2002:328, Rn. 42 ff. – Golden Shares III.
58 *Steffens*, in: Säcker/Ludwigs, Berliner Kommentar zum Energierecht, Band 2, 4. Aufl. 2019, Einl. C – Teil I, Rn. 104.
59 Ausführlich *Steffens*, in: Säcker/Ludwigs, Berliner Kommentar zum Energierecht, Band 2, 4. Aufl. 2019, Einl. C – Teil I, Rn. 104 ff.
60 *Waldhoff*, in: Calliess/Ruffert, 6. Aufl. 2022, AEUV Art. 30 Rn. 5 m.w.N.
61 *Waldhoff*, in: Calliess/Ruffert, 6. Aufl. 2022, AEUV Art. 30 Rn. 7 ff. m.w.N.
62 EuGH Urt. v. 6.12.2018 – Rs. C-305/17, ECLI:EU:C:2018:986 – FENS.

dabei die Frage, ob das in den Rechtsstreit verwickelte Unternehmen eine von der slowakischen Regulierungsbehörde erhobene Abgabe auf die Erbringung von Elektrizitätsübertragungsdienstleistungen zahlen muss.[63] Das Vorabentscheidungsersuchen richtete sich auf die Auslegung der Art. 28 und 30 AEUV (Verbot von Ein- und Ausfuhrzöllen und Abgaben gleicher Wirkung).[64] Das slowakische Recht sah vor, dass ein Unternehmen, welches Netzdienstleistungen bei der Ausfuhr von Elektrizität erbringt, grundsätzlich ein bestimmtes Entgelt zu entrichten hat; eine Ausnahme war nur gegeben, wenn das Unternehmen nachweisen konnte, dass die ausgeführte Elektrizität vorher in die Slowakei eingeführt wurde.[65] Der EuGH entschied, dass eine solche Abgabe einen Verstoß gegen die Art. 28 und 30 AEUV darstellt, der auch nicht aus Gründen der Versorgungssicherheit gerechtfertigt ist.[66] Einführend stellte der EuGH fest, dass die Art. 28 und 30 AEUV anwendbar seien, da die zur Verwirklichung des Binnenmarkts erlassenen Richtlinien 2003/54/EG und 2005/89/EG diesen nicht vollendet hätten und daher auch keine abschließende Harmonisierung eingetreten sein könne.[67] Der EuGH stellte hieran anknüpfend erstens fest, dass es sich bei dem Entgelt um eine „einseitig von einem Mitgliedstaat auferlegte finanzielle Belastung" handelt.[68] Zweitens knüpfe ein solches Entgelt auch an ein unmittelbar mit einer Ware im Zusammenhang stehendes Kriterium an, so dass die Vorschriften Anwendung fänden.[69] Fraglich war nun insbesondere, „ob diese Belastung die Waren wegen des Grenzübertritts trifft oder ob sie vielmehr zu einem allgemeinen inländischen Abgabensystem gehört, das Erzeugnisgruppen systematisch nach objektiven Kriterien unabhängig vom Ursprung oder der Bestimmung der Erzeugnisse erfasst".[70] Diesbezüglich brachte die slowakische Regierung vor, dass Elektrizität, die im Inland verbraucht werde, ebenfalls aufgrund einer anderen Rechtsgrundlage von einer gleichen Belastung betroffen sei.[71] Der EuGH entschied hierzu, dass die Belastung allerdings nicht auf derselben Handelsstufe greife, so dass das im Zentrum des Verfahrens stehende Entgelt die Waren gerade wegen des Grenzübertritts treffe; das Entgelt auf den ausgeführten Strom ziele auf das die Elektrizität ausführende Unternehmen, das Entgelt auf den im Inland verbrauchten Strom auf die Endverbraucher.[72] Zudem handele es sich auch nicht um ein Entgelt, „das eine Gegenleistung für einen tatsächlich erbrachten bestimmten Vorteil darstellt",[73] insbesondere sei nicht nachgewiesen worden, dass das Entgelt für eine tatsächlich erbrachte Netzdienstleistung erhoben worden sei.[74] Eine Rechtfertigung dieser Regelung aufgrund von Versorgungssicherheitsgesichtspunkten sei schon deshalb ausgeschlossen, weil das in Art. 28 und 30 AEUV enthaltene Verbot als „allgemein und absolut"[75] angesehen werden müsse. Auch die in Art. 36 AEUV enthaltenen Ausnahmen könnten nicht entsprechend angewandt werden.[76] Ferner sei ein Verstoß auch in Bezug auf eine Abgabe gegenüber Drittstaaten anzunehmen, da „die Union nach Art. 3 Abs. 1 lit. a und e AEUV die ausschließliche Zuständigkeit in den Bereichen der Zollunion und der gemeinsamen Handelspolitik hat und dass nach Art. 207 Abs. 1 AEUV die gemeinsame Handelspolitik nach einheitlichen Grundsätzen gestaltet wird".[77] ◄

---

63 EuGH Urt. v. 6.12.2018 – Rs. C-305/17, ECLI:EU:C:2018:986, Rn. 14 – FENS.
64 EuGH Urt. v. 6.12.2018 – Rs. C-305/17, ECLI:EU:C:2018:986, Rn. 17 – FENS.
65 EuGH Urt. v. 6.12.2018 – Rs. C-305/17, ECLI:EU:C:2018:986, Rn. 8, 9, 11 – FENS.
66 EuGH Urt. v. 6.12.2018 – Rs. C-305/17, ECLI:EU:C:2018:986, Rn. 57 – FENS.
67 EuGH Urt. v. 6.12.2018 – Rs. C-305/17, ECLI:EU:C:2018:986, Rn. 24–27 – FENS.
68 EuGH Urt. v. 6.12.2018 – Rs. C-305/17, ECLI:EU:C:2018:986, Rn. 33 – FENS.
69 EuGH Urt. v. 6.12.2018 – Rs. C-305/17, ECLI:EU:C:2018:986, Rn. 34, 35 – FENS.
70 EuGH Urt. v. 6.12.2018 – Rs. C-305/17, ECLI:EU:C:2018:986, Rn. 36 – FENS.
71 EuGH Urt. v. 6.12.2018 – Rs. C-305/17, ECLI:EU:C:2018:986, Rn. 39 – FENS.
72 EuGH Urt. v. 6.12.2018 – Rs. C-305/17, ECLI:EU:C:2018:986, Rn. 41 – FENS.
73 EuGH Urt. v. 6.12.2018 – Rs. C-305/17, ECLI:EU:C:2018:986, Rn. 43 – FENS.
74 EuGH Urt. v. 6.12.2018 – Rs. C-305/17, ECLI:EU:C:2018:986, Rn. 44 – FENS.
75 EuGH Urt. v. 6.12.2018 – Rs. C-305/17, ECLI:EU:C:2018:986, Rn. 53 – FENS.
76 EuGH Urt. v. 6.12.2018 – Rs. C-305/17, ECLI:EU:C:2018:986, Rn. 54 – FENS.
77 EuGH Urt. v. 6.12.2018 – Rs. C-305/17, ECLI:EU:C:2018:986, Rn. 49 – FENS.

C. Steuern

Nicht zu vernachlässigen sind im Übrigen Fragen, die die Vorschriften zu den **Steuern** betreffen (Art. 110 bis 113 AEUV).[78] Diese Vorschriften gestalten sich als konsequente Fortschreibung der Warenverkehrsfreiheit und es ist denkbar, dass die von den Vorschriften erfassten Steuern auch im Energiesektor erhoben werden könnten. Dieses Kapitel des AEUV verbietet den Mitgliedstaaten ausdrücklich, auf Waren aus anderen Mitgliedstaaten unmittelbar oder mittelbar höhere inländische Abgaben gleich welcher Art, als gleichartige inländische Waren unmittelbar oder mittelbar zu tragen haben, zu erheben (Art. 110 Abs. 1 AEUV). Ebensowenig dürfen die Mitgliedstaaten auf Waren aus anderen Mitgliedstaaten inländische Abgaben erheben, die geeignet sind, andere Produktionen mittelbar zu schützen (Art. 110 Abs. 2 AEUV). Auch für den Fall, dass Waren in das Hoheitsgebiet eines Mitgliedstaats ausgeführt werden, regelt das Kapitel, dass die Rückvergütung für inländische Abgaben nicht höher sein darf als die auf die ausgeführten Waren mittelbar oder unmittelbar erhobenen inländischen Abgaben (Art. 111 AEUV). Ein Mitspracherecht erhält der Rat der EU, indem Art. 112 AEUV regelt, dass für Abgaben außer Umsatzsteuern, Verbrauchsabgaben und sonstigen indirekten Steuern Entlastungen und Rückvergütungen bei der Ausfuhr in andere Mitgliedstaaten sowie Ausgleichsabgaben bei der Einfuhr aus den Mitgliedstaaten nur zulässig sind, soweit der Rat sie vorher auf Vorschlag der Kommission für eine begrenzte Frist genehmigt hat.

21

D. Fazit

Die den Binnenmarkt konstituierenden Grundfreiheiten sind ohne Weiteres auch auf energierechtliche Sachverhalte anwendbar. Auch hier fungieren sie als **Treiber der europäischen Integration**. Sie dienen dazu, nationale Alleingänge zu verhindern. Durch die Möglichkeit der Rechtfertigung bieten die Vorschriften aber zugleich eine ausreichende Offenheit, um Zielsetzungen insbesondere mit Blick auf den **Klimaschutz** und die Versorgungssicherheit durch mitgliedstaatliche Maßnahmen zu verwirklichen.

22

E. Wiederholungs- und Vertiefungsfragen

1. Was ist eine Grundfreiheit?
2. Welche der EU-Grundfreiheiten kann/können Einfluss auf die Energiepolitik der EU-Mitgliedstaaten haben?
3. Gelten die Grundfreiheiten nur für die EU-Mitgliedstaaten? Woraus kann sich eine Geltung auch für Drittstaaten ergeben?
4. Was ist unter der Abwehr-, was unter der Schutz- und was unter der Gewährleistungsdimension einer Grundfreiheit zu verstehen?
5. Sind Strom und Gas Waren im Sinne der Warenverkehrsfreiheit? Begründen Sie Ihre Antwort.
6. Ist jeder Verstoß gegen Art. 34 und 35 AEUV EU-rechtswidrig?
7. Illustrieren Sie anhand von Beispielen aus dem Energiebereich, woraus ein Verstoß gegen Art. 34 und 35 AEUV gerechtfertigt sein kann.
8. Wie unterscheiden sich Art. 34 und 35 AEUV von Art. 37 AEUV?

---

78 Vertieft dazu *Krüger*, European Energy Law and Policy, 2016, S. 45, 94 ff.

9. Nennen Sie einige die Grundfreiheiten betreffende Entscheidungen des EuGHs im Energiebereich.
10. Welche Rolle spielt das Verbot von Ein- und Ausfuhrzöllen und Abgaben gleicher Wirkung und wo ist dieses geregelt?

Kapitel 4: Energiewettbewerbsrecht

A. Einführung

Wesentlicher Baustein des Europäischen Energierechts ist seit jeher das **Europäische Wettbewerbsrecht**, welches seine Grundlage vor allen Dingen in den EU-Verträgen, aber auch im EWR- und anderen Abkommen findet. Es ist insbesondere in den Art. 101 bis Art. 109 AEUV geregelt und umfasst neben dem **EU-Kartellrecht** auch das **Recht der staatlichen Beihilfen** in den Art. 107 bis 109 AEUV. Daneben wird verbreitet auch das Vergaberecht unter den Begriff des europäischen Wettbewerbsrechts gefasst, welches seine Grundlage in dem aufgrund von Art. 114 AEUV erlassenen Sekundärrecht findet.[1] Für den Energiebereich kann insbesondere RL 2014/25/EU über die Vergabe von Aufträgen durch Auftraggeber im Bereich der Wasser-, Energie- und Verkehrsversorgung sowie der Postdienste relevant werden. Der vorliegende Abschnitt wird sich aus Gründen der Schwerpunktsetzung auf die Wettbewerbsregeln der Art. 101–109 AEUV beschränken.

Ausweislich der Kapitelüberschrift enthalten die Vorschriften der Art. 101–109 AEUV die „**Wettbewerbsregeln**" der Verträge. Bei den Art. 101–106 AEUV handelt es sich um „Vorschriften für Unternehmen". Art. 101 AEUV enthält ein unternehmerisches **Kartellverbot**, Art. 102 AEUV ein **Missbrauchsverbot** und Art. 103 AEUV eine **Kompetenznorm** zum Erlass von „zweckdienlichen Verordnungen oder Richtlinien zur Verwirklichung der in den Art. 101 und 102 niedergelegten Grundsätze". Art. 104 und 105 AEUV enthalten lediglich Übergangsbestimmungen in Bezug auf Art. 103 AEUV. Art. 106 Abs. 1 AEUV ordnet an, dass die Mitgliedstaaten die in Art. 101 und 102 AEUV enthaltenen Verbote auch bei ihrem Tätigwerden berücksichtigen müssen. Abs. 2 enthält eine Privilegierung für Unternehmen, die eine besondere Bedeutung für die Allgemeinheit haben. Im Einzelfall sind bei einer Anwendung des Kartellrechts auch Art. 14 AEUV und Art. 36 EU-GrCh zu berücksichtigen. Über Art. 53 ff. des EWR-Abkommens, Art. 18 Abs. 1 des Übereinkommens zur Errichtung der Europäischen Freihandelsassoziation und Art. 18 des Vertrags zur Gründung der Energiegemeinschaft findet das Kartellrecht ebenfalls Anwendung in den nur diesen Abkommen und nicht der EU beigetretenen Staaten.

Im Gegensatz zum Regulierungsrecht, welches den Wettbewerb präventiv regelt, stellt das Kartellrecht ein **repressives Regelungsinstrument** dar.[2] In der Literatur wird allerdings für den Energiebereich von einer „competition law-ization" gesprochen: einer Abkehr von rein regulierenden Gesetzgebungsverfahren hin zur Schaffung von direkten Eingriffskompetenzen für europäische Institutionen in den Energiemarkt und gegen dessen Akteure.[3] Mit dem Regulierungsrecht schafft der Gesetzgeber zusätzliche Pflichten und verändert den Rahmen des Wirtschaftens in einem Sektor, beispielsweise durch die Entflechtungsvorschriften im Energiesektor. Im Rahmen des Kartellrechts stützen sich die Behörden auf die immer gleichen Vorschriften, um Veränderungen herbeizuführen oder schädliches Verhalten abzustellen.

---

1 Ausführlich dazu *Pritzsche/Vacha*, Energierecht, 2017, § 9 Rn. 250 ff.
2 Vgl. *Pritzsche/Vacha*, Energierecht, 2017, § 9 Rn. 1, 15 ff.
3 *Hancher/Salerno*, EU energy and competition: analysis of current trends and a first assessment of the new package, in: Leal-Arcas/Wouters, Research Handbook on EU Energy Law and Policy, 2017, S. 48 (50 ff.).

B. Europäisches Kartellrecht (im weiteren Sinne)

I. Grundlegendes

4 Unter dem **Kartellrecht** im Sinne dieses Abschnitts ist sowohl das Kartellrecht im engeren Sinne (Art. 101 AEUV) als auch das Recht des Marktmissbrauchs (Art. 102 AEUV) und der Fusions- oder Zusammenschlusskontrolle (Fusionskontrollverordnung Nr. 139/2004 – FKVO)[4] zu verstehen.

5 Das Kartellrecht ist **Teil des europäischen Wettbewerbsrechts**, dessen Ziel es insbesondere ist, Vorteile für die Verbraucher zu bringen.[5] Das Energiekartellrecht sieht sich mit ihm eigenen Herausforderungen konfrontiert, weil gerade im Energiebereich der Zusammenhang zwischen einem Mehr an Wettbewerb und günstigen Preisen nicht immer zwingend ist.[6]

6 Schon mit Blick auf die Fallpraxis hat das Europäische Wirtschaftsrecht eine **besondere Relevanz** für das europäische Energierecht. Für die Anwendung des Energiekartellrechts ist die EU-Kommission **zuständig**. Bei der Anwendung von Kartellrecht ist innerbehördlich die Generaldirektion Wettbewerb und gerade nicht die für den Energiesektor im Allgemeinen verantwortliche Generaldirektion Energie zuständig. Die Generaldirektion Energie beschränkt sich auf die Überprüfung der Vereinbarkeit von Maßnahmen mit dem EU-Sekundärrecht (d.h. die speziell für den Energiesektor erlassenen Regulierungsvorschriften). Verfahren, welche die Grundfreiheiten betreffen, verfolgt die Generaldirektion Wachstum.

7 Problematisch ist auch das **Verhältnis der EU-Wettbewerbsvorschriften zu anderen Vorschriften**, insbesondere zu denen des freien Warenverkehrs. Hier ist zu beobachten, dass die Europäische Kommission dazu tendiert, **vorrangig** die Wettbewerbsvorschriften anzuwenden. Gründe hierfür mögen der erweiterte Handlungs- und insbesondere Sanktionskatalog der Wettbewerbsvorschriften sein, während die Kommission bei den Grundfreiheiten auf die Einleitung eines Vertragsverletzungsverfahrens beschränkt ist. Beispielsweise hätte die Kommission im Verfahren um die *Swedish Interconnectors* auch ein Vertragsverletzungsverfahren gegen den Mitgliedstaat Schweden einleiten können, dem das Verhalten des schwedischen Übertragungsnetzbetreibers zuzurechnen ist.[7]

8 Das europäische Wettbewerbsrecht geht von einem **funktionalen Unternehmensbegriff** aus.[8] Unter einem Unternehmen im Sinne des EU-Wettbewerbsrechts ist „jede eine wirtschaftliche Tätigkeit ausübende Einheit, unabhängig von ihrer Rechtsform und der Art ihrer Finanzierung" zu verstehen.[9] Letztlich kommt es daher nur darauf an, ob die Einheit wirtschaftlich tätig ist; andere Dinge bleiben außer Betracht. Insgesamt ergibt sich daher für das europäische Wettbewerbsrecht im Allgemeinen und das Kartellrecht

---

4 Verordnung (EG) Nr. 139/2004 des Rates vom 20.1.2004 über die Kontrolle von Unternehmenszusammenschlüssen ("EG-Fusionskontrollverordnung"), ABl. Nr. L 24 v. 29.1.2004, S. 1 ff. Letztlich ergibt sich die Fusionskontrolle auf der primärrechtlichen Ebene aber bereits aus der Missbrauchskontrolle: So kann eine den Wettbewerb erdrückende Unternehmensfusion bereits als Missbrauch einer marktbeherrschenden Stellung angesehen werden und damit gegen Art. 102 AEUV verstoßen.
5 *Talus*, Introduction to EU Energy Law, 2016, S. 57.
6 Siehe Teil I Rn. 74.
7 Vgl. hierzu nur die Entwicklung in der Rechtssache EuGH Urt. v. 24.11.1982 – Rs. C-249/81, ECLI:EU:C:1982:402 – *Kommission/Irland*. Siehe noch Rn. 27.
8 *Schneider*, in: Schneider/Theobald, Recht der Energiewirtschaft. Praxishandbuch, 5. Aufl. 2021, § 2 Rn. 18.
9 EuGH Urt. v. 23.4.1991 – Rs. C-41/90, ECLI:EU:C:1991:161, Rn. 21 – *Höfner und Elser/Macroton*.

B. Europäisches Kartellrecht (im weiteren Sinne)

im Besonderen ein großer Anwendungsbereich. Dabei können die Art. 101 und 102 AEUV nicht nur unmittelbar, sondern auch in Verbindung mit Art. 4 Abs. 2 EUV und/oder Art. 106 Abs. 1 AEUV angewendet werden.[10]

Verfahren in Kartellsachen müssen nicht zwingend mit einem **Sanktionsverfahren** der Kommission enden. Es ist auch möglich, dass die Verfahrensbeteiligten sog. Verpflichtungszusagen machen, die dann im Anschluss von der Kommission durch eine Entscheidung für verbindlich erklärt werden.[11]

II. Marktabgrenzung

Die Anwendung der kartellrechtlichen Vorschriften bezieht sich immer auf einen vorab zu bestimmenden **Markt**.[12] Zur Anwendbarkeit der Vorschriften ist in jedem Fall der sachliche, räumliche und zeitlich relevante Markt zu bestimmen. Hierbei wird insbesondere das sog. Bedarfsmarktkonzept angewandt, bei dem betrachtet wird, ob aus Sicht der Marktgegenseite ein Produkt A mit einem Produkt B austauschbar ist. Ist dies zu bejahen, befinden sich beide Produkte auf demselben sachlichen Markt.[13] Bei der Bestimmung des räumlich relevanten Marktes wird darauf abgestellt, in welchem Gebiet die Wettbewerbsbedingungen hinreichend einheitlich, d.h. homogen sind.[14] Da sich die Wettbewerbsverhältnisse stetig ändern, ist diese Marktabgrenzung vor jeder Anwendung der Vorschriften erneut vorzunehmen.[15] Insbesondere kann nicht von einem einzigen Energiemarkt gesprochen werden. Insgesamt orientiert sich die Marktabgrenzung durch die Europäische Kommission zwar an der Marktabgrenzung durch die jeweilige nationale Behörde, eine Tendenz besteht aber wohl dahingehend, dass die Kommission Märkte eher größer als die nationalen Behörden fasst.[16] Dies führt zu einer weniger restriktiven Anwendung des Kartellrechts auf der Europäischen Ebene. Entgegen einer in der Literatur vertretenen Ansicht[17] schließt die Annahme von **natürlichen Monopolen**[18] in den Netzwirtschaften nicht bereits die Anwendungsmöglichkeit des Kartellrechts aus. Im Gegenteil, natürliche Monopole sind gerade aufgrund ihrer Marktmacht besonders anfällig für eine Anwendung von Art. 102 AEUV.

Gegenwärtig unterteilt die Europäische Kommission den Strommarkt sachlich in eine gemeinsame **Erzeugungs- und Großhandelsstufe**, eine **Distributionsstufe** und eine **Stromeinzelhandelsstufe**, wobei die Distributionsstufe wiederum sachlich in einen Markt für Stromübertragung und einen Markt für Stromverteilung zu unterscheiden ist; daneben besteht ein Markt für Regelenergie und Systemdienstleistungen, wobei auch hier weiter differenziert wird.[19] Die Stromeinzelhandelsstufe ist in einen Markt

---

10 *Schneider*, in: Schneider/Theobald, Recht der Energiewirtschaft. Praxishandbuch, 5. Aufl. 2021, § 2 Rn. 19.
11 Art. 9 VO (EG) 1/2003. Siehe allgemein zur „Gestaltung der europäischen Energiemärkte durch Verpflichtungszusageentscheidungen der Kommission" den zweiteiligen Beitrag von *Gussone*, IR 2011, 50 (50 ff.) bzw. *ders.*, IR 2011, 74 (74 ff.).
12 *Pritzsche/Vacha*, Energierecht, 2017, § 9 Rn. 21.
13 BGH, NJW 1996, 595 (595); BGH, GRUR 2004, 1045 (1046); BGH, JuS 2007, 784 (786).
14 Vertiefend *Bruhn*, in: Theobald/Kühling, Energierecht, 122. EL 2023, AEUV Art. 101, Art. 102, Rn. 21 ff.
15 *Pritzsche/Vacha*, Energierecht, 2017, § 9 Rn. 22.
16 *Pritzsche/Vacha*, Energierecht, 2017, § 9 Rn. 23.
17 *Pritzsche/Vacha*, Energierecht, 2017, § 9 Rn. 24.
18 Zum Begriff siehe Teil I Rn. 16.
19 Vgl. nur Kommission, Entscheidung v. 8.12.2015, COMP/M.7778, Rn. 54–61 – Vattenfall/Engie/Gasag; *Gussone/Theobald*, in: Schneider/Theobald, Recht der Energiewirtschaft. Praxishandbuch, 5. Aufl. 2021, § 6 Rn. 58 ff. mwN; *Pritzsche/Vacha*, Energierecht, 2017, § 9 Rn. 26. Zur weiteren Differenzierung im Markt für Regelenergie und Systemdienstleistungen insbes. Kommission, Entscheidung v. 10.5.2010, COMP/M.5827, Rn. 13 f. – ELIA/IFM/50Hertz.

für Großabnehmer und einen Markt für Kleinabnehmer zu unterteilen.[20] In Bezug auf Erdgas unterteilt die Kommission die Märkte sachlich in die Bereiche Großhandel, Lagerung, Übertragung, Verteilung und Einzelhandel.[21] Auch hier werden die Stufen noch weiter ausdifferenziert.[22] Des Weiteren ist der Betrieb von (dem Ausgleich von Lücken in der Versorgung dienenden) Untertage-Gasspeichern als ein eigenständiger Markt anzusehen.[23] Bei der Fernwärme ist zwischen einem sachlichen Markt vor der Entscheidung für ein Belieferungssystem und für einen Markt nach der Festlegung auszugehen;[24] je nach Marktsituation muss aber auch von einem gesonderten, die Erstabnahme umfassenden Erzeugungsmarkt ausgegangen werden.[25]

12 Aufgrund häufig geringen Wettbewerbs und dem Bestehen natürlicher Monopole kann für die **Netzwirtschaften** insgesamt nur selten über die räumliche Abgrenzung hinsichtlich eines (nationalen) Netzgebietes hinausgegangen werden.[26]

III. Art. 101 AEUV

13 Art. 101 Abs. 1 AEUV enthält das **klassische Kartellverbot**. Die Vorschrift soll die mit Kartellen typischerweise verbundenen Risiken für den Wettbewerb bekämpfen.[27] Sie umfasst alle Arten von Kooperationen, sowohl in horizontaler wie auch vertikaler Hinsicht.[28] Solche Kooperationen müssen nicht ausdrücklich erfolgen, vielmehr ist ein direkter oder indirekter Kontakt und die Absicht eines verbotenen Verhaltens durch die beteiligten Unternehmen entscheidend.[29]

14 Art. 101 Abs. 1 AEUV findet nur Anwendung auf „Verhaltensweisen, welche den Handel zwischen den Mitgliedstaaten zu beeinträchtigen geeignet sind". Mit dieser Einschränkung ist Art. 101 Abs. 1 AEUV nur auf **Sachverhalte mit Binnenmarktrelevanz** anwendbar, wodurch die parallele Anwendung nationalen Kartellrechts jedoch nicht ausgeschlossen ist.[30] Insgesamt hat Art. 101 Abs. 1 AEUV bereits in einer Vielzahl von energiesektorspezifischen Sachverhalten Anwendung gefunden.[31]

---

20 Kommission, Entscheidung v. 8.12.2015, COMP/M.7778, Rn. 30–32 mwN – Vattenfall/Engie/Gasag; vgl. *Pritzsche/Vacha*, Energierecht, 2017, § 9 Rn. 27.
21 Kommission, Entscheidung v. 25.4.2006, COMP/M.4110, Rn. 13 – E.ON/Endesa (wenngleich sich die Kommission hier nicht endgültig festgelegt hat, vgl. Rn. 28); Kommission, Entscheidung v. 10.3.2017, COMP/M.7936, Rn. 17 – Petrol/Geoplin; Kommission, Entscheidung v. 13.7.2018, COMP/M.8953, Rn. 11 – Snam/DESFA; vgl. auch *Gussone/Theobald*, in: Schneider/Theobald, Recht der Energiewirtschaft. Praxishandbuch, 5. Aufl. 2021, § 6 Rn. 64 ff.; vgl. auch *Pritzsche/Vacha*, Energierecht, 2017, § 9 Rn. 30.
22 Vgl. Entscheidung v. 13.7.2018, COMP/M.8953, Rn. 11 mwN – Snam/DESFA; die Erwägung zur weiteren Ausdifferenzierung nach Anschlussart, nach Kundengruppe und der Unterscheidung zwischen privaten und nicht-privaten Kunden Kommission, Entscheidung v. 16.3.2017, COMP/M.8358 – Macquarie/National Grid/Gas Distribution Business of National Grid; *Pritzsche/Vacha*, Energierecht, 2017, § 9 Rn. 31 f.
23 Kommission, Entscheidung v. 29.9.1999, COMP/M.1383, Rn. 261; *Pritzsche/Vacha*, Energierecht, 2017, § 9 Rn. 49.
24 So jedenfalls BGH Urt. v. 9.7.2002 – KZR 30/00, juris Rn. 29 und BGH Beschl. v. 10.12.2008 – KVR 2/08, juris Rn. 7 ff.; vgl. *Pritzsche/Vacha*, Energierecht, 2017, § 9 Rn. 50.
25 Kommission, Entscheidung v. 21.9.2018, COMP/M.8952, Rn. 16 f. – STEAG/Siemens/JV Steag GUD.
26 Vgl. nur Kommission, Entscheidung v. 21.9.2018, COMP/M.8952, Rn. 18 – STEAG/Siemens/JV Steag GUD; *Pritzsche/Vacha*, Energierecht, 2017, § 9 Rn. 29, 33, 50. Siehe überdies Kommission, Entscheidung v. 10.3.2017, COMP/M.7936, Rn. 18 ff., insbes. 24 – Petrol/Geoplin; Kommission, Entscheidung v. 5.7.2018, COMP/M.8855, Rn. 23 ff. – Otary/Eneco/Electrabel/JV.
27 *Talus*, Introduction to EU Energy Law, 2016, S. 58.
28 *Pritzsche/Vacha*, Energierecht, 2017, § 9 Rn. 53; *Talus*, Introduction to EU Energy Law, 2016, S. 58.
29 EuG BeckRS 2019, 22072 Rn. 60 mwN; *Talus*, Introduction to EU Energy Law, 2016, S. 59.
30 *Pritzsche/Vacha*, Energierecht, 2017, § 9 Rn. 51; *Talus*, Introduction to EU Energy Law, 2016, S. 61.
31 Siehe bspw. Kommission, Entscheidung v. 8.7.2009, COMP/39.401; EuGH Urt. v. 29.6.2012 – Rs. T-360/09, ECLI:EU:T:2012:332 – *E.ON Ruhrgas AG und E.ON AG/Europäische Kommission*; dazu *Talus*, Introduction to

B. Europäisches Kartellrecht (im weiteren Sinne)

Art. 101 AEUV richtet sich an Unternehmen sowie Unternehmensvereinigungen. Deshalb könnte auch in der privaten Normsetzung durch Unternehmensverbände ein Kartell im Sinne der Vorschrift zu sehen sein. Dies ist jedoch nicht der Fall, wenn diese private Normsetzung „in formellen Normungsorganisationen im Rahmen eines offenen und transparenten Verfahrens erfolgt."[32] Standards im Energiesektor sind im Regelfall bereits durch Gesetze vorgegeben.

Art. 101 Abs. 2 AEUV erklärt die nach Art. 101 Abs. 1 AEUV verbotenen Vereinbarungen oder Beschlüsse für **nichtig**. Damit bedarf es keiner Nichtigkeitserklärung durch eine zuständige Stelle; vielmehr sind solche Vereinbarungen und Beschlüsse automatisch gegenstandslos.

Art. 101 Abs. 3 AEUV enthält die Möglichkeit, die Bestimmungen nach Art. 101 Abs. 1 AEUV für bestimmte Fälle **nicht anzuwenden**. Dies erklärt sich daraus, dass bestimmte abgestimmte Verhaltensweisen nicht nur keinen negativen Effekt auf den Wettbewerb, sondern gar einen positiven Effekt haben können.[33] Dazu hat der europäische Gesetzgeber verschiedene sog. Gruppenfreistellungsverordnungen erlassen.[34] Darüber hinaus ist auch eine Freistellung im Einzelfall möglich, allerdings besteht hierbei ein gewisses Risiko, weil die Unternehmen die Einschätzung, ob ein konkreter Vertrag nach der Vorschrift in einem Einzelfall freizustellen wäre, selbst treffen müssen.[35] Ein häufiger Anwendungsfall für Einzelfreistellungen sind langfristige Energielieferverträge.[36] Ausführungsbestimmungen zu Art. 101 AEUV enthält VO (EG) 1/2003.[37]

IV. Art. 102 AEUV

Art. 102 Abs. 1 AEUV enthält das kartellrechtliche Missbrauchsverbot und erklärt mit dem Binnenmarkt unvereinbar und verboten die missbräuchliche Ausnutzung einer beherrschenden Stellung auf dem Binnenmarkt oder auf einem wesentlichen Teil desselben durch ein oder mehrere Unternehmen, soweit dies dazu führen kann, den Handel zwischen den Mitgliedstaaten zu beeinträchtigen. **Art. 102 Abs. 2 AEUV** konkretisiert, wann ein **Missbrauch** im Sinne von Art. 102 Abs. 1 AEUV besteht. Dabei stellt er **vier Regelbeispiele** auf, die Aufzählung ist jedoch nicht als abschließend zu betrachten. Sinn und Zweck der Vorschrift ist es abzuwenden, dass eine marktbeherrschende Stellung eines Unternehmens effektiven Wettbewerb verhindert. Deshalb tritt neben das Tatbestandsmerkmal einer marktbeherrschenden Stellung das Erfordernis der missbräuchlichen Ausnutzung. Da sich Art. 102 AEUV auf eine marktbeherrschende Stellung bezieht und die Energiewirtschaft lange Zeit und insbesondere vor der Liberalisierung der Energiemärkte durch Monopole geprägt war sowie aufgrund der Tatsache, dass es sich bei Netzen im Regelfall auch um natürliche Monopole handelt, hat Art. 102 AEUV schon immer eine besondere Bedeutung für den Energiesektor gespielt.[38]

EU Energy Law, 2016, S. 60. Vgl. auch die Aufstellung bei *Krüger*, European Energy Law and Policy, 2016, S. 68 ff. und *Pritzsche/Vacha*, Energierecht, 2017, § 9 Rn. 64 ff.
32 *Schweitzer*, EuZW 2012, 765 (769). Vgl. auch *Braun*, in: Langen/Bunte, Kartellrecht, 14. Aufl. 2021, nach Art. 101, Rn. 260 ff.
33 Vgl. auch *Talus*, Introduction to EU Energy Law, 2016, S. 61; *Krüger*, European Energy Law and Policy, 2016, S. 67.
34 Siehe eine aktuelle Übersicht bei *Weiß*, in: Calliess/Ruffert, 6. Aufl. 2022, AEUV Art. 101 Rn. 169.
35 *Pritzsche/Vacha*, Energierecht, 2017, § 9 Rn. 56.
36 *Pritzsche/Vacha*, Energierecht, 2017, § 9 Rn. 57.
37 Dazu ausführlich *Talus*, Introduction to EU Energy Law, 2016, S. 66 ff.
38 *Pritzsche/Vacha*, Energierecht, 2017, § 9 Rn. 92.

19 Um festzustellen, ob eine **marktbeherrschende Stellung** vorliegt, ist auch bei Art. 102 AEUV zunächst der relevante Markt abzugrenzen. Sollte der Markt zu groß abgegrenzt werden, entfällt eventuell bereits die marktbeherrschende Stellung, wenn das Unternehmen Marktmacht nur in Teilbereichen des abgegrenzten Markts innehat.[39] Ausführungsbestimmungen zu Art. 102 AEUV enthält auch hier VO (EG) 1/2003.[40] Im Übrigen enthalten nationale Bestimmungen auch Sonderregelungen für den Energiebereich, wie etwa das deutsche Recht mit § 29 GWB.[41]

20 In Bezug auf das Tatbestandsmerkmal einer missbräuchlichen Ausnutzung ist der sog. **Ausbeutungsmissbrauch** vom **Behinderungsmissbrauch** zu unterscheiden.[42] Daneben betrifft der **Strukturmissbrauch** die Veränderung der Marktstruktur selbst zum Nachteil des Wettbewerbs.[43] Sämtliche Missbrauchsformen sind auch im Energiebereich zu finden.[44]

1. Ausbeutungsmissbrauch

21 Der Begriff des **Ausbeutungsmissbrauchs** beschreibt die Ausnutzung einer marktbeherrschenden Stellung in vertikaler Sicht. Damit ist gemeint, dass nicht Wettbewerber, sondern insbesondere die Abnehmer und Zulieferer ausgenutzt werden.[45] Wesentliche, für den Energiebereich relevante Fälle ergeben sich beispielsweise, wenn Energieerzeugungskapazitäten zurückgehalten werden oder ein Geschäftsabschluss verweigert wird.[46]

22 Sowohl im Strom- als auch im Erdgasmarkt fehlen Leitungskapazitäten, insbesondere solche, die die Mitgliedstaaten untereinander verbinden.[47] Zum einen wird diesem Problem durch das Regulierungsrecht begegnet; zum anderen versucht die Europäische Kommission, auch hier unter Rückgriff auf das Kartellrecht tätig zu werden.[48] Jedenfalls im Strombereich ist es möglich, ein **Unterlassen des Leitungsausbaus** bei höherem Ausbaubedarf bereits unter eines der Regelbeispiele des Art. 102 AEUV zu fassen: In diesem Unterlassen liegt eine „Einschränkung der Erzeugung, des Absatzes oder der technischen Entwicklung zum Schaden der Verbraucher" iSv Art. 102 lit. b) AEUV.[49] Insgesamt schützt Art. 102 AEUV grundsätzlich vor dem wettbewerbswidrigen Verhalten der Mitbewerber. Der Sondermissbrauchstatbestand des Art. 102 lit. b) AEUV hat aber ebenso den „Schutz der Abnehmer vor einer Preisausbeutung, die sich aus der mit einer Angebotsverknappung einhergehenden Verteuerung der Produkte und Leistungen ergeben würde" zum Ziel.[50] So „soll der Sondermissbrauchstatbestand des Art. 102 Abs. 2 lit. b) AEUV darüber hinaus auch bei der Beeinträchtigung der Produktions-, Absatz-, Forschungs- oder Entwicklungstätigkeiten anderer Unternehmen

---

39 Vgl. auch *Talus*, Introduction to EU Energy Law, 2016, S. 63 f.
40 Dazu ausführlich *Talus*, Introduction to EU Energy Law, 2016, S. 66 ff.
41 Vgl. *Pritzsche/Vacha*, Energierecht, 2017, § 9 Rn. 91, 109 ff.
42 *Talus*, Introduction to EU Energy Law, 2016, S. 65.
43 *Kling/Thomas*, Kartellrecht, 2. Aufl. 2016, § 6 Rn. 96 mwN.
44 Vgl. auch die Fallgruppen bei *Krüger*, European Energy Law and Policy, 2016, S. 73 ff.
45 Vgl. *Kling/Thomas*, Kartellrecht, 2. Aufl. 2016, § 6 Rn. 94.
46 *Pritzsche/Vacha*, Energierecht, 2017, § 9 Rn. 94 ff.
47 Vgl. nur *Talus*, Introduction to EU Energy Law, 2016, S. 68.
48 *Talus*, Introduction to EU Energy Law, 2016, S. 69.
49 *Baumgart*, Unionsprimärrechtliche Pflichten der EU-Mitgliedstaaten zum Ausbau der Stromnetze, 2020, S. 155 f.
50 *Eilmansberger*, in: Streinz, 3. Aufl. 2018, AEUV Art. 102 Rn. 42.

eingreifen."⁵¹ Infrastrukturausbau im Energiebereich ist generell unter den Begriff der „technischen Entwicklung" iSv Art. 102 lit. b) AEUV zu subsumieren.⁵²

2. Behinderungsmissbrauch

Der Begriff des **Behinderungsmissbrauchs** beschreibt die Ausnutzung einer marktbeherrschenden Stellung in horizontaler Sicht. Damit ist gemeint, dass die Wettbewerber des ausnutzenden Unternehmens beeinträchtigt werden.⁵³ Im Energiebereich wirkt bereits die Tatsache objektiv marktzugangsbeschränkend, dass Gas und insbesondere Strom leitungsgebunden sind und aus Finanz- und Infrastrukturgründen die benötigten Leitungen üblicherweise nicht parallel existieren.⁵⁴ Im Energiemarkt haben sich insbesondere Schwierigkeiten bei Langzeitverträgen ergeben: Dadurch, dass der Energiemarkt häufig eben auf genau diesen Verträgen beruhte, war es für Wettbewerber nicht einfach, in den Markt einzutreten.⁵⁵ Auch Vertragsklauseln, die dem Vertragspartner vorschrieben, das gekaufte Erdgas nicht weiterzuverkaufen, waren wettbewerbsrechtlich problematisch.⁵⁶

Nunmehr kann sich aus Art. 102 AEUV unter bestimmten Voraussetzungen eine Pflicht für die marktbeherrschenden Unternehmen ergeben, Verträge mit Dritten zu schließen.⁵⁷ So ist denkbar, dass der Betreiber einer Übertragungsleitung Dritten auch auf der Grundlage von Art. 102 AEUV Zugang zu dieser Leitung gewähren muss. Die dogmatische Grundlage für Eingriffe zur Korrektur des im Rahmen der Existenz von natürlichen Monopolen festgestellten Marktversagens⁵⁸ in die Privatautonomie findet sich in der – aus dem US-amerikanischen Wettbewerbsrecht stammenden⁵⁹ – *Essential-Facilities*-Doktrin, nach welcher der Missbrauch einer marktbeherrschenden Stellung durch Geschäftsverweigerung unterbunden werden kann.⁶⁰ Zur Sicherung des Wettbewerbs wird der Inhaber bestimmter wesentlicher Einrichtungen, der sog. *essential facilities*, zur Gewährung des Zugangs verpflichtet. Sind die Voraussetzungen der Doktrin erfüllt, geht der EuGH von der missbräuchlichen Ausnutzung einer marktbeherrschenden Stellung iSd Art. 102 AEUV aus.⁶¹ Die Verweigerung des Zugangs zu

---

51 *Eilmansberger*, in: Streinz, 3. Aufl. 2018, AEUV Art. 102 Rn. 43.
52 *Baumgart*, Unionsprimärrechtliche Pflichten der EU-Mitgliedstaaten zum Ausbau der Stromnetze, 2020, S. 155 f.
53 Vgl. *Kling/Thomas*, Kartellrecht, 2. Aufl. 2016, § 6 Rn. 95.
54 *Presser*, Grenzüberschreitender Stromhandel, 2011, S. 31 mwN.
55 *Talus*, Introduction to EU Energy Law, 2016, S. 76 ff.
56 *Talus*, Introduction to EU Energy Law, 2016, S. 82 ff.
57 *Talus*, Introduction to EU Energy Law, 2016, S. 69 ff.
58 Hierzu Teil I Rn. 16.
59 Die Leitentscheidung des Court of Appeals zur Doktrin, MCI Communications Corporation et al. v. American Telephone and Telegraph Company, 708 F.2d 10 81 (7th Cir. 1983).
60 Vgl. allgemein zu den Voraussetzungen der Doktrin EuGH Urt. v. 29.4.2004 – Rs. C-418/01, ECLI:EU:C:2004:257, Rn. 52 – *IMS Health/NDC Health*; siehe auch die vorausgehenden Entscheidungen des EuGHs: Urt. v. 26.11.1998 – Rs. C-7/97, ECLI:EU:C:1998:569 – *Bronner* und Urt. v. 6.4.1995 – Rs. C-241/91, ECLI:EU:C:1995:98, Rn. 50 – *Magill*.
61 EuGH Urt. v. 26.11.1998 – Rs. C-7/97, ECLI:EU:C:1998:569, Rn. 37 ff. – *Bronner*; siehe auch *de Hautecloque*, Market Building through Antitrust: Long-Term Contract Regulation in EU Electricity Markets, 2013, S. 123 ff.; vgl. hierzu insbesondere *Krüger*, European Energy Law and Policy, 2016, S. 74. Erstmals zurückgegriffen hat die Europäische Kommission bereits auf die Doktrin in ihren See-Entscheidungen aus den Jahren 1992 bis 1994, vgl. hierzu *Markert*, WuW 1995, 560 (561); *Müller*, EuZW 1998, 232 (233).

Übertragungsnetzen durch ein Unternehmen mit marktbeherrschender Stellung kann also einen Missbrauch derselben nach Art. 102 AEUV darstellen.[62]

Auch in den Mitgliedstaaten finden sich vermehrt Entscheidungen gegen diese Art des Missbrauchs. Ein prominentes Beispiel ist der im Folgenden dargestellte ENI-Fall.

▶ **Beispiel *ENI-Fall*[63]**: ENI ist ein auf dem italienischen Gasmarkt tätiger Energiekonzern. Dieser hat die Beteiligung an einer Erdgaspipeline zwischen Italien und Algerien zurückgezogen. Die Pipeline hätte mehr Erdgas auf den italienischen Markt gebracht, was die Versorgungssicherheit verbessert hätte. Eine Vielzahl an konkurrierenden Unternehmen hatte bereits Kapazitäten der Pipeline reserviert. Doch ENI als vertikal integriertes Unternehmen hatte kein Interesse an zusätzlicher Konkurrenz. Die italienischen Wettbewerbsbehörden kamen zu dem Ergebnis, dass ENI seine marktbeherrschende Position missbraucht habe. ◀

25   Ob eine solche *essential facility* vorliegt, richtet sich nach den Kriterien, die in der Rechtssache *Bronner*[64] aufgestellt wurden.[65] Fraglich bleibt, ob Art. 102 AEUV nur so weit geht, dass die Vorschrift Dritten Zugang zu den Infrastrukturen gibt oder ob sie darüber hinaus auch den Ausbau von Infrastruktur verlangt.[66]

3. Strukturmissbrauch

26   Unter dem Begriff des **Strukturmissbrauchs** versteht man solche Konstellationen, bei denen das marktbeherrschende Unternehmen „in die Struktur der Märkte zum Nachteil des Wettbewerbs eingreift".[67]

Als Fallbeispiel wird häufig die Entscheidung in der Rs. *Europemballage Corporation und Continental Can Company Inc./Kommission* zitiert.[68] Ein Missbrauch ist danach anzunehmen beim Erwerb weiterer Marktanteile durch ein marktbeherrschendes Unternehmen mit der Folge der Verstärkung der marktbeherrschenden Stellung dergestalt, „dass der erreichte Beherrschungsgrad den Wettbewerb wesentlich behindert, dass also nur noch Unternehmen auf dem Markt bleiben, die in ihrem Marktverhalten von dem beherrschenden Unternehmen abhängen" und damit also eine Veränderung der Struktur des Marktes selbst.[69]

4. Weitere Beispiele

27   ▶ **Beispiel *Deutscher Stromgroßhandelsmarkt* und *Deutscher Regelenergiemarkt***: In den Sachen COMP/39.388 – Deutscher Stromgroßhandelsmarkt und COMP/39.389 – Deutscher Regelenergiemarkt erklärte die EU-Kommission mit der Entscheidung v. 26.11.2008 die Verpflichtung der E.ON AG und ihrer Tochtergesellschaften für verbindlich, wesentliche Kraftwerkskapazitäten und das in ihrem Eigentum stehende Höchstspannungs-

---

[62] Der deutsche Gesetzgeber hat diesbezüglich eine speziellere Fallgruppe des Missbrauchstatbestands geregelt. So besagt etwa der am 1.1.1999 in Kraft getretene § 19 Abs. 4 Nr. 4 GWB, dass ein Missbrauch auch in der Weigerung bestehen kann, „einem anderen Unternehmen gegen angemessen Entgelt Zugang zu den eigenen Netzen zu gewähren".

[63] A 358, Entscheidung der italienischen Autoritá Garante della Concorrenza e del Mercato vom 15.2.2004.

[64] EuGH Urt. v. 26.11.1998 – Rs. C-7/97, ECLI:EU:C:1998:569, Rn. 37 ff. – *Bronner*.

[65] Talus, Introduction to EU Energy Law, 2016, S. 69 f.; vgl. insbes. auch die Beispiele aus S. 71.

[66] Hierzu noch *Baumgart*, Unionsprimärrechtliche Pflichten der EU-Mitgliedstaaten zum Ausbau der Stromnetze, 2020, S. 146 ff.

[67] *Kling/Thomas*, Kartellrecht, 2. Aufl. 2016, § 6 Rn. 96.

[68] EuGH Urt. v. 21.2.1973 – Rs. 6/72, ECLI:EU:C:1973:22 – *Europemballage Corporation und Continental Can Company Inc./Kommission*.

[69] EuGH Urt. v. 21.2.1973 – Rs. 6/72, ECLI:EU:C:1973:22, Rn. 18 ff. – *Europemballage Corporation und Continental Can Company Inc./Kommission*.

netz zu veräußern.[70] Grund dafür war erstens eine von der Kommission angenommene missbräuchliche Zurückhaltung von Stromerzeugungskapazitäten auf dem Großhandelsmarkt, auf dem die E.ON AG nach Auffassung der Kommission eine marktbeherrschende Stellung innehatte, sowie eine damit verbundene Abschreckung Dritter, Investitionen in die Stromerzeugung in diesem Markt zu tätigen.[71] Auch in Bezug auf den Regelenergiemarkt hatte die Kommission wettbewerbsrechtliche Bedenken: so sei die Erhöhung der Kosten zum Vorteil eigener mit der E.ON AG verbundenen Stromerzeugungsunternehmen und die Weitergabe dieser Kosten an den Endverbraucher sowie die Hinderung des Exports von Regelenergie in den Markt von E.ON durch ausländische Stromerzeuger rechtswidrig.[72] ◂

▸ **Beispiel** *Swedish Interconnectors* **und** *Tennet*: In diesem Fall verpflichtete sich der schwedische Übertragungsnetzbetreiber *Svenska kraftnät* im Vorhinein zu der diese Verpflichtungen für verbindlich erklärenden Kommissions-Entscheidung in der Sache *Swedish Interconnectors*[73] zum Bau und der Inbetriebnahme einer 400-kV-Übertragungsleitung und zur Aufteilung der Strompreiszone, um einen Verstoß gegen Art. 102 AEUV auszuschließen. Dennoch nahm die Europäische Kommission insbesondere einen Missbrauch der marktbeherrschenden Stellung deshalb an, weil das Unternehmen durch die Herunterregelung von grenzüberschreitenden Übertragungskapazitäten Kunden auf der Grundlage des Standorts diskriminierte.[74] Auch ein Verfahren gegen den Stromnetzbetreiber *Tennet* wegen eines Verstoßes gegen das EU-Recht durch Beschränkung der Kapazitäten der grenzüberschreitenden Verbindungsleitungen endete mit einer Verpflichtungszusage.[75] In diesen Fällen war der Verstoß insbesondere unter dem Aspekt des Marktmachtmissbrauchs gem. Art. 102 AEUV denkbar.[76] An diesen und anderen Fällen zeigt sich, dass die Anwendung des Kartellrechts durch die Kommission auch im Energiemarkt vorrangig die Bildung eines rein nationalen Marktes verhindern soll. So hätten die Übertragungsnetzbetreiber nämlich auch statt der Herunterregelung von grenzüberschreitenden Kapazitäten entweder die eigenen Netze ausbauen oder auch die Erzeugung und den Verbrauch regulieren können, um die Aufrechterhaltung der Systemsicherheit zu gewährleisten. In diesem Kontext sei erneut darauf hingewiesen, dass neben einer Verantwortlichkeit des Unternehmens selbst auch eine Inanspruchnahme des Eigentümerstaates durch eine Zurechnung der Handlung im Rahmen der Vorschriften zum freien Warenverkehr oder über Art. 106 Abs. 1 AEUV in Betracht kommt.[77] ◂

V. Fusionskontrolle

Das **Recht der Fusionskontrolle** basiert im Wesentlichen auf **EU-Sekundärrecht**. Ihren Ursprung findet sie allerdings im Primärrecht, nämlich in Art. 102 AEUV.[78] Das Verstärken einer Stellung im Markt kann nämlich eine Form des Strukturmissbrauchs darstellen.[79] Die Fusionskontrollverordnung ist auf der Grundlage von Art. 103 AEUV

---

70 COMP/39.388 – Deutscher Stromgroßhandelsmarkt und COMP/39.389 – Deutscher Regelenergiemarkt.
71 COMP/39.388 – Deutscher Stromgroßhandelsmarkt und COMP/39.389 – Deutscher Regelenergiemarkt Rn. 26 ff.
72 COMP/39.388 – Deutscher Stromgroßhandelsmarkt und COMP/39.389 – Deutscher Regelenergiemarkt, Rn. 50 ff.
73 Kommission, Entscheidung v. 14.4.2010, Sache 39351 – *Swedish Interconnectors*.
74 Kommission, Entscheidung v. 14.4.2010, Sache 39351, Rn. 41 f. – *Swedish Interconnectors*.
75 Vgl. nur Kommission, Pressemitteilung v. 7.12.2018, IP/18/6722.
76 Siehe dazu Kommission, Ent. v. 14.4.2010, COMP/39.351 – *Swedish Interconnectors*; und das Kartellverfahren gegen den Übertragungsnetzbetreiber TenneT, AT/40461 – *DK/DE Interkonnektor*, vgl. Kommission, Pressemitteilung v. 19.3.2018, IP/18/2122.
77 Hierzu bereits unter Teil I Rn. 139 ff.
78 *Pritzsche/Vacha*, Energierecht, 2017, § 9 Rn. 120.
79 Vgl. nur EuGH Urt. v. 21.2.1973 – Rs. 6/72, ECLI:EU:C:1973:22, Rn. 18 ff. – *Europemballage Corporation und Continental Can Company Inc./Kommission*.

ergangen.[80] Ihr Sinn und Zweck ist es zu verhindern, dass der Wettbewerb durch den Zusammenschluss von Unternehmen gefährdet wird.[81] Diese Kontrolle wird auf europäischer Ebene nur durchgeführt, wenn gewisse Kennzahlen überschritten werden.[82] Ansonsten verbleibt auch hier ein Anwendungsbereich für mitgliedstaatliche Regelungen. Nach einer erforderlichen Notifizierung der Europäischen Kommission untersucht diese gemäß der Verordnung, ob die angestrebte Fusion den Wettbewerb gefährden würde. Darauf folgt eine positive oder negative Entscheidung – im ersteren Fall ggf. unter Auflagen. Grundsätzlich sind – gerade aufgrund der sich wandelnden Verhältnisse im Energiesektor – eine Vielzahl von Energieunternehmenszusammenschlüssen denkbar.[83] In ihrem Anwendungsbereich geht die Fusionskontrollverordnung dem nationalen Recht schon nach allgemeinen Gesichtspunkten der Gesetzeshierarchie vor.[84] Erfüllt eine Transaktion gewisse Schwellenwerte, ist sie bei den Kartellbehörden anzumelden und erst dann zu vollziehen, wenn die Behörde über die angestrebte Fusion entschieden hat.[85] Je nach Art der Tätigkeit kann die Gründung von Gemeinschaftsunternehmen nicht nur der Fusionskontrollverordnung, sondern auch Art. 101 AEUV unterliegen.[86] Während die Zuständigkeit in Fusionskontrollverfahren in der EU und im EWR eindeutig geklärt ist, können Transaktionen natürlich im Einzelfall auch in Ländern wie beispielsweise den Vereinigten Staaten von Amerika anmeldepflichtig sein.[87]

28a ▶ **Beispiel *E.ON/Endesa*:** In dieser Entscheidung vertrat die Kommission die Auffassung, dass Spanien gegen Art. 21 der Fusionskontrollverordnung verstoßen habe, indem es – neben einem Verstoß gegen die Kommunikations- und Stillhaltevorschriften – den Ankauf der Endesa S.A. durch die E.ON AG an Auflagen knüpfte, die gegen die Grundfreiheiten verstoßen und damit (auch) die Kompetenz der EU, über Sachverhalte mit Binnenmarktrelevanz zu entscheiden, missachtete.[88] So hatte Spanien E.ON auferlegt, dass die zu Endesa gehörenden Kohlekraftwerke für 5 Jahre nur spanische Kohle verfeuern dürften.[89] Schon dies ist ein offensichtlicher Verstoß gegen die Warenverkehrsfreiheit.[90] ◀

28b ▶ **Beispiel *Gaz de France/Suez*:** In der Entscheidung *Gaz de France/Suez* verlangte die EU-Kommission weitreichende Maßnahmen, um durch den Zusammenschluss entstehende Bedenken auf den verschiedenen Energiemärkten auszuräumen.[91] Dem zu Grunde lag eine Fusion der beiden Unternehmensgruppen durch einen Austausch von Aktien.[92] ◀

VI. Art. 106 AEUV

29 Während sich die Art. 101 und 102 AEUV an die Unternehmen unmittelbar richten, adressiert Art. 106 AEUV die Mitgliedstaaten. Nach Abs. 1 der Vorschrift werden die

---

80 Vgl. auch *Pritzsche/Vacha*, Energierecht, 2017, § 9 Rn. 2.
81 *Pritzsche/Vacha*, Energierecht, 2017, § 9 Rn. 8; *Krüger*, European Energy Law and Policy, 2016, S. 82 f.
82 *Krüger*, European Energy Law and Policy, 2016, S. 83.
83 Vgl. für eine Reihe von Beispielen aus der Vergangenheit *Krüger*, European Energy Law and Policy, 2016, S. 84 und *Pritzsche/Vacha*, Energierecht, 2017, § 9 Rn. 124, 143 ff.
84 *Pritzsche/Vacha*, Energierecht, 2017, § 9 Rn. 122.
85 *Pritzsche/Vacha*, Energierecht, 2017, § 9 Rn. 123, 132 ff.
86 *Pritzsche/Vacha*, Energierecht, 2017, § 9 Rn. 127 f.
87 *Pritzsche/Vacha*, Energierecht, 2017, § 9 Rn. 130.
88 COMP/M.4197 – E.ON/Endesa, Rn. 98.
89 COMP/M.4197 – E.ON/Endesa, Rn. 80.
90 COMP/M.4197 – E.ON/Endesa, Rn. 82.
91 Entsch. v. 14.11.2006, COMP/M.4180.
92 Entsch. v. 14.11.2006, COMP/M.4180, Rn. 1.

B. Europäisches Kartellrecht (im weiteren Sinne)

„Mitgliedstaaten […] in Bezug auf öffentliche Unternehmen und auf Unternehmen, denen sie besondere oder ausschließliche Rechte gewähren, keine den Verträgen und insbesondere den Art. 18 und 101 bis 109 AEUV widersprechende Maßnahmen treffen oder beibehalten." Die Regelung erklärt die Vorschriften der Verträge auf solche Unternehmen für anwendbar, die der staatlichen Einflusssphäre zuzuordnen sind. Die Vorschrift verpflichtet sowohl zu einem Unterlassen („keine Maßnahmen treffen") wie auch zu einem aktiven Tun („keine Maßnahmen beibehalten").

Die Norm ergänzt damit insbesondere auch die Vorschriften der Art. 101 und 102 AEUV. Sollte also ein Unternehmen nicht anders können, als einen Verstoß gegen Art. 101 oder 102 AEUV zu begehen, weil es dazu durch mitgliedstaatliche Vorschriften gezwungen wird, kann der Mitgliedstaat selbst über Art. 106 AEUV in die Pflicht genommen werden.[93] Auch die Ausdehnung eines Monopols auf einen benachbarten Markt unterliegt dem Anwendungsbereich von Art. 106 Abs. 1 AEUV iVm Art. 102 AEUV.[94]

Art. 106 Abs. 1 AEUV leitet zudem Pflichten, die die in der Vorschrift genannten Unternehmen betreffen, auf den Mitgliedstaat über.[95] Die Vorschrift ist akzessorisch, eine Modifikation der Voraussetzungen ergibt sich also nicht,[96] wenngleich der EuGH in seinem Urteil v. 17.7.2014 entschieden hat, dass für einen Verstoß gegen Art. 106 AEUV iVm mit Art. 102 AEUV die potenzielle wettbewerbswidrige Wirkung einer staatlichen Maßnahme ausreiche.[97] Wortlaut und Systematik des Art. 106 Abs. 1 AEUV lassen allerdings eine die Voraussetzungen des Art. 102 AEUV modifizierende Auslegung nicht zu.

Eine Einschränkung der aus Art. 106 Abs. 1 AEUV folgenden Verpflichtung kennt Art. 106 Abs. 2 AEUV. Die Vorschrift enthält Ausnahmeregelungen für solche Unternehmen, die eine besondere Bedeutung für die Allgemeinheit haben. Diese Unternehmen werden privilegiert, so dass die Durchführung der ihnen übertragenen Aufgaben auch möglich ist. Verhindert die Anwendung der Vorschriften von EUV und AEUV die den Unternehmen übertragenen Aufgaben in rechtlicher oder tatsächlicher Hinsicht, sind die Vorschriften der Verträge auf die Tätigkeit der Unternehmen nicht anwendbar. Die Bereichsausnahme schafft einen Spielraum für die Mitgliedstaaten, mit dem sie einzelne Wirtschaftszweige dem Anwendungsbereich der Grundfreiheiten und des Wettbewerbsrechts entziehen und auf dieser Grundlage eine allgemeine Daseinsvorsorge für die Bevölkerung betreiben können.[98] Art. 106 Abs. 2 S. 2 AEUV enthält eine Rückausnahme, nach der „[d]ie Entwicklung des Handelsverkehrs […] nicht in einem Ausmaß beeinträchtigt werden [darf], das dem Interesse der Union zuwiderläuft." Im Sinne der Ziele der EU-Verträge verlangt die Rechtsprechung, dass neben bzw. vor die in Art. 106 Abs. 2 S. 2 AEUV enthaltene absolute Grenze eine Verhältnismäßigkeits-

---

93 EuGH Urt. v. 23.4.1991 – Rs. C-41/90, ECLI:EU:C:1991:161, Rn. 26 f., 34 – *Höfner und Elser/Macroton*; vgl. auch *Krüger*, European Energy Law and Policy, 2016, S. 78.
94 *Heinemann*, Grenzen staatlicher Monopole im EG-Vertrag, 1996, S. 168 ff.; *Schneider*, in: Schneider/Theobald, Recht der Energiewirtschaft. Praxishandbuch, 5. Aufl. 2021, § 2 Rn. 20.
95 *Baumgart*, Unionsprimärrechtliche Pflichten der EU-Mitgliedstaaten zum Ausbau der Stromnetze, 2020, S. 144.
96 Diskutiert bei *Heller*, EuGH Urt. v. 17.7.2014 – Rs. C-553/12 P, ECLI:EU:C:2014:2083, *Kommission/DE* – zu Art. 106 AEUV iVm Art. 102 AEUV, EWeRK 2014, 292 ff.
97 EuGH Urt. v. 17.7.2014 – Rs. C-553/12 P, ECLI:EU:C:2014:2083, Rn. 46 – *Dimosia*.
98 *Jung*, in: Calliess/Ruffert, 6. Aufl. 2022, AEUV Art. 106 Rn. 34 f.

prüfung tritt.[99] Das bedeutet, dass Maßnahmen, die durch Art. 106 Abs. 2 S. 1 AEUV gerechtfertigt werden sollen, nicht nur der Grenze des Art. 106 Abs. 2 S. 2 AEUV unterliegen, sondern eine Rechtfertigung schon vorab nicht möglich ist, wenn das Mittel zur Erreichung des Zwecks unverhältnismäßig ist. Durch das beschriebene Regelungssystem soll mit Art. 106 AEUV daher insgesamt ein Ausgleich von europäischen Wettbewerbszielen und nationalen Gestaltungskompetenzen im Bereich der Wirtschaft geschaffen werden.[100]

33 Art. 106 Abs. 3 AEUV verpflichtet die Kommission, auf die Einhaltung der Anwendung des Art. 106 AEUV zu achten und erlaubt ihr, „erforderlichenfalls geeignete Richtlinien oder Beschlüsse an die Mitgliedstaaten" zu richten. Der Absatz begründet eine Rechtssetzungskompetenz, um die Vorschriften der Abs. 1 und 2 durch den Erlass von Sekundärrecht zu konkretisieren.[101]

Art. 106 AEUV hat in der Vergangenheit eine bedeutende Rolle für Unternehmen im Energiesektor gespielt; Energieunternehmen sind häufig entweder staatliche Unternehmen oder besonders privilegiert i.S.d. Art. 106 Abs. 1 AEUV.[102]

VII. Art. 4 Abs. 3 EUV iVm den Kartellrechtsvorschriften

34 Über Art. 4 Abs. 3 EUV gelingt es nach Auffassung der Rechtsprechung, die Mitgliedstaaten unmittelbar zur Einhaltung des Kartellrechts zu verpflichten. So wurde bereits – ohne eine Heranziehung von Art. 106 Abs. 1 AEUV – ein Verstoß gegen Art. 4 Abs. 3 EUV angenommen, „wenn ein Mitgliedstaat gegen Art. 101 AEUV verstoßende Kartellabsprachen vorschreibt oder begünstigt oder die Auswirkungen solcher Absprachen verstärkt oder wenn er seiner eigenen Regelung dadurch ihren staatlichen Charakter nimmt, dass er die Verantwortung für in die Wirtschaft eingreifende Entscheidungen privaten Wirtschaftsteilnehmern überträgt".[103] Weiterhin hat der Gerichtshof entschieden, „dass die Art. 101 AEUV und 102 AEUV zwar an sich nur das Verhalten von Unternehmen und nicht als Gesetz oder Verordnung ergangene Maßnahmen der Mitgliedstaaten betreffen, dass sie es jedoch in Verbindung mit Art. 4 Abs. 3 EUV, der eine Pflicht zur Zusammenarbeit begründet, den Mitgliedstaaten verbieten, Maßnahmen, auch in Form von Gesetzen oder Verordnungen, zu treffen oder beizubehalten, die die praktische Wirksamkeit der für die Unternehmen geltenden Wettbewerbsregeln aufheben könnten".[104] Richtigerweise erlaubt Art. 4 Abs. 3 EUV schon aus seinem Wortlaut heraus keine solch weitgehende Anwendung. Das gleiche Ergebnis kann aber bereits aus einer Anwendung der Art. 101 und 102 AEUV iVm Art. 106 Abs. 1 AEUV hergeleitet werden.

---

99 EuGH Urt. v. 20.4.2010 – Rs. C-265/08, ECLI:EU:C:2010:205, Rn. 33 – *Federutility ua*; vgl. auch *Krüger*, European Energy Law and Policy, S. 79; *Schneider*, in: Schneider/Theobald, Recht der Energiewirtschaft. Praxishandbuch, 5. Aufl. 2021, § 2 Rn. 20, 28 ff.
100 *Jung*, in: Calliess/Ruffert, 6. Aufl. 2022, AEUV Art. 106 Rn. 34; *Schneider*, in: Schneider/Theobald, Recht der Energiewirtschaft. Praxishandbuch, 5. Aufl. 2021, § 2 Rn. 26 f.
101 *Kühling*, in: Streinz, 3. Aufl. 2018, AEUV Art. 106 Rn. 85 m.w.N.
102 Siehe die Beispiele bei *Krüger*, European Energy Law and Policy, 2016, S. 79 ff.
103 EuGH Urt. v. 22.12.2010 – Rs. C-338/09, ECLI:EU:C:2010:814, Rn. 26 – *Yellow Cab Verkehrsbetrieb*; EuGH Urt. v. 13.3.2008 – Rs. C-446/05, ECLI:EU:C:2008:157, Rn. 20 – *Doulamis*.
104 EuGH Urt. v. 22.12.2010 – Rs. C-338/09, ECLI:EU:C:2010:814, Rn. 25 – *Yellow Cab Verkehrsbetrieb*.

VIII. Sanktionen

Im Regelfall werden Verstöße gegen Art. 101 und 102 AEUV mit Geldbußen gegen das Unternehmen belegt.[105] Das EU-Recht kennt keine Verantwortlichkeit der handelnden natürlichen Personen.[106] Ferner können Geschädigte vor den nationalen Gerichten Schadensersatz einklagen.[107] Verstöße gegen Art. 106 Abs. 1 AEUV bzw. Art. 4 Abs. 3 EUV sind durch Vertragsverletzungsverfahren nach den Art. 258 f. AEUV geltend zu machen. Entsprechend stehen auch nur die in diesen Verfahren möglichen Sanktionen zur Verfügung, namentlich die Zahlung eines Pauschalbetrags und eines Zwangsgelds (Art. 260 Abs. 2 AEUV).

35

C. Staatliche Beihilfen

Die Versorgung mit Energie als eine der klassischen vom Staat regulierten Bereiche ist gerade in den letzten Jahren Gegenstand von umfassenden Förderpolitiken der Mitgliedstaaten geworden. Diese Förderpolitiken stehen regelmäßig im Spannungsfeld zum europäischen Beihilferecht. Sinn und Zweck des Beihilfeverbots nach Art. 107 Abs. 1 AEUV ist es, eine Wettbewerbsverzerrung in der EU durch die Gewährung insbesondere finanzieller Hilfen durch die Mitgliedstaaten an Unternehmen zu verhindern. Gleichwohl sind finanzielle Zuwendungen des Staates ein Mittel, energiepolitische Ziele zu fördern.[108]

36

Im Primärrecht umfassen die Beihilfevorschriften Art. 107 bis 109 AEUV. Diese beziehen sich auf mitgliedstaatliche Maßnahmen und nicht auf sog. Unionsbeihilfen, also auf Subventionen der EU selbst.[109] Auch sie stehen unter dem Vorbehalt des Art. 106 Abs. 2 AEUV.

Das Sekundärrecht wird insbesondere durch die Verordnungen VO (EU) 651/2014 der Kommission v. 17.6.2014 zur Feststellung der Vereinbarkeit bestimmter Gruppen von Beihilfen mit dem Binnenmarkt in Anwendung der Art. 107 und 108 AEUV (ABl. 2014, Nr. L 187/1) sowie VO (EU) 2015/1589 des Rates v. 13.7.2015 über besondere Vorschriften für die Anwendung von Art. 108 AEUV (ABl. 2015, Nr. L 248/9) geprägt. Daneben hat die Kommission verschiedene Mitteilungen und Leitlinien vorgelegt, mit denen sie sich selbst bindet. Im Energiebereich sind insbesondere die Klima-, Umwelt- und Energiebeihilfeleitlinien von Relevanz.[110] Aus diesen resultiert eine nicht zu unterschätzende Steuerungswirkung für die von den Mitgliedstaaten beabsichtigten Fördermaßnahmen.[111]

37

I. Voraussetzungen und Ausnahmen

Das europäische Beihilferegime gründet sich auf Art. 107 bis 109 AEUV. Art. 107 Abs. 1 AEUV erklärt „staatliche oder aus staatlichen Mitteln gewährte Beihilfen gleich welcher Art" im Grundsatz für verboten, soweit sie den Wettbewerb und den mitglied-

38

---

105 *Pritzsche/Vacha*, Energierecht, 2017, § 9 Rn. 58 ff.
106 *Pritzsche/Vacha*, Energierecht, 2017, § 9 Rn. 60.
107 *Pritzsche/Vacha*, Energierecht, 2017, § 9 Rn. 62.
108 *Pritzsche/Vacha*, Energierecht, 2017, § 9 Rn. 186.
109 Vgl. hierzu *Pritzsche/Vacha*, Energierecht, 2017, § 9 Rn. 200 ff.
110 Leitlinien für staatliche Klima-, Umweltschutz- und Energiebeihilfen 2022 v. 18.2.2022, (ABl. 2022, Nr. C 80/1). Eine Übersicht aller Beihilfevorschriften im Energiebereich findet sich bei https://ec.europa.eu/competition/sectors/energy/legislation_en.html (Stand: 30.9.2023).
111 *Scheel*, DÖV 2009, 529 ff.

staatlichen Handel beeinträchtigen.¹¹² Ausgangspunkt jeder Überlegung ist dabei die vom Gerichtshof in ständiger Rechtsprechung zugrunde gelegte Definition einer Beihilfe. Es handelt sich dabei um „Maßnahmen, die in verschiedener Form die Belastungen vermindern, die ein Unternehmen normalerweise zu tragen hat und die somit zwar keine Subventionen im strengen Sinne des Wortes darstellen, diesen aber nach Art und Wirkung gleichstehen […]."¹¹³

39 Einzelne Unternehmen oder Produktionszweige sollen nach der Intention der Verträge nicht begünstigt werden.¹¹⁴ Art. 107 Abs. 2 AEUV enthält über diesen Grundsatz hinaus eine Liste, welche Maßnahmen mit dem Binnenmarkt als vereinbar anzusehen sind (sog. „Legalausnahmen"). Art. 107 Abs. 3 lit. a)-d) AEUV enthalten darüber hinaus weitere Ausnahmen, die als vereinbar angesehen werden *können* und deren Bewertung daher im Ermessen der Europäischen Kommission liegt (sog. „Ermessensausnahmen").¹¹⁵ Art. 107 Abs. 3 lit. e) AEUV gibt dem Rat der EU die Kompetenz auf Vorschlag der Kommission weitere Ausnahmen zu beschließen.¹¹⁶ In eine ähnliche Richtung zielt auch Art. 108 Abs. 2 UAbs. 3 AUEV, nach dem auch hier der Rat der EU „einstimmig auf Antrag eines Mitgliedstaats beschließen [kann], dass eine von diesem Staat gewährte oder geplante Beihilfe in Abweichung von Art. 107 oder von den nach Art. 109 erlassenen Verordnungen als mit dem Binnenmarkt vereinbar gilt, wenn außergewöhnliche Umstände einen solchen Beschluss rechtfertigen."

40 Auch neben diese Ausnahmen tritt der Rechtfertigungsgrund des Art. 106 Abs. 2 AEUV. Ob eine rechtswidrige Beihilfe vorliegt, wurde zB im Urteil *Altmark Trans und Regierungspräsidium Magdeburg*¹¹⁷ diskutiert: Dort ging es um die Frage, ob eine für eine öffentliche Aufgabe gegebene Kompensation als Beihilfe im Sinne des Art. 107 Abs. 1 AEUV charakterisiert werden kann.¹¹⁸

41 Bereits in der Rechtssache *Altmark Trans und Regierungspräsidium Magdeburg* stellte der Europäische Gerichtshof klar, dass Beihilfen von einem Ausgleich abzugrenzen sind, „der die Gegenleistung für Leistungen bildet, die von den Unternehmen, denen sie zugute kommt, zur Erfüllung gemeinwirtschaftlicher Verpflichtungen erbracht werden, so dass diese Unternehmen in Wirklichkeit keinen finanziellen Vorteil erhalten und die genannte Maßnahme somit nicht bewirkt, dass sie gegenüber den mit ihnen im Wettbewerb stehenden Unternehmen in eine günstigere Wettbewerbsstellung gelangen."¹¹⁹

42 Dafür müssen aber vier Voraussetzungen erfüllt sein, die in diesem und späteren Urteilen aufgeschlüsselt werden.¹²⁰ Ein Teil der Literatur ist der Auffassung, bei dieser

---

112 Vgl. auch *Schneider*, in: Schneider/Theobald, Recht der Energiewirtschaft. Praxishandbuch, 5. Aufl. 2021, § 2 Rn. 21.
113 EuGH Urt. v. 17.6.1999 – Rs. C-75/97, ECLI:EU:C:1999:311, Rn. 23 – *Belgien/Kommission*; EuGH Urt. v. 1.12.1998 – Rs. C-200/97, ECLI:EU:C:1998:579, Rn. 34 – *Ecotrade/Altiforni e Ferriere di Servola*.
114 *Pritzsche/Vacha*, Energierecht, 2017, § 9 Rn. 193.
115 *Talus*, Introduction to EU Energy Law, 2016, S. 105.
116 Vgl. auch die Übersicht bei *Schneider*, in: Schneider/Theobald, Recht der Energiewirtschaft. Praxishandbuch, 5. Aufl. 2021, § 2 Rn. 23.
117 EuGH Urt. v. 24.7.2003 – Rs. C-280/00, ECLI:EU:C:2003:415 – *Altmark Trans und Regierungspräsidium Magdeburg*.
118 EuGH Urt. v. 24.7.2003 – Rs. C-280/00, ECLI:EU:C:2003:415, Rn. 30 f. – *Altmark Trans und Regierungspräsidium Magdeburg*; vgl. auch *Krüger*, European Energy Law and Policy, S. 86 f.
119 EuGH Urt. v. 24.7.2003 – Rs. C-280/00, ECLI:EU:C:2003:415, Rn. 87 – *Altmark Trans und Regierungspräsidium Magdeburg*.
120 EuGH Urt. v. 24.7.2003 – Rs. C-280/00, ECLI:EU:C:2003:415, Rn. 88 ff. – *Altmark Trans und Regierungspräsidium Magdeburg*; EuGH 17.7.2008 – C-206/06, Slg. 2008 I, I-5497, ECLI:EU:C2008:413, Rn. 79 ff. Siehe

Abgrenzung handele es sich letztlich um eine Frage der Rechtfertigung nach Art. 106 Abs. 2 AEUV.[121]

Die Voraussetzungen des Beihilfeverbots nach Art. 107 Abs. 1 AEUV lassen sich wie folgt zusammenfassen:

- staatliche oder aus staatlichen Mitteln gewährte Hilfe;
- wirtschaftliche Begünstigung bestimmter Unternehmen oder Produktionszweige (sog. „Selektivität"[122]);
- (drohende) Wettbewerbsverfälschung;
- Beeinträchtigung des zwischenstaatlichen Handels.

II. Aufsichtsverfahren

Während Art. 107 AEUV das grundsätzliche Beihilfeverbot mit seinen Ausnahmen regelt, betrifft Art. 108 AEUV (mit Ausnahme von Art. 108 Abs. 2 UAbs. 3 AEUV) in Verbindung mit VO (EG) 2015/1589 das Verfahren der Beihilfengewährung.[123] Ein Mitgliedstaat darf nach Art. 108 Abs. 3 AEUV Beihilfen erst gewähren, wenn er diese der Kommission gemeldet („notifiziert") und diese darüber positiv entschieden hat.[124]

Ist ein Mitgliedstaat der Auffassung, dass es sich bei einer Auszahlung nicht um eine Beihilfe handelt, ist er auch nicht verpflichtet, diese zu notifizieren. Ein Mitgliedstaat kann sich dann aber dem in Art. 108 Abs. 1 AEUV normierten Verfahren ausgesetzt sehen, mit der Folge, dass die Zuwendung überprüft und ggf. als rechtswidrige Beihilfe eingestuft wird.[125] Es handelt sich dabei um ein zweistufiges Verfahren, in dem zuerst festgestellt wird, ob eine Beihilfe im Sinne von Art. 107 Abs. 1 AEUV vorliegt und dann, ob diese unter einen der Ausnahmetatbestände fällt.[126]

Hat ein Mitgliedstaat eine materiell rechtswidrige Beihilfe bereits ausgezahlt, so ist diese zurückzufordern. Dies ergibt sich aus Art. 108 Abs. 2 UAbs. 1 AEUV. Nach der Vorschrift beschließt die Kommission, dass ein Mitgliedstaat eine rechtswidrige Beihilfe binnen einer von der Kommission bestimmten Frist aufzuheben oder umzugestalten hat, wenn sie feststellt, nachdem sie den Beteiligten eine Frist zur Äußerung gesetzt hat, dass eine von einem Mitgliedstaat oder aus staatlichen Mitteln gewährte Beihilfe mit dem Binnenmarkt nach Art. 107 unvereinbar ist oder dass sie missbräuchlich angewandt wird. Mitgliedstaaten haben folglich jederzeit mit der Rückzahlung einer rechtswidrigen Beihilfe zu rechnen.

Auch bei einer Beihilfe, die zwar materiell rechtmäßig ist, aber unter Missachtung des Verfahrens des Art. 108 Abs. 3 AEUV gewährt wurde (formelle Rechtswidrigkeit), kommt eine Rückzahlung in Betracht.[127]

---

auch *Schneider*, in: Schneider/Theobald, Recht der Energiewirtschaft. Praxishandbuch, 5. Aufl. 2021, § 2 Rn. 22; *Talus*, Introduction to EU Energy Law, 2016, S. 106 ff.
121 *Talus*, Introduction to EU Energy Law, 2016, S. 105 f.
122 *Bär-Bouyssière*, in: Schwarze, EU-Kommentar, 4. Aufl. 2019, AEUV Art. 107 Rn. 13; *Michaels*, in: Hoch/Haucap, Praxishandbuch Energiekartellrecht, 2018, Kap.12 Rn. 256–258.
123 Vgl. nur *Cremer*, in: Calliess/Ruffert, 6. Aufl. 2022, AEUV Art. 108 Rn. 1.
124 Vgl. auch *Schneider*, in: Schneider/Theobald, Recht der Energiewirtschaft. Praxishandbuch, 5. Aufl. 2021, § 2 Rn. 24.
125 Vgl. auch *Pritzsche/Vacha*, Energierecht, 2017, § 9 Rn. 194 f.
126 *Kühling*, in: Streinz, 3. Aufl. 2018, AEUV Art. 107 Rn. 5.
127 Vertiefend *Cremer*, in: Calliess/Ruffert, 6. Aufl. 2022, AEUV Art. 108 Rn. 35, 12 ff.; *Schneider*, in: Schneider/Theobald, Recht der Energiewirtschaft. Praxishandbuch, 5. Aufl. 2021, § 2 Rn. 24.

48 Nach Art. 109 AEUV kann der Rat der EU „auf Vorschlag der Kommission und nach Anhörung des Europäischen Parlaments alle zweckdienlichen Durchführungsverordnungen zu den Art. 107 und 108 erlassen und insbesondere die Bedingungen für die Anwendung des Art. 108 Absatz 3 sowie diejenigen Arten von Beihilfen festlegen, die von diesem Verfahren ausgenommen sind." Damit erhält der Rat der EU die Möglichkeit, über den Einzelfall hinausgehend die Durchführung der Art. 107 und 108 AEUV sowie die Bedingungen zur Anwendung von Art. 108 Abs. 3 AEUV generell zu regeln.[128] Davon hat der Rat der EU dann auch mit der sog. Gruppenfreistellungsverordnung Gebrauch gemacht.[129] Die Europäische Kommission kann nun nach Art. 108 Abs. 4 AEUV alleine weitere Maßnahmen „zu den Arten von staatlichen Beihilfen erlassen, für die der Rat nach Artikel 109 festgelegt hat, dass sie von dem Verfahren nach Absatz 3 ausgenommen werden können".[130]

III. Klima-, Umwelt- und Energiebeihilfeleitlinien

49 Liegt eine Beihilfe im Sinne von Art. 107 Abs. 1 AEUV vor, muss die EU-Kommission nach Art. 108 Abs. 3 AEUV über ihre Vereinbarkeit mit dem Binnenmarkt entscheiden. Dabei konkretisieren die Leitlinien für staatliche Klima-, Umweltschutz- und Energiebeihilfen der EU-Kommission das bereits dargestellte Ausnahmeermessen nach Art. 107 Abs. 3 lit. c) AEUV. Bei den Leitlinien für staatliche Klima-, Umweltschutz- und Energiebeihilfen handelt es sich – in den Kategorien des deutschen Verwaltungsrechts – um sog. „ermessenslenkende Verwaltungsvorschriften"[131]. Sie binden die Verwaltung, haben aber keine Außenwirkung.[132] Beispielsweise können nach Abschnitt 4.1.2.2. der Leitlinien für staatliche Klima-, Umweltschutz- und Energiebeihilfen Beihilfen für Technologien, die zur Verringerung der Treibhausgasemissionen beitragen, als mit dem Binnenmarkt vereinbar angesehen werden.

IV. Das Beihilfeverbot am Beispiel des EEG 2012

50 ▶ **Beispiel:** Die EU-Kommission leitete am 18.12.2013 ein förmliches Verfahren zur Prüfung ein, ob Deutschland mit dem EEG 2012 eine rechtswidrige Beihilfe gewährt hatte.[133] Sie stellte sich auf den Standpunkt, dass es sich bei den Fördermaßnahmen des EEG 2012 um staatliche Beihilfen im Sinne von Art. 107 Abs. 1 AEUV handelt. Allerdings war sie der Meinung, dass ein Großteil der Maßnahmen von der Ausnahme des Art. 107 Abs. 3 lit. c) AEUV erfasst seien. Nur in Bezug auf die Befreiung stromintensiver Unternehmen von der EEG-Umlage sah sie keinen Befreiungstatbestand als einschlägig an. Mit Entscheidung vom 25.11.2014 forderte sie einen Teil der in 2013 und 2014 gewährten Vorteile von den stromintensiven Unternehmen zurück.[134] Der Versuch der Bundesrepublik Deutschland, die Entscheidung der Kommission vor dem EuG annullieren zu lassen, wurde mit Urteil v. 10.5.2016[135] abgewiesen, diesem in der nächsten Instanz vom Gerichtshof allerdings

---

[128] *Cremer*, in: Calliess/Ruffert, 6. Aufl. 2022, AEUV Art. 109 Rn. 1.
[129] Vgl. *Pritzsche/Vacha*, Energierecht, 2017, § 9 Rn. 200 ff.
[130] Vgl. auch *Pritzsche/Vacha*, Energierecht, 2017, § 9 Rn. 202.
[131] Vgl. auch *Pritzsche/Vacha*, Energierecht, 2017, § 9 Rn. 227, 219 ff.
[132] Siehe darüber hinaus die Kritik von *Ludwigs*, EuZW 2017, 41 bzgl. einer „demokratieferne[n] Gestaltung der europäischen Beihilfaufsicht".
[133] Kommission v. 18.12.2013, C (2013) 4424 final; vgl. dazu auch: *Frenz*, in: Frenz/Müggenborg/Cosack/Hennig/Schomerus, EEG Kommentar, 5. Aufl. 2017, Rn. 30 ff.
[134] Kommission vom 25.11.2014, C(2014)8786 final, 9.
[135] EuG Urt. v. 10.5.2016 – Rs. T-47/15, ECLI:EU:T:2016:281 – EEG 2012.

abgeholfen.¹³⁶ Der Gerichtshof entschied mit Urteil v. 28.3.2019, dass die Förderung der Erzeugung von Strom aus Erneuerbaren Energien und der Ausgleichmechanismus für stromintensive Unternehmen durch das EEG 2012 gerade keine Beihilfe iSv Art. 107 AEUV darstellt. Die mit der EEG-Umlage erwirtschafteten Gelder seien keine staatlichen Mittel.¹³⁷ Erstens könne die EEG-Umlage nicht mit einer als Beihilfe zu qualifizierenden Abgabe auf den Stromverbrauch im Sinne von EuGH Urt.v. 17.7. 2008 - Essent Netwerk Noord u. a.¹³⁸ gleichgestellt werden, da das deutsche Recht nicht regle, von wem auf der letzten Stufe die EEG-Umlage tatsächlich zu zahlen ist.¹³⁹ In der Entscheidung Essent Netwerk Noord u.a. unterstrich der EuGH, „dass eine Abgabe, die unter denselben Bedingungen auf inländische und eingeführte Erzeugnisse erhoben wird und deren Aufkommen allein den inländischen Erzeugnissen zugutekommt, so dass sich daraus ergebenden Vorteile die Belastung ausgleichen, mit der die letztgenannten Erzeugnisse belegt sind", eine mit dem Binnenmarkt unvereinbare staatliche Beihilfe sein kann.¹⁴⁰ Zweitens habe Deutschland keine Verfügungsgewalt über die mit der EEG-Umlage erwirtschafteten Gelder.¹⁴¹ Die Zweckbestimmung der mit der EEG-Umlage erwirtschafteten Gelder zeige gerade, dass der Staat hier keine andere als die vorgesehene Verwendung vorsehen könne.¹⁴² Daran ändere auch die strenge Kontrolle des Handelns der ÜNB durch die BNetzA nichts, da die erwirtschafteten Gelder selbst nicht unter staatlicher Kontrolle stünden.¹⁴³ Im Übrigen fehle es insbesondere an einer Verknüpfung des durch die Maßnahme erlangten Vorteils und einer dadurch verursachten Verringerung des Staatshaushalts.¹⁴⁴

Das Urteil schränkt das bisherige weite Verständnis des Beihilfebegriffs ein und schafft Gestaltungsspielräume für die nationalen Gesetzgeber zur Umsetzung der Energiewende.¹⁴⁵ Es wirkt sich auch auf andere Bereiche aus, da es vielfältige weitere Umlagemechanismen gibt.¹⁴⁶

Aktuelle Genehmigungsentscheidungen der Kommission betreffen das EEG 2014¹⁴⁷, das EEG 2017¹⁴⁸, die EEG-Entlastung von Bestandsanlagen bei der Eigenversorgung¹⁴⁹, die Kapazitätsreserve¹⁵⁰ und das EEG 2021¹⁵¹.

D. Fazit

Zusammenfassend stellt sich das Europäische Wettbewerbsrecht als elementares Werkzeug der Kommission dar, den Energiebinnenmarkt umzusetzen. Dabei ist insbesondere die Vorschrift des Art. 102 AEUV ein Vehikel zur Liberalisierung des Marktes. Im

---

136 EuGH Urt. v. 28. 3.2019 – Rs. C-405/16 P, ECLI:EU:C:2019:268 – EEG 2012.
137 EuGH Urt. v. 28. 3.2019 – Rs. C-405/16 P, ECLI :EU :C :2019 :268, Rn. 64 ff – EEG 2012.
138 EuGH Urt. v. 17.7.2008 – Rs. C-206/06, EU:C:2008:413 Rn. 66 – Essent Netwerk Noord.
139 EuGH Urt. v. 28. 3.2019 – Rs. C-405/16 P, ECLI:EU:C:2019:268, Rn. 65 ff – EEG 2012.
140 EuGH Urt. v. 17.7.2008 – Rs. C-206/06, EU:C:2008:413 Rn. 58 – Essent Netwerk Noord.
141 EuGH Urt. v. 28. 3.2019 – Rs. C-405/16 P, ECLI:EU:C:2019:268, Rn. 73 ff. – EEG 2012.
142 EuGH Urt. v. 28. 3.2019 – Rs. C-405/16 P, ECLI:EU:C:2019:268, Rn. 76 – EEG 2012.
143 EuGH Urt. v. 28.3.2019 – Rs. C-405/16 P, ECLI:EU:C:2019:268, Rn. 79 f. – EEG 2012.
144 EuGH Urt. v. 28. 3.2019 – Rs. C-405/16 P, ECLI:EU:C:2019:268, Rn. 81 – EEG 2012.
145 Vgl. *Scholtka*, EuZW 2019, 418.
146 Insb. § 19 Abs. 2 StromNEV ; vgl. *Ludwigs*, NVwZ 2019, 909. Siehe dazu nunmehr EuG Urt v. 6.10.2021, ECLI:EU:T:2021:646. Das gegen das Urteil eingelegte Rechtsmittel ist unter dem Aktenzeichen C-793/21 P bei dem EuGH anhängig.
147 Genehmigung des EEG 2014 v. 23.7.2014 – KOM(2014) 5081 endg.
148 Genehmigung des EEG 2017 v. 20.12.2016 – KOM(2016) 8789 endg.
149 Entscheidung der Kommission v. 19.12.2017 – KOM(2017) 8482 endg.
150 Entscheidung der Kommission v. 7.2.2018 – KOM(2018) 612 endg. Hierzu *Preuß*, Die Vereinbarkeit von Kapazitätsmechanismen mit der Warenverkehrsfreiheit, dem europäischen Beihilferecht und dem Energiebinnenmarkt, 2017.
151 Genehmigung des EEG 2021 v. 29.4.2021 – C(2021) 2960 final.

Gegensatz zu den Grundfreiheiten und zu Art. 106 Abs. 1 AEUV kann die Kommission bei Art. 101 und 102 AEUV unmittelbar tätig werden und muss nicht auf den Weg eines Vertragsverletzungsverfahrens gegen den betroffenen Mitgliedstaat zurückgreifen. Somit ergibt sich die elementare Bedeutung des Kartellrechts für den Energiebinnenmarkt bereits aus diesen tatsächlichen bzw. praktischen Erwägungen. Die Kommission wird daher auch in Zukunft staatliche Unternehmen dann unmittelbar über eine Anwendung von Art. 102 AEUV in die Verantwortung nehmen, wenn ihr stattdessen auch die Anwendung der Art. 34, 35 oder 106 Abs. 1 AEUV offen stünde. Zu beachten ist, dass die Anwendung der Wettbewerbsvorschriften immer unter der besonderen Berücksichtigung von Art. 106 Abs. 2 AEUV erfolgen muss. Daneben treten die Beihilfevorschriften, die aufgrund mitgliedstaatlicher Politiken zur Förderung von erneuerbaren Energien und Technologien, die zur Verringerung der Treibhausgasemissionen beitragen, sowie Politiken zur Gewährleistung der Energieversorgungssicherheit ebenfalls eine besondere praktische Bedeutung für den Energiesektor haben.

E. Wiederholungs- und Vertiefungsfragen

1. Aus welchen Regelungsmaterien setzt sich das EU-Energiewettbewerbsrecht zusammen? Gilt das EU-Energiewettbewerbsrecht nur für die EU-Mitgliedstaaten? Woraus kann sich eine Geltung auch für Drittstaaten ergeben?
2. Wie unterscheiden sich Kartell- und Regulierungsrecht? Was wird unter dem Kartellrecht im engeren und im weiteren Sinne verstanden?
3. Warum ist eine Marktabgrenzung für die Anwendung des Kartellrechts notwendig?
4. Welche Arten eines missbräuchlichen Verhaltens sind im Rahmen von Art. 102 AEUV zu unterscheiden?
5. Wie endete das Verfahren in der Sache 39351 – *Swedish Interconnectors*? Welche Rolle spielt das Verfahren für das europäische Energierecht?
6. Welche Rolle spielt die europäische Fusionskontrolle für den Energiemarkt? Bitte illustrieren Sie Ihre Antwort anhand von Fallbeispielen.
7. Welche Rolle spielen Art. 106 AEUV und Art. 4 Abs. 3 EUV für das EU-Kartell- und EU-Energierecht?
8. Welche Rolle spielt das Beihilferecht für das europäische Energierecht und die nationale Energiepolitik?
9. Können die EU-Mitgliedstaaten ihre Energiepolitik mithilfe von Subventionen gestalten, ohne einen Konflikt mit dem EU-Recht zu provozieren? Erläutern Sie auch das Aufsichtsverfahren für staatliche Beihilfen.
10. Kann eine nationale Energiewende hin zu erneuerbaren Energien durch mitgliedstaatliche Gelder im Rahmen des EU-Rechts subventioniert werden? Kann auch die Förderung von Energie aus Kernkraft durch mitgliedstaatliche Gelder unterstützt werden?

Teil II:
Die regulatorische Agenda der Europäischen Union im Energiebereich

Kapitel 5: Liberalisierung der Energiewirtschaft

A. Einführung und Grundsätze

Ein wichtiges Instrument bei der Verwirklichung der Energieunion und der damit einhergehenden Intensivierung der Integration des europäischen Energiebinnenmarktes ist dessen Liberalisierung.[1] Die Liberalisierungsbestrebungen in der EU sind jedoch bereits älter als der 2014 vom damaligen polnischen Ministerpräsidenten *Tusk* geprägte Begriff der Energieunion[2]. Sie dauern nun schon seit beinahe 30 Jahren an.[3] Zuvor verfügten die meisten Mitgliedstaaten der EU über einen vertikal integrierten Energieversorger (vgl. Abb. 4, linke Seite);[4] Wettbewerb in Form einer Wahlmöglichkeit des Kunden bestand nicht.

Abbildung 4

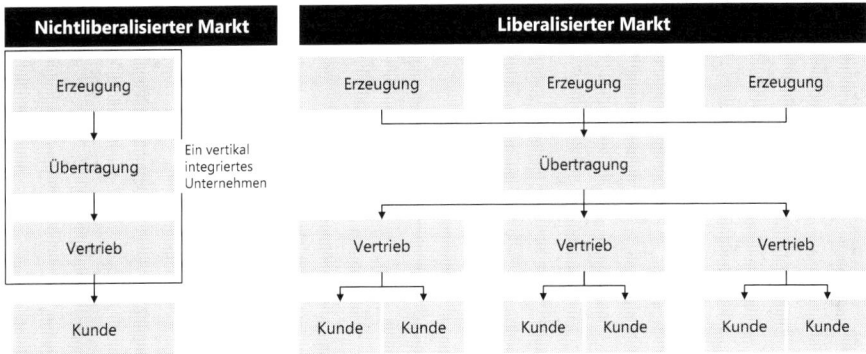

Quelle: eigene Darstellung

---

1 Mitteilungen der Kommission „Rahmenstrategie für eine krisenfeste Energieunion mit einer zukunftsorientierten Klimaschutzstrategie", KOM (2015) 80 endg. mit Annex 1; „Das Paris-Protokoll – Ein Blueprint zur Bekämpfung des globalen Klimawandels nach 2020", KOM (2015) 81 endg. mit Annex 1, S. 4, 10. Vgl. zudem bereits Teil I Rn. 15 ff.
2 Dazu bereits Teil I Rn. 20 ff.
3 Beginnend mit der Richtlinie 96/92/EG des Europäischen Parlaments und des Rates vom 19.12.1996 betreffend gemeinsame Vorschriften für den Elektrizitätsbinnenmarkt; in DE Umsetzung durch das Gesetz zur Neuregelung des Energiewirtschaftsrechts, BGBl. 1998 I, S. 730.
4 Anders insoweit insbesondere in Deutschland, wo vor der Liberalisierung der Energiemärkte acht Elektrizitätsversorgungsunternehmen bestanden. Wettbewerb bestand indes nicht, da die Anbieter die Märkte regional aufgeteilt hatten. Siehe eingehend zu den Wertschöpfungsstufen im Energiemarkt *Kühling/Rasbach/Busch*, Energierecht, 5. Aufl. 2022, S. 20 ff.

Teil II: Die regulatorische Agenda der Europäischen Union im Energiebereich 5

2 Die große Schwierigkeit der Zielerreichung durch den Wettbewerbsmechanismus bestand vornehmlich darin, dass Elektrizitäts- und Erdgasmärkte netzabhängig sind.[5] Folglich besteht auch auf einem liberalisierten Markt nur ein Übertragungsnetz (vgl. rechte Seite der Abb. 4). Wettbewerbsfähig bleiben aber grundsätzlich die Erzeugung und der Vertrieb, also Stromerzeuger und Stromvertriebsunternehmen. Liegt, wie bei den Übertragungsnetzen, eine Monopolstellung vor ("natürliche Monopole"),[6] braucht der Monopolist bei der Preisgestaltung auf etwaige Wettbewerber keine Rücksicht zu nehmen; der Marktmechanismus für die Energieversorgung ist außer Kraft gesetzt (Marktversagen). Netzbetreiber, die als vertikal integrierte Unternehmen auch in anderen Bereichen der Energieversorgung tätig waren, standen in Konkurrenz zu potenziellen Nutzern ihrer Netze und hatten kein eigenes Interesse, den Zugang zu gewähren. Dass nun jedoch Gesetzgeber oder Gerichte zur Herstellung eines funktionierenden Wettbewerbs eingreifen, indem sie den Wettbewerbern des Netzbetreibers Zugang zu den Netzen gewähren, ist dennoch keineswegs selbstverständlich. Denn der europäischen wie auch den nationalen Rechtsordnungen ist der Grundsatz inhärent, dass die Vertragsparteien selbst Vertragspartner und Konditionen des Vertrags bestimmen können.[7] Aus der Sicht des Gesetzgebers stellte sich also die keineswegs triviale Frage nach dem zweckmäßigen Umgang mit natürlichen Monopolen. Den Grundsätzen von Privatautonomie und Vertragsfreiheit folgend wurden natürliche Monopole in einer Marktwirtschaft lange Zeit als gerechtfertigt angesehen.

3 Die bereits in Kap. 4 aufgezeigte kartellrechtliche Missbrauchskontrolle durch die Behörden ist nicht das einzige Instrument zur Liberalisierung des Energiemarkts. Eingriffsmöglichkeiten hat insbesondere der Gesetzgeber, der dem Grunde nach drei Alternativen hat, um dem aus der Bildung natürlicher Monopole resultierenden Marktversagen entgegenzuwirken[8]: Der Staat kann 1.) die Infrastruktur enteignen und die Versorgung selbst übernehmen, er kann 2.) die Handlungsmöglichkeiten des Monopolisten einschränken (zB Höchstpreisregulierung) oder er kann 3.) das Netzwerkmonopol und die Produktion trennen, so dass der Infrastrukturbetreiber ein eigenes Interesse daran erhält, die Infrastruktur gewinnoptimiert an alle Marktteilnehmer zur Verfügung zu stellen.

4 Auf der EU-Ebene bedient sich der Gesetzgeber einer Kombination verschiedener Mechanismen zur Gewährleistung eines freien Wettbewerbs. Im Wesentlichen werden **drei Regelungsansätze** verfolgt: Zum einen werden Netzbetreiber qua Gesetz verpflichtet, Zugangsrechte an Dritte (ggf. gegen regulierte Entgelte) einzuräumen.[9] Zum anderen wird die Freiheit des Wettbewerbs durch Entflechtung verfolgt.[10] Das bedeutet, dass die natürlich gewachsene Monopolstellung des Energieversorgungsunternehmens über das von ihm errichtete Netz von den anderen Tätigkeiten des Unternehmens getrennt wird. Grund für die Trennung ist das wirtschaftliche Interesse, vertikal integrierter Energieversorgungsunternehmen, andere Energieerzeuger oder Versorger (Konkurren-

---

[5] Vgl. im nationalen Recht findet das EnWG gemäß der Legaldefinition des § 3 Nr. 14 EnWG nur Anwendung auf die Lieferung von „Elektrizität und Gas, soweit sie *zur leitungsgebundenen Energieversorgung* verwendet werden".
[6] Teil I Rn. 16.
[7] Vgl. zur Vertragsfreiheit im europäischen Recht *Herresthal*, in: BeckOGK BGB, 2022, § 311 Rn. 13 ff.; im deutschen Recht *Musielak*, JuS 2017, 949.
[8] Eingehend zum Umgang mit natürlichen Monopolen *Stocker*, Moderne Volkswirtschaftslehre, 7. Aufl. 2014, S. 76 ff.
[9] Vgl. im nationalen Recht § 21 Abs. 1, 2 EnWG.
[10] Es handelt sich dabei um eines der wesentlichen Ziele der Energiemarktrichtlinie von 2009.

ten) von der Nutzung ihrer Netze auszuschließen. Dritter Ansatz ist die Liberalisierung auf Nachfrageseite, indem Verbrauchern die Möglichkeit eingeräumt wird, ihre Energieversorger nach Belieben zu wechseln.[11]

Keine vollständige Harmonisierung hat hingegen der Bereich der Netznutzungsentgelte erfahren, die im europäischen Vergleich sehr unterschiedlich sind. Daher unterscheiden sich auch die Endkundenstrompreise erheblich.[12] Die Netzentgelte setzen sich insbesondere aus infrastrukturabhängigen Kosten (d.h. Kosten für Betrieb, Wartung und Ausbau des Stromnetzes), Organisations- und Verwaltungskosten sowie Systemdienstleistungen (wie insbesondere Engpassmanagement) zusammen. Im europäischen Vergleich variiert die Systematik der Netzentgeltregulierung dennoch erheblich. Unterschiede zeigen sich beim Anteil der über die Erzeugung refinanzierten Netzkosten, den angebotenen Tarifstrukturen sowie bei der Konzeptionierung und Zielsetzung der Netzentgelte.[13] Der fortschreitende Smart Meter Roll-out eröffnet zudem zusätzliche Möglichkeiten zur Umsetzung dynamischer Tarife. In Deutschland werden die Übertragungsnetzentgelte seit 2005 festgesetzt und sind seit dem 1.1.2023 bundesweit vereinheitlicht.[14]

B. Der europäische Liberalisierungsprozess

Die vorgenannten Ansätze können in unterschiedlicher Intensität über den gesamten europäischen Liberalisierungsprozess beobachtet werden. Daher erfolgt eine kurze Darstellung des europäischen Liberalisierungsprozesses, bevor eine eingehende Auseinandersetzung mit den bereits angedeuteten Eingriffsproblematiken am Beispiel der Entflechtung erfolgt.

Abbildung 5

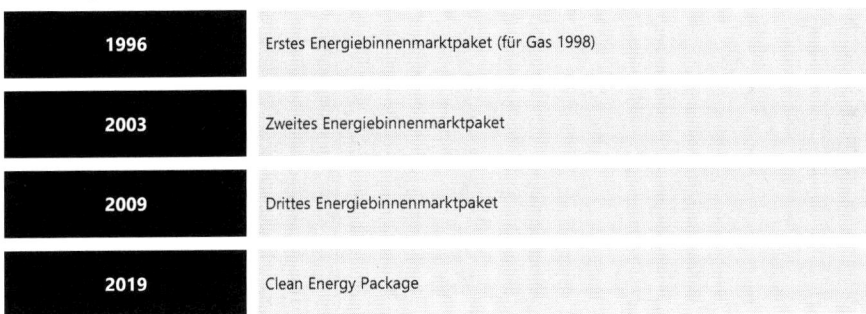

Quelle: eigene Darstellung

Bereits zu Beginn der neunziger Jahre, als die nationalen Elektrizitäts- und Gasmärkte noch von Monopolisten beherrscht wurden, fanden sich erste Ansätze zur Schaf-

---

11 Beispiele für die Zielsetzungen der EU im Energiebereich geben Europäische Kommission Mitteilung v. 15.12.2010, KOM(2010) 639 endg.; Europäische Kommission Mitteilung v. 15.12.2010, KOM(2011) 885 endg.; Europäische Kommission, Mitteilung v. 19.10.2011, KOM(2011) 676 endg.
12 Bericht der Kommission an das europäische Parlament, den Rat, den Europäischen Wirtschafts- und Sozialausschuss und den Ausschuss der Regionen, KOM (2020)950 endg.
13 *Jeddi/Sitzmann*, Zeitschrift für Energiewirtschaft (2019) 43, 245 (258) mit einer detaillierten Darstellung ausgewählter Beispielsländer ab S. 261.
14 Vgl. § 24 S. 2 Nr. 4b), § 24a EnWG.

fung eines transparenten und wettbewerbsfähigen Energiebinnenmarktes. Eine frühe Auflockerung der Versorgungsmonopole auf europäischer Ebene erfolgte etwa durch die Preistransparenzrichtlinien.[15] Darin wurden die Mitgliedstaaten verpflichtet, die Markttransparenz zu erhöhen, indem sie ihre Netzbetreiber zur Veröffentlichung ihrer Preise und Kalkulationen zwingen.[16] Am Status quo konnten die erlassenen Regeln indes noch nicht rütteln.[17] Parallel nahm sich die Kommission der Liberalisierung des Energiemarkts in Gestalt administrativer Einzelfallentscheidungen nach Art. 101, 102 AEUV und durch Vertragsverletzungsverfahren wegen Verstößen gegen Art. 34, 35 und 37 AEUV an.[18] Nachdem jedoch in der Folgezeit der EuGH diesem Vorgehen einen Riegel vorschob,[19] entschieden die Mitgliedstaaten und die EU, dass marktwirtschaftliche Bedingungen legislativ geschaffen werden müssten.

7   Erster bedeutender Schritt waren die Liberalisierungsrichtlinien (**erstes Energiebinnenmarktpaket**), die daraufhin 1996 im Hinblick auf den Strommarkt bzw. 1998 für den Gasmarkt verabschiedet wurden.[20] Die legislativen Schwerpunkte lagen hier auf der Entflechtung der Energieversorgungsunternehmen und der Einräumung von Zugangsrechten an Dritte.

Entflechtungsvorschriften waren jedoch lediglich in schwacher Form enthalten: Art. 14 Abs. 3 RL 96/92/EG forderte von Elektrizitätsversorgungsunternehmen die Führung getrennter Konten für die Bereiche Erzeugung, Übertragung und Verteilung sowie für Aktivitäten außerhalb des Elektrizitätsbereichs (buchhalterische Entflechtung). Gemäß Art. 15 Abs. 1 der RL 96/92/EG war außerdem das Stromübertragungsnetz als eigene Betriebsabteilung, getrennt von den anderen Tätigkeiten eines integrierten Unternehmens, zu führen (organisatorische Entflechtung). Art. 15 Abs. 2 RL 96/92/EG ordnete ein Verbot der Informationsweitergabe an.[21] Stärker liberalisiert wurde mittels der Elektrizitätsbinnenmarktrichtlinie (RL 96/92/EG) insbesondere der Netzzugang durch die Einräumung eines Anspruchs an Dritte. Die Organisation des Netzzugangs war über eine Wahlmöglichkeit zwischen dem Modell des verhandelten[22] und des regulierten Netzzugangs nach Art. 17 und 18 RL 96/92/EG den Mitgliedstaaten überlassen.

---

15 RL 90/547/EWG des Rates v. 29.10.1990 über den Transit von Elektrizitätslieferungen über große Netze (aufgehoben durch Art. 29 der RL 2003/54/EG); RL 91/296/EWG des Rates über den Transit von Erdgas über große Netze v. 31.5.1991 (aufgehoben durch Art. 32 Abs. 2 der RL 2003/55/EG).
16 Vgl. *Pritzsche/Vacha*, Energierecht, 2017, § 2 Rn. 29 ff.
17 *Gundel*, Europäisches Energierecht, in: Theobald/Kühling, Energierecht, 122. EL 2023, Rn. 7.
18 Eingehend zu den Maßnahmen der Kommission *Schmidt*, Liberalisierung in Europa: Die Rolle der Europäischen Kommission, 1998, S. 196 ff.
19 Vgl. etwa. EuGH Urt. v. 23.10.1997 – Rs. C-157/94, ECLI:EU:C:1997:499, Rn. 26 ff., 58 f. – *Energiemonopole Niederlande*; EuGH Urt. v. 23.10.1997 – Rs. C-158/94, ECLI:EU:C:1997:500, Rn. 35 ff., 54 f. – *Kommission/ Italien*; EuGH Urt. v. 23.10.1997 – Rs. C-159/94, ECLI:EU:C:1997:501, Rn. 43 ff., 101 f. – *Kommission/ Frankreich*; EuGH Urt. v. 23.10.1997 – Rs. C-160/94, ECLI:EU:C:1997:502, Rn. 17 f. – *Kommission/ Spanien*.
20 RL 96/92/EG des Europäischen Parlaments und des Rates v. 19.12.1996 betreffend gemeinsame Vorschriften für den Elektrizitätsbinnenmarkt; RL 98/30/EG des Europäischen Parlaments und des Rates v. 22.6.1998 betreffend gemeinsame Vorschriften für den Erdgasbinnenmarkt. Vgl. die Umsetzung in Deutschland durch das Gesetz zur Neuregelung des Energiewirtschaftsrechts vom 24.4.1998 (EnWG 1998), BGBl. I 1998, S. 730. Relativierend jedoch etwa *Hancher*, Journal of Energy and Natural Resources Law 1998, 42: „a framework in the loosest sense of the word".
21 Vgl. im nationalen Recht: § 9 Abs. 1 EnWG 1998 forderte die Führung getrennter Konten. Gem. § 4 Abs. 4 EnWG 1998 war das Stromübertragungsnetz als eigene Betriebsabteilung zu führen; § 7 Abs. 4 S. 2 ordnete das Verbot der Informationsweitergabe an.
22 Dieses Modell war auch von Deutschland als Grundlage der Umsetzung gewählt worden, vgl. § 6 EnWG 1998. Es ist dadurch gekennzeichnet, die nähere Ausgestaltung (Preise, Bedingungen) der Verhandlung von Netzbetreibern und Netznutzern über des Netznutzungsvertrages zu überlassen (nur *ex post* Kontrolle durch die Regulierungsbehörde), vgl. *Ortlieb*, EWeRK 2016, 198 (201).

B. Der europäische Liberalisierungsprozess

Mit der Erdgasbinnenmarktrichtlinie (RL 98/30/EG) wurden die Ziele der Elektrizitätsbinnenmarktrichtlinie so weitgehend wie möglich für den Gasmarkt übernommen, nicht jedoch die operationelle Entflechtung. Die zunächst dennoch nur zaghaft voranschreitende Liberalisierung war dadurch bedingt, dass nationales Denken vorherrschend war und es teils an der entsprechenden finanziellen Ausstattung fehlte.[23]

Erst mit dem **zweiten Energiebinnenmarktpaket**[24] von 2003 wurden konkrete Liberalisierungsschritte zur Schaffung eines echten Binnenmarktes unternommen. Durch die Verabschiedung der darin enthaltenen Beschleunigungsrichtlinien wurde der Liberalisierungsprozess mittels der Setzung von vier inhaltlichen Schwerpunkten weiter vorangetrieben. Erstens wurden die Mitgliedstaaten zur Einführung eines komplexen Entflechtungsregimes verpflichtet, auf dem auch die heutige Rechtslage weitestgehend fußt.[25] Dabei wurden die bereits vorhandenen Entflechtungsvorgaben der abgelösten Binnenmarktrichtlinien von 1996 und 1998 ergänzt. Die in der ersten Generation nur für die Übertragungsnetzbetreiber im Stromsektor vorgesehene operationelle Entflechtung wurde nach Art. 9 Abs. 1 RL 2003/55/EG auf den Gasbereich und nach Art. 15 Abs. 1 RL 2003/54/EG bzw. Art. 13 Abs. 1 RL 2003/55/EG auf Verteilernetze erstreckt.[26] Darüber hinaus ordnete Art. 15 Abs. 1 RL 2003/54/EG die rechtliche Entflechtung der Übertragungs- und Verteilernetze, also deren Abtrennung vom wertschaffenden Betrieb und Ausgliederung in eine rechtlich getrennte Einheit an (sog. *„legal unbundling"*). Das *„Ownership Unbundling"*[27] wurde damit indes noch nicht gefordert. Zweitens wurden die Regelungen zum Netzzugang verschärft und unter Abschaffung der Wahlmöglichkeit der Mitgliedstaaten eine Verpflichtung auf das Modell eines regulierten Netzzugangs aufgenommen.[28] Entsprechend sahen Art. 21 Abs. 1 lit. b), c) der Richtlinie 2003/54/EG für Strom, Art. 23 Abs. 1 lit. b), c) der Richtlinie 2003/55/EG für Gas übereinstimmend das Modell des regulierten Netzzugangs vor, bei dem der Zugang auf Grundlage veröffentlichter und genehmigter Tarife erfolgt (*ex ante* Kontrolle). Drittens wurden die Mitgliedstaaten verpflichtet, vornehmlich zur Genehmigung dieser Tarife, nationale Regulierungsbehörden einzurichten.[29] Schließlich gelang ein „Durchbruch" bei der Liberalisierung auf der Nachfrageseite.[30] Sämtlichen Kunden wurde Freiheit in der Wahl ihres Anbieters nach Art. 21 Abs. 1 lit. b), c) RL 2003/54/EG bzw. 23 Abs. 1 lit. b), c) RL 2003/55/EG ermöglicht. Jedoch war bereits in den Erwägungsgründen festgehalten, dass auch das zweite Energiepaket nur

---

23 *Rübig*, in: Schmidt, Strom aufwärts: 10 Jahre Liberalisierung des Strommarkts in Österreich, 2011, S. 224.
24 Das Paket enthält insgesamt fünf Richtlinien und zwei Verordnungen: RL 2003/54/EG v. 26.6.2003 über gemeinsame Vorschriften für den Elektrizitätsbinnenmarkt und zur Aufhebung der Richtlinie 96/92/EG; RL 2003/55/EG v. 26.6.2003 über gemeinsame Vorschriften für den Erdgasbinnenmarkt und zur Aufhebung der Richtlinie 98/30/EG; VO (EG) Nr. 1228/2003 v. 26.6.2003 über die Netzzugangsbedingungen für den grenzüberschreitenden Stromhandel; VO (EG) Nr. 1775/2005 v. 28.9.2005 über die Bedingungen für den Zugang zu den Erdgasfernleitungsnetzen. Vgl. die Umsetzung in Deutschland durch das Gesetz zur Neuregelung des Energiewirtschaftsrechts v. 24.4.1998 (EnWG 1998).
25 Zu dieser Einschätzung: *Kühling/Rasbach/Busch*, Energierecht, 5. Aufl. 2022, S. 173.
26 Dies galt jedenfalls, soweit sie mehr als 100.000 Kunden belieferten, vgl. Art. 15 Abs. 2 lit. d) RL 2003/54/EG, Art. 13 Abs. 2 lit. d) RL 2003/55/EG. Siehe hierzu auch *Gundel*, Europäisches Energierecht, in: Theobald/Kühling, Energierecht, 122. EL 2023, Rn. 38.
27 Siehe dazu unten Teil II Rn. 9.
28 Eine solche Wahlmöglichkeit bestand nur noch beim Zugang zu Gasspeicherstätten nach Art. 19 Abs. 3, 4 RL 2003/55/EG.
29 In Deutschland wurden dazu der 1998 als Regulierungsbehörde für Telekommunikation und Post gegründeten Bundesnetzagentur sowie den Landesregulierungsbehörden die entsprechenden Befugnisse eingeräumt, vgl. *Pritzsche/Vacha*, Energierecht, 2017, § 2 Rn. 49 ff.
30 *Lecheler/Gundel*, EuZW 2003, 621 (624).

eine Zwischenstation bei der Liberalisierung des europäischen Energiemarktes war und weitere Maßnahmen folgen mussten.[31]

Zwischenzeitlich wurde im Vertrag von Lissabon eine Energiekompetenz primärrechtlich aufgenommen.[32] Daraus ergab sich zwar zunächst keine weitere Liberalisierung des Energiemarkts, jedoch hat die Union mit Art. 194 AEUV eine eigene Zuständigkeit in der Energiepolitik erhalten.[33] Daraus wurde mitunter geschlossen, dass sich die Kommission veranlasst sehen würde, den Wettbewerb im Binnenmarkt stärker als bisher zu liberalisieren.[34]

9 Mit dem **Dritten Energiebinnenmarktpaket**[35] aus dem Jahre 2009 trieb die EU ihre Liberalisierungsbestrebungen weiter voran. Noch während der Beratungen besann sich die Kommission allerdings auf ihren bereits zu Beginn der neunziger Jahre verfolgten administrativen Ansatz und bewegte insbesondere einige deutsche Unternehmen mit den Mitteln des Kartellrechts zu einer „freiwilligen" eigentumsrechtlichen Trennung von ihren Netzen. Die Unternehmen boten der Kommission Verpflichtungszusagen an, um den drohenden Kartellbußen zu entgehen.[36]

10 Auch das Gesetzespaket behielt die bereits zuvor gesetzten Schwerpunkte bei. Es stand im Lichte der **Intensivierung der Verflechtung zwischen nationaler und EU-Ebene**.[37] In den Mittelpunkt rückte die in den RL 2009/72/EG (Strom) und 2009/73/EG (Gas) geregelte Verpflichtung der Mitgliedstaaten, für die **weitere Entflechtung der Übertragungsnetze und der Übertragungsnetzbetreiber** Sorge zu tragen. Das aus vorheriger Regelungsrunde bekannte Modell der rechtlichen Entflechtung wurde ersetzt durch das Modell der eigentumsrechtlichen Entflechtung (*Ownership Unbundling*, vgl. Art. 9 RL 2009/72/EG und bzw. Art. 9 RL 2009/73/EG).[38] Als Alternativmodell hatte bereits die Kommission in ihrem Vorschlag den sog. Unabhängigen Netzbetreiber (*Independent System Operator, ISO*, vgl. Art. 13 RL 2009/72/EG bzw. Art. 14 RL 2009/73/EG) vorgesehen. Zusätzlich wurde im Gesetzgebungsverfahren das Modell des Unabhängigen Übertragungsnetzbetreibers (*Independent Transmission Operator, ITO*, vgl. Art. 17 RL 2009/72/EG bzw. Art. 17 RL 2009/73/EG) ergänzt. Letzteres wird auch als sog. „Dritter Weg" bezeichnet, da die entflechtungskritischen Mitgliedstaaten dieses Modell nur unter erheblichem Druck dem von der Kommission präferierten *Ownership Unbundlings* entgegensetzen konnten.[39] Den Mitgliedstaaten kommt zwi-

---

31 Erwägungsgrund 39 RL 96/92/EG und Erwägungsgrund 32 RL 98/30/EG.
32 Hierzu Teil I Rn. 67 ff.
33 Hierzu detailliert unter Teil I Rn. 67 ff.
34 *Fischer*, Integration 2009, 50 (56); *Nettesheim*, JZ 2010, 19 (25).
35 Bestandteil dieses Pakets sind zwei Richtlinien (RL 2009/72/EG v. 13.7.2009 über gemeinsame Vorschriften für den Elektrizitätsbinnenmarkt und zur Aufhebung der Richtlinie 2003/54/EG; RL 2009/73/EG v. 13.7.2009 über gemeinsame Vorschriften für den Erdgasbinnenmarkt und zur Aufhebung der Richtlinie 2003/55/EG) und drei Verordnungen (VO (EG) Nr. 714/2009 v. 13.7.2009 über die Netzzugangsbedingungen für den grenzüberschreitenden Stromhandel und zur Aufhebung der Verordnung (EG) Nr. 1228/2003, VO (EG) Nr. 715/2009 v. 13.7.2009 über die Bedingungen für den Zugang zu den Erdgasfernleitungsnetzen und zur Aufhebung der Verordnung (EG) Nr. 1775/2005, VO (EG) Nr. 713/2009 v. 13.7.2009 zur Gründung einer Agentur für die Zusammenarbeit der Energieregulierungsbehörden).
36 Vgl. Einstellungsentscheidungen der Kommission im Fall E.ON, K (2998 7367 endg. v. 26.11.2008, ABlEU 2009 Nr. C 36, S. 8; im Fall RWE, K (2009) 1885 endg. v. 18.3.2009, ABlEU 2009 Nr. C 133, S. 10; kritisch zu diesem Vorgehen *Klees*, WuW 2009 (374).
37 Vgl. diesbezüglich insbesondere die erlassenen Verordnungen.
38 Im nationalen Recht ist dieses Modell nach § 8 Abs. 1 EnWG vorgesehen, solange vertikal integrierte Energieversorgungsunternehmen sich nicht für eine der Alternativoptionen entscheiden.
39 Vgl. *Talus*, EU Energy Law, 2016, S. 26 mwN. Im deutschen Recht sind die Richtlinienvorgaben in den §§ 6 ff. EnWG umgesetzt worden.

B. Der europäische Liberalisierungsprozess

schen den Modellen ein Wahlrecht zu. Für die Verteilernetzbetreiber bleibt es gemäß Art. 26 RL 2009/72/EG bzw. Art. 26 RL 2009/73/EG bei der schon zuvor vorgesehenen, jedoch vereinzelt präzisierten rechtlichen und organisatorischen Entflechtung. Die Verschärfung des Entflechtungsregimes wurde auf Regulierungsseite mittels strikterer Vorgaben für Verfahren und Strukturen der nationalen Regierungsbehörden flankiert. Insbesondere wurden die Mitgliedstaaten verpflichtet, ihre nationalen Regulierungsbehörden durch politische Unabhängigkeit zu stärken[40] und sie mit erweiterten Aufgaben auszustatten. Zugleich wird, um dem Nebeneinander liberalisierter nationaler Märkte entgegenzuwirken[41], eine EU-Agentur für die Zusammenarbeit der Energieregulierungsbehörden (ACER) gegründet.[42] Sie bildet den Grundstein zur Angleichung der Befugnisse nationaler Regulierer.[43] Wenn auch eher in einer Randnotiz wurde auch die Liberalisierung der Nachfrageseite gemäß Art. 3 Abs. 4 und 5 RL 2009/72/EG bzw. Art. 3 Abs. 6 2009/73/EG durch eine Reduzierung des bürokratischen Aufwands des Anbieterwechsels, einer Verkürzung der Wechselfristen (insbesondere kostenloser Wechsel des Gas- oder Stromanbieters innerhalb von drei Wochen) sowie erweiterten Informationsrechten gefördert.

Im Zuge der Etablierung der Energieunion wurde zuletzt das *Clean Energy Package* verabschiedet, dessen finale Rechtsakte im Juni 2019 veröffentlicht worden sind.[44] Zwar treten Liberalisierungsbestrebungen hinter den – nun auch zunehmend in das Kollektivbewusstsein gerückten – Klimaschutzaspekt der Reform zurück.[45] Dennoch bleibt eine Fortführung des Liberalisierungskurses durchaus erkennbar, hin zu einem immer stärker integrierten Energiebinnenmarkt. Das **Entflechtungsregime** bleibt sowohl für Übertragungs- als auch für Verteilungsnetzbetreiber nach Art. 43 bzw. 35 RL (EU) 2019/944 (ElektrizitätsbinnenmarktsRL) **weitestgehend unverändert**. Neu ist für beide das grundsätzliche Verbot aus Art. 54 bzw. 36 RL (EU) 2019/944, Eigentümer einer Energiespeicheranlage zu sein oder diese zu errichten, zu verwalten oder zu betreiben.[46] Ein eigenes Entflechtungsregime war bislang nur für Gasspeicheranlagen vorgesehen, vgl. Art. 15 Richtlinie 2009/72/EG. Besonders **kontrovers** war der Erlass der neuen Vorgaben den Gasmarkt betreffend. Entgegen der geäußerten Bedenken wurde nunmehr geregelt, dass die wesentlichen Grundsätze der EU-Rechtsvorschriften im Energiebereich (Zugang Dritter, Entgeltregulierung, eigentumsrechtliche Entflechtung und Transparenz) für alle Gasleitungen, die in Drittländer hinein- bzw. aus Drittländern herausführen, bis zur Grenze des EU-Gebiets gelten. Dazu passt die Änderungsrichtlinie (EU) 2019/692 die entsprechende Definition in Art. 2 Nummer 17 der Verbindungsleitung an. Anschaulich wurde die Auswirkung dieser Änderung an den Nord Stream Pipelines:

11

---

40 Art. 47 Abs. 4 lit. a), 5 RL (EU) 2019/944 bzw. Art. 39 Abs. 4 lit. a), 5 RL 2009/73/EG; vgl. hierzu eingehend *Ludwigs*, Verw. 43 (2011), 41 ff.; *Stöger*, ZÖR 65 (2010), 247 ff.
41 Vgl. zu dieser Einschätzung BGH JZ 2009, 575 mAnm Ehricke; *Gundel/Germelmann*, EuZW 2009, 763 (768).
42 VO (EG) Nr. 714/2009 vom 13.7.2009 zur Gründung einer Agentur für die Zusammenarbeit der Energieregulierungsbehörden. Hierzu bereits unter Kap 1 Rn. 29 f.
43 *Ortlieb*, EWeRK 2016, 198 (204); hierzu bereits unter Teil I Rn. 28 f.
44 Das Paket enthält acht Rechtsakte, von denen vorliegend insbesondere die RL (EU) 2019/944 v. 5.06.2019 mit gemeinsamen Vorschriften für den Elektrizitätsbinnenmarkt und zur Änderung der Richtlinie 2012/27/EU die Liberalisierung betrifft und erörtert wird.
45 Vgl. etwa *Scholtka/Keller-Herder*, NJW 2019, 897.
46 Zur Begründung siehe 62. Erwägungsgrund. Eingehend zu den eingeschränkten Möglichkeiten vor Erlass der RL *Haußner/Ismer*, EnZW 2018, 51 ff. Die Mitgliedstaaten können freilich die in Art. 36 Abs. 2 und Art. 54 Abs. 2 RL (EU) 2019/944 genannten Ausnahmen vorsehen.

5 Teil II: Die regulatorische Agenda der Europäischen Union im Energiebereich

12   *Nord Stream 2*: Das Erdgaspipeline-Projekt **Nordstream** bestand aus zwei (als Nordstream 1 und Nordstream 2 bezeichneten) Unterwasser-Pipelines mit je zwei Strängen. Nord Stream 1 nahm 2011 den Betrieb auf und transportierte über 11 Jahre russisches Erdgas durch die Ostsee von Russland nach Deutschland. Im Juli 2022 wurde der Gasfluss in Nord Stream 1 mit Hinweis auf Wartungsarbeiten unterbrochen und Ende August vom Betreiber, dem russischen Staatskonzern Gazprom, vollständig eingestellt. Nord Stream 2 war als weitgehend parallele Pipeline geplant. Der russische Konzern Gazprom hätte nach korrekter Umsetzung der Richtlinie in das nationale Recht jedoch nicht zugleich Betreiber (über die Nord Stream- bzw. Nord Stream 2-AG) der Erdgasleitungen und zugleich Erdgasproduzent sein dürfen. Wäre eine Entflechtung nicht erfolgt, hätte die nationale Regulierungsbehörde den Netzbetrieb untersagen müssen. Ende September 2022 wurden bei einem Anschlag drei der vier Stränge von Nordstream 1 und Nordstream 2 durch Sprengungen zerstört. Der vierte Strang wurde stillgelegt. Aufgrund der Einstellung des Betriebs sind die mit der Entflechtung verbundenen Rechtsfragen nicht mehr relevant.

13   Auf Nachfrageseite werden die Wechselmöglichkeiten des Kunden weiter verbessert. Beispielsweise darf der technische Vorgang des Versorgerwechsels nach Art. 12 Abs. 1 RL (EU) 2019/944 bis 2026 nicht mehr länger als 24 Stunden dauern und muss an jedem Werktag möglich sein.[47]

C. Energiewirtschaftliche Entflechtung auf Grundlage des EU-Sekundärrechts

14   Die **rechtlichen Probleme** der Liberalisierung sollen im Folgenden am Beispiel der Entflechtung demonstriert werden. In ihrer wirtschaftlichen Bedeutung stehen die Regeln über den Netzzugang und die Nachfrageliberalisierung dieser zwar in nichts nach, der offensichtliche Grundrechtebezug eignet sich jedoch in besonderer Weise zur Veranschaulichung.[48]

15   Mit den Entflechtungsvorschriften soll die **Unabhängigkeit des Netzbetriebs von den übrigen Wertschöpfungsstufen** sichergestellt werden, um Verzerrungen des Wettbewerbs entgegenzuwirken. Wie der ENI-Fall (Teil I, Rn. 160) demonstriert, können integrierte Unternehmen bei fehlender Entflechtung Wettbewerb verhindern. Ziel europäischer Energiepolitik ist es, eben diesen Verzerrungen entgegenzuwirken, die daraus resultieren, dass integrierte Netzbetreiber ihre Konkurrenten beim Netzzugang behindern oder eigene Unternehmensteile auf anderen Wertschöpfungsstufen quersubventionieren.[49] Mit Blick auf die europäische Grundrechtecharta stellt sich dennoch die Frage, inwieweit die mit einer Entflechtung einhergehenden erheblichen Eingriffe in die Strukturen der bisher integrierten Versorgungsunternehmen überhaupt gerechtfertigt sein können.

D. Anwendungsbereich der Entflechtungsvorschriften

16   Bei der **Anwendung der Entflechtungsvorschriften** ist zunächst zwischen der Entflechtung der Gas- und der Elektrizitätsnetzbetreibern zu **unterscheiden**. Weiterhin ist je-

---

47   Eine Umsetzung in das nationale Recht steht noch aus.
48   Vgl. eingehend zu dem rechtlichen Problem der Netzzugangsregulierung *Talus*, EU Energy Law, 2016, S. 19 ff.; für das nationale Recht: *Kühling/Rasbach/Busch*, 5. Aufl. 2022, S. 84 ff.; zur Nachfrageliberalisierung siehe etwa *Lecheler/Gundel*, EuZW 2003, 621 (624).
49   *Krüger*, European Energy Law and Policy, 2016, S. 119.

weils zwischen den Übertragungsnetzbetreibern (bzw. Fernleitungsnetzbetreibern bei Gasnetzen), welche die Infrastruktur der überregionalen Netze operativ betreiben, und den Verteilernetzbetreibern, welche die Energie zu den Endverbrauchern liefern, zu differenzieren.

Im Folgenden soll die Entflechtung **am Beispiel der Übertragungsnetze** und der Übertragungsnetzbetreiber betrachtet werden.[50] Diese sind ausweislich des Art. 43 Abs. 1, 44 Abs. 1 und 45 Abs. 1 RL (EU) 2019/944 dann Adressaten der Entflechtungsvorschriften, wenn es sich um „vertikal integrierte Unternehmen" handelt. Die Legaldefinition findet sich in Art. 2 Nr. 53 RL (EU) 2019/944. Vereinfacht ausgedrückt handelt es sich bei vertikal integrierten Unternehmen um Elektrizitätsunternehmen, die sowohl eine der Netztätigkeiten als auch mindestens eine der Funktionen Erzeugung oder Versorgung von Energie wahrnehmen.

Begriff des vertikal definierten Unternehmens: Nach der Rechtsauffassung der Kommission schließt die Definition des „vertikal integrierten Unternehmens" Tätigkeiten außerhalb der EU ein. Da das deutsche Umsetzungsgesetz in § 3 Nr. 38 EnWG den Anwendungsbereich ursprünglich auf Tätigkeiten innerhalb der EU beschränkte, stellte der EuGH die Richtlinienwidrigkeit der Vorschrift fest.[51] § 3 Nr. 38 EnWG wurde in der Folge mit Wirkung vom 29.7.2022 angepasst.

E. Die verschiedenen Entflechtungsmodelle

Wie bereits angedeutet, kann die Entflechtung auf Grundlage unterschiedlicher Modelle von unterschiedlicher Intensität erfolgen, deren gemeinsames Ziel die Herauslösung des Netzbetriebs aus den sonstigen energiewirtschaftlichen Tätigkeiten ist.[52] Durch die RL 2003/54/EG und 2009/72/EG wurden drei gleichberechtigte Entflechtungsmodelle unterschiedlicher Intensität eingeführt, die in der RL (EU) 2019/944 unverändert beibehalten wurden.[53]

---

50 Die Entflechtung von Fernleitungsnetzen bzw. Fernleitungsnetzbetreibern auf dem Gasmarkt verläuft dazu parallel. Für Verteilernetzbetreiber (Strom und Gas) sind hingegen nur die operationelle und die rechtliche Entflechtung vorgeschrieben (Art. 35 Abs. 1 und 2 RL (EU) 2019/944 bzw. Art. 26 RL 2009/73/EG) sowie das grundsätzliche Verbot von Eigentum an Speicheranlagen nach Art. 36 Abs. 1 RL (EU) 2019/944 bzw. die Entflechtung solcher nach Art. 15 RL 2009/73/EG.
51 EuGH Urt. v. 2.9.2021, Rs. C-718/18, ECLI:EU:C:2021:662, Rn. 29 ff. – Kommission/Deutschland.
52 *Kühling/Rasbach/Busch*, Energierecht, 5. Aufl. 2022, S. 174.
53 Die bereits zuvor festgelegten Vorgaben, die für alle vertikal integrierten Energieversorgungsunternehmen gelten, sind daneben freilich auch zu beachten, vgl. für die informationelle Entflechtung Art. 41 RL (EU) 2019/944 und für die buchhalterische Entflechtung Art. 55 RL (EU) 2019/944.

Abbildung 6

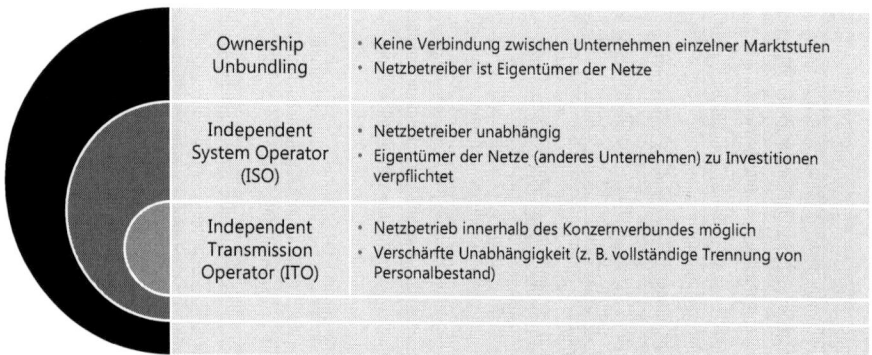

Quelle: eigene Darstellung

I. Eigentumsrechtliche Entflechtung (Ownership Unbundling)

20 Beim **Ownership Unbundling** wird die Erzeugung von Strom von dessen Übertragung durch die Netze **eigentumsrechtlich getrennt**. Dabei handelt es sich um „das schärfste denkbare Schwert des regulatorischen Eingriffs"[54], da es sich um die vollständige eigentumsrechtliche Trennung der verschiedenen Bereiche eines vertikal integrierten Unternehmens handelt. Mitunter kursierte auch die Bezeichnung des „Zwangsverkaufs".[55] Auf diese Weise kann jedoch sichergestellt werden, dass nach erfolgreicher Entflechtung die Netze an alle Stromerzeuger nach marktwirtschaftlichen Prinzipien vergeben werden.[56]

21 Bei diesem Modell müssen die Mitgliedstaaten gewährleisten, dass Netzbetreiber **keine energiemarktbezogenen Tätigkeiten** ausüben, die **nicht im Zusammenhang mit ihren Netzen stehen**. Dieselbe natürliche oder juristische Person darf nicht gleichzeitig in Energievertrieb oder -erzeugung tätig sein und ein Netz betreiben.[57] Nach Art. 43 Abs. 1 lit. b) und Art. 35 RL (EU) 2019/944 müssen die Mitgliedstaaten dies konkret in zwei Richtungen gewährleisten: **Geboten** ist, dass der Übertragungsnetzbetreiber als Eigentümer über das Netz verfügt. **Verboten** ist auf der anderen Seite, dass dieselben Personen direkte oder indirekte Kontrolle über einen Übertragungsnetz(betreiber) und über ein anderes Unternehmen, das eine der Funktionen Erzeugung oder Versorgung wahrnimmt, ausüben. Der Begriff der Kontrolle wird in Art. 2 Nr. 56 RL (EU) 2019/944 legal definiert, wobei das Konzept der Kontrolle aus der Verordnung (EG) Nr. 139/2004 (Fusionskontrollverordnung) übernommen wurde.[58] Art. 43 Abs. 1 lit. c) und d), Art. 35 RL (EU) 2019/944 stellt sicher, dass die Regelungen nicht durch Trennung des wirtschaftlichen vom rechtlichen Eigentum umgangen werden, indem beispielsweise eine Person Mitglied des Aufsichtsrates, Verwaltungsrates oder eines

---

54 *Mayen/Karpenstein*, RdE 2008, 33.
55 Vgl. etwa *Schmidt-Preuß*, EuR 2006, 463 (484).
56 Zu den verfassungsrechtlichen Bedenken siehe sogleich und bereits *Jacob*, in: Schmidt-Schlaeger/Zinow, Grundlagen des Energierechts, 2004, S. 103 ff.; *Holznagel/Schumacher*, N&R 2007, 96 f.; *Mayen/Karpenstein*, RdE 2008, 33 ff.
57 *Heinlein/Büsch*, in: Theobald/Kühling, Energierecht, 122. EL 2023, EnWG § 6 Rn. 11.
58 VO (EG) Nr. 139/2004 des Rates v. 20.1.2004 über die Kontrolle von Unternehmenszusammenschlüssen ("EG-Fusionskontrollverordnung").

E. Die verschiedenen Entflechtungsmodelle

anderen zur gesetzlichen Vertretung berufenen Organs ist und zeitgleich Kontrolle über ein Unternehmen der Energieerzeugung oder Versorgung hat (und umgekehrt).

Die Konsequenz aus der eigentumsrechtlichen Entflechtung ist ein Veräußerungsgebot und zugleich ein Erwerbsverbot. Dessen Umsetzung kann auf verschiedenen Wegen erfolgen: Ausweislich des 74. Erwägungsgrundes der RL (EU) 2019/944 hat der Gesetzgeber die Wahl zwischen einer direkten Veräußerung der Anteile am Übertragungsnetzbetreiber und der Aufteilung der Anteile des integrierten Unternehmens in Anteile eines Netzunternehmens und Anteile eines verbleibenden Stromversorgungs- und Stromerzeugungsunternehmens.[59] Möglich wäre aber auch eine Umsetzung mittels Legalenteignung, kraft welcher der Staat das Eigentum durch ein Gesetz auf sich oder einen Dritten überträgt.[60]

II. Unabhängiger Systembetreiber (ISO)

Mit der Möglichkeit zur Wahl eines ISO hatte die Kommission bereits in ihrem Gesetzgebungsvorschlag ein **weniger einschneidendes Entflechtungsmodell** zur Liberalisierung bereitgestellt.[61] Zur Einrichtung eines solchen ISO können die Mitgliedstaaten gemäß Art. 44 Abs. 1 RL (EU) 2019/944 vorsehen, dass der Eigentümer des Netzes einen ISO vorschlägt, den die Mitgliedstaaten anschließend wiederum benennen. Dies muss eine unabhängige, vom Unternehmen getrennte Gesellschaft sein. Entsprechend muss sie ihrerseits sowohl in **personeller** als auch in **rechtlicher Hinsicht** von dem Eigentümer des Übertragungsnetzes hinreichend **unabhängig** sein.[62] Der Netzbetrieb wird aus dem Konzernverbund herausgelöst und dem ISO überlassen. Damit verliert der Netzeigentümer seine Verfügungsgewalt über das Netz. Aufgabe des ISO ist demnach die gesamte Durchführung des Netzbetriebes (wie Betrieb, Wartung und Ausbau des Netzes), während das vertikal integrierte Unternehmen weiterhin seine Eigentümerstellung ausübt. Aus der Eigentumsposition verbleibt ihm die wirtschaftliche Nutznießung durch die (vom Systembetreiber zu zahlenden) Erträge.[63]

III. Unabhängiger Übertragungsnetzbetreiber (ITO)

Als dritte und **schwächste Möglichkeit** der Regulierung nennt der Gesetzgeber in Art. 46 RL (EU) 2019/944 den ITO.[64] Die Mitgliedstaaten können, anstelle der eigentumsrechtlichen Entflechtung und der Einführung des ISO-Modells, es den Unternehmen gestatten, einen ITO zu bestimmen. Bei dessen Ernennung behält das vertikal integrierte Energieversorgungsunternehmen weiterhin das Eigentum sowie die Kontrolle über das Netz. Allein für die Verwaltung des Netzes wird eine Tochterfirma mit unabhängigem Management (= der ITO) eingerichtet. Rechtsform dieses Unternehmens kann nach Art. 46 Abs. 3 RL (EU) 2019/944, Art. 1 RL (EU) 2017/1132 ausschließ-

---

59 Eingehend *Pisal*, Entflechtungsoptionen nach dem Dritten Energiebinnenmarktpaket, 2011, 173 ff.
60 Vgl. dazu etwa *Holznagel/Schumacher*, N&R 2007, 96 (98); *Mayen/Karpenstein*, RdE 2008, 33 (34).
61 Voraussetzungen dieses Modells sind zum einen die Zustimmung der EU-Kommission und zum anderen muss das Netz am Stichtag des 3.9.2009 nach Art. 44 Abs. 1 RL (EU) 2019/944 im Eigentum des vertikal integrierten Energieversorgungsunternehmens gestanden haben.
62 *Gundel*, Europäisches Energierecht, in: Theobald/Kühling, Energierecht, 122. EL 2023, Rn. 50; *Gundel/Germelmann*, EuZW 2009, 763 (765); *Heinlein/Büsch* in: Theobald/Kühling, Energierecht, 122. EL 2023, EnWG § 6 Rn. 12.
63 *Gundel*, Europäisches Energierecht, in: Theobald/Kühling, Energierecht, 122. EL 2023, Rn. 50.
64 Auch bei diesem Modell muss das Netz am 3.9.2009 im Eigentum des vertikal integrierten Energieversorgungsunternehmen gestanden haben, siehe oben bei Fn. 61.

lich eine Kapitalgesellschaft sein. Der im Konzernverbund verbleibende ITO ist für die Geschäftstätigkeit der Elektrizitätsübertragung und für alle sonstigen Aufgaben, welche die Richtlinie den Übertragungsnetzbetreibern nach Art. 46 Abs. 2 RL (EU) 2019/944 zuweist, verantwortlich. Dieser muss (wie beim *legal unbundling*) nur **in rechtlicher Hinsicht** von den Bereichen Energieerzeugung und Energieversorgung **unabhängig** sein. Die Verschärfung im Vergleich zum bisherigen Rechtszustand (bloße rechtliche und buchhalterische Entflechtung) resultiert insbesondere aus den erhöhten inhaltlichen Unabhängigkeitsanforderungen.[65] Während Art. 15 Abs. 1 RL 96/92/EG noch die bloße Trennung von Rechtsform, Organisation und Entscheidungsgewalt vorsah, sehen heute Art. 46 Abs. 1, 47 IV, 48 RL (EU) 2019/944 auch eine vollständige Trennung von Vermögenswerten und Personalbestand vor. Auch sind die Transparenzanforderungen erhöht worden, Art. 47 RL (EU) 2019/944.

IV. Zertifizierungsverfahren

25 In der Praxis wird die Erfüllung der unterschiedlichen Entflechtungsanforderungen **von den nationalen Regulierungsbehörden zertifiziert**, wovon wiederum die Kommission in Kenntnis gesetzt wird, Art. 44 Abs. 3, 47 Abs. 10 und 52 RL (EU) 2019/944. Daraus resultiert mitunter das Problem, dass die scharfen Anforderungen der Richtlinien durch Ermessensspielräume im Zertifizierungsverfahren unterlaufen werden.[66]

F. Kollision mit der Grundrechtecharta

26 Die Entflechtungsvorschriften sind seit deren Erlass **Gegenstand einer Kontroverse**. Dies gilt insbesondere für das *Ownership Unbundling* sowie das ISO-Modell. Kritiker der Eingriffe durch den EU-Gesetzgeber zweifeln bereits dessen Kompetenz zur Anordnung einer (eigentumsrechtlichen) Entflechtung an. Schwerpunktmäßig geht es jedoch um die unionsgrundrechtliche Bewertung der Regeln unter dem Aspekt der Verhältnismäßigkeit.

I. Einwand der fehlenden Gesetzgebungskompetenz

27 Tlw.[67] wurden Zweifel daran geäußert, dass der **Unionsgesetzgeber** eine **Kompetenz** zum Erlass der Entflechtungsvorschriften hat. Der Verweis auf das Subsidiaritätsprinzip verfängt jedenfalls seit der letzten Iteration der Richtlinien aufgrund der verselbstständigten Zuständigkeit für die Energiepolitik in Art. 194 AEUV nicht mehr. Art. 194 Abs. 1 lit. a) AEUV definiert als zentrales Ziel der Energiepolitik der Union die **Realisierung eines Energiebinnenmarktes**.[68] In Art. 194 Abs. 2 AEUV ist die **Zuständigkeit der EU zur Umsetzung dieses Zieles** festgeschrieben. In Ausübung dieser Kompetenz erlässt die Union Sekundärrechtsakte im Sinne des Art. 288 AEUV. Da europäische Märkte – und so auch europäische Energiemärkte – auf dem Konzept der freien Marktwirtschaft beruhen, ist die Kompetenzausübung darauf gerichtet, Maßnahmen zu ergreifen, die sicherstellen, dass sich Strom- und Gaspreise durch den freien Wettbewerb, sprich Angebot und Nachfrage, bilden.[69] Die Entflechtung von natürlichen

---

65 *Gundel/Germelmann*, EuZW 2009, 763 (766).
66 Vgl. mit Beispielen *Talus*, Introduction to EU Energy Law, 2016, S. 27 f.
67 So etwa *Baur/Pritzsche/Pooschke*, DVBl 2008, 483 (485); *Schmidt-Preuß*, EuR 2006, 463 (475); *Storr*, EuZW 2007, 232 (236).
68 Vgl. auch *Pritzsche/Vacha*, Energierecht, 2017, § 3 Rn. 4 ff.
69 *Talus*, Introduction to EU Energy Law, 2016, S. 29.

F. Kollision mit der Grundrechtecharta

Monopolen ist dabei eine der oben genannten Möglichkeiten, den Marktmechanismus wiederherzustellen und damit eine zulässige Kompetenzausübung sicherzustellen.

Auch der Verweis auf die **Schutzklausel für nationale Eigentumsordnungen** des Art. 345 AEUV, welche die Eigentumsordnung explizit von der Zuständigkeit der Union ausnimmt,[70] gebietet keine abweichende Betrachtung. Der darin genannte Begriff der „Eigentumsordnung" ist **eng auszulegen**.[71] Die Vorschrift gewährleistet den Mitgliedstaaten allein das Recht, Eigentumsrechte auf die öffentliche Hand zu übertragen oder diese in Privateigentum zu führen. Sie steht gerade nicht unionsrechtlichen Ausübungsbeschränkungen oder Entziehungen entgegen. Dieses Verständnis gebieten **Wortlaut und Zweck** der Vorschrift. Das Abstellen auf die „Eigentumsordnung" legt nahe, dass die Vorschrift Grundsatzfragen und nicht einzelne Enteignungen betrifft. Zudem zielte die Vorschrift historisch darauf ab, die Mitgliedstaaten vor der Aufoktroyierung anderer Eigentumsordnungen zu schützen.[72]

28

II. Eigentum

1. Schutzgut

Aus der Feststellung der Kompetenz folgt freilich noch nicht die Zulässigkeit der Maßnahme. Nach Art. 6 Abs. 2 EUV sind die **Unionsorgane an Grundrechte gebunden.** Das Eigentumsrecht[73] ist in den Grundsätzen europäischen Rechts sogar primärrechtlich fest verankert und so in der Charta der Grundrechte der Europäischen Union (Art. 17 EU-GRCh) niedergeschrieben. Der Eigentumsbegriff auf europäischer Ebene ist **weit auszulegen**. Der Schutz des Eigentums umfasst bewegliche und unbewegliche Sachen[74] sowie sämtliche vermögenswerten Rechte[75], was auch Anteilsrechte an Netz- sowie Vertriebsunternehmen als juristische Person einschließt.[76] Der Eigentümer ist berechtigt, sein rechtmäßig erworbenes Eigentum zu besitzen, zu nutzen und nach seinem Belieben darüber zu verfügen.[77]

29

---

70 *Wernicke* in: Grabitz/Hilf/Nettesheim, Recht der EU, 80. EL 2023, AEUV Art. 345 Rn. 10; eingehend *Mayer*, ZaöRV 2001, 577 (583).
71 *Calliess*, Entflechtung im europäischen Energiebinnenmarkt, 2008, S. 56 f.; *Calliess*, in: Ehlers/Germelmann, Europäische Grundrechte und Grundfreiheiten, 5. Aufl. 2023, § 20 Rn. 10; *Kingreen* in: Calliess/Ruffert, 6. Aufl. 2022, AEUV Art. 345 Rn. 13 ff.; *Kühling* in: Streinz, 3. Aufl. 2018, AEUV Art. 345 Rn. 13 ff. *Müller-Terpitz/Weigl*, EuR 2009, 348; *Pießkalla*, EuZW 2008, 199 (203); *Thiel*, JuS 1991, 274 (276). Für eine weite Auslegung sprechen sich hingegen aus *Wernicke*, in: Grabitz/Hilf/Nettesheim, Recht der EU, 80. EL 2023, AEUV Art. 345 Rn. 12 ff.; *Schmidt-Preuß*, EuR 2006, 463 (480).
72 Vgl. *Müller-Terpitz/Weigl*, EuR 2009, 348 (357 f.).
73 Gleiches gilt im Übrigen auch durch die durch Art. 15, 16 EU-GRCh gewährte Unternehmerfreiheit, das vorliegend jedoch aus Platzgründen sowie aus Gründen der Schwerpunktsetzung nicht weiter vertieft werden soll, vgl. EuGH Slg 1986, 2519, 2545, Rn. 27 (Urt. v. 18.9.1986 – Rs. 166/82). Für Unternehmen, die eine Stromerzeugerfunktion oder eine Übertragungsfunktion haben, begründet das Verbot, Eigentum an dem anderen zu erwerben, einen Eingriff in die Unternehmerfreiheit, vgl. zur Abgrenzung des Anwendungsbereichs zum Eigentumsschutz *Ruffert*, in: Ehlers/Germelmann, Europäische Grundrechte und Grundfreiheiten, 5. Aufl. 2023, § 19 Rn. 14 ff.
74 EuGH Urt. v. 10.7.2003 – Rs. C-20/00, ECLI:EU:C:2003:397, Rn. 79 ff. – *Booker Aquaculture*; EuGH Urt. v. 13.12.1979 – Rs. C-44/79, ECLI:EU:C:1979:290, Rn. 17, 23 – *Hauer*.
75 *Bernsdorff*, in: Meyer/Hölscheidt, Kommentar zur Charta der Grundrechte der Europäischen Union, 5. Aufl. 2019, Art. 17 Rn. 13; *Holznagel/Schumacher*, N&R 2009, 98.
76 *Müller-Terpitz/Weigl*, EuR 2009, 348 (361).
77 Vgl. Art. 17 Abs. 1 S. 1 EU-GRCh.

2. Eingriffe

30 Die Eigentumsgarantie kann auf **zwei verschiedene Arten** eingeschränkt werden: Einerseits nach Art. 17 Abs. 1 S. 2 EU-GRCh durch **Eigentumsentziehung**, die durch den vollen und dauerhaften Verlust der Eigentümerstellung gekennzeichnet ist.[78] Dies ist durch staatliches Handeln bzw. durch Akte der europäischen Organe nur gegen Entschädigung und unter scharfen Voraussetzungen zulässig.[79] Zusätzlich schützt Art. 17 Abs. 1 S. 3 EU-GRCh vor **Nutzungsregelungen**, der schwächeren Form eines Eingriffs.[80] Das sind Regeln, die zu einem bestimmten Gebrauch des Eigentums zwingen oder diesen untersagen. Insbesondere mit Blick auf die hierbei nicht erforderliche Entschädigungszahlung ist eine Abgrenzung geboten.

a) Ownership Unbundling

31 Bei der eigentumsrechtlichen Entflechtung wird das Recht, zeitgleich Eigentümer eines Stromerzeugungs- und Energieversorgungsunternehmen zu sein, nach Art. 43 Abs. 1 lit. b), Art. 35 RL (EU) 2019/944 untersagt. Bei der Durchführung des *Ownership Unbundlings* wird dies üblicherweise im Wege der **Zwangsveräußerung** gewährleistet, dh das vertikal integrierte Energieversorgungsunternehmen wird verpflichtet, Unternehmensanteile, die sich in ihrem Eigentum befinden, an einen Dritten zu übertragen.[81] Freilich handelt es sich bei der Auferlegung dieser Verpflichtung um eine **Beeinträchtigung des Schutzbereichs**. Es schließt sich indessen die Frage an, ob es sich dabei um eine Nutzungsregelung oder eine Enteignungsentziehung handelt. Letzteres ist zu verneinen. Weder die Richtlinie als solche noch deren Umsetzung in das nationale Recht bewirken eine Änderung der Eigentumsverhältnisse, so dass ein voller und dauerhafter Verlust zunächst nicht bewirkt wird.[82] Sähe man in dem Eingriff eine Enteignung, wären die betreffenden Regelungen der Richtlinie in Ermangelung einer Entschädigungsregelung (Art. 17 S. 2 EU-GRCh) nichtig.[83]

b) ISO/ITO

32 Im Falle des ISO-Modells behält der vertikal integrierte Energieversorger formal seine Eigentumsposition. Allerdings werden durch die Übertragungspflicht des Nutzungsrechts auf einen externen Dritten die Funktionen des Netzbetreibers vom ihm abgetrennt. Dadurch wird ihm die **Verfügungs- und wirtschaftliche Nutzungsbefugnis** über das Netz bzw. den Netzbetreiber zumindest **tlw. entzogen**.[84] Auch hier stellt sich die Frage, ob es sich um eine Inhalts- und Schrankenbestimmung oder eine Enteignung handelt. Letzteres kommt nur als *de facto*-Enteignung in Betracht. Eine solche liegt immer dann vor, wenn der vom Eingriff Betroffene zwar Eigentümer bleibt, aber keine alternativen Nutzungsmöglichkeiten hat oder wenn ihm eine sinnvolle Vermarktung des Eigentums versagt wird, da der Eingriff außergewöhnlich intensiv oder auch

---

78 *Calliess*, in: Calliess/Ruffert, 6. Aufl. 2022, GRCh Art. 17 Rn. 15; *Jarass*, NVwZ 2006, 1089 (1092).
79 EuGH Urt. v. 12. 5. 2005 – Rs. C-347/03, ECLI:EU:C:2005:285, Rn. 122 – *Regione Autonoma Friuli-Veneziana Julia (Tocai)*; *Baur/Pritsche/Pooschke*, DVBl 2008, 487.
80 *Jarass*, EU-Grundrechte-Charta, 4. Aufl. 2021, Art. 17 Rn. 19 f.
81 Zu einer differenzierenden Betrachtung in Abhängigkeit von den verschiedenen Veräußerungsmodellen *Wachovius*, Ownership Unbundling in der Energiewirtschaft, 2008, S. 214 ff.
82 So auch *Müller-Terpitz/Weigl*, EuR 2009, 348 (363); aA etwa *Mayen/Karpenstein*, RdE 2008, 33 (43 f.); *Schmidt-Preuß*, EuR 2006, 484; für das nationale Recht *Holznagel/Schumacher*, N&R 2007, 96 (99).
83 Vgl. dazu *Mayen/Karpenstein*, RdE 2008, 33 (44).
84 Dazu näher *Baur/Pritsche/Pooschke*, DVBl 2008, 488.

F. Kollision mit der Grundrechtecharta

außerordentlich umfassend ist.[85] Diese Schwelle zur faktischen Aushöhlung des Eigentumsrechts ist hier indes nicht überschritten. Es handelt sich nur um eine **Inhalts- und Schrankenbestimmung**.[86] Dem Energieversorgungsunternehmen werden nur einzelne Aspekte der Eigentumsausübung, wie Betrieb und Ausbau des Netzes untersagt. Ihm verbleibt aber insbesondere die wirtschaftliche Nutznießung in Gestalt einer Kapitalrendite.

Mit Blick auf das ITO-Modell ist zwar auch die Eingriffsschwelle überschritten. Aufgrund der im Vergleich zum ISO-Modell abgeschwächten Intensität stellt sich allerdings die Frage nach einem Entzug nicht. Es handelt sich lediglich um eine Nutzungsregelung.

3. Rechtfertigung

Auch Nutzungsregelungen sind jedoch nur zulässig, wenn sie die Vorgaben des Art. 52 Abs. 1 EU-GRCh beachten[87] und den weiteren Anforderungen des Art. 17 Abs. 1 S. 3 EU-GRCh genügen.[88] Art. 52 Abs. 1 EU-GRCh statuiert dabei insbesondere die Geltung des Grundsatzes der **Verhältnismäßigkeit**. 33

a) Dem Gemeinwohl dienendes Ziel

Als legitime Einschränkungsziele kommen gem. Art. 52 Abs. 1 S. 2 EU-GRCh alle „von der Union anerkannte[n], dem Gemeinwohl dienende[n] Zielsetzungen" sowie der „Schutz der Rechte und Freiheiten anderer" in Betracht.[89] Zudem müssen nach Art. 17 Abs. 1 S. 3 EU-GRCh Belange des „Wohls der Allgemeinheit" verfolgt werden. Eine Erweiterung der Voraussetzungen von Art. 52 Abs. 1 EU-GRCh ergibt sich daraus aber nicht.[90] Ziel der Entflechtung ist, wie bereits aufgeführt, die Verwirklichung eines europäischen Binnenmarkts mit funktionierendem Wettbewerb durch Beschränkung der Monopolisten und die Schaffung eines effizienten und diskriminierungsfreien Netzzugangs. Dabei handelt es sich grundsätzlich um ein legitimes, dem Gemeinwohl dienendes Ziel.[91] 34

b) Eignung

Soweit den Entflechtungsvorschriften bereits die Eignung zur Korrektur des Marktversagens mit der Begründung abgesprochen wird, dass das Marktversagen in der Monopolstellung des Netzbetreibers und nicht in dessen vertikaler Integration begründet sei[92], ist dem nicht zu folgen. Zwar ist richtig, dass die Entflechtung das marktverzer- 35

---

85 EuGH Urt. v. 13.7.1989 – Rs. 5/88 (Wachauf) -, Slg 1989, 2633, Rn. 18; Urt. v. 13.12.1979 – Rs. 44/79 (Hauer) – Slg 1979, 3727, Rn. 19; *Baur/Pritsche/Pooschke*, DVBl 2008, S. 487; *Jarass*, EU-Grundrechte-Charta, 4. Aufl. 2021, Art. 17 Rn. 18.
86 So auch *Haslinger*, WuW 2007, 343 (344); aA *Büdenbender/Rosin*, Einführung eines Ownership Unbundling bzw. Independent System Operator in der Energiewirtschaft, 2007, S. 117; differenzierend *Holznagel/Schumacher*, N&R 2007, 96 (99); ähnlich *Mayen/Karpenstein*, RdE 2008, 33 (44).
87 EuGH Urt. v. 30.4.2014 – Rs. C-390/12, ECLI:EU:C:2014:281, Rn. 58 – *Pfleger*; EuGH Urt. v. 11.6.2015 – Rs. C-98/14, ECLI:EU:C:2015:386, Rn. 90 – *Burlington*.
88 *Jarass*, EU-Grundrechte-Charta, 4. Aufl. 2021, Art. 17 Rn. 31.
89 EuG Urt. v. 28.5.2013 – Rs. T-187/11, ECLI:EU:T:2013:273, Rn. 80 – *Trabelsi*; *Jarass*, EU-Grundrechte-Charta, 4. Aufl. 2021, Art. 17 Rn. 33.
90 *Jarass*, EU-Grundrechte-Charta, 4. Aufl. 2021, Art. 17 Rn. 33.
91 *Kahle*, RdE 2007, 293 (295).
92 So etwa *Holznagel/Schumacher*, N&R 2007, 96 (101); ähnlich *Mayen/Karpenstein*, RdE 2008, 33 (44).

rende Monopol nicht beseitigt, jedoch ist das Marktversagen doppelt begründet. Neben der Monopolproblematik stört den Marktmechanismus, dass integrierte Netzbetreiber ihre Konkurrenten beim Netzzugang behindern oder eigene Unternehmensteile auf anderen Wertschöpfungsstufen quersubventionieren. Je höher der Grad der Entflechtung, desto weniger Interesse hat der Netzbetreiber daran, Netznutzer ungleich zu behandeln.

c) Erforderlichkeit

36 Zudem *setzt* der Verhältnismäßigkeitsgrundsatz (zumindest) die *Erforderlichkeit* des Mittels voraus.[93] Erforderlich ist eine Maßnahme, wenn sie sich auf das „absolut Notwendige" beschränkt.[94] Voraussetzung ist, dass kein anderes gleich geeignetes, aber milderes Mittel vorhanden sein darf, um den Zweck zu erreichen.[95] Dies wurde während des Gesetzgebungsverfahrens noch verneint, da neben der eigentumsrechtlichen Entflechtung und dem ISO-Modell gleich effektive Möglichkeiten bestünden, die Ziele zu erreichen.[96] Die Entschärfung dieses Problems erfolgte allerdings durch die Einführung des „dritten Wegs". Durch die Bereitstellung des ITO-Modells als gleichwertige Variante für die Mitgliedstaaten ist ein milderes Mittel mit gleicher Eignung nicht mehr ersichtlich.

Auch die Frage der Angemessenheit[97] ist durch die Einführung des ITO-Modells entschärft worden. Diese Variante ist mit Blick auf die unionsrechtlichen Grundfreiheiten unbedenklich, da es einer eigentumsrechtlichen Ausgliederung nicht mehr bedarf.[98] Da es den Mitgliedstaaten frei steht, für welche der Entflechtungsoptionen sie sich in nationalem Recht entscheiden und welche am besten auf ihre Lage und entsprechende Situation Anwendung findet, können die Vorgaben der Richtlinien nun nicht mehr als Verstoß gegen den unionsrechtlichen Verhältnismäßigkeitsgrundsatz bezeichnet werden.[99] Die konkrete Entscheidung der Mitgliedstaaten für eines der Modelle kann aber wiederum dann an nationalen Grundrechten zu messen sein.

G. Fazit

37 Vizepräsident der EU-Kommission *Šefčovič* und der frühere EU-Energie- und Klimakommissar *Cañete* haben die Energieunion nach Abschluss der Verhandlungen des *Clean Energy Packages* bereits als „vollendet" angesehen.[100] Unzweifelhaft hat die

---

93 Unionsrechtlicher Verhältnismäßigkeitsgrundsatz i.R.d. EU-Vorgaben zur Digitalisierung des Energiesystems im Interesse eines liberalisierten, intelligenten Messstellenbetriebs aufgearbeitet bei *Kelly*, Das intelligente Energiesystem der Zukunft – Regulierungsgefüge, Europarechtskonformität und Grundrechtsmäßigkeit des Smart Meter Rollouts, 2020, S. 102 ff.
94 EuGH Urt. v. 8.4.2014 – verb. Rs. C-293/12 und C-594/12, ECLI:EU:C:2014:238, Rn. 46 mwN – *Digital Rights Ireland*.
95 Vgl. EuGH Urt. v. 28.4.1998 – Rs. C-200/96, ECLI:EU:C:1998:172, Rn. 24 – *Metronome Musik*.
96 Zu den Alternativen näher: *Holznagel/Schumacher*, N&R 2007, 96 (101 f.); *Baur/Pritsche/Pooschke*, DVBl 2008, 490; *Müller-Terpitz/Weigl*, EuR 2009, 366 f.; *Mayen/Karpenstein*, RdE 2008, 45.
97 In der Rspr. des EuGHs wird die Angemessenheit häufig (zusammen mit dem Erfordernis des mildesten Mittels) der Erforderlichkeit zugeordnet, vgl. *Jarass*, EU-Grundrechte-Charta, 4. Aufl. 2021, Art. 52 Rn. 36; *Terhechte*, in: von der Groeben/Schwarze/Hatje, Europäisches Unionsrecht, 7. Aufl. 2015, GRC Art. 52 Rn. 8. Hierzu bereits unter Teil I Rn. 60.
98 *Gundel/Germelmann*, EuZW 2009, 763 (766).
99 *Gundel/Germelmann*, EuZW 2009, 763 (766).
100 https://www.euractiv.de/section/energie-und-umwelt/news/eu-kommission-die-energieunion-ist-vollendet/ (Stand: 30.9.2023); https://www.en-former.com/eu-kommission-energieunion-vollendet/ (Stand: 30.9.2023); vgl. auch https://europa.eu/rapid/press-release_IP-19-1876_de.htm (Stand: 30.9.2023).

EU den Energiemarkt in den letzten 20 Jahren maßgeblich umgestaltet und dabei umfassend liberalisiert. Viele Probleme – wie beispielsweise das der horizontalen Marktkonzentration (insbesondere im deutschen Markt) – sind allerdings bis heute noch nicht gelöst. Auch das Problem, inwiefern entflechtungsrechtliche Implikationen einen netzeigenen oder konzernweiten Einsatz von Stromspeichern oder eine Beteiligung an solchen untersagen, ist in Rechtsprechung und Literatur nicht abschließend geklärt,[101] möglicherweise nunmehr aber auch mit Blick auf Art. 36 und 54 Strombinnenmarktrichtlinie nicht mehr klärungsbedürftig.

Die Regelungen des zuletzt verabschiedeten *Clean Energy Packages* sowie sonstiger Instrumente des Klimaschutzes zeigen allerdings, dass die legislative Schwerpunktsetzung einem Wandel unterliegt. Vermehrt rücken die Hindernisse eines liberalisierten Marktes in den Fokus des Gesetzgebers; vorerst jedoch ohne dabei den Liberalisierungskurs zu beenden. Die derzeit an Fahrt aufnehmende politische Umweltdiskussion, welche auch Antworten auf die Frage nach den Internalisierungsmöglichkeiten externer Kosten, insbesondere durch Umweltverschmutzung, geben möchte, dürfte den EU-Gesetzgeber veranlassen, sich in Zukunft den Problemen liberalisierter Märkte noch stärker zu widmen.

H. Wiederholungs- und Vertiefungsfragen

1. Was bedeutet „Liberalisierung"?
2. Was ist ein „vertikal integrierter Energieversorger"? Warum könnte eine solche Struktur wettbewerbsschädigend wirken?
3. Welche Instrumente bestehen, um die Liberalisierung der Energiewirtschaft voranzutreiben?
4. Wie hat sich der europäische Liberalisierungsprozess bis heute gestaltet?
5. Was bedeutet „Entflechtung"?
6. Welche Zielsetzung wird mit der unionsrechtlichen Entflechtung verfolgt?
7. Welche Entflechtungsmodelle gibt es?
8. Welche rechtlichen Probleme stellen sich bei der Entflechtung mit Blick auf die Gesetzgebungskompetenz?
9. Welche rechtlichen Probleme stellen sich bei der Entflechtung mit Blick auf die EU-GRCh?
10. Ist die Liberalisierung der Energiewirtschaft (noch) eine Priorität des Europäischen Gesetzgebers?

---

101 Vgl. nur *Weyer/Lietz*, ZER 2014, 356 ff.; *Thomas*, Rechtliche Rahmenbedingungen der Energiespeicher und der Sektorkopplung, 2017, S. 9 ff.

Kapitel 6: Ausbau der Energienetze

A. Einleitung

1 Die Energiewende wird – auf globaler, regionaler und lokaler Ebene – eine der größten Herausforderungen der kommenden Jahrzehnte sein.[1] **Strom aus erneuerbaren Energien muss eher kurz- als langfristig die fossilen Brennstoffe ersetzen.** Dies hat auch die EU erkannt und sich in ihrem Green Deal einer nachhaltigen Energiepolitik verschrieben.[2] Mit dem „Fit for 55"-Programm ist die Erwartung verbunden, dass die EU-Mitgliedstaaten eine Senkung der Netto-Treibhausgasemissionen bis 2030 um mind. 55% gegenüber 1990 bewerkstelligen. Infolgedessen haben die Mitgliedstaaten nach Art. 1 Abs. 1 RL (EU) 2018/2001 sicherzustellen, dass der Anteil der erneuerbaren Energien am Bruttoendenergieverbrauch der Union im Jahr 2030 mind. 32% beträgt. In Deutschland ist geplant, den Anteil der Stromerzeugung aus erneuerbaren Energien am Bruttostromverbrauch schrittweise zu erhöhen, von gegenwärtig ca. 50 %[3] auf 80 % bis 2030.[4] Daraus folgt nicht nur eine Verringerung der fossilen Energieträger, zudem müssen die durch den Atomausstieg verursachten Ausfälle in der Stromerzeugung kompensiert werden. Dies bedeutet eine beachtliche Belastung der energetischen Infrastruktur, insbesondere der Übertragungsnetze, welche den Strom über nationale Entfernungen weiträumig verteilen.

2 Der auf erneuerbarem Wege erzeugte Strom (und dies ist in Deutschland in großem Maße Windenergie aus Norddeutschland) muss zum Verbraucher transportiert werden. Auch europaweite Transporte werden notwendig, um etwa den in Südeuropa aus Sonnenenergie erzeugten Strom in das insoweit benachteiligte Nordeuropa bzw. die offshore erzeugte Windenergie in den Süden zu transportieren. Anders als konventionelle Energieerzeugung ist die Erzeugung regenerativer Energien volatil. Die schwankende Einspeisemenge kann Instabilitäten der Übertragungsnetze begründen. Um diese zu verhindern, ist ein grundlegender Um- und Ausbau des Elektrizitätsnetzes, insbesondere auf der Höchstspannungsebene (220 kV und 380 kV), erforderlich. Die Übertragungsnetze werden daher auch äußerst bildhaft als „Hauptschlagader" eines auf erneuerbaren Energien basierenden Stromsystems[5] bzw. als „Rückgrat der Elektrizitätsversorgung"[6] bezeichnet. Ein solcher Ausbau dient nicht nur der **Versorgungssicherheit**; er erleichtert zudem den **interregionalen und grenzüberschreitenden Transport** von Strom und Energie und ist daher auch notwendige Voraussetzung für einen funktionierenden Binnenmarkt.[7] Dies gelingt durch die technische Verknüpfung der nationalen Netze über Interkonnektoren. Die europäische Energieinfrastrukturpolitik schließt damit unmittelbar an das energiepolitische Zieldreieck bzw. Zielviereck „Bin-

---

[1] Eine Übersicht zu den nationalen Regelungen zur Erzeugung regenerativer Energie in Europa findet sich unter http://www.res-legal.eu/ (Stand: 30.9.2023).
[2] Mitteilung der Kommission „Eine Energiepolitik für Europa" vom 10.1.2007, KOM(2007) 1 endg., S. 23 ff.; bestätigt durch Grünbuch der Kommission „Ein Rahmen für die Klima und Energiepolitik bis 2030" vom 27.3.2013, KOM(2013) 169 endg., S. 4 ff.
[3] Vgl. https://de.statista.com/statistik/daten/studie/779784/umfrage/monatlicher-anteil-erneuerbarer-energien-an-der-stromerzeugung-in-deutschland/ (Stand: 30.9.2023).
[4] Vgl. § 1 Abs. 2 EEG 2023.
[5] *Leprich*, ZNER 2013, 102 (102).
[6] BT-Drs. 17/12638, S. 12.
[7] Vgl. nur *Baumgart*, Unionsprimärrechtliche Pflichten der EU-Mitgliedstaaten zum Ausbau der Stromnetze, 2020, S. 21 f.

A. Einleitung

nenmarkt-Versorgungssicherheit-Nachhaltigkeit(-Akzeptanz)" an.[8] Wie die Kommission ausführt, soll der Infrastrukturausbau sicherstellen, „dass die Solidarität zwischen den Mitgliedstaaten praktiziert und der Energiebinnenmarkt vollendet wird, isolierte Regionen angebunden werden, alternative Versorgungs- und Transportrouten entstehen, alternative Energiequellen erschlossen und erneuerbare Energien ausgebaut werden und mit herkömmlichen Energiequellen in Wettbewerb treten."[9] Die Problematik mag in Zukunft durch leistungsfähige Speicheranlagen, welche überflüssige Energie „zwischenlagern" können, abgeschwächt werden. Erwägungsgrund 12 der TEN-E VO betont daher, dass auch der Ausbau der Energiespeicher wichtiger Bestandteil einer funktionierenden Netzinfrastruktur ist. Eine ähnliche Wirkung sollen künftig steuerbare Verbrauchseinrichtungen (insbesondere Ladeeinrichtungen für Elektrofahrzeuge oder Wärmepumpen) entfalten.

3 Der Ausbau der Infrastruktur stellt daher einen **wesentlichen Baustein der Energiewende** dar. Dies betrifft nicht nur die vorliegend schwerpunktmäßig betrachteten Stromnetze, sondern gleichermaßen die Gasnetze. Zugleich bedingt die Erreichung der Klimaneutralität den Ausstieg aus der Verwendung von Erdgas, sodass der Bedarf an gasförmigen Energieträgern stattdessen durch grünen Wasserstoff gedeckt werden soll. Hiervon ausgehend wird ein Strukturwandel in der deutschen Gaswirtschaft prognostiziert.[10] So könnte sich die Gesamtnachfrage nach gasförmigen Energieträgern bis zum Jahre 2045 halbieren, wobei Methan zunehmend durch Wasserstoff ersetzt wird. Sektoral wird sich die Gasnachfrage zunehmend auf den Industrie- und Verkehrssektor beschränken. In der Diskussion steht daher die Nutzung des bestehenden Rohrleitungsnetzes. Der aktuelle Entwurf der neuen Netzausbauplanung des europäischen Verbandes der Fernleitungsnetzbetreiber Gas (Entso-G) enthält erstmals einen dualen Modellierungsansatz, der neben dem Erdgasnetz auch den Aufbau einer europäischen Infrastruktur für Wasserstoff berücksichtigt.[11]

4 Der Ausbau der europäischen Energieinfrastruktur stellt daher eine Priorität europäischer Energiepolitik dar. Dies hat die Kommission bereits in ihren Mitteilungen „**Eine Energiepolitik für Europa**"[12] sowie „**Vorrangiger Verbundplan**"[13] aus dem Jahre 2007 festgestellt.[14] In der am 17.11.2010 verabschiedeten Mitteilung „Energieinfrastrukturprioritäten bis 2020 und danach" wurde eine neue EU-Energieinfrastrukturpolitik gefordert, die die Netzentwicklung europaweit koordinieren und optimieren soll.[15] Diese Entwicklung wird nicht nur völkerrechtlichen[16] und unionsprimärrechtlichen

---

8 Zur Frage, ob das Zieldreieck durch weitere Eckpunkte zu ergänzen ist, unter Teil I Rn. 10.
9 Vorschlag für eine Verordnung des Europäischen Parlaments und des Rates zu Leitlinien für die transeuropäische Energieinfrastruktur und zur Aufhebung der Entscheidung Nr. 1364/2006/EG vom 19.10.2011, KOM(2011) 658 endg., S. 2.
10 Hierzu *Kopp et al.*, Zeitschrift für Energiewirtschaft (46) 2022, 255 ff.
11 https://www.energate-messenger.de/news/231962/neuer-eu-ausbauplan-fuers-gasnetz-integriert-wasserstoff (Stand: 30.9.2023).
12 Mitteilung der Kommission an den Europäischen Rat und das Europäische Parlament – Eine Energiepolitik für Europa, KOM(2007) 1 endg.
13 Mitteilung der Kommission v. 10.1.2007, „Vorrangiger Verbundplan", KOM(2006) 846 endg.
14 Als die vier wichtigsten Projekte benannte sie damals: (1) die Stromverbindung zwischen Deutschland, Polen und Litauen, (2) die Anbindung der Offshore-Windkraft in Nordeuropa, (3) Verbindungsleitungen zwischen den Stromnetzen Frankreichs und Spaniens sowie (4) die Nabucco-Pipeline, über die Gas aus der kaspischen Region nach Mitteleuropa transportiert wird.
15 Mitteilung der Kommission v. 17.10.2010, „Energieinfrastrukturprioritäten bis 2020 und danach", KOM(2010) 677 endg.
16 Zu den in Art. 7 des Vertrags über die Energiecharta enthaltenen Regelungen *Posser/Faßbender*, Praxishandbuch Netzplanung und Netzausbau, 2013, Rn. 16 ff.

Vorgaben[17] überlassen, auch das Sekundärrecht enthält EU-Vorgaben den Ausbau der Übertragungsnetze betreffend. Diese Ausbaupflichten variieren je nach Ver- bzw. Entflechtung der Energieversorger. So ist davon auszugehen, dass es nicht im Interesse eines vertikal integrierten Unternehmens liegt, die Netzkapazitäten auszubauen, sich somit einem stärkeren Wettbewerb auf dem Markt zu stellen und im Ergebnis sinkende Preise in Kauf zu nehmen. Im Falle einer Entflechtung zwischen Netzbetreibern und Energieerzeugern bzw. -verteilern ergeben sich hingegen ökonomische Anreize für die Unternehmen, verstärkt in die Leitungsnetze zu investieren. Da sich hierdurch auch neue Anbieter auf dem Markt etablieren können, steigt auch die Versorgungssicherheit.[18]

5 Zu verweisen ist diesbezüglich auf Art. 40 Abs. 1 lit. a) Elektrizitätsbinnenmarktsrichtlinie, wonach die Übertragungsnetzbetreiber ua verpflichtet werden, die Netze in angemessener Weise auszubauen.[19] Die Ausbaupflicht der Verteilnetzbetreiber ist parallel in Art. 31 Abs. 1 Elektrizitätsbinnenmarktrichtlinie geregelt. Diese Verpflichtung bleibt im Hinblick auf die eigentumsrechtlich entflochtenen Netzbetreiber[20] und die Unabhängigen Netzbetreiber[21] unspezifisch,[22] da der Verordnungsgeber hier auf Investitionsanreize setzt. Bedarfsermittlung und Investitionsentscheidung liegen nach dieser Grundkonzeption in der Eigenverantwortung des Netzbetreibers.[23] Anders liegt es bei Unabhängigen Übertragungsnetzbetreibern: Diese müssen der Regulierungsbehörde jedes zweite Jahr einen zehnjährigen Netzentwicklungsplan vorlegen, der sich auf die derzeitige Lage und die Prognosen im Bereich von Angebot und Nachfrage stützt. Dieser Netzentwicklungsplan muss wirksame Maßnahmen zur Gewährleistung der Angemessenheit des Netzes und der Versorgungssicherheit enthalten.[24] Der Zweck des Netzentwicklungsplans besteht insbesondere darin, den Marktteilnehmern Angaben darüber zu liefern, welche wichtigen Übertragungsinfrastrukturen in den nächsten zehn Jahren errichtet oder ausgebaut werden müssen, alle bereits beschlossenen Investitionen aufzulisten und die in den nächsten drei Jahren durchzuführenden Investitionen zu bestimmen sowie einen Zeitplan für alle Investitionsprojekte vorzugeben.[25] Die Einschränkung der Investitions- und Planungsfreiheit wird als Preis für die fehlende eigentumsrechtliche Entflechtung angesehen.[26] Die unionsrechtliche Vorgabe zur Netzausbaupflicht durch die Mitgliedstaaten in Art. 16 Abs. 1 der RL 2009/28/EG (alte EE-RL) ist in der Neufassung entfallen. Allerdings unterstützt die EU-Kommission die Mitgliedstaaten im Wege eines neuen Regulierungsrahmens zur verstärkten Nutzbarkeit von Unionsmitteln, mit dem Ziel den weiteren Ausbau und insbesondere die Digi-

---

17 Zur Frage, ob das Unionsprimärrecht (insbes. die Warenverkehrsfreiheit) eine Ausbaupflicht kennt, *Baumgart*, Unionsprimärrechtliche Pflichten der EU-Mitgliedstaaten zum Ausbau der Stromnetze, 2020.
18 Mitteilung der Kommission vom 10.1.2007, „Eine Energiepolitik für Europa", KOM(2007) 1 endg.
19 Da die Elektrizitätsbinnenmarktrichtlinie auf Art. 194 AEUV gestützt ist, könnte man darüber diskutieren, ob es an der notwendigen Kompetenz für diese Regelung fehlt, vgl. *Baumgart*, Unionsprimärrechtliche Pflichten der EU-Mitgliedstaaten zum Ausbau der Stromnetze, 2020, Fn. 621. Dafür spricht, dass Art. 170 ff. AEUV die für den Ausbau spezielleren Vorschriften sind, so dass sie insoweit Art. 194 AEUV verdrängen. Gemäß Art. 170 ff. AEUV ist die EU jedoch auf einen *Beitrag* zum Ausbau transeuropäischer Netze beschränkt, vgl. oben Teil I Rn. 100.
20 Vgl. hierzu Art. 43 Elektrizitätsbinnenmarkt-Richtlinie.
21 Art. 47 Elektrizitätsbinnenmarkt-Richtlinie.
22 Zu den verschiedenen Entflechtungsformen bereits unter Teil II Rn. 9 ff.
23 *Böhmel*, Folgen der Entflechtung für die betroffenen Unternehmen, in: Gundel/Lange, Die Umsetzung des 3. Energiebinnenmarktpakets, 2011, S. 55 (68 f.).
24 Art. 51 Abs. 1 Elektrizitätsbinnenmarktrichtlinie.
25 Art. 51 Abs. 2 Elektrizitätsbinnenmarktrichtlinie.
26 *Glaser*, DVBl 2012, 1283 (1284) – allerdings noch zur früheren Rechtslage.

talisierung von Übertragungs- und Verteilernetzen voranzutreiben, um den möglichen EE-Anteil im Gesamtsystem zu erhöhen (Art. 3 Abs. 5 lit. c RL 2018/2001/EU [neue EE-RL]).

Nach deutschem Recht müssen alle Betreiber von Übertragungsnetzen in einem Netzentwicklungsplan darlegen, wie sie ihre Ausbaupflichten erfüllen wollen. Sie haben jährlich gemeinsam auf der Grundlage eines Szenariorahmens der Regulierungsbehörde einen nationalen Netzentwicklungsplan vorzulegen (§ 12b Abs. 1 S. 1 EnWG). Der Netzentwicklungsplan muss alle wirksamen Maßnahmen zum Ausbau des Netzes enthalten, die in den nächsten zehn Jahren für einen sicheren und zuverlässigen Netzbetrieb erforderlich sind (§ 12b Abs. 1 S. 2 EnWG). Die Regulierungsbehörde soll den Netzentwicklungsplan unter Berücksichtigung des Ergebnisses der Behörden- und Öffentlichkeitsbeteiligung mit Wirkung für die Übertragungsnetzbetreiber spätestens bis zum 31. Dezember eines jeden ungeraden Kalenderjahres – beginnend 2017 – bestätigen (§ 12c Abs. 4 S. 1 EnWG). Dabei kann die Regulierungsbehörde bestimmen, welcher Betreiber von Übertragungsnetzen für die Durchführung einer im Netzentwicklungsplan enthaltenen Maßnahme verantwortlich ist (§ 12c Abs. 8 S. 1 EnWG).[27] Bei der Auswahl berücksichtigt sie ausschließlich Belange, die eine zügige, effiziente und umweltschonende Durchführung der Maßnahmen erwarten lassen (§ 12c Abs. 8 S. 2 EnWG).

Zum anderen wurde im Jahre 2013 nach zweijähriger Diskussion in Umsetzung der Strategie 2020[28] die TEN-E VO[29] erlassen, die ihrem ersten und zweiten Erwägungsgrund entsprechend auf die Modernisierung und Erneuerung der für den grenzüberschreitenden Verkehr relevanten Energieinfrastruktur abzielt. Die Kompetenz hierzu verbleibt bei den Mitgliedstaaten. Die Kommission hat sich (wohl auch aus kompetenzrechtlichen Erwägungen sowie aus Gründen der Subsidiarität) dagegen entschieden, eine Zentralisierung des Verfahrens – wie sie in den USA möglich ist[30] – einzuführen. Der Ausbaustand ist jedoch noch unbefriedigend: Dem Kommissionsbericht zum Stand der Energieunion entsprechend beruht die schleppende und nicht effektive Umsetzung der Vorhaben von gemeinsamem europäischen Interesse auf der unvollständigen Implementierung der Vorschriften zum Genehmigungsverfahren nach der TEN-E VO.[31]

B. Insbesondere TEN-E VO

Die TEN-E VO, welche in Deutschland vornehmlich durch das Netzausbaubeschleunigungsgesetz Übertragungsnetze (NABEG)[32] aufgegriffen wurde, löste die zuvor geltende Entscheidung Nr. 1364/2006/EG zur Festlegung von Leitlinien für die transeuro-

---

27 Hierzu im Weiteren *Glaser*, DVBl 2012, 1283 (1285); *Kment*, RdE 2011, 341 (343).
28 Hierzu bereits unter Teil I Rn. 38.
29 Verordnung (EU) Nr. 347/2013 zu Leitlinien für die transeuropäische Energieinfrastruktur und zur Aufhebung der Entscheidung Nr. 1364/2006/EG und zur Änderung der Verordnungen (EG) Nr. 713/2009, (EG) Nr. 714/2009 und (EG) Nr. 715/2009, ABl. L 115/39 vom 25.4.2013. Nunmehr ersetzt durch VO (EU) 2022/869 zu Leitlinien für die transeuropäische Energieinfrastruktur, zur Änderung der Verordnungen (EG) Nr. 715/2009, (EU) 2019/942 und (EU) 2019/943 sowie der Richtlinien 2009/73/EG und (EU) 2019/944 und zur Aufhebung der Verordnung (EU) Nr. 347/2013, ABl. L 152/45 vom 3.6.2022.
30 Hierzu Mitteilung der Kommission v. 10.1.2007, „Vorrangiger Verbundplan", KOM(2006) 846 endg., Nr. 3.4.
31 Mitteilung der Kommission v. 18.11.2015, "Bericht zur Lage der Energieunion 2015", KOM (2015) 572 endg.
32 BGBl. 2011 I S. 1690; zuletzt geändert durch BGBl. 2022 I S. 1726.

päischen Energienetze[33] ab, der es trotz positiver Impulse „an Vision, Fokussierung und Flexibilität fehlt(e), um die festgestellten Infrastrukturlücken zu schließen".[34] Die TEN-E VO soll der Förderung nationaler Ausbaubemühungen sowie der zwischenstaatlichen Koordinierung dienen. Als Regelungsgegenstände benennt Art. 1 Abs. 2 TEN-E VO die Identifizierung und rechtzeitige Durchführung von Vorhaben von gemeinsamem Interesse, Regeln und Leitfäden für die grenzüberschreitende Kostenaufteilung und risikobezogene Anreize sowie Bedingungen der finanziellen Unterstützung durch die EU. Im Vordergrund steht die Steuerung und Beschleunigung der Genehmigungsverfahren. Dies geht darauf zurück, dass die Kommission als wesentliche Hindernisse des Netzausbaus die „fragmentierte(n) Verfahren, de(n) starke(n) Widerstand lokaler und regionaler Gemeinschaften, die ungerechtfertigte Inanspruchnahme von Einspruchsrechten und die Vielzahl der Stellen, die für die Erteilung von Genehmigungen zuständig sind"[35] identifiziert hatte. Mit Ablösung der ursprünglichen VO (EU) 347/2013 durch die neue VO (EU) 2022/869 strebt der europäische Gesetzgeber eine Weiterentwicklung durch Berücksichtigung intelligenter Stromnetze und Integration von Wasserstoffnutzung an.

9   NABEG und EnWG stehen – tlw. autark – neben der unionsrechtlichen TEN-E VO. Dies mag sich zunächst dadurch begründen, dass die EU im Energierecht – wie gezeigt wurde – nur über eine beschränkte Regelungskompetenz verfügt.[36] Alleine Art. 171 Abs. 1 Spstr. 1 iVm Art. 172 AEUV ermächtigt zum Erlass von Leitlinien über Vorhaben von gemeinsamem europäischem Interesse. Das Instrument der Verordnung verlangt einen mitgliedstaatlichen Umsetzungsakt zudem gerade nicht. NABEG und EnWG sind dann auch bereits 2011 bzw. 2005 – also vor Erlass der TEN-E VO im Jahre 2013 – entstanden bzw. neu gefasst worden. Reibungen sind also vorprogrammiert: Besonders deutlich wird dies bei der fehlenden „Passgenauigkeit" der jeweiligen Anwendungsbereiche. Während die TEN-E VO die sog. *Vorhaben von gemeinsamem Interesse* regelt – gemäß Art. 4 Abs. 1 lit. c) ii) also auch Vorhaben, die *nur im Gebiet eines Mitgliedstaats* liegen, wenn sie grenzüberschreitende Auswirkungen entfalten, also insbesondere die grenzüberschreitende Übertragungskapazität eines Netzes deutlich (etwa um 500 Megawatt; vgl. Anhang 4 Nr. 1) erhöhen –, regelt das NABEG „länderübergreifende oder grenzüberschreitende Höchstspannungsleitungen und Anbindungsleitungen von den Offshore-Windpark-Umspannwerken zu den Netzverknüpfungspunkten an Land" (§ 2 Abs. 1 NABEG). Beide Begriffsbestimmungen sind nicht deckungsgleich. Nicht vom NABEG erfasste *Vorhaben von gemeinsamem Interesse* unterfallen daher dem EnWG, sofern sie nicht im Anwendungsbereich des EnLAG liegen. Auf der vorgelagerten Stufe des Planungsverfahrens greift in diesen Fällen zudem das Raumordnungsrecht (§ 15 ROG iVm § 1 S. 3 Nr. 14 RoV) und Landesrecht.

---

33 Entscheidung Nr. 1364/2006/EG des Europäischen Parlaments und des Rates vom 6.9.2006 zur Festlegung von Leitlinien für die transeuropäischen Energienetze und zur Aufhebung der Entscheidung 96/391/EG und der Entscheidung Nr. 1229/2003/EG, ABlEU Nr. L 262 vom 22.9.2006, S. 1.
34 TEN-E VO, Präambel, 6. Erwägungsgrund.
35 Mitteilung der Kommission v. 10.1.2007, „Vorrangiger Verbundplan", KOM(2006) 846 endg., Nr. 3.4.
36 Gemäß Art. 194 Abs. 1, 2 AEUV besteht zwar eine grundsätzliche Kompetenz für die Regulierung des Funktionierens des Energiemarkts, der Gewährleistung der Energieversorgungssicherheit in der Union, der Förderung der Energieeffizienz und von Energieeinsparungen sowie der Förderung der Interkonnektion der Energienetze. Ausdrücklich in mitgliedstaatlicher Kompetenz verbleiben nach Abs. 2 UAbs. 2 jedoch die Regelung der „Bedingungen für die Nutzung (der) Energieressourcen, (die) Wahl zwischen verschiedenen Energiequellen und die allgemeine Struktur seiner Energieversorgung".

B. Insbesondere TEN-E VO

I. Rechtsform und Kompetenz

Im Gegensatz zu den vorhergehenden Leitlinien, die in Form (unverbindlicher) Entscheidungen ergangen waren, wählte der Gesetzgeber die Rechtsform der Verordnung. Diese gilt gemäß Art. 288 UAbs. 2 AEUV in den Mitgliedstaaten *verbindlich* und *unmittelbar*. Gegebenenfalls auftretende Normkonflikte werden über den Anwendungsvorrang[37] des europäischen Rechts gelöst. Entgegenstehendes nationales Recht bleibt unangewendet, widersprechende Regelungen dürfen nicht erlassen werden. Unklare oder widersprechende nationale Vorgaben sind gegebenenfalls anzupassen.

In der Literatur haben die Wahl der Rechtsform und die inhaltliche Dichte der Regelung Kritik erfahren. Der europäische Gesetzgeber hat die TEN-E VO auf Art. 172 AEUV (iVm Art. 171 AEUV) gestützt, wonach die Union *Leitlinien* aufstellen darf, welche die Ziele, Prioritäten und Grundzüge der in Betracht gezogenen Aktionen erfassen, sowie selbst Aktionen zur Gewährleistung der Interoperabilität der Netze durchführen und von den Mitgliedstaaten geförderte Vorhaben von gemeinsamem Interesse unterstützen darf (Art. 171 Abs. 1 UAbs. 1 1.-3. Spstr. AEUV).[38] Die Diskussionen entbrennen an der Auslegung des Begriffs der *Leitlinien*. Denn für die Regelungen jenseits der Vorgaben für die finanzielle Förderung bestimmter Projekte, die in Art. 14 bis 16 TEN-E VO enthalten sind und sich auf Art. 171 Abs. 1 UAbs. 1 3. Spstr. AEUV stützen können, bleibt (nur) der Rückgriff auf Art. 171 Abs. 1 UAbs. 1 Spstr. 1 AEUV: die Ermächtigung zum Erlass von „Leitlinien …, in denen die Ziele, die Prioritäten und die Grundzüge der im Bereich der transeuropäischen Netze in Betracht gezogenen Aktionen erfasst werden". Der Begriff der *Leitlinie* beschreibt dem Duden entsprechend einen *bestimmenden Grundsatz, leitenden Gesichtspunkt oder richtungsweisenden Anhaltspunkt* für ein bestimmtes Handeln.[39] Dieses Verständnis findet auch Bestätigung durch die übrigen Sprachfassungen („guidelines" bzw. „ensemble d'orientations"). Mit anderen Worten: Es handelt sich um einen „Orientierungsrahmen",[40] der maßgeblich über die Vorgabe einer Zielrichtung steuert und sich damit gut in die finale Struktur der EU einpasst. Die Leitlinien werden daher zu Recht als „eine Form des gemeinschaftsrechtlichen Plans"[41] verstanden, dessen Umsetzung in der Hand der Mitgliedstaaten bleibt (vgl. hierzu Art. 172 Abs. 2 AEUV). Auf diesem Wege werden den Mitgliedstaaten konkrete Zielvorstellungen vorgegeben,[42] ohne im Hinblick auf die Umsetzung zu stark in den nationalen Gestaltungsbereich einzugreifen.[43]

---

37 Vgl. hierzu bereits die Nachw. in Fn. Teil I Fn. 5.
38 Nach der Präambel der TEN-E VO ist diese „insbesondere" auf Art. 172 AEUV gestützt. Die Begründung zum Vorschlag für die TEN-E VO benennt die Rechtsgrundlage in Form der Art. 172 iVm 171 Abs. 1 AEUV noch genauer (KOM(2011) 658 endg., S. 9; vgl. auch *Erbguth/Schubert*, EurUP 2014, 70 (73)). Zu dieser Kompetenzgrundlage bereits unter Teil I Rn. 98 ff.
39 So https://www.duden.de/rechtschreibung/Leitlinie (Stand: 30.9.2023).
40 So *Calliess*, in: Calliess/Ruffert, 6. Aufl. 2022, AEUV Art. 171 Rn. 1; *Voet van Vormizeele*, in: Schwarze, EU-Kommentar, 4. Aufl. 2019, AEUV Art. 171 Rn. 2; ähnlich *Epiney*, in: Frankfurter Kommentar, AEUV Art. 171 Rn. 7, welche von „übergreifenden Grundsätze, welche den Rahmen umschreiben, der für den Auf- und Ausbau der transeuropäischen Netze maßgeblich ist" spricht..
41 *Bogs*, Planung transeuropäischer Verkehrsnetze, 2002, S. 148; ebenso *Scholz/Langer*, Europäischer Binnenmarkt und Energiepolitik, 2021, S. 239: „europäische Stufe und Dimension" der Gesamtplanung.
42 Detailliert zum Instrument der Leitlinien *Scherb-Da Col*, in: Bergmann, Handlexikon der EU, 6. Aufl. 2022, S. 633 ff.
43 Dies betrifft naturgemäß solche Bereiche, in denen sensible nationale Interessen betroffen sind, so insbesondere die Beschäftigungspolitik (Art. 5 Abs. 2, Art. 148 Abs. 2 S. 1 AEUV), Geldpolitik (Art. 12 AEUV), sicherheitspolitische Maßnahmen (Art. 68 AEUV), Forschung und technologische Entwicklung (Art. 181 Abs. 2 AEUV), Gesundheitswesen (Art. 158 Abs. 2 UAbs. 1 AEUV).

1. Erlass als Verordnung

12 Hiervon ausgehend knüpfen an der Kompetenzmäßigkeit der TEN-E VO Zweifel formeller wie inhaltlicher Art an. In *formeller* Hinsicht wird die Frage aufgeworfen, ob solche Leitlinien in Gestalt von *Verordnungen* – also unmittelbar verbindlichen Vorgaben – ergehen dürfen. In der Vergangenheit wurden zunächst vereinzelt Zweifel an der Kompetenz zum Erlass *verbindlicher* Regelungen geäußert.[44] Dagegen sprechen jedoch die im – durch den Vertrag von Maastricht aufgenommenen[45] – Titel über die Transeuropäischen Netze (TEN) enthaltenen strengen Verfahrensvorgaben:[46] Gemäß Art. 172 Abs. 1 AEUV gilt das Verfahren nach Art. 294 AEUV, die Veröffentlichung der Leitlinien erfolgt im Amtsblatt L. Zudem bedürfen Leitlinien, die das Hoheitsgebiet eines Mitgliedstaats betreffen, gemäß Art. 172 Abs. 2 AEUV dessen Billigung. Diese Anforderungen machen nur Sinn, wenn das Verfahren auf den Erlass rechtsverbindlicher Vorgaben ausgerichtet ist.

13 Weiterhin Uneinigkeit besteht hinsichtlich der Frage, ob Art. 172 Abs. 1 iVm Art. 171 Abs. 1 UAbs. 1 1. Spstr. AEUV zum Erlass von *Verordnungen* iSd Art. 288 UAbs. 2 AEUV ermächtigt.[47] Tlw. wird hierin nur eine Ermächtigung zum Erlass von Beschlüssen iSd Art. 288 UAbs. 3 AEUV gesehen (wie sie vor der TEN-E VO erlassen wurden). Dahinter steht letztlich die Annahme, dass die Leitlinien (nur für die Mitgliedstaaten) verbindliche *Rahmen*vorgaben enthalten, auf deren Umsetzung die Mitgliedstaaten unter Berücksichtigung des Art. 4 Abs. 3 EUV hinzuwirken haben.[48] So betrachtet müsste richtiger Adressat der Leitlinien der Mitgliedstaat und nicht – wie im Falle der Verordnung – der Unionsbürger (hier insbesondere der Vorhabenträger) sein.[49] Die Kommission hat die Wahl der Rechtsgrundlage hingegen explizit auf Erforderlichkeitserwägungen gestützt.[50] Der Begriff der Leitlinie bleibt bezüglich der Handlungsform unspezifisch. Ebenso sind es die allgemeinen Vorgaben: Art. 288 AEUV stellt verschiedene Handlungsformen zur Verfügung und gewährt unter Berücksichtigung des Verhältnismäßigkeitsgrundsatzes einen Auswahlspielraum (vgl. Art. 296 AEUV). Nichts anderes ist dem Subsidiaritätsgrundsatz gemäß Art. 5 Abs. 3 EUV zu entnehmen. Im

---

44 So noch bei *Rambow*, in: Lenz, EGV, 1994, Art. 129c EGV, Rn. 2; *Jarass*, Europäisches Energierecht, 1996, S. 16, Fn. 18. Anders jedoch die (heute) hM, *Bogs*, Planung transeuropäischer Verkehrsnetze, 2002, S. 152; *Scholz/Langer*, Europäischer Binnenmarkt und Energiepolitik, 2021, S. 236 ff.; *Jürgensen*, Gemeinschaftlicher und nationaler Grundrechtsschutz bei der Realisierung transnationaler Verkehrsnetze, 1998, S. 59 ff.; *Armbrecht*, DVBl. 2013, 479 (483); *Calliess*, in: Calliess/Ruffert, 6. Aufl. 2022, AEUV Art. 171 Rn. 3; *Epiney*, in: Frankfurter Kommentar, AEUV Art. 171 Rn. 9 f.
45 Bereits die (Neu-)Aufnahme des Titels wird argumentativ in Stellung gebracht; vgl. *Schäfer/Schröder*, in: Streinz, 3. Aufl. 2018, AEUV Art. 171 Rn. 6; *Voet van Vormizeele*, in: Schwarze, EU-Kommentar, 4. Aufl. 2019, AEUV Art. 171 Rn. 6.
46 *Calliess*, in: Calliess/Ruffert, 6. Aufl. 2022, AEUV Art. 171 Rn. 3; *Bleckmann*, Europarecht, 1997, Rn. 2734; *Gundel*, in: Grabitz/Hilf/Nettesheim, Recht der EU, 80. EL 2023, AEUV Art. 171 Rn. 3; *Voet van Vormizeele*, in: Schwarze, EU-Kommentar, 4. Aufl. 2019, AEUV Art. 171 Rn. 6.
47 Verneinend *Armbrecht*, DVBl. 2013, 479 (483); *Reichert/Voßwinkel*, IR 2012, 98 (100); hingegen bejahend *Giesberts/Tiedge*, NVwZ 2013, 836 (840); *Gundel*, in: Grabitz/Hilf/Nettesheim, Recht der EU, 80. EL 2023, AEUV Art. 171 Rn. 3; offen *Frey*, ZEuS 2013, 19 (27).
48 So *Calliess*, in: Calliess/Ruffert, 6. Aufl. 2022, AEUV Art. 171 Rn. 4; *Voet van Vormizeele*, in: Schwarze, EU-Kommentar, 4. Aufl. 2019, AEUV Art. 171 Rn. 6 f.
49 *Bogs*, Planung transeuropäischer Verkehrsnetze, 2002, S. 159.
50 Vorschlag für eine Verordnung des Europäischen Parlaments und des Rates zu Leitlinien für die transeuropäische Energieinfrastruktur und zur Aufhebung der Entscheidung Nr. 1364/2006/EG vom 19.10.2011, KOM(2011) 658 endg., S. 9: „Eine solche Maßnahme ist notwendig, um die rechtzeitige Umsetzung der Energieinfrastrukturprioritäten bis 2020 zu gewährleisten."

Ergebnis zielen die krit. Argumente daher auch eher auf den Inhalt als die Form der Regelung.

2. Inhalt der Regelung

Inhaltlich wird darüber diskutiert, wie konkret Regelungen, die auf der Grundlage des Art. 172 iVm 171 Abs. 1 UAbs. 1 1. Spstr. AEUV ergehen, sein dürfen. Der Begriff der Leitlinie – als Orientierungsrahmen verstanden – deutet auf eine weite – eher handlungs- als ergebnisorientierte[51] – Regelung hin.[52] Dies findet Bestätigung durch die ebenfalls raumgreifenden Begriffe „Ziele", „Prioritäten" und „Grundzüge" in Art. 171 Abs. 1 UAbs. 1 1. Spstr. AEUV, die auf eine Ermächtigung zur „Rahmengesetzgebung" hindeuten. Dass der Verordnungsgeber dennoch auf Art. 172 AEUV zurückgreift, lässt sich (wohl) historisch erklären: Die vorhergehenden TEN-E-Leitlinien[53] wurden auf Art. 156 EGV-Amsterdam/Nizza, den Vorläufer des heutigen Art. 172 AEUV, gestützt. Anders als die nun geltende TEN-E VO bewegten sich diese Entscheidungen bzw. Beschlüsse jedoch tatsächlich in dem durch Art. 171 Abs. 1 1. UAbs. AEUV vorgelegten Rahmen. Jenseits der Vorgaben für die finanzielle Förderung bestimmter Projekte (3. Spstr.) beschränkten sich die Entscheidungen auf die Vorgabe von *Leitlinien*: sie bildeten insbesondere einen Rahmen für eine stärkere Koordinierung und für die fortlaufende Beobachtung der Realisierungsfortschritte. Für die TEN-E VO lässt sich dies so nicht mehr bestätigen: Betrachtet man die Kleinteiligkeit der hierin enthaltenen Regelungen, so überschreiten diese die Festlegung von Zielen, Prioritäten und Grundzügen.[54] Art. 172 Abs. 1 iVm Art. 171 Abs. 1 AEUV ermächtigt aber gerade nur hierzu.[55] Ergänzend ist daher Art. 194 AEUV heranzuziehen.[56]

II. Inhalt

Inhaltlich enthält die TEN-E VO sechs Regelungskomplexe: Das Verfahren zur Bestimmung der Vorhaben von gemeinsamem Interesse und der Vorhaben von gegenseitigem Interesse, die Regularien für das Genehmigungsverfahren, die sektorübergreifende Infrastrukturplanung, die Entwicklung der Offshore-Netze für die Integration erneuerbarer Energien, den Regulierungsrahmen sowie Regelungen zur finanziellen Unterstützung durch die EU.

---

51 Hierzu *Calliess*, in: Calliess/Ruffert, 6. Aufl. 2022, AEUV Art. 171 Rn. 5.
52 Vgl. hierzu auch Art. 170 Abs. 1 AEUV, wonach die EU zum Auf- und Ausbau transeuropäischer Netze „beiträgt".
53 Entscheidung Nr. 96/391/EG des Rates vom 28.5.1996 betreffend eine Reihe von Aktionen zur Schaffung günstigerer Rahmenbedingungen für den Ausbau der transeuropäischen Netze im Energiebereich (ABl. L 161/154 vom 29.6.1996); Entscheidung Nr. 1254/96/EG des Europäischen Parlaments und des Rates vom 5.6.1996 über eine Reihe von Leitlinien betreffend die transeuropäischen Netze im Energiebereich (ABl. L 161/147 vom 29.6.1996); Entscheidung Nr. 1229/2003/EG des Europäischen Parlaments und des Rates vom 26.6.2003 über eine Reihe von Leitlinien betreffend die transeuropäischen Netze im Energiebereich (ABl. L 176/11 vom 15.7.2003); Entscheidung Nr. 1364/2006/EG des Europäischen Parlaments und des Rates vom 6.9.2006 zur Festlegung von Leitlinien für die transeuropäischen Energienetze (ABl. L 262/1 vom 22.9.2006).
54 Hierzu noch unter Rn. 52 ff.
55 AA *Giesberts/Tiedge*, NVwZ 2013, 836 (840): "weiterhin dezentrale(s) System der Planung und Genehmigung von Energieinfrastrukturvorhaben durch die Mitgliedstaaten"; hier auch w. Nachw. zu dem weiterhin bestehenden Ermessen.
56 *Erbguth/Schubert*, EurUP 2014, 70 (73 ff.). Vgl. hierzu noch Rn. 16.

1. Der Gegenstand der Verordnung: Vorhaben von gemeinsamem Interesse und Vorhaben von gegenseitigem Interesse

16 Der Begriffsbestimmung des Art. 2 Nr. 1 TEN-E VO entsprechend gilt als *Energieinfrastruktur* im Sinne der Verordnung „jede materielle Ausrüstung oder Anlage, die unter die Energieinfrastrukturkategorien fällt und sich in der Union befindet oder die Union mit einem oder mehr als einem Drittland verbindet". Die erfassten Energieinfrastrukturkategorien sollen – entsprechend Art. 1 Abs. 1 TEN-E VO – dazu beitragen, „die Eindämmung des Klimawandels, insbesondere die Verwirklichung der energie- und klimapolitischen Vorgaben der Union für 2030 und ihres Ziels der Klimaneutralität bis spätestens 2050 sicherzustellen und Verbundnetze, Energiesicherheit, Markt- und Systemintegration, Wettbewerb zum Nutzen aller Mitgliedstaaten und erschwingliche Energiepreise zu gewährleisten". Eine detaillierte Aufzählung der Energieinfrastrukturkategorien, die zur Realisierung der in Anhang I aufgeführten Energieinfrastrukturprioritäten (namentlich vorrangige Stromkorridore, vorrangige Offshore-Netzkorridore, vorrangige Korridore für Wasserstoff und Elektrolyseure und vorrangige thematische Gebiete, wie intelligente Strom- und Gasnetze sowie grenzüberschreitende Kohlendioxidnetze) entwickelt werden müssen, findet sich in Anhang II. Mit der Neufassung der Richtlinie wurden erdölbezogene Anlagen (etwa Rohrleitungen, Pumpstationen und Speicheranlagen) gestrichen;[57] neu aufgenommen wurden hingegen Offshore- und Wasserstoffnetze. Die überarbeitete TEN-E VO enthält ergänzend ein neues Kapitel über Offshore-Netze mit Bestimmungen zur Förderung des Ausbaus von Offshore-Netzen in der gesamten EU. Am 19.1.2023 schlossen die EU-Länder mit Unterstützung der Kommission regionale, nicht verbindliche Vereinbarungen zur Zusammenarbeit bei den Zielen für die Offshore-Erzeugung aus erneuerbaren Energien, die bis 2050 in jedem Meeresbecken erreicht werden sollen.[58] Ein eigenes Kapitel wird zudem der sektorübergreifenden Infrastrukturplanung gewidmet. Als Energieinfrastruktur i.S.d. TEN-E VO benennt Anhang II Nr. 1 a) bspw. Hochspannungsfreileitungen, die für eine Spannung von mind. 220 kV (sog. Stromautobahnen), sowie Erdkabel, die für eine Spannung von mind. 150 kV ausgelegt wurden. Erwähnung finden in Anhang II Nr. 1 c) auch Energiespeicheranlagen, die zur dauerhaften oder vorübergehenden Energiespeicherung in überirdischen, unterirdischen oder geologischen Speicherstätten verwendet werden, sofern sie direkt an Hochspannungsübertragungs- und -verteilungsleitungen angeschlossen sind, die für eine Spannung von 110 kV oder mehr ausgelegt sind. Nach Anhang II Nr. 2 TEN-E VO werden Ausrüstungen oder Anlagen, mit denen die Integration einer Vielfalt CO_2-armer und insbesondere erneuerbarer Gase (einschließlich Biomethan und Wasserstoff) in das Gasnetz ermöglicht und erleichtert werden soll, nach Anhang II Nr. 3 werden Fernleitungen für den Transport von Wasserstoff erfasst. Auf dieser Grundlage bieten die Art. 3–6 den rechtlichen Rahmen, um sog. *Vorhaben von Gemeinsamem Interesse* (VGI) (in der englischen Fassung *Projects of Common Interest* [PCI]) zu identifizieren. Nach der Begriffsdefinition der Verordnung fallen hierunter Vorhaben, die für die Realisierung der in Anhang I aufgeführten vorrangigen Energieinfrastrukturkorridore und -gebiete erforderlich und Bestandteil der Unionsliste sind (Art. 2 Nr. 5 TEN-E VO).

---

[57] Vgl. noch Anhang I Nr. 3, Anhang II Nr. 3 der TEN-E VO (EU) 2013/347.
[58] https://energy.ec.europa.eu/news/member-states-agree-new-ambition-expanding-offshore-renewable-energy-2023-01-19_en (Stand: 30.9.2023).

B. Insbesondere TEN-E VO

Mit dem Neuerlass der TEN-E VO wurden Vorhaben von gegenseitigem Interesse (in der englischen Fassung Projects of Mutual Interest [PMI]) als neue Kategorie eingeführt. Darunter sind (ausweislich der Begriffsbestimmung in Art. 2 Nr. 6 TEN-E VO) Vorhaben zu verstehen, "die von der Union in Zusammenarbeit mit Drittländern gemäß Unterstützungsschreiben der Regierungen der unmittelbar betroffenen Länder oder anderen nicht verbindlichen Vereinbarungen gefördert [werden] und unter eine der in Anhang II Nummer 1 Buchstaben a oder f, Nummer 3 Buchstabe a oder Nummer 5 Buchstabe a oder c genannten Energieinfrastrukturkategorien [fallen], zur Verwirklichung der energie- und klimapolitischen Vorgaben der Union für 2030 und ihres Ziels der Klimaneutralität bis 2050 [beitragen] und auf der Unionsliste [stehen]". Abweichend von Vorhaben von gemeinsamem Interesse, welche Lücken in der europäischen Energieinfrastruktur schließen sollen, steht bei den Vorhaben von gegenseitigem Interesse die Zusammenarbeit der Union mit Drittländern im Vordergrund. Solche Vorhaben verbinden daher die Energienetze der Union mit denen von Drittländern. Beide Arten von Vorhaben werden in einer gemeinsamen Unionsliste alle zwei Jahre als delegierter Rechtsakt der Kommission erlassen. Durch die Einführung der neuen Kategorie wird die Kompetenzfrage noch einmal virulent, da Art. 171 Abs. 1 S. 1 3. Gedankenstrich AEUV zwar „Vorhaben von gemeinsamem Interesse", nicht jedoch „Vorhaben von gegenseitigem Interesse" aufführt. Ergänzend könnte an dieser Stelle ebenfalls auf Art. 194 Abs. 1 lit. b) und c) AEUV zurückgegriffen werden, da derartige Projekte sowohl der Energieversorgungssicherheit in der Union als auch der Förderung der Energieeffizienz dienen können.

Die Konkretisierung dieser Vorhaben erfolgt den Regelungen des zweiten Verordnungskapitels entsprechend: Nach Art. 3 Abs. 1 S. 1, Abs. 3 S. 1 TEN-E VO werden zwölf regionale Gruppen festgelegt, die jeweils eine regionale Vorschlagsliste erstellen. Diese Gruppen setzen sich (bei Energieinfrastrukturvorhaben, die in die Zuständigkeit der nationalen Regulierungsbehörden fallen) nach Anhang III Nr. 1.1 UAbs. 1 aus Vertretern der Mitgliedstaaten, der nationalen Regulierungsbehörde, der Übertragungs- bzw. Fernleitungsnetzbetreiber, der Kommission, der Agentur für die Zusammenarbeit der Energieregulierungsbehörde (ACER) und von dem europäischen Übertragungsnetzbetreiberverband (ENTSO-E) oder von dem Europäischen Netz der Fernleitungsnetzbetreiber Gas (ENTSO-G) zusammen, wobei die Mitgliedschaft in jeder Gruppe auf dem jeweiligen vorrangigen Korridor, dem jeweiligen vorrangigen Gebiet und dem jeweils dazugehörigen geografischen Gebiet gemäß Anhang I beruht. Bei den anderen Energieinfrastrukturkategorien setzt sich jede Gruppe aus der Kommission und Vertretern der Mitgliedstaaten und der Vorhabenträger, die von den in Anhang I genannten relevanten Prioritäten betroffen sind, zusammen (Anhang III Nr. 1.1 UAbs. 2 TEN-E VO). Die Entscheidung innerhalb der Gruppe obliegt dem sog. Entscheidungsgremium, das aus den Vertretern der Mitgliedstaaten und der Kommission besteht (Art. 3 Abs. 1 S. 3, Abs. 3 TEN-E VO). Bei der Erstellung der regionalen Listen ist das in Anhang III Nr. 2 TEN-E VO vorgegebene Verfahren zu beachten. Im zweijährigen Turnus beschließt die Union auf der Grundlage der Regionallisten eine Unionsliste europaweiter *Vorhaben von gemeinsamem* oder *gegenseitigem Interesse*. Die aktuell gültige Unionsliste, die noch auf Grundlage der frühere VO (EU) 347/2013 verabschiedet wurde, ist am 28.4.2022 in Kraft getreten.[59] Kritik hat hier die weitere Aufnahme

---

[59] Delegierte VO (EU) 2022/564 vom 19.11.2021 zur Änderung der Verordnung (EU) 347/2013 in Bezug auf die Unionsliste der Vorhaben von gemeinsamem Interesse (ABl. L 109/14 vom 08.04.22).

von Gasprojekten, deren Durchführung den Zielsetzungen des Green Deal entgegenläuft, erfahren. Mit dem Neuerlass der TEN-E VO sollen rein fossile Erdgasprojekte in Zukunft ausgeschlossen werden. Die erste gemeinsame Liste nach der VO (EG) 2022/869 wird noch für Herbst 2023 erwartet.[60]

19 Gemäß Art. 4 Abs. 1 TEN-E VO muss das *Vorhaben von gemeinsamem Interesse* drei allgemeine Kriterien erfüllen: Es muss gemäß lit. a) für mindestens einen bzw. eines der (in Anhang 1 Nr. 1 konkretisieren) vorrangigen Energieinfrastrukturkorridore und -gebiete erforderlich sein.[61] Gemäß lit. b) muss der potenzielle Gesamtnutzen langfristig die Kosten des Vorhabens übersteigen, wobei der Gesamtnutzen gemäß Abs. 2 an nach Infrastrukturvorhaben ausdifferenzierten Kriterien zu messen ist. Nach Abs. 2 lit. a) müssen strombezogene Vorhaben der Nachhaltigkeit (und ggf. zur Verringerung von Einschränkungen bei Energie) sowie zur Marktintegration oder Versorgungssicherheit beitragen. Das Kriterium der Nachhaltigkeit wird hierdurch gestärkt, da es nicht – wie in der Vorgängerfassung – nur alternativ, sondern zwingend erfüllt sein muss. Schließlich muss das Vorhaben eine grenzüberschreitende Bedeutung im Sinne von Art. 4 Abs. 1 lit. c) TEN-E VO haben. Eine solche liegt vor, wenn das Vorhaben die Grenze mindestens zweier Mitgliedstaaten oder eines Mitgliedstaats und eines Staats des Europäischen Wirtschaftsraums direkt quert (Art. 4 Abs. 1 lit. c) i) TEN-E VO). Gemäß Art. 4 Abs. 1 lit. c) ii) sind dies auch Vorhaben, die *nur im Gebiet eines Mitgliedstaates* liegen, wenn sie grenzüberschreitende Auswirkungen entfalten, also insbesondere die grenzüberschreitende Übertragungskapazität eines Netzes deutlich (um 500 Megawatt; vgl. Anhang 4 Nr. 1a) oder die bestehende grenzüberschreitende Wasserstofftransportkapazität um mindestens 10 % gegenüber der Situation (vgl. Anhang 4 Nr. 1d) erhöhen.

20 *Vorhaben von gegenseitigem Interesse* müssen die in Art. 4 Abs. 2 TEN-E VO näher ausdifferenzierten allgemeinen Kriterien erfüllen. Insbesondere müssen die in Art. 1 Abs. 1 TEN-E VO aufgeführten Ziele verwirklicht werden (Abs. 2 lit. a). In einer Gesamtabwägung muss der Gesamtnutzen auf Unionsseite die unionsseitigen Kosten überwiegen (Abs. 2 lit. b). Das beteiligte Drittland (vgl. lit. c) muss insbesondere einem funktionierenden Energiebinnenmarkt, Versorgungssicherheit und dem Ziel der Klimaneutralität verpflichtet sein (Abs. 2 lit. e) und den Vorrangstatus des Vorhabens unterstützen (Abs. 2 lit. f). Innerhalb der Union gelten die einschlägigen Rechtsvorschriften weiter (vgl. Abs. 2 lit. d).

Der Begriff der „Vorhaben von gemeinsamem Interesse" sowie der „Vorhaben von gegenseitigem Interesse" ist justiziabel.[62] Bisher sind allerdings – soweit ersichtlich – noch keine Entscheidungen zur Auslegung der Begrifflichkeiten ergangen.

2. Genehmigungsverfahren

21 Die Regelungen der TEN-E VO sind insbesondere auf die Straffung und Beschleunigung der Genehmigungsverfahren gerichtet,[63] um auf diesem Wege einen zügigen In-

---

60 https://energy.ec.europa.eu/topics/infrastructure/trans-european-networks-energy_en#revision-of-the-ten-e-policy (Stand: 30.9.23).
61 Deutschland ist von allen vier vorrangigen Stromkorridoren betroffen.
62 EuGH Urt. v. 12.11.2015 – Rs. C-121/14, ECLI:EU: C:2015, 749, Rn. 58 – *Vereinigtes Königreich/Parlament und Rat*.
63 Hierzu bereits Mitteilung der Kommission an den Rat und das Europäische Parlament: Vorrangiger Verbundplan – KOM(2006) 846 endg., Nr. 3.4.; Vorschlag für eine Verordnung des Europäischen Parlaments

frastrukturausbau zu ermöglichen. Dies geschieht ua durch die Befristung des Genehmigungsverfahrens, für welches in Art. 10 Abs. 2 mit Verlängerung eine Gesamtdauer von vier Jahren und drei Monaten vorgeschrieben wird. Hinzu tritt eine Frist von sechs Monaten, sofern – wie in Deutschland mit der Bundesfachplanung – ein gesondertes Verfahren nach Art. 10 Abs. 5 S. 1 TEN-E VO durchgeführt wird.[64] Fraglich bleibt, ob diese „ambitionierten" zeitlichen Ziele erreichbar sind,[65] steht das Beschleunigungspotenzial doch unter dem Vorbehalt, dass der Ausgleich mit entgegenstehenden Belangen (etwa dem Naturschutz) gelingt.[66] Bereits der erste Bericht zur Lage der Energieunion[67] weist auf weitreichende Verzögerungen hin. Solche Verzögerungen können auch durch mangelnde Akzeptanz – und entsprechenden Widerstand – der betroffenen Bevölkerung hervorgerufen werden. Zur Zielsetzung der TEN-E VO gehört daher auch die Steigerung der Akzeptanz notwendiger Maßnahmen.[68]

Wird die Gesamtverfahrensdauer (bzw. die maximale Dauer der Einzelverfahren) überschritten, kann gemäß Art. 6 Abs. 1 TEN-E VO durch die Kommission „im Einvernehmen mit den betroffenen Mitgliedstaaten" für einen (zweimal verlängerbaren) Zeitraum von bis zu einem Jahr ein europäischer Koordinator benannt werden. Dessen Aufgabe besteht insbesondere darin, die Vorhaben, für die er zum europäischen Koordinator bestellt wurde, sowie den grenzüberschreitenden Dialog zwischen den Vorhabenträgern und allen betroffenen Kreisen zu fördern (Abs. 2 lit. a). Sofern eine Fristüberschreitung absehbar ist, sieht Art. 10 Abs. 2 UAbs. 3 TEN-E VO zugleich die Information der Regionalen Gruppe vor. In Betracht kommt weiterhin ein Vertragsverletzungsverfahren durch die EU-Kommission (Art. 258 AEUV).

Schließlich ist – nach deutscher Rechtslage – ein Amtshaftungsanspruch des Übertragungsnetzbetreibers (nicht jedoch sonstiger Beteiligter, wie etwa Umweltverbände) möglich, dessen Schutz die Fristenregelungen auch dienen.

Liegt ein Vorhaben von gemeinsamem Interesse (VGI) iSd Art. 3 ff. TEN-E VO vor,[69] so ist dieses nach Art. 3 Abs. 6 TEN-E VO zwingender Bestandteil nationaler Infrastrukturpläne (auf Deutschland bezogen: des Netzentwicklungsplans und des Bundesbedarfsplans), denen innerhalb dieser Pläne die „höchstmögliche Priorität" zuzusprechen ist. Die Planrechtfertigung wird damit unionsrechtlich vorweggenommen. Gemäß § 12e Abs. 4 EnWG gilt nichts anderes für Vorhaben außerhalb des Anwendungsbereichs des NABEG, da sich die Vorschrift explizit auch auf Planfeststellungsverfahren nach §§ 43 ff. EnWG bezieht.

Das Zulassungsverfahren enthält nach Art. 10 TEN-E VO drei Verfahrensabschnitte: 1. den Vorantragsabschnitt, der den Zeitrahmen ab Beginn des Genehmigungsverfah-

---

und des Rates zu Leitlinien für die transeuropäische Energieinfrastruktur und zur Aufhebung der Entscheidung Nr. 1364/2006/EG vom 19.10.2011, KOM(2011) 658 endg., S. 9.
64 Im Falle der Durchführung eines gesonderten Verfahrens (wie in Deutschland) reduziert sich die mögliche Fristverlängerung von neun auf sechs Monate – dem Wortlaut der Vorschrift wird dann z.Tl. entnommen, dass diese Verlängerung bereits das gesonderte Verfahren einschließt. Die Gesamtdauer würde dann vier Jahre betragen (so *Guckelberger*, in: Schlacke/Schubert, Energie-Infrastrukturrecht, 2015, 31 (51); *Linßen/Aubel*, DVBl. 2013, 965 (970)). AA viereinhalb Jahre Gesamtverfahrensdauer (*Leidinger*, DVBl. 2015, 400 (405 f.)).
65 Krit. *Frey*, ZEuS 2013, 19 (34 f.); *Reichert/Voßwinkel*, IR 2012, 98 (100).
66 Hierzu bereits *Armbrecht*, DVBl. 2013, 479 (481 f.).
67 Mitteilung der Kommission vom 18.11.2015, „Bericht zur Lage der Energieunion 2015", KOM(2015) 572 endg., S. 9.
68 Hierzu bereits unter Teil I Rn. 10.
69 Zur Auswahl von VGI *Fest/Operhalsky*, NVwZ 2014, 1190 (1192).

rens bis zur vollständigen Einreichung der Unterlagen umfasst (hierzu Art. 10 Abs. 1 UAbs. 1 lit. a), Abs. 4 TEN-E VO); 2. den formalen Genehmigungsabschnitt, der den Zeitraum von der vollständigen Einreichung der Unterlagen bis zur umfassenden Entscheidung umfasst (hierzu Art. 10 Abs. 1 UAbs. 1 lit. b) TEN-E VO) sowie 3. gegebenenfalls ein „gesondertes Verfahren", in welchem die Trassenkorridore bestimmt werden.[70]

26 Das gesonderte Verfahren zur Bestimmung der Trassenkorridore[71] soll innerhalb eines Zeitraums von sechs Monaten (ohne Verlängerungsoption) durchgeführt werden – eine zeitliche Beschränkung, die bereits aufgrund der vorgeschriebenen Öffentlichkeitsbeteiligungsschritte nicht durchzuführen ist. Es handelt sich hierbei um ein fakultatives Verfahren, dessen Durchführung die Verlängerungsoption nach Abs. 5 UAbs. 2 auf sechs Monate verringert.[72] Während die Festlegung des Trassenkorridors der Verordnung entsprechend grundsätzlich im Rahmen des Genehmigungsverfahrens durchgeführt werden soll, ermöglicht es Abs. 5 den Mitgliedstaaten, ein gesondertes, vorgelagertes Verfahren als nationale Besonderheit vorzusehen.[73]

27 Der Vorantragsabschnitt soll einen Zeitraum von höchstens zwei Jahren umfassen. Er wird durch den Vorhabenträger durch schriftliche Mitteilung des Vorhabens und Beifügung einer Vorhabensbeschreibung gegenüber der zuständigen Behörde eröffnet (Art. 10 Abs. 1 UAbs. 1 lit. a), Abs. 3 S. 1 TEN-E VO). Nach Art. 10 Abs. 7 TEN-E VO sorgt der Vorhabenträger für die Vollständigkeit und Qualität der Antragsunterlagen und holt hierzu frühestmöglich die Stellungnahme der zuständigen Behörde ein. Spätestens drei Monate nach Erhalt der Mitteilung ist diese von der zuständigen Behörde in schriftlicher Form zu bestätigen oder durch eine zu begründende Entscheidung abzulehnen (Art. 10 Abs. 1 lit. a), Abs. 3 UAbs. 2 S. 1 TEN-E VO).

28 Das formale Genehmigungsverfahren, das nach deutschem Recht regelmäßig als Planfeststellungsverfahren iSv §§ 18 ff. NABEG durchgeführt wird, darf einen Zeitraum von einem Jahr und sechs Monaten (zuzüglich einer Verlängerungsoption von neun Monaten) nicht übersteigen. Im Vergleich zum Vorantragsverfahren sind die Vorgaben der TEN-E VO für diesen Abschnitt weniger detailliert und müssen daher durch mitgliedstaatliche Verfahrensvorschriften ergänzt werden.[74] Gemäß Art. 7 Abs. 2 TEN-E VO stellen die Vorhabenträger und alle betroffenen Behörden sicher, dass diese Unterlagen so zügig bearbeitet werden, wie es rechtlich möglich ist. Die beteiligten Parteien haben die in Art. 9 Abs. 2 iVm Anhang VI Nr. 3 TEN-E VO niedergelegten Grundsätze zu beachten. Das Verfahren schließt mit einer umfassenden, Art. 8 Abs. 3 TEN-E VO entsprechenden Entscheidung der zuständigen Behörde ab.

3. Insbesondere Öffentlichkeitsbeteiligung

29 Ein besonderes Augenmerk gilt der im Rahmen des Genehmigungsverfahrens gestärkten Öffentlichkeitsbeteiligung. Diese im gesamten europäischen Recht zu beobachten-

---

70 Zum Verfahrensablauf vgl. noch Rn. 61 ff. sowie zusammenfassend Abbildung 7.
71 Von dieser Möglichkeit hat Deutschland in §§ 4 ff. NABEG und § 15 ROG Gebrauch gemacht. Vgl. *Leidinger*, DVBl. 2015, 400 (404).
72 Hierzu bereits unter Rn. 56.
73 *Guckelberger*, Einwirkungen des Unionsrechts auf das nationale Energie-Infrastrukturrecht, in: Schlacke/Schubert, Energie-Infrastrukturrecht, 2015, S. 31 (51).
74 *Vogt/Maaß*, RdE 2013, 151 (156).

de – auf die Aarhus-Konvention[75] zurückgehende – Entwicklung erweist sich hier auch als Reaktion auf die Erfahrungen der vorhergehenden Leitentscheidungen, deren Umsetzung nicht selten auf öffentlichen Widerstand stieß.[76] Dabei lässt sich beobachten, dass die Wirkungen der Öffentlichkeitsbeteiligung im deutschen und im europäischen Recht durchaus unterschiedlich bewertet werden. Aus Unionsperspektive wird der Beteiligung der Öffentlichkeit eine Beschleunigungswirkung bescheinigt,[77] die insbesondere in der Sicherung des Rechtsfriedens zu suchen ist. Im deutschen Recht wird mit einer Öffentlichkeitsbeteiligung regelmäßig immer noch die Vermutung eines Verzögerungseffekts verbunden.[78] Zugleich soll die Öffentlichkeitsbeteiligung die öffentliche Akzeptanz erhöhen.[79] Die umfassenden Regelungen zur Öffentlichkeitsbeteiligung nach TEN-E VO dienen mithin dazu, die offenkundige Diskrepanz zwischen der grundsätzlichen Zustimmung zur Energiewende und der (teils rigorosen) Ablehnung im Einzelfall zu überwinden.[80] Dies begründet eine Verfahrensbeschleunigungswirkung, wenn unter Akzeptanz – mit *Würtenberger* – die „Bereitschaft ..., eine Problemlösung in Form einer Verwaltungsentscheidung als vertretbar anzuerkennen und entsprechend nicht gegen diese vorzugehen",[81] verstanden wird.

Allgemeine Grundsätze für Transparenz und Öffentlichkeitsbeteiligung im Verfahren nach Art. 10 TEN-E VO sind in Anhang VI niedergelegt. Soweit diese in nationales Verfahrensrecht übertragen und ausgestaltet werden, müssen die mitgliedstaatlichen Regelungen den Anforderungen der Aarhus-Konvention und dem einschlägigen Unionsrecht entsprechen.[82] Art. 9 Abs. 1 TEN-E VO schreibt die Veröffentlichung eines (bis zum 24.10.2023 zu aktualisierenden) Verfahrenshandbuchs für das Genehmigungsverfahren vor, dessen Mindestinhalte in Anhang VI Nr. 1 konkretisiert werden.[83] Hierzu zählen insbesondere die anwendbaren Rechtsvorschriften, auf denen einschlägige Entscheidungen und Stellungnahmen beruhen, Namen und Kontaktdaten der zuständigen Behörden, die einzelnen Arbeitsabläufe, Informationen über die mit dem Antrag mitzuliefernden Unterlagen sowie Phasen und Instrumente der Öffentlichkeitsbeteiligung. Die Wirkung dieser Vorgaben ist jedoch insoweit beschränkt, als das Handbuch als solches keine Rechtsverbindlichkeit entfaltet (Art. 9 Abs. 1 S. 2 TEN-E VO). Zur Stärkung der Öffentlichkeitsbeteiligung sind nach Anhang VI Nr. 3 lit. a) TEN-E VO die von einem VGI „betroffenen Kreise, darunter relevante nationale,

30

---

75 Text abrufbar unter http://www.unece.org/fileadmin/DAM/env/pp/documents/cep43g.pdf (Stand: 30.9.2023).
76 *Frey*, ZEuS 2013, 19 (33).
77 Vgl. Art. 1 Abs. 2 lit. b) TEN-E VO.
78 Zum Wandel der Bedeutung der Öffentlichkeitsbeteiligung bei Infrastrukturvorhaben vgl. auch *Lippert*, ZUR 2013, 203 ff.
79 Vorschlag für eine Verordnung des Europäischen Parlaments und des Rates zu Leitlinien für die transeuropäische Energieinfrastruktur und zur Aufhebung der Entscheidung Nr. 1364/2006/EG vom 19.10.2011, KOM(2011) 658 endg., endg., S. 3. Grundsätzlich zur rechtlichen Bedeutung der Akzeptanz *Würtenberger*, NJW 1991, 257 ff.; jüngst auch *Zeccola*, DÖV 2019, 100 ff. Spezieller zu Akzeptanzfaktoren in der Energiewende *Geßner/Zeccola*, in: Fraune/Gölz/Langer, Akzeptanz und politische Partizipation in der Energietransformation, 2019, S. 133 ff.
80 Zu dem sog. NIMBY-Prinzip („not in my backyard") *Stracke*, Öffentlichkeitsbeteiligung, 2017, S. 49. Zur Ablehnung von Energiewendemaßnahmen im Einzelfall *Kühne/Weber*, Landscape Research 43 (2017), 529 ff. Zur Möglichkeit, dem Widerstand durch Öffentlichkeitsbeteiligung entgegenzuwirken: *Schweizer/Bovet*, Utilities Policy 42 (2016), 64 ff.
81 *Würtenberger*, in: Geis/Umbach, Planung – Steuerung – Kontrolle, FS für Richard Bartlsperger, 2006, S. 233 (236); auch *Renn*, UVP-Report 2014, S. 38 (40).
82 *Vogt/Maaß*, RdE 2013, 151 (157).
83 Abrufbar unter https://www.netzausbau.de/SharedDocs/Downloads/DE/Publikationen/PCI-Verfahrenshandbuch.pdf?__blob=publicationFile (Stand: 30.9.2023).

regionale und lokale Behörden, Grundbesitzer und Bürger, die in der Nähe des Vorhabens leben, die Öffentlichkeit und deren Verbände, Organisationen oder Gruppen" zunächst umfassend zu informieren, um sie daraufhin „frühzeitig auf offene und transparente Weise zu einem Zeitpunkt anzuhören, zu dem etwaige Bedenken der Öffentlichkeit noch berücksichtigt werden können". Gemäß Art. 9 Abs. 3 iVm Anhang VI Nr. 4 TEN-E VO erstellt der Vorhabenträger innerhalb von drei Monaten nach Beginn des Vorantragsabschnitts ein Konzept für die Öffentlichkeitsbeteiligung. Dieses muss mindestens Informationen über die angesprochenen betroffenen Kreise, die geplanten Maßnahmen, den zeitlichen Rahmen und das den jeweiligen Aufgaben zugewiesene Personal enthalten.

31 Das Verfahren der Öffentlichkeitsbeteiligung beginnt mit der frühzeitigen Anhörung nach Art. 9 Abs. 4 TEN-E VO. Die in diesem Rahmen erfolgenden Anhörungen sollen dazu beitragen, den „am besten geeigneten Standort oder die am besten geeignete Trasse und die in den Antragsunterlagen zu behandelnden relevanten Themen festzustellen" (Art. 9 Abs. 4 UAbs. 1 S. 3). Um diese Ziele zu erfüllen, muss die frühzeitige Öffentlichkeitsbeteiligung vor der Einreichung der endgültigen und vollständigen Antragsunterlagen bei der zuständigen Behörde nach Art. 10 Abs. 1 lit. a TEN-E VO stattfinden. Zu einem späteren Zeitpunkt vorgesehene Anhörungen nach Art. 6 Abs. 2 UVP-RL bleiben hiervon unberührt: Diese sind etwa vorgeschrieben für den Bau von Hochspannungsfreileitungen für eine Stromstärke von 220 kV oder mehr und mit einer Länge von mehr als 15 km (Art. 4 Abs. 1 iVm Anhang 1 Nr. 20 UVP-RL). Gemäß Art. 9 Abs. 4 UAbs. 1 S. 4 iVm Anhang VI Nr. 5 TEN-E VO ist vor Beginn der Anhörung eine max. fünfzehnseitige Informationsbroschüre zu Zweck, Zeitplan und möglichen Trassenalternativen sowie Auswirkungen und möglichen Folgenbegrenzungsmaßnahmen zu veröffentlichen. Die Ergebnisse der frühen Öffentlichkeitsbeteiligung sind bei der umfassenden Entscheidung gebührend zu berücksichtigen (Art. 9 Abs. 4 UAbs. 3 S. 2 TEN-E VO). Gemäß Art. 9 Abs. 7 TEN-E VO ist durch den Vorhabenträger oder die zuständige nationale Behörde eine regelmäßig zu aktualisierende Webseite einzurichten, welche die in Anhang VI Nr. 6 genannten Mindestinhalte bei gleichzeitiger Sicherstellung des notwendiges Datenschutzes bereithalten muss.

32 Kommentare und Einwände sind nur bis zum Ablauf der Frist zulässig (Art. 9 Abs. 2 iVm Anhang VI Nr. 3 lit. c) TEN-E VO). Jedoch wird weder in Anhang VI Nr. 3 lit. c) noch in Art. 9 TEN-E VO die Frist näher bestimmt. Dies erklärt sich aus dem Ziel des EU-Verordnungsgebers (lediglich) eine „Mindestangleichung nationaler Verwaltungsverfahren"[84] für Energieinfrastrukturprojekte herbeizuführen. Die konkrete Ausgestaltung des Genehmigungsverfahrens bleibt bewusst den mitgliedstaatlichen Rechtssystemen überlassen, welche bei der Konkretisierung der Ausschlussfristen, den Vorgaben der Aarhus-Konvention sowie dem maßgeblichen Unionsrecht, insbesondere der UVP-Richtlinie, entsprechen müssen, worauf auch der 31. Erwägungsgrund der Verordnung verweist.[85]

33 Die frühzeitige Öffentlichkeitsbeteiligung wird nach dem deutschen Recht durch eine Antragskonferenz nach §§ 7, 20 NABEG umgesetzt.[86] Eingeladen werden Vorhaben-

---

[84] So der Vorschlag für eine Verordnung des Europäischen Parlaments und des Rates zu Leitlinien für die transeuropäische Energieinfrastruktur und zur Aufhebung der Entscheidung Nr. 1364/2006/EG vom 19.10.2011, KOM(2011) 658 endg., S. 8.
[85] *Vogt/Maaß*, RdE 2013, 151 (157); *Fest/Operhalsky*, NVwZ 2014, 1190 (1192).
[86] *Kümper*, DÖV 2016, 929 ff.

träger, die betroffenen Träger öffentlicher Belange und Vereinigungen iSv § 3 Abs. 1 UmwRG (§ 7 Abs. 2 S. 1, § 20 Abs. 1 S. 1 NABEG). Dem Gesetzeswortlaut entsprechend werden die Antragskonferenzen für die Öffentlichkeit ‚geöffnet' (§ 7 Abs. 2 S. 3, § 20 Abs. 2 S. 3 NABEG). Dies entspricht jedoch nicht den unionsrechtlichen Vorgaben. Gemäß Art. 9 Abs. 4 UAbs. 1 S. 1 TEN-EVO wird im Rahmen der frühzeitigen Öffentlichkeitsbeteiligung „mindestens eine öffentliche Konsultation" vorgenommen. Diesen Maßstäben genügt eine wortlautgetreue Auslegung des § 20 Abs. 2 S. 3 NABEG, wonach der Öffentlichkeit nur eine passive Teilnahme erlaubt wäre, nicht.

4. Insbesondere Zuständigkeit

Auch die Einführung einer „einzigen" Anlaufstelle für Genehmigungsverfahren durch die Etablierung des One-Stop-Shop-Prinzips soll die Verfahrensdauer verkürzen. Jeder Mitgliedstaat benennt hierzu eine zuständige nationale Behörde (vgl. Art. 8 Abs. 2, 3 TEN-E VO). Zu diesem Zweck wird in Deutschland die Bundesnetzagentur als einheitlicher Ansprechpartner festgelegt (vgl. § 31 Abs. 1, 2 NABEG).

Das in Art. 8 Abs. 1 TEN-E VO festgelegte One-Stop-Shop-Prinzip, welches den Grundsatz einer „einzigen Anlaufstelle" für Genehmigungsverfahren von VGI normiert,[87] verpflichtet die Mitgliedstaaten, *eine* zuständige nationale Behörde, „die für die Erleichterung und Koordinierung des Genehmigungsverfahrens für Vorhaben von gemeinsamem Interesse verantwortlich ist", zu benennen (bzw. die Benennung bis zum 23.06.2022 zu aktualisieren). Dabei lässt Art. 8 Abs. 3 TEN-E VO den Mitgliedstaaten in Bezug auf die Ausgestaltung die Wahl zwischen drei Optionen: Art. 8 Abs. 3 lit. a) TEN-E VO (sog. integriertes Schema) sieht eine umfassende Entscheidung der zuständigen Behörde vor, die als einzige rechtsverbindliche Wirkungen entfaltet. Nach Art. 8 Abs. 3 lit. b) S. 1 TEN-E VO (sog. koordiniertes Schema) beinhaltet die „umfassende Entscheidung ... mehrere rechtsverbindliche Einzelentscheidungen anderer betroffener Behörden, die von der zuständigen Behörde koordiniert werden". Diese kann zur Erstellung eines Genehmigungsplans nach Art. 10 Abs. 4 lit. b) und zur Überwachung und Koordinierung der Umsetzung dieses Plans eine Arbeitsgruppe einsetzen (S. 2), eine angemessene Frist für die einzelnen Entscheidungen setzen (S. 3) und bei unbegründeter Fristüberschreitung die Entscheidung der betroffenen Behörde ersetzen oder im Einklang mit dem nationalen Recht fingieren (S. 4). Gemäß Art. 8 Abs. 3 lit. c) TEN-E VO (sog. Kooperationsschema) wird die umfassende Entscheidung von der zuständigen Behörde lediglich koordiniert. Sie ist befugt, eine angemessene Frist für die Einzelentscheidungen zu setzen und deren Einhaltung zu überwachen (S. 2, 3). Anders als beim koordinierten Schema kommt ihr hier jedoch kein Recht auf Ersatzvornahme zu;[88] ebenso wenig erlässt sie eine rechtsverbindliche Entscheidung.

Die Planung und Durchführung des Energienetzausbaus liegt im Wesentlichen bei den **nationalen Regulierungsbehörden**; nach § 31 Abs. 2 NABEG ist dies für Deutschland die Bundesnetzagentur. Gemäß § 1 der Planfeststellungszuweisungsverordnung (PlfZV)[89] ist sie zuständig für die im Bundesbedarfsplangesetz mit „A1" als länderübergreifend und mit „A2" als grenzüberschreitend gekennzeichneten Höchspan-

---

[87] *Linßen/Aubel*, DVBl. 2013, 965 (966) unter Bezugnahme des 23. Erwägungsgrundes TEN-E VO (a.F.).
[88] *Schadtle*, ZNER 2013, 126 (129); *Erbguth/Schubert*, EurUP 2014, 70 (73).
[89] Verordnung über die Zuweisung der Planfeststellung für länderübergreifende und grenzüberschreitende Höchstspannungsfreileitungen auf die Bundesnetzagentur (Planfeststellungszuweisungsverordnung – PlfZV), vom 23.7.2013, BGBl. I 2013, S. 2582.

nungsfreileitungen[90] und macht damit von der in § 31 Abs. 2 iVm § 2 Abs. 2 NABEG enthaltenen Ermächtigung Gebrauch. Diese ist darüber hinaus verpflichtet, dem BMWi und dem BMU regelmäßig über den Verfahrensstand zur Bundesfachplanung und zur Planfeststellung zu berichten (§ 31 Abs. 3 NABEG).

37 Damit sie diese Voraussetzung erfüllen kann, muss die Bundesnetzagentur über die **erforderlichen personellen und fachlichen Ressourcen** verfügen. Insbesondere um die – durch das NABEG – hinzutretenden fachplanungsrechtlichen Fragen und Aufgaben zu erfüllen, mussten neue Abteilungen aufgebaut und etwa 240 qualifizierte Personalstellen[91] eingerichtet werden. Die Gesetzesbegründung schlug hierzu vor, die Personalakquise kosteneffizient aus dem Bundeswehrüberhang durchzuführen.[92]

5. Finanzielle Unterstützung

38 Der Ausbau der europäischen Energienetze trifft nicht nur auf politische und administrative Hürden, er scheitert zuweilen auch an der **mangelnden finanziellen Umsetzbarkeit**. Zu diesem Zweck sieht Art. 18 TEN-E VO Näheres zur finanziellen Unterstützung der Ausbaumaßnahmen vor. Diese Regelung beruht auf Art. 171 Abs. 1 S. 1 3 Gedankenstrich 1. Hs. AEUV, wonach die Union „von den Mitgliedstaaten unterstützte Vorhaben von gemeinsamem Interesse, die im Rahmen der Leitlinien gemäß dem ersten Gedankenstrich ausgewiesen sind, ..." unterstützen kann. Den Energiebereich betreffend muss es sich also zunächst um Vorhaben iSd TEN-E VO handeln. Diese müssen von den Mitgliedstaaten lediglich „unterstützt" werden; damit verdeutlicht die Kompetenznorm, dass auch eine staatliche finanzielle Beteiligung – etwa in Form einer öffentlich-privaten Partnerschaft – für eine unionale Unterstützung hinreichend ist.[93] Auch die Union kann sich im Rahmen öffentlich-rechtlicher Partnerschaften beteiligen.[94]

39 Art. 18 Abs. 1 TEN-E VO sieht für *Vorhaben von gemeinsamem Interesse* der in Anhang II aufgeführten Energieinfrastrukturkategorien eine finanzielle Unterstützung der Union in Form von Finanzhilfen für Studien und von Finanzierungsinstrumenten vor. Spezifische strombezogene Infrastrukturprojekte (Anlage 2 Nr. 1 a-d, f) sowie die in Anlage 2 aufgeführten Wasserstoffprojekte können nach Abs. 2 auch Finanzhilfen für Arbeiten erhalten, wenn erhebliche positive externe Effekte wie Versorgungssicherheit, Systemflexibilität, Solidarität oder Innovation gegeben sind (lit. a), es eine Entscheidung über die grenzüberschreitende Kostenaufteilung gibt oder das Vorhaben auf die Erbringung grenzüberschreitender Dienstleistungen, technologischer Innovationen und die Gewährleistung eines sicheren grenzüberschreitenden Netzbetriebs ausgerichtet ist (lit. b) sowie das Vorhaben kommerziell nicht tragfähig ist (lit. c). Weitere Finanzierungsoptionen beschreiben die Absätze 3 und 4.

40 Gemäß Art. 18 Abs. 5 TEN-E VO kommt eine finanzielle Unterstützung für *Vorhaben von gegenseitigem Interesse* unter den in Art. 5 Abs. 2 CFE-VO (siehe noch unter

---

[90] Im Übrigen sind die Länder gemäß § 1 PlfZV iVm §§ 31 Abs. 2, 2 Abs. 2 NABEG für die Planfeststellung zuständig, *Leidinger*, DVBl. 2015, 400 (403, Fn. 29).
[91] Benötigt wurden JuristInnen, IngenieurInnen, RaumplanerInnen, KommunikationswissenschaftlerInnen, BiologInnen, Content Management EntwicklerInnen, ElektrotechnikerInnen sowie UmwelttechnikerInnen (vgl. BT-Drs. 17/6073, S. 21).
[92] So BT-Drs. 17/6073, S. 21. Zweifelnd zur Tauglichkeit dieser Lösung bereits *Moench/Ruttloff*, NVwZ 2011, 1040 (1045).
[93] *Epiney*, in: Frankfurter Kommentar, 2. Aufl. 2023, AEUV Art. 171 Rn. 20.
[94] *Calliess*, in: Calliess/Ruffert, 6. Aufl. 2022, AEUV Art. 171 Rn. 19.

Rn. 38) festgelegten Bedingungen in Betracht. Um Finanzhilfen für Arbeiten zu erhalten, sind die in Art. 18 Abs. 2 festgelegten Voraussetzungen (vgl. Rn. 37) zu erfüllen; zugleich ist ein Beitrag zu den energie- und klimapolitischen Zielen der Union zu leisten.

Ergänzt werden diese Regelungen durch die VO (EU) 2021/1153 zur Schaffung der Fazilität „Connecting Europe" (sog. CFE-VO)[95], welche die Bereitstellung der Finanzmittel letztlich erst sicherstellt.[96] Gemäß Art. 4 Abs. 1 CFE-VO werden für den Zeitraum 2021-2027 über 33 Milliarden Euro für den Ausbau transeuropäischer Netze, davon fast 6 Milliarden Euro für den Energiesektor, zur Verfügung gestellt. Diese Finanzhilfen dienen ua dem Ziel, die transeuropäischen Netze auf- und auszubauen, zu modernisieren, die grenzüberschreitende Zusammenarbeit im Bereich der erneuerbaren Energien zu erleichtern, bei gleichzeitiger Berücksichtigung langfristiger Dekarbonisierungsverpflichtungen, Stärkung der europäischen Wettbewerbfähigkeit, intelligenten, nachhaltigen und integrativen Wachstums (Art. 3 Abs. 1 CFE-VO). Im Energiesektor dient diese Unterstützung namentlich der Stärkung der Wettbewerbfähigkeit durch Förderung der Integration des Energiebinnenmarkts und der grenz- und sektorübergreifenden Interoperabilität der Netze, der Förderung der Dekarbonisierung der Wirtschaft sowie der Energieeffizienz, der Gewährleistung der Energieversorgungssicherheit der Union sowie der Erleichterung der grenzüberschreitenden Zusammenarbeit (Art. 3 Abs. 2 lit. b) CFE-VO).

C. Fazit

Ohne den Ausbau der Energienetze sind die Ziele der Verwirklichung des Energiebinnenmarkts und der Schaffung einer Energieunion nicht zu erreichen. Dabei ist die EU im Wesentlichen auf die Unterstützung der Mitgliedstaaten angewiesen, stellt aber auch selbst finanzielle Mittel bereit, um den Ausbau der Netze zu fördern. Mit Blick auf das Sekundärrecht erhält die TEN-E VO eine hervorgehobene Rolle. Sie definiert *Vorhaben von gemeinsamem Interesse* und *Vorhaben von gegenseitigem Interesse*, die besondere Planungsprivilegien genießen. Ihre Rechtmäßigkeit ist aber mit Blick auf Rechtsform und Kompetenz nicht unumstritten.

---

95 ABl. L 249 vom 14.7.2021, S. 38.
96 Vgl. Art. 24 S. 2 TEN-E VO.

Abbildung 7

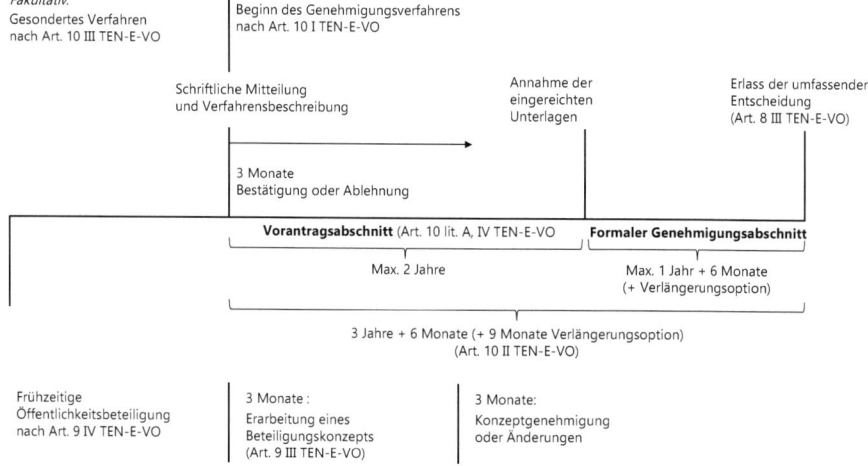

Quelle: eigene Darstellung

D. Wiederholungs- und Vertiefungsfragen

1. Warum bedarf es eines Ausbaus der Energienetze in Europa?
2. Mit welchen Interessen kollidiert ein Ausbau der Energienetze in Europa?
3. Welches sind die wesentlichen EU-primär- und EU-sekundärrechtlichen Grundlagen für den Ausbau der Energienetze?
4. Welche rechtlichen Probleme stellen sich mit Blick auf Rechtsform und Kompetenz der TEN-E VO?
5. Was ist ein Vorhaben von gemeinsamem Interesse, was ein Vorhaben von gegenseitigem Interesse?
6. Welche wesentlichen Neuerungen enthält die TEN-E VO mit ihrer Neufassung?
7. Wie erfolgt die Umsetzung eines solchen Vorhabens? (Genehmigungsverfahren)
8. Wie ist die Öffentlichkeit bei Vorhaben von gemeinsamem oder gegenseitigem Interesse zu beteiligen?
9. Wer ist für die Verwirklichung eines Vorhabens von gemeinsamem oder gegenseitigen Interesse zuständig?
10. Was ist das sog. „One-Stop-Shop-Prinzip"?
11. Welche europäischen Finanzierungsmöglichkeiten gibt es für Vorhaben von gemeinsamem oder gegenseitigem Interesse?

Kapitel 7: Energieeffizienz als Werkzeug des Klimaschutzes

A. Einführung und Grundsätze

Was bedeutet Energieeffizienz? Nach Art. 2 Nr. 4 der RL 2012/37/EU (Energieeffizienzrichtlinie) [1] wird darunter das Verhältnis des Einsatzes einer bestimmten Energiemenge zu einem Ertrag an Leistung, Dienstleistungen, Waren oder Energie verstanden. Je **weniger Energie bei gleichbleibender Leistung** eingesetzt werden muss, desto energieeffizienter ist ein Produkt oder eine Energieleistung[2]. Verringert man die zugeführte Energie (Input), um denselben Dienstleistungs-, Waren- oder Energieertrag (Output) zu erhalten, wird die Umwelt geschont, ohne Wohlstandseinbußen zu erleiden. Energieeffizienz ist daher nicht gleichzusetzen mit der schlichten Einsparung von Energie.[3] Stattdessen schafft der Unionsgesetzgeber Anforderungen an energieeffizientes Wirtschaftswachstum und treibt so eine wettbewerbsfähige Industrie innerhalb der Union voran.[4]

Virulent wurde der Gedanke, Energie zu sparen, erstmals in den Jahren 1973 bzw. 1979/80 im Kontext der Ölpreiskrisen.[5] Die krisenbedingt hohen Energiepreise machten den Europäern die wirtschaftliche Gefahr bewusst, die von ihrer Importabhängigkeit ausging. Aufgerüttelt durch den Schock fingen 1973 Staats- und Regierungschefs der EWG an, gemeinsam zu reagieren. Bei einer Gipfelkonferenz verständigten sich die Mitgliedstaaten auf die Einführung einer gemeinsamen Energiepolitik.[6] Vorrangig erfolgten die Reaktionen indes noch auf Ebene der Nationalstaaten. Neben symbolischen Maßnahmen, wie vier allgemeinen Sonntagsfahrverboten auf deutschen Straßen,[7] wurde jedoch im Folgenden die Energieeffizienz als wirksames Mittel erkannt, um Abhängigkeiten zu reduzieren. Es folgten Maßnahmen wie das 1976 in Deutschland erlassene Energieeinsparungsgesetz[8], das erstmals Anforderungen an den Wärmeschutz neu errichteter Gebäude vorschrieb, damit „vermeidbare Energieverluste unterbleiben" (vgl. § 1 EnEG 1976). Eine verstärkte Internationalisierung[9] und Europäisierung des Regelungsrahmens begann indessen erst Anfang der 1990er-Jahre.[10]

---

1 Vgl. Richtlinie 2012/27/EU des Europäischen Parlaments und des Rates vom 25.10.2012 zur Energieeffizienz.
2 *Krüger*, European Energy Law and Policy, 2016, S. 182.
3 *Talus*, Introduction to EU Energy Law, 2016, S. 127.
4 *Lippert/Lülsdorf*, Einführung in die dem Energieeffizienzrecht zugehörigen Gesetze und Verordnungen in: Theobald/Kühling, 122. EL 2023, Energierecht, Rn. 17.
5 *Talus*, Introduction to EU Energy Law, 2016, S. 127.
6 Verlautbarung der Konferenz der Staats- und Regierungschefs der EG in Kopenhagen (14. und 15.12.1973), Anlage: Energie, in: Bulletin, hrsg. vom Presse- und Informationsamt der Bundesregierung, Nr. 165 vom 18.12.1973, S. 1650 f.
7 § 1 der Verordnung Nr. 95 über Fahrverbote und Geschwindigkeitsbegrenzungen für Motorfahrzeuge v. 19.11.1974, BGBl. 1973 I, 1676 (1676).
8 Energieeinsparungsgesetz (EnEG) v. 22.7.1976 (BGBl. I S. 1873).
9 Energy Charter Declaration; Art. 19 Abs. 1 lit. c des Vertrags über die Energiecharta von 1994 (ECT) obliegt den „Vertragsparteien [...] die Energieeffizienz [zu] verbessern"; The Energy Charter Protocol on Energy Efficiency and Related Environmental Aspects (PEEREA). Allgemein zur steigenden Bedeutung des Energierechts auf internationaler Ebene, Das Protokoll von Kyoto zum Rahmenübereinkommen der Vereinten Nationen über Klimaänderungen (kurz: Kyoto-Protokoll).
10 Hervorzuheben sind RL 92/42/EWG (Wirkungsgrade von bestimmten Warmwasserheizkesseln), später: Richtlinie 2002/91/EG über die Gesamtenergieeffizienz von Gebäuden; SAVE-RL 93/76/EWG zur Begrenzung der Kohlenstoffdioxidemissionen durch eine effizientere Energienutzung, heute RL 2012/27/EU; die Überarbeitung RL 79/530/EWG durch die RL 92/75/EWG (Energieverbrauchskennzeichnung).

7 Teil II: Die regulatorische Agenda der Europäischen Union im Energiebereich

3   Aufgrund endlicher Ressourcen und im Lichte menschenverursachter Klimaerwärmung rückt die ressourcenschonende Nutzung der Rohstoffe zunehmend ins **Zentrum EU-rechtlicher Regulierungsbestrebungen**.[11] Zur Wahrung eines nachhaltigen Energiehaushalts sind die Regelungen betreffend die Energieeffizienz ein wesentlicher Bestandteil des gesamten Energierechts. Die Senkung des Energiebedarfs zählt, wie schon die im letzten Kapitel thematisierte Integration des Binnenmarktes, zu den fünf Dimensionen der Energieunion.[12] „Energieeffizienz an erster Stelle" heißt es sogar bisweilen in den Gesetzestexten.[13] Denn durch eine Verbesserung der Effizienz werden die anderen energiepolitischen Ziele der Versorgungssicherheit und Nachhaltigkeit ebenfalls erreicht.[14] Auch die starke primärrechtliche Verankerung in den Verträgen von Lissabon macht deutlich, dass die Steigerung der Energieeffizienz eines der Hauptziele der EU und wichtiger Bestandteil einer nachhaltigen Entwicklung ist.[15] So erhielt die EU in Art. 194 Abs. 2 iVm 1 lit. c) AEUV eine spezielle Kompetenz für Maßnahmen zur Förderung der Energieeffizienz.[16] Zudem definiert Art. 194 Abs. 1 lit. c) AEUV die Förderung der Energieeffizienz als zentrales Ziel der Energiepolitik der Union. Auch ist die rationelle Ressourcenverwendung als politisches Ziel der Union in Art. 191 Abs. 1 Spstr. 3 AEUV ausgewiesen. Darüber hinaus ist sie wichtiger Bestandteil einer Gesetzgebung zur Erreichung der in Art. 191 Abs. 1 Spstr. 4 AEUV vorgeschriebenen Bewältigung der Umweltprobleme und Bekämpfung des Klimawandels, da dem Konzept der Energieeffizienz eine spürbare Umweltschutzkomponente inhärent ist.[17] Schließlich war sie in allen großen Klimastrategien zur Erreichung der Zielsetzungen für 2020[18], 2030[19] und 2050[20] enthalten.

B. Energieeffizienz durch EU-Recht: Sekundärrechtliche Grundlagen

4   Die Europäischen Regelungen, welche die Verbesserung der Energieeffizienz betreffen, haben eine **kaum übersehbare Dichte** erreicht. Im Folgenden soll die Entwicklung

---

11   Mitunter als „Renaissance" bezeichnet, vgl. *Pielow*, ZUR 2010, 115 (116).
12   Erwägungsgrund 1 RL (EU) 2018/2002; Erwägungsgrund 2 Governance-VO. Siehe ausführlich zur Energieunion bereits oben, Teil I Rn. 20 ff.
13   Vgl. etwa 5. Erwägungsgrund der Governance-VO.
14   *Talus*, Introduction to EU Energy Law, 2016, S. 127.
15   *Talus*, Introduction to EU Energy Law, 2016, S. 127.
16   Siehe dazu bereits oben, Teil I Rn. 78 ff.
17   Vgl. *Talus*, Introduction to EU Energy Law, 2016, S. 127.
18   Mitteilung der Kommission v. 10.11.2010, "Energie 2020 – Eine Strategie für wettbewerbsfähige, nachhaltige und sichere Energie", KOM(2010) 639 endg.
19   Europäischer Rat, Schlussfolgerungen vom 24.10.2014, EUCO 169/14.
20   Mitteilung der Kommission v. 15.12.2011, Energiefahrplan 2050, KOM(2011) 885 endg.

B. Energieeffizienz durch EU-Recht: Sekundärrechtliche Grundlagen

der Rechtsgrundlagen anhand der wichtigsten Regelungen auf Europäischer Ebene dargestellt werden.

Abbildung 8

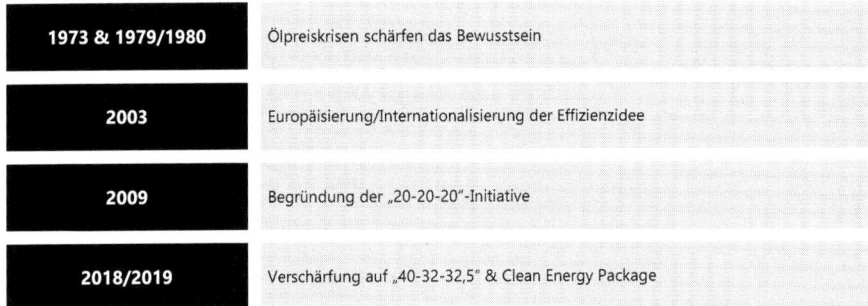

Quelle: eigene Darstellung

Die Entwicklung der sekundärrechtlichen Grundlagen geht auf die Anfangszeit der EU zurück.[21] Hervorzuheben ist zunächst der erste Aktionsplan der Kommission aus dem Jahre 2000.[22] Dieser wies erstmals ein konkretes Ziel zur Verbesserung der Energieeffizienz auf. Das Verbesserungspotential bei der Energieeffizienz schätzte die Kommission auf über 18 % und schlug verschiedene Maßnahmen zur Realisierung des Potentials vor. Hintergrund war die Absicht, das Kyoto-Protokoll zum Rahmenübereinkommen der Vereinten Nationen über Klimaänderungen (UNFCCC) einzuhalten. Dieses verpflichtet, den weltweiten Temperaturanstieg unter 2°C zu halten und bis 2020 die Gesamttreibhausgasemissionen gegenüber den Werten von 1990 um mindestens 20 % im Vergleich zum Jahr zu senken.[23]

I. Entwicklung des rechtlichen Rahmens

Daran knüpfte der Gesetzgeber im Jahre 2002 mit der RL 2002/91/EG an.[24] Eingeführt wurden zur Erreichung der gesetzten Effizienzziele Energiebedarfsgrenzen für Neubauten, Schaffung integrativer Bewertungsregeln für Gebäude durch die Mitgliedstaaten (Art. 3 RL 2002/91/EG), Vorgaben zur Nutzung erneuerbarer Energien für neue Gebäude (Art. 5 UAbs. 1 Spstr. 1 RL 2002/91/EG) und Energiezertifizierungen in Form von Energieausweisen für alle Gebäude zur allgemeinen Einsicht (Art. 7 RL 2002/91/EG) sowie die regelmäßige Überprüfung der Effizienz von Wärme- oder Kälteerzeugern (Art. 8 und 9 RL 2002/91/EG).

Kurze Zeit später wurde die Optimierung der Energieeffizienz auf weiteren Gebieten vorangetrieben. Die RL 2004/8/EG (KWK-RL) sollte dabei helfen, das volle Potential hocheffizienter Kraft-Wärme-Kopplungen auszunutzen. **Kraft-Wärme-Kopplung** ist eine Technik, bei der die Hitze, die bei der Erzeugung elektrischer oder mechanischer

---

21 Vgl. hier etwa OJ 93/C 394/01, 17.12.1998, Council Resolution on energy efficiency in the European Community. Erging unter anderem als Reaktion auf KOM(1998) 246 endg. v. 29.4.1998: Energieeffizienz in der Europäischen Gemeinschaft – Ansätze für eine Strategie des rationellen Energieeinsatzes.
22 Mitteilung von 26.4.2000, Aktionsplan zur Verbesserung der Energieeffizienz in der Gemeinschaft, KOM(2000) 247 endg.
23 Hierzu bereits unter Teil I Rn. 13.
24 Richtlinie 2002/91/EG über die Gesamtenergieeffizienz von Gebäuden.

Teil II: Die regulatorische Agenda der Europäischen Union im Energiebereich

7   Energie entsteht (und in herkömmlichen Verfahren ungenutzt bleibt), ausgenutzt wird. Diese Hitze wird dann im Wege der Fernwärmeversorgung an den Endverbraucher geliefert.[25] Mittels der RL 2005/32/EG (Vorläufer der Ökodesign-RL) werden die Voraussetzungen geschaffen, um für sämtliche energiegetriebenen Produkte Mindesteffizienzanforderungen zu stellen.

8   Eine erhebliche **Intensivierung** erfuhr das Thema durch das „Grünbuch über Energieeffizienz oder Weniger kann mehr sein" der Kommission[26] im Jahre 2005. Die Kommission verschärfte die geforderte Effizienzsteigerung auf 20 % bis 2020. Sie hielt einen Einsparwert von 60 Mrd. Euro pro Jahr möglich. Darauf aufbauend wurde kurze Zeit später im Jahre 2006 der nächste „Aktionsplan für Energieeffizienz: Das Potenzial ausschöpfen"[27] für die Jahre 2007–2012 verabschiedet. Hierdurch sollten die breite Öffentlichkeit, die politischen Entscheidungsträger und die Marktteilnehmer mobilisiert und der Energiebinnenmarkt so umgestaltet werden, dass die Unionsbürger Zugang zu energieeffizientesten Infrastrukturen erhalten.

9   Mit der daraufhin erlassenen Richtlinie 2006/32/EG (Energiedienstleistungs-RL, Vorläufer der Energieeffizienz-RL) wurde dann jedoch zunächst nur das **Ziel einer Verbesserung der Energieeffizienz in Höhe von 9 %** etabliert. Nach Art. 4 RL 2006/32/EG wurden die Mitgliedstaaten verpflichtet, Anstrengungen zu unternehmen, um den Richtwert zu erreichen. Bei den 9 % handelte es sich jedoch um keine rechtsverbindliche Zielmarke, sondern lediglich um ein *indikatives* Richtziel.[28] Dennoch war der Grundstein für das zentrale Instrument des Gemeinschaftsgesetzgebers zur Verbesserung der Energieeffizienz geschaffen.

10 Der nächste Aktionsplan für die Jahre 2007 bis 2009 „Eine Energiepolitik für Europa"[29] wurde dann im Dezember 2007 erlassen. Dieser leitete die bekannte „20-20-20 Initiative" ein. Demnach sollte bis 2020 neben der bereits zuvor angestrebten 20 %igen Steigerung der Energieeffizienz, der Anteil erneuerbarer Energien am europäischen Gesamtverbrauch um 20 % erhöht werden und Treibhausgasemissionen (gegenüber dem Stand von 1990) um 20 % reduziert werden.[30]

11 Zur Erreichung des 20-20-20 Ziels legte die Kommission im Dezember 2008 ein Energieeffizienzpaket vor,[31] das 2009 verabschiedet wurde und zu einer erheblichen Ausweitung des regulatorischen Rahmens führte.[32] Die Schwerpunkte des Pakets lagen auf einer Verbesserung der Rechtsvorschriften zur Energieeffizienz von Gebäuden, der Energieeffizienz-Kennzeichnung sowie einer nachdrücklicheren Durchführung der Richtlinie zur umweltgerechten Gestaltung (Ökodesign) und zur Kraft-Wärme-Kopplung.[33]

---

25 Vgl. *Krüger*, European Energy Law and Policy, 2016, S. 184.
26 Vgl. Kommission der Europäischen Gemeinschaften, Grünbuch über Energieeffizienz oder Weniger kann mehr sein, KOM(2005) 265 endg. v. 9.11.2005, S. 6.
27 Mitteilung der Europäischen Kommission v. 19.10.2006, KOM(2006) 545 endg.
28 Erwägungsgrund 12 stellt klar, dass es sich lediglich um einen Richtwert handelt, der rechtlich nicht bindend ist.
29 Anlage I zu den Schlussfolgerungen des Vorsitzes des Europäischen Rates v. 8./9.3.2009, 7224/1/07.
30 Plan des Rates war es, diese Ziele durch kommende Richtlinien für alle Staaten der Union rechtsverbindlich werden zu lassen, was jedoch nicht erfolgte, vgl. *Pielow*, ZuR 2010, 115 (117).
31 Mitteilung der Kommission v. 13.11.2008, KOM(2008) 772 endg.
32 *Krüger*, European Energy Law and Policy, 2016, S. 183.
33 Das Paket enthielt Entwürfe für die RL 2010/30/EU (Verbrauchskennzeichnung), RL 2010/31/EU (Gebäudeeffizienzrichtlinie), RL 2009/125/EG (Ökodesignrichtlinie). Teil des Paketes war auch VO (EG) Nr. 1222/2009 (Kennzeichnung von Reifen), die aus Platzgründen nicht behandelt wird. Ebenso wenig werden die in denselben Zeitraum fallenden Regelungen betreffend Energieeffizienzsteigerungen (bspw. VO (EG) Nr. 106/2008 (EU Energy Star-Verordnung für Bürogeräte) behandelt.

B. Energieeffizienz durch EU-Recht: Sekundärrechtliche Grundlagen

Im unmittelbaren zeitlichen Zusammenhang wurden auch die Effizienzvorschriften in anderen Regelwerken überarbeitet.

1. Gebäudeeffizienz: Neufassung der RL 2002/91/EG durch RL 2010/31/EU

Bei der (noch heute gültigen, jedoch mehrfach aktualisierten) RL 2010/31/EU (Gebäudeeffizienzrichtlinie) handelt sich um eine Neufassung der bis dahin geltenden RL 2002/91/EG. Der Grund, warum der Gesetzgeber gerade hier eine Neuregelung angestrengt hat, findet sich in Erwägungsgrund 4 der RL 2010/31/EU: 40 % des Gesamtenergieverbrauchs der Union entfallen auf den **Gebäudesektor**. Da mit weiterer Expansion des Sektors gerechnet wird, wodurch der Energieverbrauch weiter ansteigt, seien Maßnahmen zur Senkung unerlässlich. Inhaltlich müssen die Mitgliedstaaten nach Art. 1 Abs. 1, 3 RL 2010/31/EU optimale Mindestanforderungen an die **Gesamtenergieeffizienz von Gebäuden oder Gebäudeteilen** vorschreiben. Insbesondere sieht die neugefasste Richtlinie vor, dass die Mitgliedstaaten gewährleisten, dass im Privatsektor bis zum 31.12.2020 alle Gebäude „Niedrigstenergiegebäude" sind.[34] Ein Niedrigstenergiegebäude ist gem. Art. 2 Nr. 2 RL 2010/31/EU ein Gebäude, das eine sehr hohe Gesamtenergieeffizienz aufweist, dessen Energiebedarf nahe Null liegt.[35] Der fast bei Null liegende oder sehr geringe Energiebedarf soll zu einem ganz wesentlichen Teil durch Energie aus erneuerbaren Quellen gedeckt werden.

2. Energieverbrauchskennzeichnung: Neufassung der RL 92/75/EWG durch RL 2010/30/EU

Noch aus den 1990er Jahre stammte die RL 92/75/EWG, welche die gemeinschaftsweite Anbringung eines **einheitlichen Etiketts mit Informationen über den Energieverbrauch des betreffenden Produkts** vorschrieb. Die bekannten Buchstaben (A bis G) und Farbcodes wurden in entsprechenden Durchführungsrichtlinien festgelegt.[36] Auch mit der Neufassung der Regelungen zur Energieverbrauchskennzeichnung durch die (Rahmen-)RL 2010/30/EU (mittlerweile ersetzt durch VO (EU) Nr. 2017/1369)[37] zielte der Unionsgesetzgeber laut Erwägungsgrund 3 RL 2010/30/EU auf die Realisierung ungenutzter Energieeinsparpotenziale im Produktionssektor. Nach Erwägungsgrund 5 RL 2010/30/EU sollte mittels einer genauen, sachdienlichen und vergleichbaren Unterrichtung über den spezifischen Energieverbrauch von Produkten die Kaufentscheidung der Verbraucher positiv beeinflusst werden. Dies sollte wiederum Anreize für die Hersteller schaffen, energieeffiziente Produkte auf den Markt zu bringen. Dazu wurde insbesondere nach Art. 1 Abs. 2 iVm Art. 2 lit. a) RL 2010/30/EU der Geltungsbereich von Haushaltsgeräten auf alle energieverbrauchsrelevanten Produkte ausgeweitet. Für besonders sparsame Produkte wurden gemäß Art. 10 Abs. 4 lit. d) UAbs. 2 RL 2010/30/EU außerdem drei zusätzliche Klassen eingerichtet: A+, A++ und A+++. Grund dafür war, dass inzwischen ein Großteil der verkauften Geräte in die Kategorie A fiel.

---

[34] Bei eigengenutzten Gebäuden ist die Frist bereits am 31.12.2018 verstrichen. Vgl. Art. 9 Abs. 1 UAbs. 1 RL 2010/31/EU.
[35] Vgl. *Halstenberg/Nusser*, EnWZ 2013, 343 (347).
[36] *Fischerauer*, Energieverbrauchskennzeichnungsgesetz – EnVKG, in: Theobald/Kühling, Energierecht, Einführung, 122. EL 2023, Rn. 12.
[37] Vgl. noch unter IV. 3.

3. Ökodesignrichtlinie: Neufassung der RL 2005/32/EG durch RL 2009/125/EG

14 Ebenfalls verschärft wurde die RL 2005/32/EG durch die Neufassung in Gestalt der (noch gültigen) RL 2009/125/EG. Die zentrale Änderung bestand darin, dass der Regelungsgegenstand in Art. 1 RL 2009/125/EG **von energiebetriebenen auf energieverbrauchsrelevante Produkte** ausgeweitet wurde. Dadurch können nunmehr auch passive Produkte mit Einfluss auf die Energieeffizienz, wie Fenster und Dämmstoffe, erfasst werden.[38] Spezifische Anforderungen mussten jedoch immer noch gemäß Art. 15 Abs. 1 RL 2009/125/EG im Wege weiterer Rechtsakte oder der Selbstregulierung eingeführt werden.[39] Besondere Bekanntheit hat hier die VO (EG) Nr. 244/2009 erlangt, was sich in den bis in die Feuilletons reichenden Diskussionen um das so titulierte „Glühbirnenverbot" widergespiegelt hat. Aber auch andere Durchführungsverordnungen stehen wegen ihres Verbotscharakters in der Kritik.[40]

▶ *Beispiel Staubsaugerkennzeichnung*[41]: Auf Klage des Staubsaugerherstellers Dyson, der beutellose Staubsauger herstellt, hob der EuGH die Verordnung (EU) Nr. 665/2013 auf, da die Energieeffizienz der Staubsauger mit Beutel laut der Verordnung nur mit leeren Beuteln zu testen war. Um eine Vergleichbarkeit der Energieeffizienz zu ermöglichen, müssten die Testbedingungen den tatsächlichen Bedingungen des Gebrauchs so nahe wie möglich kommen. Bei Staubsaugern, die einen Staubbeutel benötigten, sei dies nur dann gegeben, wenn der Staubbeutel bis zu einem gewissen Grad gefüllt sei. ◀

4. Elektrizitäts- und Gasbinnenmarktrichtlinie: RL 2009/72/EU und RL 2009/73/EU

15 Der Unionsgesetzgeber erließ zudem energieeffizienzbezogene Bestimmungen in übergreifenden energierechtlichen Regelwerken. So wurden durch die dritten Binnenmarktrichtlinien Strom und Gas (RL 2009/72/EU [mittlerweile ersetzt durch RL (EU) 2019/944] bzw. RL 2009/73/EU) alle europäischen Mitgliedstaaten nach Anhang I Abs. 2 UAbs. 1 S. 1 [Anhang II Nr. 1 RL (EU) 2019/944] zur Einführung intelligenter Messsysteme aufgefordert. Hierdurch wurde den Mitgliedstaaten – abhängig von einer einzelstaatlichen Kosten-Nutzen-Analyse (wie sie auch Deutschland durchgeführt hat) – aufgegeben, bis 2020 80 % der **Verbraucher mit *Smart Metern*** auszurüsten. Es handelt sich dabei um intelligente Messsysteme, welche zur „Interoperabilität",[42] also der bidirektionalen Kommunikation – dem Versand und Empfang von Messdaten – in der Lage sind.[43] Ein **intelligentes Messsystem** setzt sich aus einer **modernen Messeinrichtung**, die den tatsächlichen Verbrauch und die tatsächliche Nutzungszeit widerspiegelt,[44] sowie einem **Smart-Meter-Gateway** (also einer Kommunikationseinheit, die die Messeinrichtung in ein Kommunikationsnetz einbinden kann und über Funktionalitäten zur Erfassung, Überarbeitung und Versendung von Daten verfügt)[45] zusammen.

Diese intelligenten Messsysteme sind in der Lage, je nach Ausstattung für Letztverbraucher, Netzbetreiber und Erzeuger die notwendigen Verbrauchsinformationen be-

---

38 *Krüger*, European Energy Law and Policy, 2016, S. 189.
39 Vgl. etwa VO (EG) Nr. 1016/2010 (Spülmaschinen); VO (EG) Nr. 1015/2010 (Waschmaschinen); VO (EG) Nr. 4/2014 (Elektromotoren).
40 *Rosenow/Kern*, EU energy innovation policy: the curious case of energy efficiency, in: Leal-Arcas/Wouters, Research Handbook on EU Energy Law and Policy, 2017, S. 506.
41 EuGH Urt. v. 8.11.2018 – Rs. T-544/13 RENV, ECLI:EU:T:2018:761 – Dyson/Kommission.
42 Vgl. Anhang I Abs. 2 UAbs. 5 RL 2009/72/EG.
43 *Kelly*, Das intelligente Energiesystem der Zukunft – Regulierungsgefüge, Europarechtskonformität und Grundrechtsmäßigkeit des Smart Meter Rollouts, 2020, S. 30 f.
44 So die Def. in § 2 Nr. 15 MsbG.
45 So die Def. in § 2 Nr. 19 MsbG.

B. Energieeffizienz durch EU-Recht: Sekundärrechtliche Grundlagen

reitzustellen, Netzzustandsdaten zu übermitteln, sichere und zuverlässige Steuerungsmaßnahmen zu unterstützen sowie als eine Art Kommunikationsplattform im intelligenten Energienetz zu dienen.[46] Hierdurch ermöglichen sie eine bessere Netz- und Ressourcensteuerung. Zudem können sie dem Endverbraucher genaue Informationen darüber bereitstellen, wie er sich beim Energieverbrauch verhält. Diese können mithin ihren **Energieverbrauch genau nachvollziehen, Einsparpotentiale identifizieren und solche gezielt ausnutzen**.[47] Somit handelt es sich bei den sog. *Smart Metern* auch um ein Werkzeug zur Verbesserung der Energieeffizienz.

5. Energieeffizienz-RL 2012/27/EU

Das Paket wurde jedoch schließlich als nicht ausreichend zur Erreichung der gesteckten Ziele erachtet.[48] Dementsprechend intensivierte die EU-Kommission ihre Bemühungen und machte im Frühjahr 2011 in ihrem „Energieeffizienzplan 2011" Vorschläge, um die Anforderungen für die Mitgliedstaaten zu verschärfen.[49]

Um die EU-rechtliche Energiepolitik entsprechend dieser Anforderungen auf eine neue Basis zu stellen und einen **übergeordneten Rahmen für Maßnahmen zur Förderung von Energieeffizienz** in der Union zu schaffen[50], verabschiedeten das Parlament und der Rat die (noch geltende, jedoch mehrmals aktualisierte) RL 2012/27/EU (Energieeffizienzrichtlinie). Regelungstechnisch fasste die Energieeffizienzrichtlinie die Energiedienstleistungs-RL und die KWK-RL zusammen.[51] Die 2012 erlassene Richtlinie hat das wesentliche Ziel, Energieeffizienzpotentiale zu nutzen und damit das Energierecht an die Energieeffizienz- und Klimaziele für 2030 anzupassen. Dementsprechend soll(te) nach Art. 1 Abs. 1 RL 2012/27/EU die Energieeffizienz bis 2020 um 20 % und bis 2030 um 32,5 % gegenüber dem Stand von 1990 verbessert werden. Zu diesem Zweck schreibt der Unionsgesetzgeber in Art. 3 Abs. 5 RL 2012/27/EU allen Mitgliedstaaten vor, indikative (also nicht verbindliche) nationale Energieeffizienzbeiträge festzulegen. Bei der Festlegung ist zu berücksichtigen, dass der unionsweise Energieverbrauch im Jahre 2030 höchstens 1.128 Mio. t RÖE an Primärenergie und/oder höchstens 846 Mio. t RÖE an Endenergie betragen darf.

Die Richtlinie differenziert dabei zwischen Effizienzsteigerungen beim Energieverbrauch (Art. 4 ff. RL 2012/27/EU) und solchen bei der Energieerzeugung (Art. 14 ff.

16

---

46 *Baumgart*, RdE 2016, 454 (456).
47 *Baumgart*, RdE 2016, 454 (455); *Greveler*, in: Glösekötter/Justus/Loehr, Multimedia Content Identification Through Smart Meter Power Usage Profiles, 2012, S. 1, abrufbar unter: https://www.researchgate.net/publication/266461208_Multimedia_Content_Identification_Through_Smart_Meter_Power_Usage_Profiles (Stand 30.9.2023).
48 Europäische Kommission, Die neue Energie-Effizienz-Richtlinie der Kommission, Pressemitteilung vom 22.6.2011, MEMO/11/440; vgl. zu dieser Einschätzung auch *Krüger*, European Energy Law and Policy, 2016, S. 182.
49 Europäische Kommission, Mitteilung v. 8.3.2011, "Energieeffizienzplan 2011", KOM(2011) 109 endg. In eine ähnliche Richtung ging bereits die Mitteilung der Europäischen Kommission v. 3.3.2010, "Europa 2020 – Eine Strategie für intelligentes, nachhaltiges und integratives Wachstum".
50 *Krüger*, European Energy Law and Policy, 2016, S. 183.
51 *Topp*, Fernwärmerecht, in: Theobald/Kühling, Energierecht, 122. EL 2023, Rn. 38.

RL 2012/27/EU).[52] Über den Erfolg der Umsetzung sind Nationale Energieeffizienz-Aktionspläne zu erstellen („NEEAP", vgl. Art. 24 Abs. 1 und 2 RL 2012/27/EU).

a. Verbrauchseffizienz

17   Zentrale Regelung auf der Verbrauchsseite ist die Einführung der **Energieeffizienzverpflichtungssysteme** nach Art. 7 RL 2012/27/EU. Aus der Einführung dieser Systeme durch die Mitgliedstaaten sollen die Hälfte der mit der RL 2012/27/EU angestrebten Einsparungen resultieren.[53] Jeder Mitgliedstaat wählt dazu nach Art. 7 Abs. 4 RL 2012/27/EU eine beliebige Anzahl ihrer Unternehmen aus, die bis zum 31.12.2020 (unbeschadet des Abs. 2) ein kumuliertes jährliches Energiesparziel von 1,5 % (Art. 7 Abs. 1 UAbs. 1 lit. a) RL 2012/27/EU) sowie bis zum 31.12.2030 ein kumuliertes jährliches Energiesparziel von 0,8 % (Art. 7 Abs. 1 UAbs. 1 lit. b) RL 2012/27/EU) erreichen sollen.[54] Die Erreichung ist rechtlich verpflichtend.[55]

18   Ein weiterer Schwerpunkt der Verbrauchsregulierung liegt auf der Steigerung der **Energieeffizienz von Gebäuden**.[56] Die Mitgliedstaaten legen nach Art. 4 RL 2012/27/EU eine langfristige Strategie zur Mobilisierung von Investitionen in die Renovierung des nationalen Bestands an sowohl öffentlichen als auch privaten Wohn- und Geschäftsgebäuden fest. Zudem sollen die Mitgliedstaaten selbst mit gutem Beispiel vorangehen und in erheblichem Umfang öffentliche Gebäude renovieren. Vorgeschrieben ist nach Art. 5 Abs. 1 RL 2012/27/EU, dass jährlich **3 % der Gesamtfläche der Gebäude**, die im Eigentum der Zentralregierung stehen oder von dieser genutzt werden, nach den Mindestanforderungen an die Gesamtenergieeffizienz renoviert werden.[57] Die Vorbildfunktion des Staates gilt auch für die öffentliche Beschaffung. Nach Art. 6 Abs. 1 RL 2012/27/EU gewährleisten die Mitgliedstaaten, dass die Zentralregierungen grundsätzlich nur Produkte, Dienstleistungen und Gebäude mit hoher Energieeffizienz beschaffen.[58]

19   Im Übrigen betreffen die Verbrauchsregelungen die **Erfassung und Analyse von Einsparungspotentialen**. Nach Art. 8 RL 2012/27/EU fördern die Mitgliedstaaten die Verfügbarkeit von hochwertigen Energieberatungen durch einen entsprechend ausgebildeten Experten (Energieaudit) und ermutigen kleine und mittlere Unternehmen dazu, sich Energieaudits zu unterziehen. Art. 9 bis 11 RL 2012/27/EU bringen Anforderungen an die Verbrauchserfassung und Abrechnungsinformationen hervor. Nach Abs. 1 der Vorschrift müssen die Mitgliedstaaten den Endkunden im Bereich Erdgas die Verfügbarkeit von modernen Messeinrichtungen („individuelle Zähler") zu wett-

---

52   Art. 16 bis 21 RL 2012/27/EU sehen daneben auch horizontale Bestimmungen zur Verbesserung der Energieeffizienz, auf die hier jedoch aus Platzgründen sowie aus Gründen der Schwerpunktsetzung nicht weiter eingegangen werden soll.
53   Vgl. Mitteilung der Kommission v. 6.11.2013, „Durchführung der Energieeffizienzrichtlinie – Leitlinien der Kommission", KOM(2013) 762 endg.; *Krüger*, European Energy Law and Policy, 2016, S. 185.
54   Die Kommission hat eine Anleitung zur Umsetzung der Vorschrift herausgegeben (Commission Staff Working Document, Guidance note on Directive 2012/27 /EU on energy efficiency amending Directives 2009/125/EC and 2010/30/EC, and repealing Directives 2004/8/EC and 2006/32/EC Article 7: Energy efficiency obligation schemes – Accompanying the document Communication from the Commission to the European Parliament and the Council, Implementing the Energy Efficiency Directive – Commission Guidance (SWD/2013/0451 final).
55   *Talus*, Introduction to EU Energy Law, 2016, S. 129.
56   *Krüger*, European Energy Law and Policy, 2016, S. 185.
57   Die Mindestanforderungen mussten in Anwendung von Art. 4 RL 2010/31/EU von den Mitgliedstaaten selbst festgelegt werden.
58   Die hohe Effizienz richtet sich nach indikativen Nationalen Energiezielen, *Krüger*, European Energy Law and Policy, 2016, S. 185.

B. Energieeffizienz durch EU-Recht: Sekundärrechtliche Grundlagen

bewerbsfähigen Preisen gewährleisten. Besteht das Recht auf einen solchen Zähler, verkürzt Art. 9 Abs. 1 RL 2012/27/EU gleichzeitig aber auch die Freiheit des Einzelnen, indem sie erzwingt, dass die moderne Messeinrichtung physisch in der Wohnung eingebaut wird, soweit es technisch machbar, finanziell vertretbar und im Vergleich zu den potenziellen Energieeinsparungen verhältnismäßig ist.[59] Nach Art. 9a Abs. 1 RL 2012/27/EU stellen die Mitgliedstaaten sicher, dass Endkunden im Rahmen der Fernwärme- und Fernkälteversorgung sowie der Warmwasserbereitung für den häuslichen Gebrauch Zähler zu wettbewerbsfähigen Preise erhalten, „die ihren tatsächlichen Energieverbrauch präzise widerspiegeln". Nach Art. 9b Abs. 1 RL 2012/72/EU werden in Gebäuden mit mehreren Wohnungen und Mehrzweckgebäuden mit zentralen Anlagen (sofern dies technisch durchführbar und kosteneffizient ist) individuelle Verbrauchszähler installiert, um den Wärme-, Kälte und Trinkwarmwasserverbrauch der einzelnen Einheiten zu messen. Trotz des unterschiedlichen Wortlauts ist davon auszugehen, dass sich alle drei Vorschriften auf moderne Messeinrichtungen beziehen.[60] Der Einbau *intelligenter* Messeinrichtungen (sog. smart metering) bemisst sich nach Art. 19 i.V.m. Anhang II RL 2019/944/EU i.V.m. Art. 9 Abs. 2 RL 2012/27/EU. Nach Art. 2 Nr. 28 RL 2012/27/EU meint ein „*intelligentes Verbrauchserfassungssystem*" ein elektronisches System zur Messung des Energieverbrauchs, wobei mehr Informationen angezeigt werden als bei einem herkömmlichen Zähler, und Daten auf einem elektronischen Kommunikationsweg übertragen und empfangen werden können.

Soweit die Endkunden nicht über intelligente Zähler verfügen, müssen ihnen die Mitgliedstaaten nach Art. 10 RL 2012/27/EU gewährleisten, dass ihnen ein Mindestmaß an Abrechnungsinformationen über den Erdgasverbrauch bereitgestellt wird. Schließlich ist nach Art. 11 Abs. 1 RL 2012/27/EU zu gewährleisten, dass die Energieverbrauchsabrechnungen und diesbezüglichen Abrechnungsinformationen den Endkunden kostenlos zur Verfügung gestellt werden.[61] Auch Abrechnungs- und Verbrauchsinformationen für Wärme-, Kälte- und Trinkwasserwarmversorgung müssen i.S.d. Art. 10a RL 2012/27/EU zuverlässig und präzise sein und auf dem tatsächlichen Verbrauch oder den Ablesewerten von Heizkostenverteilern beruhen.

b. Versorgungseffizienz

Auch auf der Versorgungsseite liegt ein Regelungsschwerpunkt auf der Verbesserung der Energieeffizienz. Nach Art. 14 RL 2012/27/EU sollten die Mitgliedstaaten dazu zunächst eine umfassende Bewertung des Potenzials für den Einsatz von hocheffizienten Kraft-Wärme-Kopplungen und effizienten Fernwärme- sowie Fernkälteversorgung durchführen und die Ergebnisse der Kommission mitteilen. Nach Art. 14 Abs. 2 RL 2012/27/EU wirken die Mitgliedstaaten schließlich darauf hin, dass das Potenzial der Verwendung effizienter Wärme- und Kühlsysteme – insbesondere von Systemen die mit hocheffizienter Kraft-Wärme-Kopplung arbeiten – auf lokaler und regionaler Ebene gebührend berücksichtigt wird.

20

21

---

59 *Baumgart*, RdE 2016, 454 (457); zur nationalen Umsetzungspflicht von EU-Richtlinien vgl. *Schill/Krenn*, in: Grabitz/Hilf/Nettesheim, Recht der EU, 80. EL 2023, AEUV Art. 4 Rn. 85. Im nationalen Recht ist der Einbau eines solchen Systems sogar verpflichtend bzw. muss vom Anschlussnutzer geduldet werden, vgl. § 29 iVm § 31 MsbG.
60 Vgl. noch unter C.
61 Vgl. im nationalen Recht § 2 Nr. 7 MsbG: ein intelligentes Messsystem ist eine über ein Smart-Meter-Gateway in ein Kommunikationsnetz eingebundene moderne Messeinrichtung zur Erfassung elektrischer Energie.

Nach Art. 15 Abs. 1 RL 2012/27/EU soll die Effizienz in der Energieumwandlung, -übertragung und -verteilung verbessert werden. Nach Art. 15 Abs. 1 RL 2012/27/EU stellen die Mitgliedstaaten sicher, dass die nationalen Energieregulierungsbehörden bei der Wahrnehmung ihrer Regulierungsaufgaben gemäß den RL 2009/72/EG (jetzt: RL (EU) 2019/944) und RL 2009/73/EG in Bezug auf ihre Beschlüsse zum Betrieb der Gas- und Strominfrastruktur der Energieeffizienz gebührend Rechnung tragen. Die Regulierer sollen durch die Festlegung von Netztarifen und Netzregulierung insbesondere Anreize zur Gestaltung einer effizienten Infrastruktur setzen bzw. umgekehrte Anreize beseitigen.

II. Aktuelle Entwicklungen

Im Juli 2014 stellte die Kommission fest, dass zusätzliche Anstrengungen erforderlich seien, um das Einsparziel für 2020 zu erreichen (sie rechnete lediglich mit 18–19 %).[62] Diese Erkenntnis hinderte den Europäischen Rat jedoch nicht daran, im Oktober 2014 vier ambitionierte neue Hauptziele auf Unionsebene für das Jahr 2030 zu setzen.[63] Teil dieser Zielsetzung war die europäische „40–27–27"-Formel[64], die bis 2030 zu erreichen ist: Die Treibhausgasemissionen sollen um mindestens 40 % gegenüber dem Stand von 1990 gesenkt werden, der Anteil erneuerbarer Energieträger soll auf mindestens 27 % erhöht werden und die Energieeffizienz soll um mindestens 27 % gesteigert werden. Im Rahmen der Trilogverhandlungen zum *Clean Energy Package*, mittels dessen die Ziele des Rates sowie des zwischenzeitlich ratifizierten PA[65] umgesetzt werden sollten, wurde die Formel noch einmal verschärft „40–32–32,5". Mit der Verabschiedung des Paketes im Dezember 2018 hat das EU-Parlament neue Rechtsakte erlassen, um den Energiemarkt unter anderem effizienter und umweltfreundlicher zu gestalten.

Dieses Paket legte die Kommission im November vor, und es ist Mitte Mai 2019 weitgehend in Kraft getreten. Die Regelungen die Energieeffizienz betreffend haben im Rahmen dieses Paketes noch einmal an Bedeutung in der europäischen Klimapolitik gewonnen. Das Prinzip Energieeffizienz an erster Stelle (*energy efficiency first*-Prinzip) ist in Erwägungsgrund 5 der Governance-VO festgehalten. Zudem verlangt Art. 2 Nr. 18 Governance-VO unter anderem die größtmögliche Berücksichtigung von Energieeffizienzmaßnahmen bei allen Entscheidungen im Energiebereich.

1. Energieeffizienzrichtlinie: Änderungen der RL 2012/27/EU

Zur Erhöhung der Energieeffizienz wurde die RL (EU) 2018/2002 vom europäischen Parlament und Rat erlassen.[66] Diese umfasst im Wesentlichen Änderungen der bereits vorhandenen Richtlinie zur Energieeffizienz von 2012 (RL 2012/27/EU). Die bereits oben dargestellte RL 2012/27/EU wurde durch die RL (EU) 2018/2002 nur artikelweise im Wege des *Clean Energy Packages* geändert, da der Änderungsumfang für eine Neufassung zu gering war.[67] Weitere wesentliche Änderungen ergingen durch

---

62 Im November 2015 korrigierte sie die Einschätzung auf 17,6 % nach unten, KOM(2015)547.
63 Vgl. eingehend zu den Zielen *Schlacke/Knodt*, ZUR 2019, 404 ff.
64 https://ec.europa.eu/clima/policies/strategies/2030_de#tab-0-0 (Stand: 30.9.2023).
65 Zum PA vgl. bereits Teil I Rn. 14.
66 Die Richtlinie ist am 24.12.2018 in Kraft getreten. Aufgabe der Mitgliedstaaten ist es, diese bis zum 25.6.2020 in nationales Recht umzusetzen mit Ausnahme einiger Vorschriften, deren Frist zur Umsetzung auf den 25.10.2020 gelegt wurde.
67 *Pause*, ZUR 2019, 387 (389).

B. Energieeffizienz durch EU-Recht: Sekundärrechtliche Grundlagen

die Governance-VO (VO (EU) 2018/1999) sowie die RL (EU) 2019/944. Erwägungsgrund 2 der RL (EU) 2018/2002 bekräftigt entsprechend der Governance-VO das *energy efficiency first*-Prinzip. So müssen Energieeffizienzaspekte bei allen Planungsentscheidungen oder Finanzierungsentscheidungen im Zusammenhang mit dem Energiesystem berücksichtigt werden. Art. 1 Abs. 1 RL 2012/27/EU wurde in seiner neuen Fassung an die neuen Effizienzsteigerungsziele angeglichen und sieht eine Verbesserung der Energieeffizienz bis zum Jahre 2020 um 20 % vor sowie bis 2030 um mindestens 32,5 %. Entsprechend der alten Regelung müssen die Mitgliedstaaten individuelle nationale Energieeffizienzziele und -beiträge bis 2020 und nunmehr auch bis 2030 festlegen. Dennoch sind sie weiterhin bei der Wahl ihres indikativen Beitrags zum EU-Energieeffizienzziel frei. Bei der Festlegung ist zu berücksichtigen, dass der unionsweise Energieverbrauch im Jahre 2030 höchstens 1.128 Mio. t RÖE an Primärenergie und/ oder höchstens 846 Mio. t RÖE an Endenergie betragen darf (Art. 4 Abs. 5). Darüber hinaus wurde mit Blick auf den Energie- und Klimarahmen für 2030 das zentrale Umsetzungselement, die Energieeffizienzverpflichtungssysteme des Art. 7 Abs. 1 der RL 2012/27/EU über das Jahr 2020 hinaus verlängert.[68] Außerdem haben die Mitgliedstaaten nun nach derselben Vorschrift erstmalig kumulierte Endenergieeinsparungen (also reale Einsparungen) zu erreichen, die neuen jährlichen Einsparungen in Höhe von mindestens 0,8 % des Endenergieverbrauchs entsprechen (Art. 7 Abs. 1 UAbs. 1 lit. b) RL 2012/27/EU).[69] Die Umsetzung der ambitionierten Regelungen bereitet jedoch einigen Mitgliedstaaten, so auch Deutschland, bereits jetzt Probleme: Im Juni 2019 hat die Kommission die NEEAPs der Mitgliedstaaten bewertet. Laut Aussagen der Kommission fehlt es dem vorgelegten Planentwurf an Klarheit über den deutschen Beitrag zum EU-Ziel, die Energieeffizienz bis 2030 um 32,5 % verbessern.[70] Die Frist zur Einreichung der endgültigen nationalen Pläne war der 31.12.2019. Deutschland hat zur Erreichung der Energieeffizienzziele zuletzt die Energieeffizienzstrategie 2050 vom 18.12.2019 verabschiedet.[71]

2. Gebäudeeffizienzrichtlinie: Änderungen der RL 2010/31/EU

Auch die RL 2010/31/EU hat durch die Änderungs-RL (EU) 2018/844 nur artikelweise Änderungen erfahren. Diese Änderungen sollen ebenfalls dazu beitragen, die Klima- und Energieziele der Union bis 2030 zu verwirklichen. Laut Daten der Kommission machen Gebäude 40 % des Energieverbrauchs und 36 % der CO_2-Emissionen der EU aus. Durch eine Verbesserung der Energieeffizienz von Gebäuden soll daher der Gesamtenergieverbrauch in der EU um 5 bis 6 % und die CO_2-Emissionen um rund 5 % verringert werden können. Zur Erreichung dieser Ziele wurde Art. 2a in die RL 2010/31/EU eingefügt, dessen Abs. 1 die Mitgliedstaaten verpflichtet, bis 2050 eine langfristige Renovierungsstrategie zur energieeffizienteren Ausgestaltung des nationalen Gebäudebestands festzulegen. Dazu sollen nach Art. 2a Abs. 2 individuelle

24

---

[68] Vgl. eingehend zur Umstrukturierung von Art. 7 *Scholtka/Keller-Herder*, NJW 2019, 897 (897).
[69] Zwar mussten die Mitgliedstaaten bislang (Art. 7 Abs. 1 UAbs. 2 RL 2012/27/EU) Maßnahmen im Umfang von 1,5 % ergreifen, diese konnten aber durch zahlreiche Ausnahmen auf ein reales Niveau herunter gerechnet werden, das häufig unterhalb der jetzt vereinbarten realen Rate von 0,8 % lag.
[70] „Empfehlungen der Kommission zum Entwurf des integrierten nationalen Energie- und Klimaplans Deutschlands für den Zeitraum 2021–2030", 18.6.2019, KOM(2019) 4405 endg.
[71] https://www.bmwk.de/Redaktion/DE/Publikationen/Energie/energieeffizienzstrategie-2050.html (Stand: 30.9.2023).

Fahrpläne mit Maßnahmen und innerstaatlich festgelegten messbaren Fortschrittsindikatoren erstellt werden.

Außerdem werden *smart home*-Ansätze integriert.[72] Intelligente Technik in Wohngebäuden soll danach ebenfalls Effizienzgewinne begründen. Dazu soll zum einen nach Art. 8 Abs. 1 die Interoperabilität der Systeme verbessert werden. Zum anderen wird in Anhang Ia der Rahmen gesetzt für die fakultative Einrichtung eines Systems zur Bewertung der Intelligenzfähigkeit von Gebäuden. Gefördert wird daneben nach dem neuen Art. 8 Abs. 2 der Ausbau der Ladeinfrastruktur für Elektromobilität beim Neubau von Nichtwohngebäuden. Außerdem sollen solche Nichtwohngebäude mit spezifischen Gebäudeautomationsfunktionen ausgestattet werden, soweit ihre Heizung, Klimatisierung oder kombinierten Lüftungsanlagen eine Leistung von mehr als 290 kW erreichen (vgl. der eingefügte Art. 14 Abs. 4).[73]

3. Energieverbrauchskennzeichnung: Neufassung der RL 2010/30/EU

25 Nicht unerwähnt soll an dieser Stelle schließlich bleiben, dass bereits vor der Verabschiedung des *Clean Energy Packages*, die RL 2010/30/EU[74] (Energieverbrauchskennzeichnung) durch die VO (EU) 2017/1369 ersetzt worden ist. Die Umstellung von einer Richtlinie in eine Verordnung soll unterschiedliche Umsetzungen in den Mitgliedstaaten ausschließen, da die Bestimmungen nunmehr gemäß § 288 UAbs. 2 AEUV ohne Transformationsakt in den Mitgliedstaaten unmittelbar Wirkung entfalten. Es soll eine größere Harmonisierung in der EU sichergestellt werden und dadurch insbesondere die Kosten für Hersteller gesenkt werden.[75] Inhaltlich erfolgt insbesondere eine Rückkehr zur Einheitlichen Kennzeichnungsskala A bis G. Diese einfache Skala hatte Kunden stärker zum Kauf von Produkten mit höhere Energieeffizienz motiviert als die anschließend zusätzlich eingeführten „+"-Zeichen für über die Effizienzklasse A hinausgehende Energieeffizienzklassen.[76]

C. Smart Meter Rollout

26 Die Vorteile regulatorischer Maßnahmen zur Steigerung der Energieeffizienz liegen auf der Hand. Anders als es bei anderen Instrumenten des Klimaschutzes der Fall ist, gehen die Effizienzsteigerungen nur selten mit Wohlstandseinbußen einher. Inwieweit dennoch Bedenken an den Regelungen angebracht sind, soll im Folgenden am Beispiel des Smart Meter Rollouts im Elektrizitätsbereich gezeigt werden. Diese sollen u.a. die Energieeffizienz verbessern,[77] indem sie dem Verbraucher bessere Entscheidungen zugunsten effizienterer Geräte ermöglichen. Intelligente Messgeräte bieten nicht nur eine übersichtlichere Darstellung des Verbrauchs, sondern erlauben auch die Zuordnung des Verbrauchs zu einzelnen Geräten. Bedenken rühren insbesondere aus den

---

72 *Pause*, ZUR 2019, 387 (390).
73 Vgl. hierzu auch *Scholtka/Keller-Herder*, NJW 2019, 897 (898).
74 Zuvor ist die RL bereits geringfügig durch die RL 2012/27/EU geändert worden.
75 Siehe Bericht der Kommission an das Europäische Parlament und den Rat v. 15.7.2015, Überprüfung der Richtlinie 2010/30/EU des Europäischen Parlaments und des Rates v. 19.5.2010 über die Angabe des Verbrauchs an Energie und anderen Ressourcen durch energieverbrauchsrelevante Produkte mittels einheitlicher Etiketten und Produktinformationen, KOM(2015) 345 endg.
76 *Falke*, ZUR 2017, 704.
77 Hierzu bereits unter Teil II Rn. 92.

C. Smart Meter Rollout

europäischen Vorschriften über den Schutz personenbezogener Daten her,[78] da mit dem Einbau intelligenter Messsysteme große Datenmengen anfallen.

I. Datenschutzrechtliche Bedenken

1. Anwendungsbereich der DSGVO

Smart Meters müssen sich seit dem Erlass der VO (EU) 2016/679 (Datenschutzgrundverordnung, DSGVO) an dem neuen europäischen Datenschutzrecht messen lassen, vgl. Art. 9 Abs. 2 lit. b RL 2012/27/EU.[79] Dieses gilt als Verordnung in allen Mitgliedstaaten gemäß Art. 288 Abs. 2 AEUV unmittelbar als direkt anwendbares Recht. Nach Art. 2 Abs. 1 DSGVO unterfallen dem Anwendungsbereich die ganz oder tlw. automatisierte Verarbeitung personenbezogener Daten. Unter personenbezogenen Daten werden gemäß Art. 4 Nr. 1 DSGVO solche Informationen verstanden, die sich auf eine identifizierte oder identifizierbare natürliche Person beziehen. Da *Smart Meters* als Endgerät mittels individueller Kennziffer dem jeweiligen Anschlussinhaber zugeordnet werden können, ist eine Identifizierung möglich.[80] Viele Alltagshandlungen kommen heute nicht mehr ohne Energieeinsatz aus, so dass in erheblichem Umfang Daten anfallen, die Rückschlüsse über das Verhalten des Betroffenen erlauben. Präzise Daten über den Stromverbrauch lassen erkennen, welche Geräte zu welchen Zeitpunkten eingeschaltet sind oder gar welches Fernsehprogramm gerade läuft.[81] Diese personenbezogenen Daten werden auch ganz bzw. tlw. automatisiert verarbeitet. Darunter wird gemäß Art. 4 Nr. 2 DSGVO ein mithilfe automatisierter Verfahren ausgeführter Vorgang, wie insbesondere das Erfassen von Daten, verstanden. Der *Smart Meter* erfasst eine Vielzahl solcher personenbezogenen Daten, überarbeitet diese und übermittelt sie an den Betreiber des intelligenten Messgeräts.[82]

27

2. Rechtswidrigkeit der Datenverarbeitung

Die Rechtmäßigkeit der Verarbeitung personenbezogener Daten ist in Art. 6 Abs. 1 DSGVO geregelt. Grundsätzlich möglich ist die Einwilligung durch den Anschlussnutzer nach Art. 6 Abs. 1 UAbs. 1 lit. a) iVm Art. 8 DSGVO. Diese wird aber mit Blick auf die jederzeitige Widerrufsmöglichkeit bisweilen nicht für praxistauglich gehalten,[83] so dass sich die Frage nach dem Eingreifen der Erlaubnistatbestände des Art. 6 Abs. 1 UAbs. 1 lit. c) bzw. lit. e) DSGVO stellt.

28

---

78 Diese Vorschriften sind nach Art. 9 Abs. 2 lit. b RL 2012/27/EU ausdrücklich zu berücksichtigen.
79 Die DSGVO kann aufgrund des Anwendungsvorrangs des Unionsrechts auch nicht durch nationale Regelungen wie das MsbG verdrängt werden, vgl. grundlegend zur EuGH-Rspr. unter Teil I Fn. 5; jüngst aufgearbeitet bei *Kelly*, Das intelligente Energiesystem der Zukunft – Regulierungsgefüge, Europarechtskonformität und Grundrechtsmäßigkeit des Smart Meter Rollouts, 2020, S. 29 ff., 87 ff.
80 *Bretthauer*, EnWZ 2017, 56 mwN und Beispielen.
81 *Albrecht*, Intelligente Stromzähler als Herausforderung für den Datenschutz – Tatsächliche und rechtliche Betrachtung, 2015, S. 299 mit Hinweis auf *Greveler/Justus/Loehr*, Hintergrund und experimentelle Ergebnisse zum Thema „Smart Meter und Datenschutz", abrufbar unter http://1lab.de/pub/smartmeter_sep11 _v06.pdf (Stand: 30.9.2023); *Lüdemann/Jürgens/Sengstacken*, ZNER 2013, 592.
82 Die nationalen Gesetzgeber können auch nicht gemäß der Öffnungsklausel des Art. 21 Abs. 1 lit. c) DSGVO von den Bestimmungen der DSGVO abweichen. Smart Meter erfüllen nicht die enge Voraussetzung des wichtigen öffentlichen Interesses, vgl. *Keppeler*, EnWZ 2016, 99 (105); ausf. zudem *Kelly*, Das intelligente Energiesystem der Zukunft – Regulierungsgefüge, Europarechtskonformität und Grundrechtsmäßigkeit des Smart Meter Rollouts, 2020, S. 93 ff.
83 Vgl. *Bretthauer*, EnWZ 2017, 56; *Karg*, DuD 2010, 365 (371); *Lüdemann/Jürgens/Sengstacken*, ZNER 2013, 592 (596).

Nach Art. 6 Abs. 1 UAbs. 1 lit. c) DSGVO ist die Verarbeitung der Daten rechtmäßig, wenn diese zur Erfüllung einer rechtlichen Verpflichtung erforderlich ist, der der Verantwortliche unterliegt. Einer unionsrechtlichen Verpflichtung unterliegt der Verantwortliche nicht. Art. 9 Abs. 1, 2 RL 2012/27/EU und Anhang II Abs. 3 RL (EU) 2019/944 adressieren allein die Mitgliedstaaten. Allerdings können die Betroffenen von entsprechenden Transformationsakten ihres jeweiligen Mitgliedstaats betroffen sein (vgl. Art. 6 Abs. 3 UAbs. 1 1 lit. b) DSGVO).[84]

Die Rechtmäßigkeit kann sich nach Art. 6 Abs. 1 UAbs. 1 lit. e) DSGVO jedoch auch daraus ergeben, dass die Datenverarbeitung zur Wahrnehmung einer Aufgabe erforderlich ist, die im öffentlichen Interesse liegt.[85] Da andere Bestimmungen der DSGVO das öffentliche Interesse weiter qualifizieren (vgl. etwa erhebliches öffentliches Interesse nach Art. 9 Abs. 2 lit. g) DSGVO), dürfen die Anforderungen hier nicht überspannt werden. Die zunehmende Einspeisung volatiler Energie aus erneuerbaren Quellen stellt das Stromnetz vor nie dagewesene Herausforderungen.[86] Die Stromverbrauchserfassung in Echtzeit hilft den Netzbetreibern den Stromfluss zielgerichtet zu regulieren.[87] Zudem regen die genauen Informationen den Endverbraucher zum Einsatz effizienterer Technologien an.[88] Dennoch bleibt die Frage nach der Erforderlichkeit einer solchen Maßnahme: Die notwendigen Verbrauchsinformationen enthalten Endverbraucher auch beim Einbau moderner Messeinrichtungen, die mangels bidirektionaler Kommunikationsfähigkeit keine Daten nach außen weiter übermittel. Die zielgerichtete Regulierung des Stromflusses wäre gleichermaßen durch die Messungen an Knotenpunkten sicherstellbar. Daher verbleiben deutliche Zweifel an der Erforderlichkeit der angeordneten Maßnahme.

3. Rechtsfolgen der Datenverarbeitung

29 Geht man dennoch von einer rechtmäßigen Datenerhebung und -verarbeitung aus, folgen aus Art. 14 DSGVO jedenfalls spezielle Transparenzpflichten. Nach Art. 14 Abs. 1 SGVO ist es insbesondere erforderlich, den Kunden genau über die Funktionen und den Erhebungsumfang der *Smart Meter* zu belehren. Zudem muss der Anschlussnehmer natürlich über die Verarbeitungszwecke, die Rechtsgrundlage für die Speicherung/Verarbeitung, die Kontaktdaten der zuständigen Aufsichtsbehörde sowie des Datenschutzbeauftragten informiert werden und es muss eine umfassende Aufklärung über Betroffenenrechte gemäß DSGVO erfolgen, insbesondere über Auskunfts-, Beschwerde- und Widerspruchsrechte. Zudem müssen die Daten gemäß Art. 12 Abs. 1 DSGVO in präziser, transparenter, verständlicher und leicht zugänglicher Form in einer klaren und einfachen Sprache übermittelt werden.[89]

Art. 83 Abs. 5 lit. b) DSGVO knüpft empfindliche Sanktionen an die Nichterfüllung der Pflichten. Bei Verstoß gegen die Art. 12–22 DSGVO kann ein Bußgeld von bis zu 20 Mio. EUR bzw. 4 % des weltweiten Jahresumsatzes verhängt werden (relevant ist der jeweils höhere Wert).

---

84 Vgl. die entsprechende Verpflichtung im nationalen Recht aus § 29 MsbG.
85 So auch *Bretthauer*, EnWZ 2017, 56.
86 Vgl. *Schulte-Beckhausen/Schneider/Kirch*, RdE 2014, 101 (104).
87 *Albrecht*, Intelligente Stromzähler als Herausforderung für den Datenschutz – Tatsächliche und rechtliche Betrachtung, 2015, S. 299; *Dinter*, ER 2015, 229 (229).
88 Siehe hierzu bereits oben Teil II Rn. 92, 105 ff.
89 *Keppeler*, EnWZ 2016, 99 (105).

C. Smart Meter Rollout

II. Grundrechtliche Bedenken

1. Anwendbarkeit & Schutzbereich

Problematisch ist außerdem das Verhältnis der *Smart Meter* zur europäischen Grundrechtecharta. Art. 8 EU-GRCh gewährt jeder Person das Recht auf Schutz der sie betreffenden personenbezogenen Daten.[90] Da Art. 8 EU-GRCh durch die DSGVO eine grundrechtechartakonforme Konkretisierung erfahren hat, kann insoweit auf die obigen Ausführungen verwiesen werden.[91]
Darüber hinaus hat jedoch nach Art. 7 EU-GRCh jede Person das Recht auf Achtung ihres Privat- und Familienlebens, ihrer Wohnung sowie ihrer Kommunikation. Damit sind alle natürlichen Personen vor Beeinträchtigungen des Privatlebens geschützt.[92] Teils wird vertreten, dass Art. 8 EU-GRCh als *lex specialis* dem „Schutz des Privatlebens" durch Art. 7 EU-GRCh vorgehen soll.[93] Nach der Rechtsprechung des EuGHs besteht jedoch vielmehr zwischen Art. 7 und Art. 8 EU-GRCh Idealkonkurrenz, da die beiden Grundrechte zwei sich überschneidende Kreise bilden, so dass Art. 7 EU-GRCh nicht verdrängt wird.[94]

30

2. Beeinträchtigung

Voraussetzung für eine Beeinträchtigung des Art. 7 EU-GRCh ist die belastende Regelung eines Grundrechtsverpflichteten innerhalb des geschützten Bereichs.[95] Verpflichtet sind die Union und ihre Organe.[96] Hinsichtlich der Eingriffswirkungen ist zu differenzieren:
Durch Art. 19 Abs. 2 i.V.m. Anhang II RL 2019/944/EU werden die Mitgliedstaaten verpflichtet, dem Endverbraucher vorzuschreiben, dass unter gewissen Voraussetzungen ein intelligentes Messsystem physisch in seiner Wohnung eingebaut wird. Dabei handelt es sich um eine von der Union ausgehende Freiheitsverkürzung des Einzelnen.[97] Wie bereits beschrieben, müssen die *Smart Meter* mit der Fähigkeit der bidirektionalen Kommunikation ausgestattet sein, so dass sie eine Zugriffsmöglichkeit von außen gewähren. Dadurch, dass also jederzeit ein Zugriff auf den Zähler stattfinden kann, werden die sozialen und kommunikativen Rücksichtsräume beeinträch-

31

---

90 *Augsberg*, in: von der Groeben/Schwarze/Hatje, Europäisches Unionsrecht, 7. Aufl. 2015, GRC Art. 8 Rn. 6.
91 Vgl. Rn. 106.
92 *Augsberg*, in: von der Groeben/Schwarze/Hatje, Europäisches Unionsrecht, 7. Aufl. 2015, GRC Art. 7 Rn. 10.
93 Differenzierend *Jarass*, EU-Grundrechte-Charta, 4. Aufl. 2021, Art. 8 Rn. 4. Anschaulich zeigt dies auch das Deutsche Verfassungsrecht: Durch das Fernmeldegeheimnis (Art. 10 GG) geschützte Kommunikationsformen haben häufig auch personenbezogene Daten zum Gegenstand, die zugleich in den Schutzbereich des Grundrechts auf informationelle Selbstbestimmung fallen (Art. 1 Abs. 1 GG iVm Art. 2 Abs. 1 GG). Letzteres wird jedoch im Wege der Spezialität verdrängt, vgl. BVerfGE 100, 313 (358 f.); 107, 299 (312); 110, 33 (53).
94 EuGH Urt. v. 9.11.2010 – Rs. C-92/09, ECLI:EU:C:2010:662, Rn. 47, 52 – *Schecke*; EuGH Urt. v. 24.11.2011 – Rs. C-468/10, ECLI:EU:C:2011:777, Rn. 41 f. – *ASNEF*; EuGH Urt. v. 8.4.2014 – Rs. C-293/12, ECLI:EU:C:2014:238, Rn. 29 – *Digital Rights Ireland*.
95 EuGH Urt. v. 20.5.2003 – Rs. C-465/00, ECLI:EU:C:2003:294, Rn. 74 – *Österreichischer Rundfunk*; *Jarass*, EU-Grundrechte-Charta, 4. Aufl. 2021, Art. 7 Rn. 27.
96 *Bernsdorff*, in: Meyer/Hölscheid, Kommentar zur Charta der Grundrechte der Europäischen Union, 5. Aufl. 2019, Art. 7 Rn. 12.
97 So auch *Baumgart*, RdE 2016, 454 (457); *ders.*, A (legal) challenge to privacy: on the implementation of smart meters in the EU and the US, in: Leal-Arcas/Wouters, Research Handbook on EU Energy Law and Policy, 2017, S. 353 (359 f.).

tigt.⁹⁸ Damit beeinträchtigen beide Regelungen das Recht aus Art. 7 EU-GRCh.⁹⁹ Im Bereich Erdgas bzw. Wärme-, Kälte- und Trinkwarmwasserversorgung wird den Mitgliedstaaten durch Art. 9 Abs. 1, Art. 9a Abs. 1, 9b Abs. 1 RL 2012/72/EU (lediglich) vorgeschrieben, den Einbau moderner Messeinrichtungen (sog. individuelle (Verbrauchs-)Zähler) im nationalen Recht umzusetzen. Da diese nicht mit der Fähigkeit bidirektionaler Kommunikationsfähigkeit ausgestattet sind, ist die Eingriffswirkung deutlich schwächer.

3. Rechtfertigung

32 Art. 52 Abs. 1 S. 1 EU-GRCh besagt, dass jede Einschränkung der in der Grundrechtecharta anerkannten Rechte und Freiheiten gesetzlich vorgesehen sein und den Wesensgehalt dieser Rechte und Freiheiten achten muss. Nach Art. 52 Abs. 1 S. 2 EU-GRCh sind weitere Einschränkungen nur unter Wahrung der Verhältnismäßigkeit zulässig, wenn sie erforderlich sind und den von der Union anerkannten, dem Gemeinwohl dienenden Zielsetzungen oder den Erfordernissen des Schutzes der Rechte und Freiheiten anderer tatsächlich entsprechen.

a) Wesensgehalt

33 Somit ist es notwendige Voraussetzung für die Rechtfertigung, dass die Einschränkungen den Wesensgehalt von Art. 7 EU-GRCh achten. Daran fehlt es, wenn die Einschränkung des Grundrechts dazu führt, dass das Recht in seinem Bestand gefährdet ist.¹⁰⁰ Dies ist jedoch nur dann der Fall, wenn durch den Rechtsakt die Kenntnisnahme des Inhalts elektronischer Kommunikation als solche gestattet ist.¹⁰¹ Da weder die RL (EU) 2019/944 noch die RL 2012/27/EU die Kenntnisnahme der durch intelligente Zähler erhobenen Daten als solche gestatten, ist der Wesensgehalt des Art. 7 EU-GRCh auch nicht gefährdet.

b) Gesetzesvorbehalt, Zweck & Umfang

34 Weiter muss die Einschränkung „gesetzlich vorgesehen" sein (Art. 52 Abs. 1 GrCh). Diesem Gesetzesvorbehalt entsprechend darf die Einschränkung eines Grundrechts der EU-GRCh nur auf verbindliche Rechtsakte des Unionsrechts gem. Art. 288 AEUV gestützt werden.¹⁰² Die RL (EU) 2019/944 und auch die RL 2012/27/EU sind verbindliche Rechtsakte der Union iSd Art. 288 Abs. 3 AEUV.

Außerdem muss erkennbar sein, welcher Zweck durch den Rechtsakt verfolgt wird und welchen Umfang die Einschränkung hat.¹⁰³ Art. 1 Abs. 1 RL 2012/27/EU (geän-

---

98 So auch *Baumgart*, RdE 2016, 454 (457); *ders.*, A (legal) challenge to privacy: on the implementation of smart meters in the EU and the US, in: Leal-Arcas/Wouters, Research Handbook on EU Energy Law and Policy, 2017, S. 353 (359 f.).
99 So auch *Baumgart*, RdE 2016, 454 (457); *ders.*, A (legal) challenge to privacy: on the implementation of smart meters in the EU and the US, in: Leal-Arcas/Wouters, Research Handbook on EU Energy Law and Policy, 2017, S. 353 (359 f.).
100 *Terhechte*, in: von der Groeben/Schwarze/Hatje, Europäisches Unionsrecht, 7. Aufl. 2015, GRC Art. 52 Rn. 7.
101 EuGH Urt. v. 8.4.2014 – verb. Rs C-293/12 und C-594/12, ECLI:EU:C:2014:238, Rn. 39 – *Digital Rights Ireland*.
102 *Terhechte*, in: von der Groeben/Schwarze/Hatje, Europäisches Unionsrecht, 7. Aufl. 2015, GRC Art. 52 Rn. 6.
103 *Becker*, in: Schwarze, EU-Kommentar, 4. Aufl. 2019, GRC Art. 52 Rn. 4.

C. Smart Meter Rollout

dert durch RL (EU) 2018/2002) umschreibt den Zweck der Regelung: Die Verbesserung der Energieeffizienz bis zum Jahre 2030 um mindestens 32,5 % und die Beseitigung von Hindernissen auf dem Energiemarkt, die der Effizienz bei der Versorgung und Nutzung von Energie entgegenstehen. Das Ziel der RL (EU) 2019/944 trägt die sog. Elektrizitätsbinnenmarktrichtlinie bereits im Namen. So dient auch laut Erwägungsgrund 8 RL (EU) 2019/944 diese Richtlinie dazu, die nach wie vor bestehenden Hindernisse für die Vollendung des Elektrizitätsbinnenmarkts zu beseitigen. Der Zweck für die Einführung der *Smart Meter* ergibt sich mithin aus den Richtlinien selbst. Auch ist in beiden Richtlinien der Umfang der Einschränkung erkennbar: Anhang II Abs. 3 RL (EU) 2019/944 schreibt konkret vor, dass im Fall einer positiven Bewertung mindestens 80 % der Endkunden innerhalb von sieben Jahren ab der positiven Bewertung, bzw. bei Mitgliedstaaten, die vor dem 4. Juli 2019 mit der systematischen Einführung begonnen haben, bis 2024 mit intelligenten Messsystemen auszustatten sind.

c) Verhältnismäßigkeit

Wie dargelegt lässt Art. 52 Abs. 1 S. 2 EU-GRCh Einschränkungen der Grundrechte insbesondere nur dann zu, wenn eine dem allgemeinen Wohl dienende Zielsetzung unter Wahrung des Grundsatzes der Verhältnismäßigkeit verfolgt wird. Eine dem Allgemeinwohl dienende Zielsetzung liegt dann vor, wenn ein durch Art. 3 EUV oder eine besondere Bestimmung der Verträge geschütztes Interesse darstellt.[104]

aa) Effizienzrichtlinie, Art. 9 Abs. 1, Art. 9a Abs. 1, Art. 9b Abs. 1 RL 2012/27/EU

Verhältnismäßig sind Handlungen der Unionsorgane, die geeignet sind, die mit der in Frage stehenden Regelung zulässigerweise verfolgten Ziele zu erreichen, und die zugleich nicht die Grenzen dessen überschreiten, was zur Erreichung dieser Ziele geeignet und erforderlich ist. Die Maßnahme ist bereits dann geeignet, wenn sie ein nützliches Mittel zur Erreichung der Zielsetzung darstellt.[105] Die mit Art. 9 Abs. 1, Art. 9a Abs. 1, Art. 9b Abs. 1 RL 2012/27/EU beabsichtigte Förderung der Energieeffizienz im Bereich Erdgas, Wärme-, Kälte- und Trinkwasserversorgung (vgl. auch Anhang VII, VIIa) ist in Art. 194 Abs. 1 lit. c) AEUV als Ziel der Union verankert. Folglich handelt es sich um ein durch eine besondere Bestimmung der Verträge geschütztes Interesse und damit um eine anerkannte dem Allgemeinwohl dienende Zielsetzung.[106]

Die Erforderlichkeit der Maßnahme ist gegeben, wenn sie absolut notwendig ist.[107] Die bessere Information der Endverbraucher vermag auch zu einer Bewusstseins- und Verhaltensänderung und damit zu einer Effizienzsteigerung führen. Neben dem Erfordernis des relativ mildesten Mittels müsste die Maßnahme zudem angemessen sein.[108] *Moderne Messsysteme* erfassen persönliche Daten. Sind diese für verschiedene Personen zugänglich, ist die Privatsphäre des Einzelnen nicht geachtet. Art. 9 Abs. 1, Art. 9a

---

[104] *Terhechte*, in: von der Groeben/Schwarze/Hatje, Europäisches Unionsrecht, 7. Aufl. 2015, GRC Art. 52 Rn. 9.
[105] EuGH Urt. v. 8.4.2014 – verb. Rs. C-293/12 und C-594/12, ECLI:EU:C:2014:238, Rn. 49 – *Digital Rights Ireland*; Jarass, EU-Grundrechte-Charta, 4. Aufl. 2021, Art. 52 Rn. 36.
[106] *Baumgart*, RdE 2016, 454 (458).
[107] EuGH Urt. v. 8.4.2014 – verb. Rs C-293/12 und C-594/12, ECLI:EU:C:2014:238, Rn. 52 – *Digital Rights Ireland*.
[108] Vgl. *Jarass*, EU-Grundrechte-Charta, 4. Aufl., Art. 52 Rn. 36; *Terhechte*, in: von der Groeben/Schwarze/Hatje, Europäisches Unionsrecht, 7. Aufl., 2015, GRC Art. 52 Rn. 8.

Abs. 1, Art. 9b Abs. 1 RL 2012/27/EU erfordert indes keine Einbindung in ein Kommunikationsnetz und beschränkt somit den Personenkreis, dem die erhobenen Daten zugänglich sind, auf solche Personen, die das Moderne Messsystem ablesen können und birgt somit keine Gefahr für die Privatsphäre bzw. das Privatleben.[109] Damit ist der Grundsatz der Verhältnismäßigkeit in Bezug auf Art. 9 Abs. 1 RL 2012/27/EU gewahrt.

bb) Art. 19 Abs. 2 i.V.m. Anhang II Nr. 3 RL (EU) 2019/944

Das Ziel, einen funktionierenden Binnenmarkt zu errichten, was auch die Errichtung eines Elektrizitätsbinnenmarktes umfasst, ist ausdrücklich in Art. 3 Abs. 2 EUV normiert. Die Einführung von Zählern, die mit der Fähigkeit der Interoperabilität ausgestattet sind, fördert den Wettbewerb innerhalb der Union und stellt mithin ein nützliches Mittel zur Erreichung der Binnenmarktintegration dar.[110]

Zweifel bestehen allerdings an der **Erforderlichkeit** der Maßnahme. Dies gilt insbesondere im Hinblick darauf, ob die Union ihrer aus Art. 7 EU-GRCh folgenden Pflicht, Privatleben und Wohnung vor dem Zugriff Dritter zu schützen,[111] in ausreichender Weise nachgekommen ist.[112] Die Reichweite der Schutzpflicht richtet sich nach einer Interessenabwägung.[113]

Die Einführung von *Smart Metern* bietet aufgrund ihrer bidirektionalen Kommunikationsfähigkeit ein hohes Risiko für den Missbrauch der Daten durch Dritte und die durch diese komplexe Netzinfrastruktur entstehenden großen Datenmengen sind besonders anfällig für Hacker-Angriffe.[114] Gemäß Anhang II Nr. 3 RL (EU) 2019/944 sollen 80 % aller Verbraucher einen kommunikationsfähigen Zähler besitzen, dh die Einführung soll beinahe flächendenkend stattfinden. Daraus resultiert die Beeinträchtigung der Rückzugsmöglichkeiten nicht nur für den Einzelnen, sondern für die gesamte Bevölkerung. Art. 9 Abs. 2 lit. b) RL 2012/27/EU auf der anderen Seite verweist (für den Erdgasverbrauch) lediglich auf die einschlägigen Rechtsvorschriften der Union über den Datenschutz und den Schutz der Privatsphäre. Für Eingriffe in das Grundrecht durch den Hoheitsträger wird gefordert, dass die fragliche Unionsregelung klare und präzise Tatbestandsvoraussetzungen formuliert, die einen wirksamen Schutz der personenbezogenen Daten garantieren.[115] Ein entsprechendes Schutzniveau muss der Bürger erwarten dürfen, wenn der Staat eine Einwirkungsmöglichkeit auf personenbezogene Daten für Dritte schafft. Daher muss unionsgesetzlich garantiert sein, dass alle technisch möglichen Maßnahmen getroffen sind, um eine systematische Überwachung von vornherein auszuschließen.[116] Ein bereichsspezifisches Schutzkonzept ist nicht

---

[109] So auch *Baumgart*, RdE 2016, 454 (458); ders., A (legal) challenge to privacy: on the implementation of smart meters in the EU and the US, in: Leal-Arcas/ Wouters, Research Handbook on EU Energy Law and Policy, 2017, S. 353 (361 f.).
[110] So auch *Baumgart*, RdE 2016, 454 (458).
[111] *Jarass*, EU-Grundrechte-Charta, 4. Aufl. 2021, Art. 7 Rn. 4; *Weber*, in: Stern/Sachs, Europäische Grundrechte-Charta, 2016, Art. 7 Rn. 5.
[112] *Baumgart*, RdE 2016, 454 (458 f.); ders., A (legal) challenge to privacy: on the implementation of smart meters in the EU and the US, in: Leal-Arcas/Wouters, Research Handbook on EU Energy Law and Policy, 2017, S. 353 (363 f.).
[113] EGMR, Nr. 25579/05 v. 16.12.2010, Rn. 248; *Pätzold*, in: Karpenstein/Mayer, EMRK, 3. Aufl. 2022, Art. 8 Rn. 100.
[114] Siehe eingehend zu den Gefahren *Baumgart*, RdE 2016, 454 (459); *Lange*, EWeRK 2016, 165 (167).
[115] EuGH Urt. v. 8.4.2014 – Rs. C-293/12, ECLI:EU:C:2014:238, Rn. 54 – *Digital Rights Ireland*.
[116] *Baumgart*, RdE 2016, 454 (458).

erkennbar.[117] Alleine die Einführung der DSGVO ist – auch aufgrund der besonderen Sensibilität der betroffenen Daten – nicht als hinreichend zu betrachten. Zudem erlaubt – wie bereits erörtert – auch die DSGVO die Datenverwendung nicht. Einzelne Mitgliedstaaten sehen daher eine opt-out-Option vor, wonach die Speicherung und Übertragung von Monats-, Tages- und Viertelstundenwerten ausgeschlossen ist (so bspw. in Österreich § 1 Abs. 6 IME-VO [Intelligente Messgeräte-Einführungsverordnung][118]).

D. Fazit

Energieeffizienz gewinnt vor dem Hintergrund der Klimakrise immer größere Bedeutung. Zugleich dient sie aber auch der Energieversorgungssicherheit, die ein wichtiges Ziel der europäischen Energiepolitik darstellt. Der europäische Gesetzgeber versucht, Energieeffizienz mit einer Vielzahl unterschiedlicher Regelungen zu erreichen. Mit dem Smart Metering wird insbesondere auch eine zunehmende Digitalisierung des Energiesystems nutzbar gemacht. Über die bereits dargestellten Maßnahmen hinausgehend soll auch die Bepreisung des CO_2-Ausstoßes (vgl. Kap. 8) die Energieeffizienz fördern.

38

E. Wiederholungs- und Vertiefungsfragen

1. Was bedeutet Energieeffizienz?
2. Grenzen Sie den Begriff Energieeffizienz vom Begriff der Energieeinsparung ab.
3. Welche Arten von Energieeffizienz können unterschieden werden?
4. Woraus ergibt sich der hohe Stellenwert der Energieeffizienz auf europäischer Ebene und welche Ziele werden durch die Steigerung verfolgt?
5. Welche sekundärrechtlichen Regelungen betreffen die Energieeffizienz? Nennen Sie einige Beispiele für Initiativen des europäischen Gesetzgebers zur Verbesserung der Energieeffizienz.
6. Welchen Beitrag zur Reduktion des Energieverbrauchs leistet die Einführung eines flächendeckenden Smart Meter Rollouts?
7. Welche datenschutzrechtlichen Bedenken werden in Bezug auf die Einführung eines Smart Meter Rollouts angeführt?
8. Welche Rolle spielt dabei die DSGVO?
9. Welche grundrechtlichen Bedenken werden in Bezug auf die Einführung eines flächendeckenden Smart Meter Rollouts angeführt?

---

117 *Baumgart*, RdE 2016, 454 (459). Folgt man der Ansicht, mangels eines bereichsspezifischen Schutzkonzeptes sei die Einbaupflicht unrechtmäßig, stellt sich im Folgenden die Frage, ob die gleichlautenden nationalen Gesetze mit den nationalen Verfassungsprinzipien vereinbar sind, vgl. für Deutschland *Baumgart/Mallmann*, ZNER 2017, 95.
118 BGBl II 2012/138 idF BGBl II 2017/383; hierzu OGH Österreich, Beschl. v. 27.1.2022, BeckRS 2022, 5829.

Kapitel 8: Fiskalische Steuerungsinstrumente

A. Einleitung

1 Das Europäische Energierecht greift zur Verwirklichung der angestrebten (insbesondere klimapolitischen) Zielsetzungen vermehrt auf Formen **fiskalischer Steuerung** zurück. Fiskalische Steuerungsinstrumente zielen auf eine Steuerung über fiskalische Effekte, insbesondere Preise. Im Gegensatz zu ordnungsrechtlichen Instrumenten weisen diese höhere Innovationsanreize auf, indem sie an den Vermeidungskosten ansetzen, also den Kosten, die pro vermiedener Tonne CO_2 entstehen. Andererseits sind die Steuerungswirkungen fiskalischer Maßnahmen weniger verlässlich vorhersehbar, woraus Steuerungsdefizite resultieren können. **Ordnungsrechtliche Maßnahmen** zeigen hingegen verlässliche Effekte und sind grundsätzlich einfach und günstig in der Umsetzbarkeit, in der Praxis mindern jedoch häufig Vollzugsdefizite die Effizienz des Ordnungsrechts.[1] Diese werden durch zunehmende technische Komplexität, rechtliche Überregulierung (*policy accumulation*)[2] sowie wachsende Verschränkungen verschiedener Regelungsebenen verstärkt.[3] Individuelle Vermeidungskosten bleiben zudem unberücksichtigt.

2 Fiskalische Instrumente können weiterhin zur **Internalisierung externer Kosten** beitragen. Interne Kosten (wie etwa Stromerzeugungskosten) werden von dem privaten Akteur selbst getragen und sind daher unmittelbar entscheidungsrelevant. Externe Kosten (wie etwa Gesundheits- oder Umweltschäden) werden hingegen dem Grundsatz nach auf Dritte oder die Allgemeinheit abgewälzt. Sie wirken daher nicht in die individuelle Handlungsentscheidung ein. Eine Einpreisung externer Kosten stellt sich daher letztlich als Reaktion auf ein Marktversagen dar. Insbesondere konventionelle fossile Energieträger verursachen weitreichende externe Kosten.[4] Wenn der handelnde Akteur jedoch nicht nur die bei ihm, sondern auch im Übrigen entstehende Kosten zu bedenken hat, kann seine Handlungsentscheidung anders ausfallen.[5] Werkzeuge zur Internalisierung externer Kosten stellen insbesondere **Treibhausgasemissionszertifikate** (oder **sonstige Verschmutzungsrechte**) und CO_2-Steuern dar. Umgekehrt können finanzielle Anreize auch die Akzeptanz der Bürger im Hinblick auf energiepolitische Maßnahmen erhöhen. So stellt der (finanzielle) Nutzen einen von vier zentralen Maßstäben der gesellschaftlichen Akzeptanzsteigerung dar, welche in der Forschung zur Technikakzeptanz herausgearbeitet wurden.[6]

3 Im Zuge der aktuellen Klimadiskussion ist die Vermeidung von Kohlenstoffdioxid (CO_2) in das Zentrum politischer Aufmerksamkeit gerückt. Zur Zielerreichung wird

---

1 *Wustlich*, ZUR 2009, 515 (517).
2 Insbesondere zur Problematik der „policy accumulation" *Adam et al.*, Policy accumulation and the Democratic Responsiveness Trap, 2019.
3 *Trute*, Vom Obrigkeitsstaat zur Kooperation, in: Hendler/Marburger/Reinhardt/Schröder, Rückzug des Ordnungsrechtes im Umweltschutz, UTR Bd. 48, 13 ff. (36 ff.) spricht – spezifisch für das Ordnungsrecht – von der "Steuerungsresistenz der gesellschaftlichen Teilsysteme".
4 Einen Überblick über externe Kosten der Energieerzeugung findet sich bei *Samadi*, The Social Costs of Electricity Generation—Categorising Different Types of Costs and Evaluating Their Respective Relevance, Energies 2017, 356 (368 ff.).
5 Die Internalisierung externer Kosten „konventioneller fossiler Energieträger" ist daher auch energiepolitische Zielsetzung der Europäischen Kommission (Mitteilung der Kommission vom 10.1.2007, „Fahrplan für erneuerbare Energien im 21. Jahrhundert: Größere Nachhaltigkeit in der Zukunft", KOM(2006) 848 endg., S. 15).
6 Im Übrigen handelt es sich um die Selbstwirksamkeit, die Orientierung und Einsicht sowie die Identität; insgesamt hierzu *Kelly*, EurUP 2018, 449 (452).

der Besteuerung des CO_2-Ausstoßes besondere Bedeutung zugemessen. Völlig neu ist dieser Ansatz der EU nicht. Derzeit erfolgt die Bekämpfung der Erderwärmung über die Verringerung des CO_2-Ausstoßes auf EU-Ebene entsprechend der Richtlinie 2003/87/EG über das System zum Handel mit Emissionszertifikaten. Damit wird der CO_2-Ausstoß in den 28 EU-Staaten sowie in der Schweiz, in Liechtenstein, Island und Norwegen auf einen bestimmten Betrag begrenzt. Zudem ist Kernbestandteil der RL 2003/96/EG die Festsetzung von Mindeststeuersätzen für Strom und für Brennstoffe, wenn diese als Kraft- oder Heizstoff verbraucht werden. Mittel- bis langfristig soll die Einführung eines CO_2-Preises zum wichtigsten Instrument zur Steigerung der Energieeffizienz entwickeln. Dem liegt die sog. *Porter Hypothese*[7] zugrunde. Danach lösen richtig gestaltete umweltpolitische Maßnahmen Produkt- und Prozessinnovationen aus. Eine entsprechend hohe CO_2-Bepreisung zwingt Unternehmen zur energieeffizienten Produktion und zugleich beziehen Endverbraucher die Energieeffizienz der Produkte stärker in ihre Kaufentscheidung ein. Im Folgenden wird daher insbesondere die europäische Regulierung des Treibhausgasemissionshandels dargestellt (unter B.). Kurze Erwähnung erfahren Umweltsteuern (unter C.). Fiskalische Anreize – wie Beihilfen –, die ebenfalls als fiskalische Steuerungsinstrumente zu qualifizieren sind, haben bereits an anderer Stelle Erwähnung gefunden (unter Kap. 3 C.).

B. Der Treibhausgasemissionshandel

I. Hintergrund

Lenkungswirkungen zur Senkung des Energieverbrauchs sollen insbesondere durch den Treibhausgasemissionshandel erreicht werden. Die Senkung der Treibhausgasemissionen spricht vor allem den Energiesektor an: Bspw. fallen in Deutschland rund 40 % der Treibhausgasemissionen auf den Sektor der Energiewirtschaft an, v.a. durch die Verbrennung fossiler Brennstoffe.[8] Die Grundidee zum Handel mit Emissionszertifikaten wurde im Jahre 1966 durch den Ökonom *Thomas Crocker* entwickelt.[9] Bereits 1968 schlug *J.H. Dales* in Fortführung dieser Ideen vor, einen Markt für Verschmutzungsrechte einzurichten, um Gewässerverschmutzung durch Industrieabwässer zu begrenzen.[10] Das europäische Emissionshandelssystem wurde im Jahre 2005 durch die Richtlinie 2003/87/EG eingeführt. Dieses findet seine Grundlage in den völkervertraglichen Vereinbarungen des Kyoto-Protokolls. Dessen erste Handelsperiode ist zwar seit Ende 2012 abgelaufen, auf der Klimakonferenz von Katar wurde auf Druck des Gastgeberlandes jedoch eine Verlängerung bis 2020 („Kyoto II") beschlossen, an der allerdings Russland, Kanada, Japan und Neuseeland nicht mehr teilgenommen haben. Abgelöst wurde die Vereinbarung durch das Pariser Abkommen aus dem Jahr 2015, in welchem sich die Mitgliedstaaten auf die Einhaltung des 1,5°C-Ziels geeinigt haben.[11]

4

---

7 *Porter*, Scientific American 1991, 168 ff.; *Porter/Class van der Linde*, Journal of Economic Perspectives 1995, 97 ff.
8 Bundesministerium für Umwelt, Naturschutz und nukleare Sicherheit, Klimaschutzplan 2050, 2016, S. 34 (abrufbar unter https://www.bmwk.de/Redaktion/DE/Publikationen/Industrie/klimaschutzplan-2050.pdf?__blob=publicationFile&v=6, Stand: 30.9.2023).
9 The Structuring of Atmospheric Pollution Control Systems, in: Wolzin, The Economics of Air Pollution, 1966, S. 61 ff.
10 Pollution, Property and Prices, 1968.
11 Vgl. hierzu bereits unter I. Teil 1. Kap. C, Rn. 14.

8 Teil II: Die regulatorische Agenda der Europäischen Union im Energiebereich

5 Die EU-Staaten gehörten zu den ersten, welche den Emissionshandel auf internationaler Ebene einführten.[12] Dem in RL 2003/17/EG geregelten Emissionshandel unterfallen Emissionen des Strom- und Industriesektors, seit 2012 jene des innereuropäischen Luftverkehrs sowie seit 2023 des Seeverkehrs. Damit werden ca. 45 % aller in Europa anfallenden Treibhausgasemissionen erfasst. Im Jahre 2012 waren in Deutschland die erfassten Anlagen mit 453 Mio. Tonnen CO_2 etwa für die Hälfte der gesamten nationalen CO_2-Emissionen von 931 Mio. Tonnen verantwortlich.[13] Gegenwärtig nehmen 10.400 Kraftwerke und Industrieanlagen und 350 Fluggesellschaften teil.[14] Erfasst werden bspw. Eisen- und Stahlwerke, Aluminium- und Zementwerke, Mineralölraffinerien.[15] Am 1. Februar 2020 trat das Abkommen über den Austritt des Vereinigten Königreichs aus der Europäischen Union in Kraft. Die EU-EHS-Richtlinie galt für das Vereinigte Königreich bis zum 31.12.2020, und gemäß dem Protokoll zu Irland und Nordirland[16] fällt die Stromerzeugung in Nordirland mit den einschlägigen Rechten und Pflichten auch weiterhin unter das EU-EHS. Seit dem 1.1.2021 deckt das EU-EHS demnach 27 EU-Mitgliedstaaten sowie Island, Liechtenstein und Norwegen ebenso wie Stromerzeugungsanlagen in Nordirland ab. Seit dem 1.1.2020 ist das EU-EHS mit dem Schweizer CO_2-Markt verknüpft.

II. Rechtliche Grundlagen und Funktionsweise

6 Das Emissionshandelssystem ruht auf der Erkenntnis, dass die Aufnahmefähigkeit der Luft in Bezug auf Treibhausgase beschränkt ist, soll nicht der Pfad zu einer ungebremsten Erwärmung des globalen Klimas beschritten werden. Der Emissionshandel führt daher zu einer „künstlichen" Verknappung[17] der Befugnis, CO_2 – als mengengrößtes Treibhausgas – in die Atmosphäre einzuleiten. Zu diesem Zweck wird eine Obergrenze für den Ausstoß von Treibhausgasen für alle emissionshandelspflichtigen Anlagen festgelegt. Bspw. belief sich die unionsweite Menge der Zertifikate gemäß Art. 9 RL 2003/87/EG für 2021 auf 1.571.583.007 Zertifikate.[18] Die zur Verfügung stehende Gesamtmenge wird über ein Handelssystem – den Emissionszertifikatehandel – verteilt. Es handelt sich daher um das sog. *cap and trade*-Prinzip.

7 Der Ausstoß von CO_2 ist daher im Anwendungsbereich des Handelssystems an die Vorlage eines Zertifikates gekoppelt. Die Mitgliedstaaten geben an die Anlagenbetreiber entsprechende Zertifikate kostenlos und über eine Versteigerung aus (hierzu noch unter Rn. 124). Die ausgegebenen Zertifikate können bei Nichtgebrauch auf dem Markt frei verkauft und gehandelt werden. Dies soll zu einem marktwirtschaftlichen

---

12 *Graichen/Requate*, Der steinige Weg von der Theorie in die Praxis des Emissionshandels: Die EU-Richtlinie zum CO2- Emissions-handel und ihre nationale Umsetzung, Economics Working Paper, No. 2003-08 (abrufbar unter: https://www.econstor.eu/bitstream/10419/22068/1/EWP-2003-08.pdf, Stand: 30.9.2023), S. 1.
13 *Wronski/Küchler*, Umsetzung eines CO2-Mindestpreises in Deutschland, 2014, S. 24.
14 Mitteilung der Europäischen Kommission vom 26.10.2021, KOM(2021) 962 endg, S. 6.
15 Anhang I zur RL 2003/87/EG.
16 Abkommen über den Austritt des Vereinigten Königreichs Großbritannien und Nordirland aus der Europäischen Union und der Europäischen Atomgemeinschaft, ABl. L 29 vom 31.1.2020.
17 Die künstliche Verknappung von Umweltgütern ist Ausdruck der *Freiraumtheorie*, welche als Bestandteil des Vorsorgeprinzips eine Belastung der Umwelt verbietet, die deren Regenerationsfähigkeit erschöpft, um kommenden Generationen Lebensqualität und Lebensstandard zu sichern (*Nettesheim*, in: Grabitz/Hilf/Nettesheim, Recht der EU, 78. EL 2023, AEUV Art. 191 Rn. 88). Sie wird verstärkt im Grundsatz der Nachhaltigkeit aufgenommen und kommt in Art. 20a GG in der Berücksichtigung „künftiger Generationen" zum Ausdruck.
18 Beschluss (EU) 2020/1722 der Kommission vom 16.11.2020, ABl. L 386/26 vom 18.11.2020.

B. Der Treibhausgasemissionshandel

Anreiz zur eigenen Einsparung von Treibhausgasen führen.[19] Weiteres Ziel des Emissionszertifikatehandels ist es, Anreize zur Investition in emissionsärmere Technologien zu schaffen. Die aus der Versteigerung erwirtschafteten Einnahmen sollen die Mitgliedstaaten zu mindestens 50 % für klima- und energiespezifische Zwecke verwenden. Über die Beträge und deren Verwendung ist Bericht zu führen.[20] Zu großen Teilen werden diese Einnahmen[21] in Forschungsprojekte oder die Entwicklung und den Einsatz von regenerativen Energien genutzt und sollen so zur Beschleunigung der Energiewende beitragen.

Die ursprüngliche **Verknappung** der der ortsfesten Anlagen zurechenbaren CO_2-Emissionen[22] wurde durch eine nationale Zuteilung auf der Grundlage des Art. 9 iVm Anhang III der RL 2003/87/EG – in der bis 2009 geltenden Fassung –[23] erreicht. Eine weitere Verknappung wurde in Art. 9 UAbs. 1 der RL 2003/87/EG – in der seit 2009 geltenden Fassung –[24] geregelt, welcher ab 2013 eine Reduktion um 1,74 % anordnete.[25] Die Gesamtmenge der pro Mitgliedstaat zu versteigernden Zertifikate wurde nach Art. 10 Abs. 2 UAbs. 1 RL 2003/87/EG – in der seit 2009 geltenden Fassung – aus einer gegenüber 2005–2007 auf 88 % der Gesamtemissionen reduzierten Menge ermittelt, die länderweise aus Wachstums- und Solidaritätserwägungen um 10 % der Gesamtmenge[26] oder wegen frühzeitiger Emissionsminderungsmaßnahmen um 2 % der Gesamtmenge[27] vergrößert werden konnte. Dies hat eine länderweise unterschiedliche Verknappung zur Folge – Deutschland konnte beispielsweise nicht von den Begünstigungen profitieren und erlebte daher einen spürbaren Rückgang handelbarer Emissionszertifikate. Die *konkrete* Zuteilung erfolgte jeweils für eine Handelsphase, die einen Zeitraum von mehreren Jahren umfasst. In der ersten Handelsphase 2005–2007 legte Art. 10 RL 2003/87/EG a.F.[28] fest, dass die Mitgliedstaaten 95 % der Zertifikate kostenlos vergeben *mussten*. Dieser Anteil wurde für die zweite Phase 2008–2012 auf 90 % reduziert. Die Umsetzung der Zuteilung erfolgte gemäß Art. 11 RL 2003/37/EG a.F.[29] durch die Mitgliedstaaten, die nach Anhang III Nr. 7 der RL 2003/87/EG die Möglichkeit hatten, Vorleistungen der Unternehmen zu berücksichtigen. Mit Beginn der dritten Zuteilungsperiode 2013–2020 waren gemäß Art. 10 Abs. 1 RL 2003/87/EG – in der seit 2009 geltenden Fassung – sämtliche Zertifikate, die nicht ausnahmsweise kostenlos zugeteilt sind, zu versteigern.

In ihrer aktuellsten Fassung geht die Richtlinie 2003/87/EG[30] ab 2021 von einer jährlichen Reduktion um 2,2 % sowohl für ortsfeste Anlagen als auch für den Luftverkehr

---

19 *Wronski/Küchler*, Umsetzung eines CO2-Mindestpreises in Deutschland, 2014, S. 9.
20 Vgl. Art. 32 Abs. 3d), 5 VO (EU) 2018/1999; Art. 3d Abs. 4, Art. 10 Abs. 3 RL 2003/87/EG.
21 2013 waren es Gesamteinkünfte von 3,6 Mrd. EUR (European Commission, Emissions Trading System (EU ETS) Auctioning of allowances).
22 Zum Luftverkehr siehe unter Art. 3a ff. der RL 2003/87/EG.
23 In der zuletzt durch VO (EG) Nr. 219/2009 (ABl. L 87/109) geänderten Fassung.
24 Geändert durch RL 2009/29/EG, ABl. L 140/63 vom 5.6.2009.
25 Die ursprüngliche Emissionsmenge wurde gemäß Art. 9 Abs. 1 UAbs. 1 iVm Anhang III der RL 2003/87/EG aF (in der zuletzt durch VO (EG) Nr. 219/2009 (ABl. L 87/109) geänderten Fassung) durch die Mitgliedstaaten im Rahmen eines nationalen Zuteilungsplans bestimmt. Anhang III Nr. 1 der RL 2003/87/EG verlangte beispielsweise, dass die Gesamtmenge der Zertifikate den Verpflichtungen des Kyoto-Protokolls entsprechen muss.
26 Siehe Art. 10 Abs. 2 UAbs. 1 lit. b) iVm Anhang IIa) der RL 2003/87/EG.
27 Siehe Art. 10 Abs. 2 UAbs. 1 lit. c) iVm Anhang IIb) der RL 2004/87/EG.
28 In der zuletzt durch VO (EG) Nr. 219/2009 (ABl. L 87/109) geänderten Fassung.
29 In der zuletzt durch VO (EG) Nr. 219/2009 (ABl. L 87/109) geänderten Fassung.
30 Zuletzt geändert durch die Änderungsrichtlinie (EU) 2018/410 vom 14.3.2018, ABl. L 76 S. 3.

8 Teil II: Die regulatorische Agenda der Europäischen Union im Energiebereich

10 (bzw. künftig den Schiffsverkehr) aus (Art. 9 Abs. 2 RL 2003/87/EG). Die Fortsetzung des Emissionshandels für die vierte Handelsperiode 2021–2030 wurde durch das Europäische Parlament und den Rat im März 2018 beschlossen. Zu diesem Zweck wurden die rechtlichen Grundlagen umfassend überarbeitet.[31]

10 Im Juli 2021 hat die Kommission ein Paket von Vorschlägen zur Änderung des EU-EHS angenommen, mit welchen der europäische Green Deal – und insbesondere das hierin enthaltene 55%-Ziel – umgesetzt werden soll. Am 18.12.2022 einigten sich Parlament und Kommission über die Änderungen.[32] Hierdurch sollen die Treibhausgasemissionen im ETS-Sektor bis 2030 um 62% statt bisher 43% gegenüber dem Stand von 2005 reduziert werden. Dies soll durch eine niedrigere Gesamt-Emissionsobergrenze und eine stärkere jährliche Emissionsreduktion von 4,3% zwischen 2023 und 2027 und 4,4% von 2028 bis 2030 anstelle der derzeit vorgesehenen Reduktion von 2,2% pro Jahr erreicht werden. Die EU-weite Menge an Zertifikaten wird einmalig um 90 Mio. t CO_2-Äquivalente im Jahr 2024 und 27 Mio. t im Jahr 2026 verringert. Hierdurch wird ein weiterer Anstieg der Zertifikatspreise herbeigeführt, welcher die ökonomischen Anreize zur Reduktion der Treibhausgasemissionen verstärkt.[33] Zugleich soll ein separates Emissionshandelssystem für im Straßenverkehr und in Gebäuden verwendete Kraft- und Brennstoffe eingeführt werden.[34] Diese Verschärfungen wurden bisher noch nicht in Richtlinienform gegossen.

11 Die Umsetzung der Richtlinie erfolgt in Deutschland durch das Treibhausgas-Emissionshandelsgesetz (TEHG), welches den rechtlichen Rahmen für den Handel mit Berechtigungen sowie Regelungen zur Genehmigung und Überwachung der Treibhausgasemissionen und zum Verfahren der Zuteilung enthält. Die Zuteilung für die Handelsperioden 2005–2007 und 2008–2012 erfolgt durch Zuteilungsgesetze. Ab 2013 wurde der Emissionshandel stärker europäisch harmonisiert, um gleiche Wettbewerbsbedingungen innerhalb der EU sicher zu stellen. Daher gibt es ein EU-weites Cap und EU-weit einheitliche Zuteilungsregeln. Die Emissionszertifikate werden nun anstatt durch die Mitgliedstaaten[35] zentral von der Europäischen Kommission vergeben.

III. Wirkung und Reformen

12 Die verfolgten Ziele – Förderung der Energieeffizienz und Schaffung von Innovationsanreizen – sind in starkem Maße von der Kostenhöhe abhängig.[36] Da in den vergangenen Jahren ein Überschuss an Emissionszertifikaten entstand, sank der Preis je Tonne zwischenzeitlich auf 3 EUR und pendelte sich im Jahr 2014 auf einem Preis zwischen 5 und 7 EUR pro Tonne ein.[37] Infolgedessen entschloss sich die Europäische Kommission ab dem Jahre 2014 im Rahmen eines Reformpakets die Anzahl der Emissionszertifikate deutlich zu reduzieren. Diese Maßnahme zeigten Wirkung: Im Laufe des Jahres

---

[31] Hierzu *Vollmer*, NuR 2018, 365 ff.
[32] https://www.europarl.europa.eu/news/de/press-room/20221212IPR64527/klimaschutz-einigung-uber-e hrgeizigeren-eu-emissionshandel-ets (Stand: 30.9.2023).
[33] *Kreuter-Kirchhof*, KlimaR 2022, 70 (71).
[34] Vorschlag für eine RL zur Änderung der RL 2003/87/EG, KOM(2021) 551 endg.
[35] Zuständige Behörde für die Erteilung der Zuteilungsbescheide war das Umweltbundesamt als deutsche Emissionshandelsstelle.
[36] *Fernahl/Perez-Linkenheil*, Wirkungsweise einer CO2-Steuer im Strommarkt, S. 1.
[37] Bundesministerium für Umwelt, Naturschutz, Bau und Reaktorsicherheit, Die Reform des EU-Emissionshandels für die 4. Handelsperiode (2021–2030), S. 2; *Wronski/Küchler*, Umsetzung eines CO2-Mindestpreises in Deutschland, 2014, S. 9.

B. Der Treibhausgasemissionshandel

2022 war der Preis mehrmals bei über 90€EUR/t.[38] Von wirksamen Anreizen geht man üblicherweise ab einem Preis von 35 EUR aus.[39]

Abbildung 9

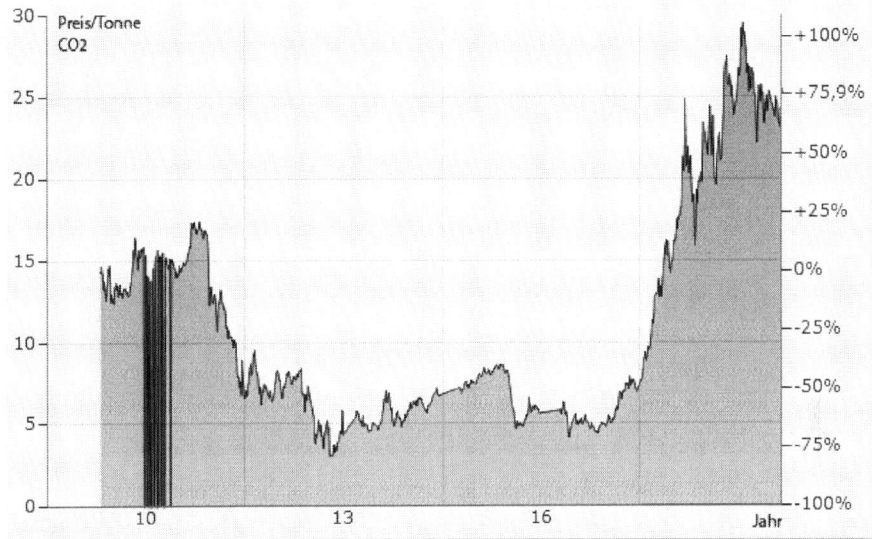

Quelle: https://www.finanzen.net/rohstoffe/co2-emissionsrechte/chart (Stand: 30.9.2023).

Seit 2019 müssen die Mitgliedstaaten sämtliche Zertifikate versteigern, die nicht entsprechend Art. 10a und 10c RL 2003/87/EG kostenlos zugeteilt werden und nicht in die Marktstabilitätsreserve (vgl. Beschluss (EU) 2015/1814) eingestellt oder gemäß Art. 12 Abs. 4 RL 2003/87/EG gelöscht werden. Energieintensive Industrien erhalten gemäß Art. 10b RL 2003/87/EG bis 2034 kostenlose Zertifikate. Dies soll verhindern, dass solche Industrien ihre Produktion ins Ausland verlagern (*Carbon Leakage*).[40]

Die auf Beschluss (EU) 2015/1814 beruhende, ab 1. Januar 2019 wirkende Marktstabilitätsreserve soll den Abbau und die Beschränkung eines Überangebots an CO_2-Zertifikaten bewirken. Hierdurch soll die Wirksamkeit des Emissionszertifikatehandels erhöht werden, indem das Angebot flexibler an der Nachfrage ausgerichtet wird, indem aufgelaufene Überschüsse an Zertifikaten dauerhaft verringert werden. Eine Rückgabe an den Markt ist nur im Falle einer deutlichen Knappheit vorgesehen.

Im Zuge der jüngst geplanten Änderungen[41] soll auch die kostenlose Ausgabe von ETS-Zertifikaten (insbesondere an die energieintensiven Industriezweige) schrittweise abgebaut werden.[42] Um zu verhindern, dass hierdurch CO_2-Emissionen in das Nicht-EU-Ausland verschoben werden, haben sich Rat und Parlament über die Einrichtung eines CO_2-Grenzausgleichsmechanismus (Carbon Border Adjustment Mechanism, CB-

---

38 https://sandbag.be/index.php/carbon-price-viewer/(Stand: 30.9.2023).
39 Hinsichtlich der Anreizwirkung optimistisch *Kreuter-Kirchhof*, ZUR 2019, 396 (400).
40 *Kreuter-Kirchhof*, ZUR 2019, 396 (400).
41 Vgl. unter Rn. XX.
42 2026: 2,5 % weniger, 2027: 5 %, 2028: 10 %, 2029: 22,5 %, 2030: 48,5 %, 2031: 61 %, 2032: 73,5 %, 2033: 86 %, 2034: 100 %.

AM) geeinigt.⁴³ Unternehmen, die in die EU importieren, sollen danach verpflichtet werden, CBAM-Zertifikate zu erwerben, um die Differenz zwischen dem im Produktionsland gezahlten Kohlenstoffpreis und dem höheren Preis der Kohlenstoffzertifikate im EU-Emissionshandelssystem auszugleichen. Hierdurch sollen außerhalb der EU Anreize für eine Angleichung der Klimaschutzmaßnahmen geschaffen werden. Der Anwendungsbereich soll sich zunächst auf Eisen, Stahl, Zement, Aluminium, Düngemittel und Elektrizität sowie Wasserstoff beschränken. Die Regeln sollen ab dem 1.10.2023 mit einer Übergangsfrist gelten.

16 Ergänzend zu dem europäischen Treibhausgasemissionshandelssystems können die Mitgliedstaaten Schutzverstärkungsmaßnahmen ergreifen, indem sie zusätzlich zum Emissionshandel auf nationaler Ebene Stromerzeugungskapazitäten stilllegen (Art. 12 Abs. 4 RL 2003/87/EG). Ausgehend von der europaweit zulässigen Gesamtemissionsmenge bleiben nationale Schutzmaßnahmen wirkungslos, wenn diese nicht gleichzeitig mit einem Absenken dieser Gesamtmenge verbunden sind (sog. Wasserbetteffekt).⁴⁴ Das Löschen der (überflüssigen) Zertifikate aus dem Versteigerungsvolumen erlaubt nun Art. 12 Abs. 4 RL 2003/87/EG. Beim vorzeitigen Ausstieg aus der Kohlekraft in Deutschland ist eine solche Löschung von Zertifikaten verfassungsrechtlich geboten: Der hiermit verbundene Eingriff in das Eigentum der Anlagenbetreiber wäre andernfalls nicht geeignet, das angestrebte Ziel (Klimaschutz) herbeizuführen.⁴⁵ Gegenwärtig sieht § 8 Abs. 1 S. 2 TEHG eine Löschung der Zertifikate erst nach Abzug der durch die Marktstabilitätsreserve dem Markt entzogenen Zertifikate vor.⁴⁶

17 Dies wirft insgesamt die Frage nach der Kompatibilität nationaler Maßnahmen mit dem europäischen Emissionshandel auf. So wirken in Deutschland das EEG und das KWKG daraufhin, durch die Förderung bestimmter Technologien bei der Stromproduktion die Treibhausgasemissionen in Deutschland zu mindern. Sinkt aufgrund geringerer Emissionen die Nachfrage nach Zertifikaten, führt dies zugleich zu einem Absinken des Marktpreises, welches an anderer Stelle die Einsparung von Emissionen unwirtschaftlich macht. Daraus wird die Annahme abgeleitet, dass innerhalb der EU immer genau soviel CO_2 ausgestoßen wird, wie es die Obergrenze der EU-Zertifikate zulässt.⁴⁷ Nationale Fördermaßnahmen zum Ausbau erneuerbarer Energien können jedoch mittelbar in die politische Entscheidung über die Obergrenzen des Emissionshandels einfließen, auch da die künftigen Klimaziele auch die gegebenen technischen Möglichkeiten berücksichtigen.⁴⁸ Insgesamt ist eine stärkere Abstimmung nationaler und europäischer Maßnahmen durch Festlegung geringerer Obergrenzen bei gleichzei-

---

43 https://www.europarl.europa.eu/news/de/press-room/20221212IPR64509/eu-einigung-uber-co2-grenzausgleichsmechanismus-cbam (Stand: 30.9.2023).
44 Siehe hierzu *Diederichs*, EnK-Aktuell 2023, 010246.
45 So explizit *Kreuter-Kirchhof*, ZUR 2019, 396 (400); *dies.*, KlimaR 2022, 70 (71 f.). Der amtierende Wirtschaftsminister Habeck strebt daher eine Löschung der durch den vorzeitigen Kohleausstieg freiwerdenden Zertifikate an (https://table.media/climate/professional-briefing/habeck-will-co%E2%82%82-zertifikate-loeschen-ende-der-klima-siegel-eu-rechnungshof-tadelt-klimapolitik/, Stand: 30.9.2023). Vgl. auch Bericht der Kommission über das Funktionieren des CO2-Marktes der EU, KOM(2021) 950 endg., S. 48.
46 Umfassend zur Anwendung dieser Vorschrift vor dem geltenden europäischen Recht UBA, CLIMATE CHANGE 18/2022, Annex B: Ausgleich der Auswirkungen der Beendigung der Kohleverstromung auf den EU-Emissionshandel Strukturelle Weiterentwicklung des ETS nach 2020, 2021.
47 Zur Problematik Monopolkommission, Sondergutachten 65 (Energie 2013: Wettbewerb in Zeiten der Energiewende), abrufbar unter: https://monopolkommission.de/images/PDF/SG/s65_volltext.pdf (Stand: 30.9.2023), Rn. 193 ff.
48 *Bofinger*, Sachverständigenrat zur Begutachtung der gesamtwirtschaftlichen Entwicklung, Stabile Architektur für Europa – Handlungsbedarf im Inland, Jahresgutachten 2012/13, 2012, Tz. 517.

tiger Rücknahme bestehender nationaler Förderprogramme oder eine Bereinigung der Zertifikatemenge um die durch nationale Förderung eingesparten Emissionen sowie eine Harmonisierung der nationalen Maßnahmen wünschenswert.[49]

C. Steuern

In Betracht kämen im Übrigen **steuerliche Maßnahmen**, die auch auf Art. 194 Abs. 1 oder Art. 192 Abs. 1 AEUV gestützt werden könnten.[50] Dies ergibt sich bereits im Umkehrschluss aus Art. 194 Abs. 3 und Art. 192 Abs. 2 UAbs. 1 lit. a) AEUV, die von Vorschriften „überwiegend steuerlicher Art" sprechen. Einschränkend ist darauf hinzuweisen, dass solche Umwelt- und Energiesteuern nur nach **einstimmiger Beschlussfassung** im Rat erlassen werden können. Art. 194 Abs. 3 sieht zudem die bloße Anhörung des Europäischen Parlaments vor. Auch Art. 113 AEUV, auf welchem die geltenden Rahmenvorschriften zur Energiebesteuerung – RL 2003/96/EG – beruhen, sieht einen Einstimmigkeitsvorbehalt vor. Durch den Einstimmigkeitsvorbehalt soll die **Budgethoheit** der Mitgliedstaaten gewahrt werden. Auch bleiben hierdurch die im Steuersystem angelegten **Lenkungsoptionen** erhalten.[51] Das Einstimmigkeitserfordernis macht Abstimmungs- und Entscheidungsprozesse jedoch schwerfällig. Ein Kommissionsvorschlag aus dem Jahre 2011 für eine Richtlinie zur Restrukturierung der gemeinschaftlichen Rahmenvorschriften zur Besteuerung von Energieerzeugnissen und elektrischem Strom, welche die Belastung durch den Zertifikatehandel durch eine CO_2-Steuer ergänzen wollte, konnte sich daher nicht durchsetzen.[52] Die Kommission hat daher eine Diskussion um die Anpassung des Beschlussverfahrens im Bereich der Energiebesteuerung – insbesondere vor dem Hintergrund einer möglichen CO_2-Steuer – angestoßen.[53]

D. Fazit

Zur Umsetzung ihrer energiepolitischen Ziele bedient sich die EU auch Instrumenten der fiskalischen Steuerung. Besonders hervorzuheben ist hier der Versuch, mittels eines Systems zum Handel mit Treibhausgasemissionszertifikaten den Ausstoß von klimaschädlichem Kohlenstoffdioxid zu verringern. Die ursprünglich schwachen Wirkungen wurden durch verschiedene Reformen des Unionsgesetzgebers nachhaltig verstärkt.

E. Wiederholungs- und Vertiefungsfragen

1. Was sind fiskalische Steuerungsinstrumente?
2. Grenzen Sie die Vor- und Nachteile ordnungspolitischer und fiskalischer Steuerung ab.
3. Wie funktioniert der Treibhausgasemissionshandel in der EU?

---

49 Monopolkommission, Sondergutachten 65 (Energie 2013: Wettbewerb in Zeiten der Energiewende), abrufbar unter: https://monopolkommission.de/images/PDF/SG/s65_volltext.pdf (Stand: 30.9.2023), Rn. 197.
50 Zu steuerlichen Maßnahmen vgl. im Übrigen unter Kap. Teil I Rn. 134.
51 *Nettesheim*, in: Grabitz/Hilf/Nettesheim, Recht der EU, 78. EL 2023, AEUV Art. 194 Rn. 38.
52 KOM(2011) 169 endg. vom 13.4.2011.
53 Mitteilung der Kommission v. 9.4.2019, „Eine effizientere und demokratischere Beschlussfassung in der Energie- und Klimapolitik der EU", KOM(2019) 177 endg.

4. Inwieweit ist der Treibhausgasemissionshandel ein Instrument fiskalischer Steuerung? Welche Rolle spielt dabei die Kostenhöhe?
5. Auf welchen rechtlichen Grundlagen fußt das System des Treibhausgasemissionshandel?
6. Ist das System des Treibhausgasemissionshandel (eher) ein völkerrechtliches oder ein EU-rechtliches Regelungsinstrument?
7. Ist das System wirkungsvoll? Welche Reformansätze gab und gibt es?
8. Wann spricht man von Wasserbetteffekt?
9. Kann die EU Umweltsteuern erheben? Wenn ja, auf welcher kompetenziellen Grundlage?
10. Was ist der CO_2-Grenzausgleichsmechanismus (Carbon Border Adjustment Mechanism)?

Teil III:
Globalisierung der Energiewirtschaft

Kapitel 9: Völkerrechtliche Regulierung des Energiehandels

A. Einführung und Grundsätze

Noch kann die EU ihren Energiebedarf nicht aus eigenen, insbesondere erneuerbaren Energiequellen decken. Sie ist daher auf Energieimporte aus Drittstaaten angewiesen. 2020 wurden 58 % der verfügbaren Energie in die EU importiert, 2019 waren es 60 %.[1]

Bedingt durch diese Abhängigkeit der Mitgliedstaaten werden für einen funktionierenden europäischen Markt kontinuierliche Energieimporte und somit Handelsbeziehungen mit Drittstaaten benötigt.[2] Traditionell wurden die dazu nötigen Energiehandelsvereinbarungen mit anderen Staaten als Bestandteil der nationalen Außenpolitik getroffen. Einer Kompetenzübertragung auf die EU standen die Nationalstaaten kritisch gegenüber; die Übertragung erfolgte nur zögerlich.[3] Mit stärkerer Integration der Märkte und Verwirklichung der Zollunion war die Kompetenzübertragung zur Etablierung einer gemeinsamen Außenhandelspolitik jedoch notwendig. Diese führte schließlich dazu, dass heute die EU der zentrale außenhandelspolitische Akteur ist. Die zentrale völkerrechtliche Grundlage für ihre Handelspolitik bildet dabei das Recht der Welthandelsorganisation (World Trade Organization, WTO).[4] Die Welthandelsordnung hat sich mit Gründung der WTO zu einem vollentwickelten und rechtlich bindenden System entwickelt.[5] Die Regelungen betreffen auch den Handel mit Energie und energienahen Dienstleistungen.[6]

I. Die Liberalisierung des Welthandels

Der Hintergrund für die Gründung der WTO war indes nicht etwa der Energiehandel. Die Abkehr der *Laissez-Faire*-Ökonomie und die Errichtung internationaler Handelsbarrieren, so war man sicher, hatte zur Entstehung des zweiten Weltkriegs beigetragen. Um derartigen negativen Entwicklungen in der Zukunft vorzubeugen, wurden noch während des zweiten Weltkriegs Liberalisierungsbemühungen angestoßen.[7] Die zu diesem Zweck in der Stadt *Bretton Woods* 1944 geschlossenen Vereinbarungen leiteten eine neue Ära der Welthandelsbeziehungen ein. Mit dem sog. *Bretton-Woods*-System wurde eine neue internationale Währungsordnung geschaffen. Zur Kontrolle und Durchsetzung wurden Internationaler Währungsfonds und Weltbank gegründet.[8]

---

1 https://ec.europa.eu/eurostat/cache/infographs/energy/bloc-2a.html (zuletzt abgerufen am 30.9.2023).
2 *Krüger*, European Energy Law and Policy, 2016, S. 213 mwN.
3 *Krüger*, European Energy Law and Policy, 2016, S. 213 mwN.
4 *Cottier/Trinberg*, in: von der Groeben/Schwarze/Hatje, Europäisches Unionsrecht, 7. Aufl. 2015, Vor Art. 206 bis 207 AEUV, Rn. 7.
5 Vgl. *Wetzel*, in: Büdenbender/Kühne, FS Baur, 2002, S. 59.
6 *Selivanova*, ICTSD Trade and Sustainable Energy Series, 2007, Issue Paper No. 1, S. VII, abrufbar unter: https://www.ictsd.org/sites/default/files/research/2012/03/the-wto-and-energy.pdf (Stand: 30.9.2023). Siehe sogleich Teil III Rn. 11.
7 *Wetzel*, in: Büdenbender/Kühne, FS Baur, 2002, S. 59.
8 Vgl. eingehend zum Bretton-Woods-System *Lowenfeld*, International Economic Law, 2. Aufl. 2011, S. 593 ff.

Weiterer Bestandteil des Systems sollte eine Internationale Handelsorganisation (International Trade Organisation, „ITO") werden.[9] Zielsetzung der ITO war die Liberalisierung des Welthandels, aber auch die Positionierung in globalen wirtschaftlichen Gerechtigkeitsfragen.[10] Letzteres entwickelte sich jedoch zum Problem. Die gestärkt aus dem zweiten Weltkrieg hervorgegangenen USA wollten sich keinen Regeln unterwerfen, die das weltweite Kräftegleichgewicht in Richtung der Entwicklungsländer verschieben oder gar die nationale Souveränität der USA beschränken konnten.[11] Mangels Ratifikation der ITO-Regelungen durch die weltweit stärkste Wirtschaftsmacht musste die ITO-Idee verschoben werden. Stattdessen wurde die Gerechtigkeitsdimension ausgeklammert und das Allgemeine Zoll- und Handelsabkommen (General Agreement on Tariffs and Trade, „GATT") am 30.10.1947 von den 23 Unterzeichnerstaaten als kleinster gemeinsamer Nenner gefunden und die bereits ausgehandelten Zollzugeständnisse (zunächst provisorisch) festgeschrieben.

Abbildung 10

Quelle: eigene Darstellung

2a Bis zur späteren Gründung der WTO bestimmte das GATT die Regulierung des internationalen Welthandels mit dem Ziel, Zölle und andere Handelsschranken abzubauen sowie freie, ungehinderte internationale Handelsbeziehungen abzusichern und zu gestalten. Von 1948 bis 1994 wurden durch das GATT die Regeln für einen Großteil des Welthandels festgelegt. Da das GATT vorrangig den Handel mit industriell gefertigten Waren betraf und betrifft, war es während der Gründungszeit teils noch als „*rich-man's club*"[12] bezeichnet worden. Insbesondere Staaten, deren Wirtschaftskraft maßgeblich auf dem Handel mit landwirtschaftlichen Erzeugnissen fußte, waren benachteiligt, da das Abkommen kaum Schutzvorschriften gegen protektionistische Maßnahmen der entwickelten Länder enthielt. In dieser Zeit gab es acht mehrjährige Verhandlungsrunden (ua in Frankreich, Großbritannien, Belgien und Marokko), in

---

9   Vgl. Havana Charta, United Nations Conference on Trade and Employment held at Havana, Cuba from November 21, 1947, to March 24, 1948, Final Act and related documents, passim. Abrufbar unter: https://www.wto.org/english/docs_e/legal_e/havana_e.pdf (Stand: 30.9.2023).
10 Vgl. die Zielsetzung in Art. 1 ibid.
11 Vgl. US Department of State, Press Release of 6 Dec 1950, 23 US Department of State Bulletin 977 (1950).
12 Vgl. etwa Statement by H.E. Mr. L de Block, Minister of Economic Affairs of the Kingdom of the Netherlands, on 22.11.1967 (abrufbar unter https://docs.wto.org/gattdocs/q/GG/W/24-38.PDF, Stand: 30.9.2023).

A. Einführung und Grundsätze

denen man sich dieser Probleme annahm, aber vor allem auch die Zölle weiter gesenkt wurden.[13]

Die Kritik der Entwicklungsländer erhielt zunehmend stärkeres Gewicht, als in der Zeit der Entkolonialisierung immer mehr Länder als unabhängige Staaten auf der Weltbühne agierten. Daher konnten diese beispielsweise die Ergänzung des GATT im Jahre 1965 um ein viertes Kapitel (Teil IV, Art. VI ff. GATT, Handel und Entwicklung) durchsetzen, das ihre Bedürfnisse adressierte, indem zugunsten der Entwicklungsländer von bestimmten Bestimmungen abgewichen werden durfte.[14] Die größten Änderungen erfolgten jedoch in der Uruguay-Runde (achte Welthandelsrunde, 1986–1994).[15] Zunächst war die Liberalisierung des Agrarhandels in das GATT integriert worden (Übereinkommen über Landwirtschaft, Agreement on Agriculture, „AoA"). Die Runde endete 1994 mit dem Marrakesh-Abkommen, das die Gründung der WTO beschloss.[16] Aber auch Übereinkommen betreffend den Handel mit Dienstleistungen (General Agreement on Trade in Services, „GATS"), geistiges Eigentum (Agreement on Trade-Related Aspects of Intellectual Property Rights, „TRIPS") und handelsbezogene Investitionsabkommen (Agreement on Trade-Related Investment Measures, „TRIMs") wurden ergänzt sowie Regeln für die Streitschlichtung (Dispute Settlement Understanding, „DSU").[17] Zeitlich überschnitten sich die Ergebnisse mit dem Fall der Sowjetunion 1989–1990, was durchaus als Ausdruck eines kapitalistischen Siegeszuges interpretiert werden kann. Diese prokapitalistische Dynamik hatte schließlich mit dazu geführt, dass auch die Entwicklungsländer den Ergebnissen der Uruguay-Runde überhaupt geschlossen zustimmten (Einstimmigkeitsgrundsatz).

II. Verlust des Momentums

Der Fall von Grenzen und die enorme Globalisierungsgeschwindigkeit führten nicht nur zum Austausch von Waren und Gütern, sondern auch zum Austausch von Ideen. Mit Nachdruck wurde wieder die Idee globaler Gerechtigkeit auf die Agenda geschrieben. Angespornt von dem Erfolg des AoAs wurde vermehrt auf die Lösung entwicklungspolitischer Fragestellungen geschaut und mit Beginn der Doha-Runde 2011 (auch „Doha-Entwicklungsagenda" genannt), ein neuer Versuch unternommen, Probleme der Entwicklungsländer zu berücksichtigen.[18] Nachdem zwar mit dem Bali-Paket 2013 nach langer Zeit das erste neue Handelsabkommen (Abkommen über Handelserleichterungen) seit Gründung der WTO erzielt werden konnte, dann aber auch die WTO-Ministerkonferenz 2015 (nach mehreren erfolglosen Runden zuvor) keine Einigung bei der Doha-Frage gebracht hatte, gilt die Doha-Runde seit 2016 als

3

---

13 Vgl. etwa damals zur Senkung der Zölle in der Kennedy Runde (1964–1967) *Wolff*, Die Zollsenkungsverhandlungen im GATT: Zwischenbilanz der Kennedy-Runde, Wirtschaftsdienst, 45 (1965), S. 311 ff.
14 Es konnte insbesondere von der Meistbegünstigung (vgl. dazu unter Rn. 13) abgewichen werden.
15 Zur Unterscheidung zwischen dem ursprünglichen Text des Übereinkommens und der Neufassung im Rahmen der WTO-Gründung wird im Folgenden – sofern es auf bestimmte Regelungen ankommt – die Jahreszahl 1947 bzw. 1994 hinzugefügt.
16 Der Volltext aller Dokumente in englischer Sprache kann auf der Internetseite der WTO unter https://www.wto.org/english/docs_e/legal_e/legal_e.htm heruntergeladen werden (Stand: 30.9.2023). Für die EU siehe auch Beschluss des Rates 94/800/EG vom 22.12.1994 über den Abschluss der Übereinkünfte im Rahmen der multilateralen Verhandlungen der Uruguay-Runde (1986–1994) im Namen der Europäischen Gemeinschaft in Bezug auf die in ihre Zuständigkeit fallenden Bereiche (ABl. L 336/3, v. 23.12.1994).
17 *Wetzel*, in: Büdenbender/Kühne FS Baur, 2002, S. 69.
18 *Lowenfeld*, International Economic Law, 2. Aufl. 2011, S. 332 f.

gescheitert.[19] Da auch eine neue Runde noch nicht in Sicht ist, haben die alten Regeln weiterhin Bestand und finden Anwendung.

B. Übereinkommen der WTO

4   Die WTO hat mittlerweile 164 Mitglieder[20], deren Handelsvolumen 98 % des gesamten Welthandels ausmacht.[21] Nach Art. II WTO-Übereinkommen („WTO-Ü") bildet die WTO den gemeinsamen institutionellen Rahmen für die Wahrnehmung der Handelsbeziehungen zwischen ihren Mitgliedern in Angelegenheiten im Zusammenhang mit den Übereinkommen und den dazugehörigen Rechtsinstrumenten. Das bedeutet letztlich nichts anderes, als dass WTO-Recht eine Zusammensetzung aus den im Übrigen selbstständigen Übereinkommensvertragstexten ist. Diese materiellen Regelungen finden sich in den Anlagen 1 bis 4. Enthalten sind in den Anlagen 1 bis 3 *multilaterale* Handelsübereinkommen, dh Regeln für alle WTO-Mitglieder, die den Handel betreffen (insbesondere das GATT, GATS und TRIPS). Sie werden durch den Verweis in Art. II Abs. 1 WTO-Ü mit in das WTO-Recht einbezogen und sind für alle Mitglieder verbindlich.[22] Anlage 4 enthält Übereinkommen über das öffentliche Beschaffungswesen und über den Handel mit Zivilluftfahrzeugen. Diese Übereinkommen sind sog. *plurilaterale* Handelsübereinkommen, dh Übereinkommen, die verschiedene Staaten mit einem gemeinsamen Interesse betreffen.[23] Sie sind nicht für alle WTO-Mitglieder verbindlich, sondern nur für diejenigen Staaten, die diesen Übereinkommen zugestimmt haben.[24]

I. Zielsetzungen der WTO

5   Vornehmliches Ziel der WTO ist zunächst, wie auch noch unter Geltung des GATT-Regimes, die fortwährende Liberalisierung des Welthandels durch Senkung und idealerweise Abschaffung von Zöllen und anderen Handelshemmnissen (vgl. Präambel Abs. 3 WTO-Ü). Während vor der Gründung der WTO der Fokus auf der Beseitigung von Zöllen lag, hat die Gewährleistung von Rechts- und damit Investitionssicherheit zunehmend besondere Bedeutung erlangt.[25] Mit der Verwirklichung dieser Ziele werden, im Sinne effizienterer Ressourcenallokation – so jedenfalls nach Abs. 1 der Präambel die Ansicht der Unterzeichnerstaaten – die Lebensstandards erhöht, Vollbeschäftigung verwirklicht, Realeinkommen und Nachfrage gesteigert, die Produktion sowie Handel mit Waren und Dienstleistungen ausgeweitet, nachhaltige Entwicklung wie Umweltschutz verbessert und den Bedürfnissen der Entwicklungsländer bestmöglich Rechnung getragen. Letztlich folgt die WTO dem liberalen Ansatz, dass nur alle Ein-

---

19 *James*, Süddeutsche Zeitung (Gastbeitrag), 26.8.2016, abrufbar unter: https://www.sueddeutsche.de/politik/aussenansicht-zeitalter-der-verwundbarkeit-1.3134262 (Stand: 30.9.2023).
20 Members and Observers WTO Website, abrufbar unter: https://www.wto.org/english/thewto_e/whatis_e/tif_e/org6_e.htm (Stand: 30.9.2023).
21 WTO Annual Report 2019, S. 6 abrufbar unter: https://www.wto.org/english/res_e/booksp_e/anrep_e/anrep19_chap1_e.pdf (Stand: 30.9.2023).
22 *Weiß*, in: Grabitz/Hilf/Nettesheim, Recht der EU, 78. EL 2023, AEUV Art. 207 Rn. 216.
23 http://www.europarl.europa.eu/legislative-train/theme-a-balanced-and-progressive-trade-policy-to-harness-globalisation/package-multilateral-and-plurilateral-trade-agreements (Stand: 30.9.2023).
24 *Berrisch/Kamann*, in: Krenzler/Hermann/Niestedt, EU-Außenwirtschafts- und Zollrecht, Stand Mai 2019, Nr. 111, Erwägungsgründe, Rn. 15; *Gemmer*, Die Energieaußenhandelspolitik der Europäischen Union, 2017, S. 567.
25 Vgl. etwa die Bedeutung des Dispute Settlement Understandings.

B. Übereinkommen der WTO

schränkungen des Handels beseitigt werden müssen, um das Wohlstandsmaximum für die Gesellschaft zu erreichen.

II. Struktur

Abbildung 11

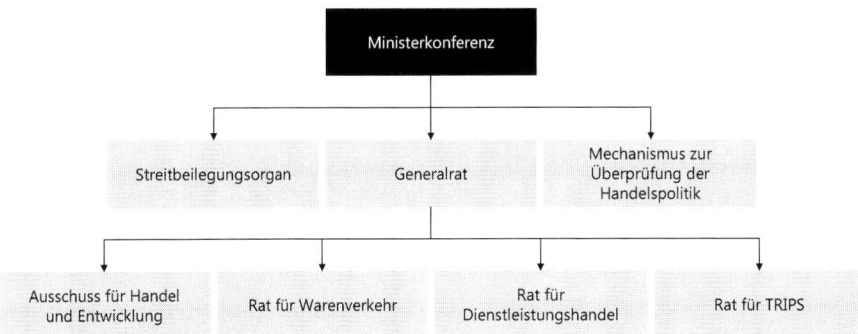

Quelle: eigene Darstellung

In Art. IV WTO-Ü wird der Aufbau der WTO dargelegt. Das höchste und entscheidende Organ ist die Ministerkonferenz.[26] Nach Art. IV Abs. 1 WTO-Ü setzt sie sich aus Vertretern aller Mitgliedstaaten zusammen und tagt mindestens einmal alle zwei Jahre. Sie nimmt die Aufgaben der WTO wahr und ist befugt in Angelegenheiten, die eines der multilateralen Handelsübereinkommen betreffen, Beschlüsse zu fassen. Unter der Ministerkonferenz steht nach Art. IV Abs. 2 WTO-Ü der Generalrat. Dieser setzt sich ebenfalls aus Vertretern aller Mitglieder zusammen und tritt immer dann zusammen, wenn dies zweckdienlich ist. Er nimmt zwischen den Tagungen der Ministerkonferenz deren Aufgaben wahr sowie weitere Aufgaben, wie die Durchführung der Streitverfahren (Dispute Settlement Body, „DSB") und die Beurteilung der nationalstaatlichen Handelspolitiken (Trade Policy Review Body, „TPRB"), die ihm durch das WTO-Ü übertragen sind. Zudem werden gemäß Art. IV Abs. 5 WTO-Ü zusätzliche Räte für die in den Anhängen niedergelegten Verträge gebildet, um die Funktion des jeweiligen Übereinkommens zu überwachen. Die Räte erstatten dem Allgemeinen Rat Bericht. Zuletzt setzt der Ministerrat nach Art. IV Abs. 6 WTO-Ü Ausschüsse ein, welche ihnen durch die Übereinkommen oder Handelsabkommen übertragenen Funktionen übernehmen. Der Ausschuss für Handel und Entwicklung überprüft beispielsweise regelmäßig zugunsten der am wenigsten entwickelten Länder Vorschriften aus Handelsabkommen, und schlägt dem Allgemeinen Rat geeignete Maßnahmen vor.

III. Rolle der EU – Kompetenz und unmittelbare Anwendbarkeit

Derzeit wird das Außenwirtschaftsrecht der EU maßgeblich durch die WTO-rechtlichen Verpflichtungen bestimmt, mit dem wesentlichen Ziel den internationalen Handel so sicher und liberal wie möglich zu gestalten.[27] Dazu ist die EU selbst ein ursprüngli-

---

[26] Ausweislich der Schlussformel des WTO-Übereinkommens ist nur der Wortlaut der Urschriften in englischer, französischer und spanischer Sprache verbindlich. Die Übersetzungen im Folgenden dienen maßgeblich der Verbesserung des Leseflusses.

[27] Vgl. *Weiß*, in: Grabitz/Hilf/Nettesheim, Recht der EU, 78. EL 2023, AEUV Art. 207 Rn. 209.

ches Mitglied der WTO gemäß Art. XI Abs. 1 WTO-Ü (zusätzlich zu ihren einzelnen Mitgliedstaaten). Die Kompetenz zum Beitritt folgt aus Art. 207 Abs. 3 AEUV, wonach die Union mit internationalen Organisationen, auch zur Gründung von internationalen Organisationen, Handelsabkommen schließen kann.[28]

Bei Entscheidungen innerhalb der WTO stehen der EU gemäß Art. IX Abs. 1 S. 4 WTO-Ü so viele Stimmen zu, wie Mitgliedstaaten Mitglieder in der WTO sind (27). Eine zusätzliche eigene Stimme kommt der EU nicht zu. Die EU und ihre Mitgliedstaaten werden von der Kommission vertreten.[29] Auf diesem Wege geschlossene Verträge sind für die Union, aber auch für die Mitgliedstaaten, nach Art. 216 Abs. 2 AEUV verbindlich. Sie werden mithin ohne weiteren Transformationsakt zu „integrierenden Bestandteilen des Gemeinschaftsrechts".[30]

Die Frage der unmittelbaren Anwendbarkeit bestimmter Vorschriften der einzelnen Abkommen ist im Wege der Auslegung zu ermitteln.[31] Da dies wiederum inhaltliche Unbedingtheit und hinreichende Konkretisierung voraussetzt, hat der EuGH die unmittelbare Anwendbarkeit von WTO-Vorschriften bislang verneint.[32] Die WTO-Vertragswerke seien eher rahmenhaft ausgestaltet und böten Spielräume und Flexibilität bei der Umsetzung.[33] Einzelne Bürger oder Unternehmen können sich daher nicht unmittelbar auf die Regelungen berufen. Rechtsverletzungen können nur von den WTO-Mitgliedern über das WTO-Streitschlichtungsverfahren angegriffen werden. Die EU hat sich durch den Beitritt zur WTO gemäß Art. II Abs. 2 WTO-Ü aber verpflichtet, die entsprechenden Übereinkünfte und die dazugehörigen Rechtsinstrumente (wie insbesondere das Streitbeilegungsverfahren) anzuerkennen.

C. Regelungsbefugnisse der WTO für den Energiehandel

Die handelspolitischen Interessen der EU bestehen darin, die Ausfuhrbedingungen für Rohstoffe in den exportierenden Ländern möglichst stabil und günstig zu gestalten,

---

28 Vgl. *Weiß*, in: Grabitz/Hilf/Nettesheim, Recht der EU, 78. EL 2023, AEUV Art. 207 Rn. 214.
29 *Weiß*, in: Grabitz/Hilf/Nettesheim, Recht der EU, 78. EL 2023, AEUV Art. 207 Rn. 310.
30 Vgl. etwa EuGH Urt. v. 30.4.1974 – Rs. 181/73, ECLI:EU:C:1974:41, Rn. 7 – *Haegeman*; EuGH Urt. v. 30.9.1987 – Rs. 12/86, ECLI:EU:C:1987:400, Rn. 7 – *Demirel*; EuGH Urt. v. 20.9.1990 – Rs. C-192/89, ECLI:EU:C:1990:322, Rn. 8 – *Sevince*.
31 EuGH Urt v. 13.1.2015 – verb. Rs. C-401/12 P bis C-403/12, ECLI:EU:C:2015:4 Rn. 53 – *Rat ua/Vereinigung Milieudefensie ua*.
32 Bereits zum GATT 1947: EuGH Urt. v. 12.12.1972 – Rs. 21/72–24/72, ECLI:EU:C:1972:115, Rn. 27 – *International Fruit Company*; zum WTO-Recht siehe EuGH Urt. v. 23.11.1999 – Rs. C-149/96, ECLI:EU:C:1999:574, Rn. 25 ff. – *Portugal/Rat*; EuGH Urt. v. 14.12.2000 – verb. Rs. C-300/98 und C-392/98, ECLI:EU:C:2000:688, Rn. 11 – *Dior ua*; EuGH Urt. v. 23.2.2006 – Rs. C-43/05, ECLI:EU:C:2006:145, Rn. 33 f. – *Merck Genéricos*; EuGH Urt. v. 9.9.2008 – Rs. C-120/06 P, ECLI:EU:C:2008:476, Rn. 132 – *FIAMM*; aA GA Tesauro, SchlA C-53/96, ECLI:EU:C:1997:539, Rn. 36 – *Hermès*; ferner GA Saggio, SchlA Rs. C-149/96, ECLI:EU:C:1999:92, Rn. 20 – *Portugal/Rat*.
33 EuGH Urt. v. 12.12.1972 – Rs. 21/72–24/72, ECLI:EU:C:1972:115, Rn. 27 – *International Fruit Company*; zum WTO-Recht siehe EuGH Urt. v. 23.11.1999 – Rs. C-149/96, ECLI:EU:C:1999:574, Rn. 25 ff. – *Portugal/Rat*; EuGH Urt. v. 14.12.2000 – verb. Rs. C-300/98 und C-392/98, ECLI:EU:C:2000:688, Rn. 11 – *Dior ua*; EuGH Urt. v. 23.2.2006 – Rs. C-43/05, ECLI:EU:C:2006:145, Rn. 33 f. – *Merck Genéricos*; EuGH Urt. v. 9.9.2008 – Rs. C-120/06 P, ECLI:EU:C:2008:476, Rn. 132 – *FIAMM*; aA GA Tesauro, SchlA C-53/96, ECLI:EU:C:1997:539, Rn. 36 – *Hermès*; ferner GA Saggio, SchlA Rs. C-149/96, ECLI:EU:C:1999:92, Rn. 20 – *Portugal/Rat*. Vergleiche zu den zwei Ausnahmekonstellationen, in denen WTO-Recht ausnahmsweise wegen eines Sekundärrechtsverweises (Fediol-Formel) unmittelbare Wirkung entfaltet, EuGH Urt. v. 22.6.1989 – Rs. 70/87, ECLI:EU:C:1989:254, Rn. 32 – *Fediol*; respektive wegen einer entsprechend übernommenen internationalen Verpflichtung (Nakajima-Formel), EuGH Urt. v. 8.6.1989 – Rs. C-69/89, ECLI:EU:C:1991:186, Rn. 31 – *Nakajima*.

C. Regelungsbefugnisse der WTO für den Energiehandel

den freien und sicheren Transport von Energie durch die Transitstaaten zu gewährleisten und den eigenen Unternehmen einen möglichst umfassenden Zugang zu den Märkten der Produzenten- und Transitstaaten zu ermöglichen.[34] Die WTO stellt den allgemeinen zentralen Rahmen für den internationalen Handel. Den handelspolitischen Interessen der Union im Energiebereich wird das WTO-Recht jedoch nur bedingt gerecht, mangels spezifischen Zuschnitts auf den Energiehandel.[35] Für den Handel bzw. Transit mit Energie bestehen innerhalb des WTO-Rechts keine speziellen Regeln.[36] Die keineswegs triviale Frage, inwieweit die WTO-Regeln über den Handel mit Waren und Dienstleistungen auf den Energiehandel zur Anwendung gelangen, wird im Folgenden beantwortet. Da während des Liberalisierungsprozesses bei den vertikal integrierten Unternehmen die Wertschaffungsstufe vom Vertrieb separiert wurde, lässt sich der Energiesektor heute in den Handel mit Energiegütern und den Handel mit Energiedienstleistungen aufteilen.

I. Energie als Ware unter GATT

1. Warenbegriff

Als Waren nennt das GATT 1994 die Begriffe Produkt (*product*, Art. I Abs. 1 GATT 1994), Güter (*goods*, Art. V Abs. 1 GATT 1994), Handelswaren (*merchandise*, Art. VII Abs. 2 lit. a GATT 1994) und Rohstoff (*commodity* Art. VI Abs. 7 GATT 1994), ohne diese jedoch näher zu definieren. Die Annäherungsversuche in Literatur und Gerichtsentscheidungen sind zahlreich. Für die hiesigen Zwecke lässt sich das Meinungsspektrum im Wesentlichen auf zwei Kernpunkte verdichten. Erstens ist allen Definitionsversuchen gemein, dass jedenfalls dann eine Ware vorliegt, wenn ihnen ein Aggregatzustand zugeordnet werden kann. Zweitens muss eine Anwendung der Regelungen stattfinden, wenn sich die Völkerrechtssubjekte darüber einig sind, dass etwas vom Anwendungsbereich eines bestimmten Regelungsregimes erfasst wird.[37]

2. Handelsübliche Energie als Ware

Den Primärenergieträgern Erdöl, Erdgas und Kohle sowie den daraus gewonnen Energieprodukten und der Energiekategorie Biomasse kann ein Aggregatzustand zugeordnet werden. Damit ist der Anwendungsbereich des GATT 1994 eröffnet.

Für Strom gilt dies hingegen nicht. Strom weist keinen Aggregatzustand auf und kann damit nicht ohne Weiteres unter eine enge Definition des Warenbegriffs subsumiert werden.[38] Aus den Verhandlungsdokumenten zu den Handelserleichterungen[39] ergibt sich jedoch, dass die Wareneigenschaft von Strom unter den WTO-Mitgliedern mittlerweile allgemein akzeptiert ist. Bei den Verhandlungen gingen die Mitgliedstaaten ausdrücklich davon aus, dass zu vom GATT 1994 erfassten Gütern auch solche gehören, die durch Pipelines und elektrische Übertragungsnetze übertragen werden.[40] Innerhalb

---

34 *Woltering*, Die europäische Energieaußenpolitik und ihre Rechtsgrundlagen, 2010, S. 111.
35 *Woltering*, Die europäische Energieaußenpolitik und ihre Rechtsgrundlagen, 2010, S. 111.
36 *Gemmer*, Die Energieaußenhandelspolitik der Europäischen Union, 2017, S. 571.
37 Siehe eingehend *Gemmer*, Die Energieaußenhandelspolitik der Europäischen Union, 2017, S. 573 ff.
38 Vgl. auch die Diskussion zur Wareneigenschaft i.S.d. Warenverkehrsfreiheit in Teil I Rn 116.
39 WTO-Negotiation Group on Trade Facilitation, TN/TF/W/165/Rev.11 v. 7.10.2011, S. 22.
40 Article 11: Freedom of transit [Goods subject to the provisions on Freedom of Transit of GATT 1994 and of this Agreement include those moved [via fixed infrastructure] [, inter alia pipelines and electricity grids].

des WTO-Rechts bildet somit das GATT 1994 den Maßstab, soweit der Handel mit Energieträgern betroffen ist.[41]

II. Energie als Dienstleistung unter GATS

11   Innerhalb des WTO-Ü legt das GATS den universalen Rahmen für den Handel mit Dienstleistungen fest und liberalisiert diesen.[42] Nach Art. I Abs. 1 GATS findet das Übereinkommen Anwendung auf die Maßnahmen der Mitglieder, die den Handel mit Dienstleistungen beeinträchtigen. Der Dienstleistungsbegriff ist jedoch, wie auch derjenige der Waren und der Güterbegriff innerhalb des GATT 1947/1994 nicht legaldefiniert.[43] Nach Art. I Abs. 3 lit. b) GATS schließt der Begriff „Dienstleistungen" jede Art von Dienstleistung in jedem Sektor mit Ausnahme solcher Dienstleistungen ein, die in Ausübung hoheitlicher Gewalt erbracht werden. In der Praxis[44] knüpft die WTO zur Feststellung, ob eine Energiedienstleistung vorliegt, an die unverbindliche Liste zur Klassifizierung der Dienstleistungssektoren[45] und an die unverbindlichen „Guidelines for Scheduling of Specific Commitments"[46] an.[47] Die Liste zur Klassifizierung der Dienstleistungssektoren nennt 12 Sektoren wie beispielsweise „Business Services", „Communication Services" oder „Other Services". Die Liste zur Klassifizierung der Dienstleistungssektoren nennt Energiedienstleistungen nicht ausdrücklich als Dienstleistungssektor. Die Übertragung und Verteilung von Elektrizität wird vom Auffangsektor „Other Transport Services" erfasst.[48] Damit wird der Handel mit Energiedienstleistungen und vor allem der Transport und die Verteilung von Energie innerhalb des WTO-Rechts vom GATS geregelt.[49]

III. Rechtsfolge: Die Schutzprinzipien des WTO-Rechts

12   Die Liberalisierung des Welthandels durch die verschiedenen Übereinkommen erfolgt über verschiedene Grundprinzipien. Die wichtigsten, die den Übereinkommen entnommen werden können, sind die Reziprozität (als übergeordnetes Prinzip), die Nichtdiskriminierung sowie der Abbau von Handelshemmnissen. Im Folgenden erfolgt die Darstellung anhand des GATT 1994. Die getroffenen Erwägungen können jedoch überwiegend beispielsweise auf das GATS übertragen werden.

1. Nichtdiskriminierung

13   Eine zentrale Regelung und Ausprägung der Nichtdiskriminierung ist das **Prinzip der Meistbegünstigung**.[50] Danach müssen alle Handelsvorteile, die einem Vertragspartner gewährt werden, im Zuge der Gleichberechtigung allen WTO-Mitgliedern gewährt werden.[51] Um dies zu gewährleisten, werden nach Art. I Abs. 1 GATT 1994 bei Zöllen

---

41   So auch *Gemmer*, Die Energieaußenhandelspolitik der Europäischen Union, 2017, S. 573 ff.; *Germelmann*, EuR 2016, 3 (25); *Wetzel*, in: Büdenbender/Kühne, FS Baur, 2002, S. 66.
42   *Weiß*, in: Grabitz/Hilf/Nettesheim, Recht der EU, 78. EL 2023, AEUV Art. 207 Rn. 224.
43   *Michaelis*, in: Hilf/Oeter, WTO-Recht, 2. Aufl. 2010, S. 418.
44   *Michaelis*, in: Hilf/Oeter, WTO-Recht, 2. Aufl. 2010, S. 418.
45   Service Sectoral Classification List, v. 10.7.1991 MTN.GNS/W/120.
46   Guidelines for the Scheduling of Specific Commitments under the General Agreement on Trade in Services (GATS), v. 28.3.2001 S/L/92.
47   *Gemmer*, Die Energieaußenhandelspolitik der Europäischen Union, 2017, S. 597.
48   So auch *Gemmer*, Die Energieaußenhandelspolitik der Europäischen Union, 2017, S. 597.
49   So auch *Woltering*, Die europäische Energieaußenpolitik und ihre Rechtsgrundlagen, 2010, S. 112.
50   Art. I GATT 1947 – General Most-Favoured-Nation Treatment.
51   *Gemmer*, Die Energieaußenhandelspolitik der Europäischen Union, 2017, S. 582.

und Belastungen aller Art, die anlässlich der Ein- oder Ausfuhr erhoben werden, und bei Belastungen, die als Ausnahme von der Inländergleichbehandlung erhoben werden können, jede günstigere Behandlung, die eine Vertragspartei irgendeinem Land gewährt, unverzüglich bedingungslos auf gleiche Waren ausgedehnt, die aus einem WTO-Mitglied importiert oder in dieses exportiert werden. Möchte also etwa die USA den zollfreien Import von Erdölprodukten aus der EU zulassen (derzeit 7,2 %[52]), wäre sie verpflichtet, allen anderen WTO-Mitgliedern ebenfalls Zollfreiheit zu gewähren.

Die aktuell von der EU geschlossenen Freihandelsabkommen (das Umfassende Wirtschafts- und Handelsabkommen EU-Kanada, CETA, sowie die Umfassende und fortschrittliche Vereinbarung für eine Trans-Pazifische Partnerschaft, TPP11 ua) verstoßen dem Grunde genommen gegen diesen Grundsatz, da den Vertragspartnern bessere Handelskonditionen als anderen WTO-Mitgliedern gewährt werden. Art. XXIV GATT 1994 erlaubt indessen, Ausnahmen vom Meistbegünstigungsprinzip für Freihandelszonen und Zollunionen zuzulassen, da diese – so Art. XXIV Abs. 5 GATT 1994 – eine größere Freiheit des Handels herbeiführen.

Der Regelung wird zumindest in Bezug auf den Handel mit primären Energiequellen gemeinhin keine große Bedeutung beigemessen. Wie bereits dargestellt, ist die EU – wie auch andere energieimportierende Länder – regelmäßig auf den Import fossiler Energieträger angewiesen, so dass gar kein Interesse besteht, die Exportstaaten unterschiedlich zu behandeln. Entsprechendes gilt aus Sicht der Exportstaaten, für die der Handel mit fossilen Brennstoffen häufig die einzige Einnahmequelle ist. Mit Blick auf Strom oder Biomasse ist die Ausgangssituation jedoch eine andere. Hier sind Produktionsbetriebe gleichmäßiger verteilt.[53] Im Lichte der wachsenden Bedeutung des Klimaschutzes könnten sich WTO-Mitglieder dazu geneigt sehen, Strom aus solchen Ländern zu bevorzugen, die vermehrt regenerative Energiequellen einsetzen. Die Zulässigkeit solcher Ungleichbehandlungen wird daran zu messen sein, ob es sich um gleichartige Waren handelt und eine Rechtfertigungsmöglichkeit besteht.[54]

Zweites tragendes Prinzip und ebenfalls Ausfluss des Prinzips der Nichtdiskriminierung ist die **Inländergleichbehandlung**. Diesem Prinzip nach müssen ausländische und inländische Anbieter grundsätzlich gleichbehandelt werden.[55] Ziel ist die **Chancengleichheit** von importierten und heimischen Produkten.[56] So dürfen nach Art. III Abs. 2 S. 1 GATT 1994 Waren, die aus dem Gebiet einer Vertragspartei eingeführt werden, weder direkt noch indirekt höheren inneren Abgaben oder sonstigen Belastungen unterworfen werden als gleichartige inländische Waren bzw. nach S. 2 Waren, die zwar nicht gleichartig sind, aber unmittelbar mit den inländischen Waren konkurrieren oder mit diesen fungibel sind.[57] Zudem dürfen nach Art. III Abs. 4 GATT 1994 Waren, die aus dem Gebiet einer Vertragspartei in das einer anderen überführt werden hinsichtlich aller Gesetze, Verordnungen und sonstigen Vorschriften über den Verkauf, das Angebot, den Einkauf, die Beförderung, Verteilung oder Verwendung im Inland

---

52 *Felbermayr*, ifo Schnelldienst 6 / 2018, S. 6, abrufbar unter: https://www.ifo.de/DocDL/sd-2018-06-felbermayr-zoelle-2018-03-22.pdf (Stand: 30.9.2023).
53 Vgl. *Gemmer*, Die Energieaußenhandelspolitik der Europäischen Union, 2017, S. 587; *Woltering*, Die europäische Energieaußenpolitik und ihre Rechtsgrundlagen, 2010, S. 104.
54 Siehe dazu sogleich unter Teil III Rn. 18.
55 *Gemmer*, Die Energieaußenhandelspolitik der Europäischen Union, 2017, S. 586.
56 Vgl. *Tietje*, Normative Grundstrukturen der Behandlung nichttarifärer Handelshemmnisse in der WTO/ GATT-Rechtsordnung, 1998, S. 230 ff.
57 *Bender*, in: Hilf/Oeter, WTO-Recht, 2. Aufl. 2010, S. 250.

keine weniger günstige Behandlung erfahren als gleichartige Waren inländischen Ursprungs.

Die Bedeutung des Prinzips für den Energiehandel ist vergleichbar mit der obigen Situation. Aufgrund der ungleichen Verteilung primärer Energieträger stehen nationale und ausländische Unternehmen nur selten in Konkurrenz; die Bedeutung des Prinzips ist insoweit gering.[58] Bei Strom und Biomasse mag durchaus ein Interesse am Schutz nationaler Unternehmen durch protektionistische Maßnahmen bestehen.

2. Abbau von Handelshemmnissen

15 Die Erhebung von Zöllen ist zwar nach dem GATT 1994 erlaubt, aber da diese den Handel oft erheblich behindern, sind wesentliche Herabsetzungen des allgemeinen Niveaus der Zölle bezogen auf die Handelsbeziehungen der WTO-Mitglieder erwünscht. In diesem Sinne sieht Art. II GATT 1994 eine Verpflichtung zur Festlegung von Maximalzöllen vor. Sog. nicht-tarifäre Handelshemmnisse zwischen den WTO-Mitgliedern sind hingegen nach Art. XI Abs. 1 GATT 1994 grundsätzlich verboten (Normierung des Grundsatzes: *Tariffs only*).[59] Dazu gehören mengenmäßige Beschränkungen (Kontingente), staatliche Beihilfen und Subventionen[60], aber auch technische Normen oder spezifische Zollverfahren. Dies gilt vorbehaltlich der Ausnahmetatbestände auch für den Energiehandel.[61] Insoweit darf unter Geltung des WTO-Regimes der Energiehandel nur mittels einer Festlegung von Maximalzöllen beschränkt werden.

Im Januar 2018 verhängten die USA Zölle von 30 % auf alle Importe von Solarzellen und Solarmodule aus dem Ausland. Der deutsche Anbieter Solarworld misst diesen Zöllen eine Teilschuld für die im März 2018 angemeldete (erneute) Insolvenz bei. Dagegen hat die EU (auch China und Thailand) nunmehr ein Konsultationsverfahren in diesem Sinne angestrengt. Gestützt wurde die Maßnahme der USA dem Grunde nach auf Art. XIX GATT 1994.[62] Danach darf ein Staat Schutzmaßnahmen ergreifen, wenn Waren in derart gesteigerten Mengen und unter solchen Umständen eingeführt werden, dass hierdurch ernstliche Schäden der nationalen Produktion drohen oder verursacht werden. Das Vorliegen dieser Voraussetzungen wird von den Antragstellern bestritten.

D. WTO Dispute Settlement Body

16 Zur Beilegung von Streitigkeiten über mögliche Verstöße gegen die aufgezeigten Regelungen zwischen Mitgliedstaaten der WTO wurde mit dem Übereinkommen ein Streitbeilegungsverfahren (Dispute Settlement Understanding, „DSU") in Anhang 2 eingeführt. Bei diesem Streitschlichtungsmechanismus handelt es sich um ein schieds-

---

58 Vgl. *Gemmer*, Die Energieaußenhandelspolitik der Europäischen Union, 2017, S. 587; *Woltering*, Die europäische Energieaußenpolitik und ihre Rechtsgrundlagen, 2010, S. 103.
59 Problematisch ist häufig die Abgrenzung zwischen Art. III GATT 1994 und Art. XI GATT 1994 für den Fall, dass eine für alle geltende Maßnahme zu einem de-facto-Einfuhrverbot führt. Wird bereits der Import verboten, gilt Art. XI GATT. Ist dieser erlaubt und werden Verkauf und Vermarktung von bestimmten Vorschriften abhängig gemacht, gilt Art. XI GATT, vgl. *Tietje*, Normative Grundstrukturen der Behandlung nichttarifärer Handelshemmnisse in der WTO/GATT-Rechtsordnung, 1998, S. 225 ff.
60 Für Subventionen gilt heute allerdings im Kern das Übereinkommen über Subventionen und Ausgleichsmaßnahmen.
61 Art. XI Abs. 2 lit. a) und Art. XX lit. i) GATT 1994 können hier insbesondere Bedeutung erlangen.
62 Heute werden sog. Safeguard Measures weitestgehend vom Agreement on Safeguards geregelt. Solche Maßnahmen waren jedoch grundsätzlich bereits unter Art. XIX GATT 1994 zulässig.

D. WTO Dispute Settlement Body

gerichtliches Verfahren mit zwei Instanzen. Es ist ein zentrales Element, um im internationalen Handel Sicherheit und Vorhersehbarkeit zu gewährleisten.

Die Streitbeilegung findet im Streitbeilegungsgremium (DSB) statt und wird von diesem verwaltet.[63] Dieses ist beim Generalrat der WTO angesiedelt und ist letztlich eine Sitzung des Rates. Durch die Einführung des Verfahrens und die zwingende Annahme der Berichte des sogenannten Panels (= unabhängiges Streitschlichtungsgremium) durch die Parteien innerhalb der Verfahrensfristen, ist auf Ebene der WTO ein effizientes und rechtsstaatliches Verfahren geschaffen worden, das verbindliche Entscheidungen hervorbringt.[64]

Abbildung 12

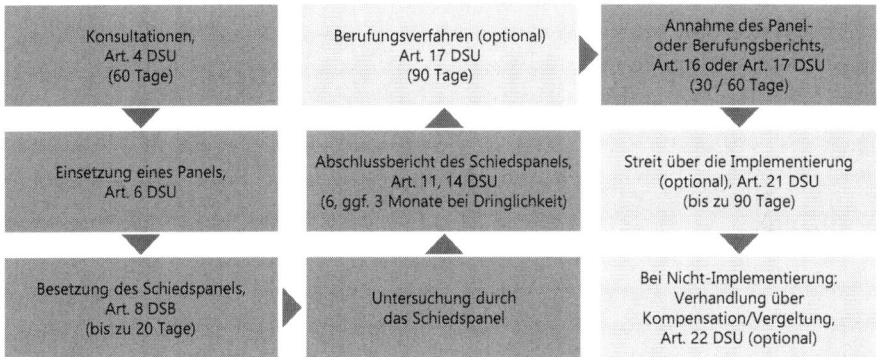

Quelle: eigene Darstellung

Wenn ein Mitgliedstaat der WTO sich in seinen Rechten durch einen anderen Mitgliedstaat verletzt sieht, hat er die Möglichkeit sich an den DSB zu wenden. Der Streitbeilegungsprozess beginnt gem. Art. 4 Abs. 3 DSU mit dem Antrag auf Konsultation. Von diesem Mechanismus machen die Mitgliedstaaten regen Gebrauch. Jährlich wird der DSB bis zu 38-mal[65] angerufen.

Zunächst haben die Konfliktparteien bis zu 60 Tage Zeit, ihren Streit untereinander, ohne Eingriff der WTO beizulegen. Finden die Parteien in dieser ersten Phase keine einvernehmliche Lösung, haben die Parteien gemäß Art. 4 Abs. 7 DSU die Möglichkeit in der zweiten Phase ihren Konflikt vom Panel lösen zu lassen. Dieses Panel, das gem. Art. 6, 8 DSU vom DSB eingesetzt wird, ist ein Expertengremium, das den Fall anhand der zugrundeliegenden Vertragsregelungen analysiert.[66] Daraufhin erstellt es innerhalb von sechs bis neun Monaten einen Abschlussbericht. Die darin enthaltenen nicht rechtlich bindenden Empfehlungen werden durch Annahme vom DSB innerhalb von 60 Tagen verbindlich. Als angenommen gilt der Bericht, wenn nicht sämtliche Mitglieder des DSB sich gegen die Annahme des Berichtes aussprechen.

---

63 *Berrisch/Kamann*, in: Krenzler/Hermann/Niestedt, EU-Außenwirtschafts- und Zollrecht, Stand Mai 2019, Nr. 111, Erwägungsgründe, Rn. 16.
64 *Berrisch/Kamann*, in: Krenzler/Hermann/Niestedt, EU-Außenwirtschafts- und Zollrecht, Stand Mai 2019, Nr. 111, Erwägungsgründe, Rn. 17.
65 https://www.wto.org/english/res_e/booksp_e/anrep_e/anrep19_chap6_e.pdf (Stand: 30.9.2023).
66 *Berrisch/Kamann*, in: Krenzler/Hermann/Niestedt, EU-Außenwirtschafts- und Zollrecht, Stand Mai 2019, Nr. 111, Erwägungsgründe, Rn. 16.

Die Parteien haben die Möglichkeit Rechtsmittel gegen den Panel-Bericht nach Art. 17 DSU einzulegen. Macht eine der Parteien von diesem Recht Gebrauch, wird vor dem Berufungsgremium (Appellate Body, „AB") eine zweite Instanz eröffnet. Dieses erstellt dann innerhalb von 60 bis 90 Tagen ebenfalls einen Bericht, der die Panelentscheidung auf Rechtsfragen überprüft und diesbezüglich einen Abschlussbericht erstellt, welcher mit Annahme durch den DSB für die Beteiligten verbindlich wird.

Falls die Partei, bei der ein Rechtsverstoß festgestellt wurde, den Empfehlungen des Panels/AB innerhalb von 15 Monaten nicht nachkommt und die Kompensationsverhandlungen scheitern, kann die geschädigte Vertragspartei beim DSB um Genehmigung von handelspolitischen Strafmaßnahmen ersuchen und diese bei positivem Bescheid ergreifen.[67]

Derzeit steckt der AB allerdings in einer tiefen Krise, wie der folgende Fall zeigt:

▶ **Beispiel:** Im September 2016 hat Indien Konsultationen mit den USA beantragt.[68] Der Vorwurf lautete unter anderem, dass US-Bundesstaaten in vertragswidriger Weise nationale Mindestanteile an der Wertschöpfung im Sektor der erneuerbaren Energien vorschreiben (local content requirement). Diese Anforderung verstoße insbesondere gegen Art. III Abs. 4 GATT 1994 (Grundsatz der Inländerbehandlung). Im März 2017 setzte der DSB ein Panel ein, das Indien im Juni 2019 in ihrem Bericht Recht gab. Gegen die Entscheidung hat die USA Berufung eingelegt. ◀

Ob das Verfahren überhaupt abgeschlossen werden kann, ist jedoch noch ungewiss, da nach längerer Weigerung der USA, Mitglieder für den AB zu bestimmen, der AB zurzeit unbesetzt ist.[69] Die Amtszeit des letzten amtierenden Mitglieds des AB endete am 30.11.2020. Damit ist der AB nicht mehr funktionsfähig. Eine zweite Instanz im WTO Dispute Settlement existiert somit nicht, sodass es derzeit an Durchsetzungsmechanismen im Rahmen der WTO fehlt.

E. WTO und Umweltschutz

Bei Energieimporten wird immer häufiger die Frage gestellt, ob nachhaltige Produktionsmethoden zur Anwendung gelangt sind. Schon das GATT 1947 enthielt Bestimmungen, die von Umweltschutzerwägungen getragen waren. Beispielsweise war in Art. XX lit. b) GATT 1947 festgelegt, dass auf den Umweltschutz abzielende Maßnahmen zu einer Ausnahme von der grundsätzlichen Pflicht zur Liberalisierung führen konnten. Große Bedeutung war diesem Thema allerdings nicht beigemessen worden, wie das Ausschweigen dieses Themas in der Präambel zeigt.

Der Beginn einer ernsthaften Diskussion der Implikationen des Umweltschutzes auf den Welthandel ist bei der Stockholmer Konferenz über die Umwelt des Menschen im Jahre 1972 zu verorten.[70] Die Abschlusserklärung (Stockholm Declaration) war in dieser Hinsicht das erste völkerrechtliche *soft law*-Instrument zur Schonung der

---

67 *Berrisch/Kamann*, in: Krenzler/Hermann/Niestedt, EU-Außenwirtschafts- und Zollrecht, Stand Mai 2019, Nr. 111, Erwägungsgründe, Rn. 16.
68 WTO Panel Report United States – Certain measures relating to the renewable energy sector, WT/DS510/R (2019).
69 Siehe eingehend zur Blockadehaltung der USA und den zugrundeliegenden Einwänden *Glöckle/Würdemann* EuZW 2018, 976 passim.
70 *Tietje*, EuR 2000, 285 (286).

E. WTO und Umweltschutz

natürlichen Ressourcen.[71] An der Vorbereitung der Konferenz war auch das Sekretariat des damaligen GATT 1947 beteiligt.[72] Erst jedoch im Rahmen der Tokio Runde (siebte Welthandelsrunde, 1973–1979) wurde schließlich das Übereinkommen über Technische Handelshemmnisse eingeführt, das verstärkt umweltrechtliche Aspekte in das GATT-Regime integrierte.[73] Große Bedeutung kam dem Thema dann in der Uruguay-Runde zu. Die höhere Gewichtung des Umweltaspekts ist aus zahlreichen diesbezüglichen Einzelregelungen in den WTO-Ü sowie in dem Hinweis auf die Bedeutung des Umweltschutzes in der Präambel, Abs. 1 WTO-Ü, ableitbar. Außerdem wurde der Ausschuss für Handel und Umwelt (Committee on Trade and Environment, CTE) einberufen, der die Auswirkung des Freihandels auf die Umwelt überwacht.[74] Manche sehen daher die Ziele einer nachhaltigen Entwicklung und des Umweltschutzes sogar als gleichrangig zu den wirtschaftlichen Zielen des freieren Handels.[75] Hintergrund für die Änderungen waren hier die parallellaufenden Vorbereitungen der Umweltkonferenz in Rio de Janeiro 1992.[76]

I. Art. III GATT 1994

Im Folgenden soll die Umweltschutzkomponente des WTO-Rechts anhand einiger zentraler GATT-Bestimmungen dargestellt werden.[77] Zur Veranschaulichung soll zunächst Art. III GATT 1994 dienen. Nach dem darin verankerten Prinzip der Inländerbehandlung ist die Benachteiligung ausländischer Produkte gegenüber gleichartigen inländischen Produkten („*like products*") verboten. Wie bereits zuvor gezeigt ist das WTO-Recht auch ursprünglich allein dazu etabliert worden, fertige Produkte, Waren, Güter und deren internationalen Handel zu regulieren. Häufig sind aber nicht die Produkte selbst, sondern deren Herstellungsprozess umweltschädlich; ausdrückliche Regeln zur umweltfreundlichen Gestaltung des Herstellungsprozesses fehlen hingegen.[78]

Bislang nicht abschließend beantwortet ist die Frage, ob die Gleichartigkeit von Produkten ausgeschlossen werden kann, wenn die Umweltgefährdung oder -schädigung nicht von dem Produkt selbst, sondern von der Art der Herstellung (process and production methods, „PPMs") ausgeht.[79] Besonders anschaulich wird dies beim *tuna-dolphin*-Fall vor dem GATT-Panel aus dem Jahre 1991[80]:

---

71 Abschlusserklärung abrufbar unter: https://legal.un.org/avl/pdf/ha/dunche/dunche_e.pdf, Stand: 30.9.2023.
72 Zur Vorbereitung der Konferenz legte das Sekretariat die Studie „Industrial Pollution Control and International Trade", GATT, Studies in International Trade, No. 1, 1971, vor, wozu auch eine Arbeitsgruppe (Group on Environmental Measures and International Trade, EMIT) eingerichtet wurde, vgl. dazu *Schoenbaum*, American Journal of International Law, Vol. 91 (1997) S. 268 ff.
73 Vgl. hierzu auch *Diem*, Freihandel und Umweltschutz in GATT und WTO, 1996, S. 23 f.
74 Es handelt sich um den Nachfolger von EMIT, vgl. Fn. 72.
75 Vgl. etwa *Zengerling/Buck*, in: Koch/Hofmann/Reese, Umweltrecht, 5. Aufl. 2018, § 16 Rn. 83.
76 Vgl. zur Rio-Konferenz und den Einflüssen auf die Uruguay Runde *Lowenfeld*, International Economic Law, 2. Aufl. 2011, S. 378 ff.
77 Daneben sind Umweltschutzaspekte maßgeblich im Übereinkommen über technische Handelshemmnisse (Agreement on Technical Barriers to Trade, TBT) sowie Übereinkommen über sanitäre und phytosanitäre Maßnahmen (Agreement on the Application of Sanitary and Phytosanitary Measures SPS) enthalten.
78 *Lowenfeld*, International Economic Law, 2. Aufl. 2011, S. 374.
79 Ist das Produkt hingegen selbst umweltschädlich, handelt es sich regelmäßig nicht um ein gleichwertiges Produkt. Siehe zu den Kriterien nach denen die Gleichartigkeit bestimmt wird *Zengerling/Buck*, in: Koch/Hofmann/Reese, Umweltrecht, 5. Aufl. 2018, § 16 Rn. 89.
80 S. GATT Panel Report United States – Restrictions on Imports of Tuna GATT /DS 21/R, ILM 30 (1991), 1598 ff.; GATT Panel Report United States – Restrictions on Imports of Tuna GATT/DS 29/R, ILM 33 (1994),

9 Teil III: Globalisierung der Energiewirtschaft

▸ **Beispiel:** Im *tuna-dolphin*-Fall hatte die US-amerikanische Regierung ein Importverbot für Thunfisch und Thunfischprodukte erlassen, falls sie in Mexiko gefangen wurden. Grund dafür waren die von den Mexikanern verwendeten Fangmethoden: Beim Fang von Thunfisch gelangten auch Delfine in die sog. Beutelnetze der Fischer und wurden dabei verletzt oder getötet. Mexico machte ua einen Verstoß gegen Art. III Abs. 4 GATT 1947 (Inländerbehandlung) geltend. Danach dürfte kein Unterschied zwischen Thunfisch aus unterschiedlichen Fangmethoden gemacht werden. Die USA entgegnete, dass es sich bereits nicht um gleichartige Produkte handle. Die Berichte der Panels lehnten die Begründung der USA ab, da bei der Gleichartigkeit zweier Produkte nur die physischen Eigenschaften des Produktes und nicht der Produktionsprozess in die Beurteilung einbezogen werden können.[81] ◂

Die Frage, ob für die Feststellung der Gleichartigkeit zweier Produkte nur die physischen Eigenschaften des Produktes und nicht auch der Produktionsprozess in die Beurteilung einbezogen werden kann, ist auch weiterhin von großer Bedeutung. So dürfen im Lichte der Rechtsauffassung der Panels sowie des AB WTO-Mitglieder auch beim Import von Strom oder Biomasse nicht danach differenzieren, ob der Strom bzw. die Biomasse durch nachhaltige Produktionsmethoden gewonnen wurden. Andernfalls kann ein Verstoß gegen Art. III Abs. 4 GATT 1994 vorliegen.[82]

II. Rechtfertigung durch Art. XX GATT 1994

20 Eine Verletzung von Art. III GATT 1994, aber auch beispielsweise eine solche von Art. I Abs. 1 GATT 1994 (MFN) oder Art. XI GATT 1994 (nichttarifäre Handelshemmnisse[83]) kann aus Gründen, die den Umweltschutz betreffen, nach Art. XX GATT 1994 gerechtfertigt werden.[84] Bezüge zum Umweltschutz weisen insbesondere die in lit. a) und lit. g) genannten Rechtfertigungsgründe auf.

Art. XX lit. b) GATT 1994 zählt Maßnahmen, die zum Schutze des Lebens und der Gesundheit von Menschen, Tieren oder Pflanzen *notwendig* sind, als rechtfertigend auf. Das Merkmal der Notwendigkeit verlangt, über die bloße Geeignetheit hinaus, dass es sich um die am wenigsten den Handel beschränkende Maßnahme handelt

---

839 ff. Ganz ähnlich auch der Tuna-Dolphin II Case, vgl. United States – Restrictions on Imports of Tuna (EEC and Netherlands v. US) (Tuna/Dolphin II), GATT Doc. DS29/R (16. Jan 1994).

[81] GATT Panel Report United States – Restrictions on Imports of Tuna GATT /DS 21/R, ILM 30 (1991), 1598 ff.; GATT Panel Report United States – Restrictions on Imports of Tuna GATT/DS 29/R, ILM 33 (1994), 839 ff. Ganz ähnlich auch der Tuna-Dolphin II Case, vgl. United States – Restrictions on Imports of Tuna (EEC and Netherlands v. US) (Tuna/Dolphin II), GATT Doc. DS29/R (16. Jan 1994). Der Teil der Entscheidung trägt diese allerdings nicht (*obiter dictum*). Das Gericht lehnte die Anwendbarkeit von Art. III Abs. 4 GATT 1947 ab und subsumierte das Importverbot unter Art. XI Abs. 1 GATT 1947. Vgl. zur Praxis der Panel- und des AB zur Berücksichtigung von Produktionsmethoden, *Hudec*, in: Bronckers/Quick, New Directions in International Economic Law: Essays in Honour of John H. Jackson, 2000, S. 187 ff. Vermehrt wird nunmehr jedoch vertreten, dass diese Auffassung der Panels und des AB überholt sei, vgl. etwa *Kluttig*, Arbeitspapiere aus dem Institut für Wirtschaftsrecht, 2003, Heft 12, S. 13 f.; *Zengerling/Buck*, in: Koch/Hofmann/Reese, Umweltrecht, 5. Aufl. 2018, § 16 Rn. 96.

[82] Eingehend zur Zulässigkeit einer solchen Differenzierung etwa *von Rotenburg*, Importbeschränkungen für „schmutzigen Strom" nach dem Welthandelsrecht, 2003, passim. Ähnlich problematisch können Strompreisbindungen zugunsten von inländischen Herstellern erneuerbarer Energien sein, vgl. *Zlatanov*, Strompreisbindungen zugunsten erneuerbarer Energien mit WTO-Recht, 2009.

[83] Dabei handelt es sich um protektonische Maßnahmen, die insbesondere keine Zölle oder Exportsubventionen sind. Denkbar sind technische Standards, die ausländische Unternehmen besonders stark benachteiligen.

[84] Meistbegünstigungsgrundsatz, Inländerbehandlung etc gelten vorbehaltlich spezifischer Ausnahmetatbeständen, die nur für den jeweiligen Grundsatz gelten. Art. XX GATT 1994 enthält hingegen eine generelle Ausnahmebestimmung, die für alle Verletzungen des GATT 1994 gilt. Siehe zu Art. XX 1994 allgemein, *Zengerling/Buck*, in: Koch/Hofmann/Reese, Umweltrecht, 5. Aufl. 2018, § 16 Rn. 96.

E. WTO und Umweltschutz

(„*least trade restrictive test*").[85] Nach Art. XX lit. g) GATT 1994 sind Maßnahmen zur Erhaltung erschöpflicher Naturschätze gerechtfertigt, sofern solche Maßnahmen *im Zusammenhang* mit Beschränkungen der inländischen Produktion oder des inländischen Verbrauches angewendet werden. Die Begriffe der natürlichen Ressourcen und der Erschöpflichkeit sind dynamisch zu interpretieren und umfassen, insbesondere im Lichte in Vergangenheit geschlossener Umweltabkommen (zB Rio-Erklärung über Umwelt und Entwicklung), neben nicht-lebenden (zB fossile Rohstoffe) auch lebende Naturschätze, wie bedrohte Tier- und Pflanzenarten.[86] Auch das Erfordernis des Zusammenhangs ist weit zu verstehen (insbesondere weiter als das der in lit. b) genannten Notwendigkeit) und meint eine bloße Geeignetheitsprüfung.[87]

Erfüllt die Maßnahme selbst diese Voraussetzung, muss jedoch darüber hinaus auch die Anwendung der Maßnahme im konkreten Einzelfall den Anforderungen des Einleitungssatzes (sog. *chapeau*) entsprechen. Nach dem *chapeau* darf eine Maßnahme nicht so angewandt werden, dass die Diskriminierung willkürlich oder ungerechtfertigt erscheint.[88] Letztlich handelt es sich um nichts anderes als um eine zusätzliche Verhältnismäßigkeitsprüfung.[89] Erst wenn beide Voraussetzungen erfüllt sind, können handelsbeschränkende Maßnahmen ergriffen werden.

Abbildung 13

1. Schritt
- Maßnahme erfüllt den Tatbestand einer Ausnahmekategorie

2. Schritt
- Anwendung der Maßnahme im konkreten Fall erfüllt die Anforderungen des chapeau (Verhältnismäßigkeit)

Quelle: eigene Darstellung

Unter dem neuen Streitschlichtungsverfahren der WTO kam es zu einem, dem beschriebenen tuna-dolphin-Fall nicht ganz unähnlichen,[90] Fall gegen die USA:

▶ **Beispiel Shrimp-Turtle-Fall**[91]: Die USA verboten verschiedenen Staaten den Import von Garnelen und verschiedenen Garnelenprodukten, wenn beim Fang der Tiere eine bedrohte Schildkrötenart gefährdet wurde. Diese Gefährdung war nach geltendem US-Recht nur ausgeschlossen, wenn in den Fangnetzen eine besondere Schildkrötenschleuse integriert war

---

85 Vgl. *Tietje*, Normative Grundstrukturen der Behandlung nichttarifärer Handelshemmnisse in der WTO/GATT-Rechtsordnung, 1998, S. 316 mwN.
86 WTO, United States – Import Prohibition of Certain Shrimp and Shrimp Products, Report of the Appellate Body vom 12.10.1998, WT/DS58/AB/R, Abs. 130.
87 Vgl. *Tietje*, Normative Grundstrukturen der Behandlung nichttarifärer Handelshemmnisse in der WTO/GATT-Rechtsordnung, 1998, S. 317 f.
88 *Zengerling/Buck*, in: Koch/Hofmann/Reese, Umweltrecht, 5. Aufl. 2018, § 16 Rn. 106.
89 *Tietje*, EuR 2000, 285 (291); *ders*. Normative Grundstrukturen der Behandlung nichttarifärer Handelshemmnisse in der WTO/GATT-Rechtsordnung, 1998, S. 313 ff. mwN.
90 Auch im Tuna-Dolphin-Case erörterte das Panel die Frage, ob das Importverbot der USA nach Art. XX lit. b) oder g) GATT 1947 gerechtfertigt war, lehnte dies jedoch ab. Das Importverbot war nach Auffassung des Panels nicht notwendig, da andere Maßnahmen, wie die Verhandlung eins internationalen Abkommens stattdessen hätten unternommen werden können.
91 Vgl. Appellate Body Bericht im Fall Import Prohibition of Certain Shrimp and Shrimp Products, WT/DS 58/AB/R.

(*turtle excluder device*). Ansonsten galt ein Importverbot. Als wenig problematisch wurde gesehen, dass in dem Importverbot ein Verstoß gegen Art. XI Abs. 1 GATT 1994 lag (unzulässiges nicht-tarifäres Handelshemmnis). Entscheidende Rechtsfrage des Falles war die Rechtfertigung der Maßnahme nach Art. XX GATT 1994. Der Schutz einer vom Aussterben bedrohten Schildkrötenart wurde vom AB unter den Ausnahmetatbestand des Art. XX lit. g) GATT 1994 subsumiert. Jedoch habe die konkrete Anwendung des Importverbots gegen die Ratio des *chapeaus* verstoßen. Eine willkürliche (also auch unverhältnismäßige) Benachteiligung wurde darin gesehen, dass andere – mit der Anwendung des *turtle excluder device* vergleichbare – Maßnahmen das Importverbot nicht verhindern konnten.[92]

Mit Blick auf den bevorzugten Import von Strom und Biomasse aus nachhaltigen Produktionsmethoden stellt sich ebenfalls die Frage nach der Rechtfertigung gemäß Art. XX lit. b) und lit. g) GATT 1994. Dies wird immer nur dann der Fall sein, wenn es sich um das mildeste effektivste Mittel zum Schutz von Umwelt, Gesundheit von Menschen, Tieren, Pflanzen sowie erschöpflicher Naturschätze handelt.[93]

F. Energiecharta-Vertrag

Der im Jahr 1994 unterzeichnete und am 16.4.1998 in Kraft getretene Energiecharta-Vertrag[94] (Energy Charter Treaty, ECT) ist das erste bindende multilaterale Übereinkommen, das sich ausschließlich auf den Energiesektor bezieht.[95] Wesentliches Ziel des ECT war die Schaffung einer Energiegemeinschaft von den Ost- und Weststaaten beiderseits des Eisernen Vorhangs.[96] Aktuell haben 51 Staaten sowie die EU und Euratom den Vertrag unterzeichnet, was eine Mitgliederzahl von 53 bedeutet.[97] Zweck des Vertrags ist es, nach Art. 2 ECT einen rechtlichen Rahmen für eine langfristige Zusammenarbeit im Energiebereich auf Grundlage der gegenseitigen Ergänzung und des gegenseitigen Nutzens zu schaffen. Dieser soll im Einklang mit den Zielen und den Grundsätzen der Europäischen Energiecharta vom 16./17.12.1991[98] stehen. Da der ECT allerdings in der Kritik steht, nicht ausreichend auf das Ziel der Klimaneutralität ausgerichtet zu sein, wird derzeit eine Modernisierung des Vertragswerks verhandelt, während gleichzeitig bereits die ersten Vertragsstaaten ihren Austritt erklärt haben.[99]

---

92 Als Maßnahme erwägt das AB wiederum die Verfolgung eines multilateralen Ansatzes statt einer einseitigen Handelsbeschränkung, vgl. Appellate Body Bericht im Fall Import Prohibition of Certain Shrimp and Shrimp Products, WT/DS 58/AB/R, Abs. 35. Hierzu hat das Gericht später klargestellt, dass nicht der Abschluss eines bilateralen oder multilateralen Abkommens erforderlich ist, sondern der Versuch ausreichend ist, vgl. United States-Import Prohibition of Certain Shrimp and Shrimp Products-Recourse to Article 21.5 oft eh DUS by Malaysia (Shrimp/Turtle II), Report of the Appellate Body on Compliance, WT/DS58/AB/RW, Abs. 124 (22 Oct. 2001).
93 Zumindest wenn die Maßnahme nicht den Schutz der Umwelt im eigenen Land bezweckt, stellt sich darüber hinaus die durchaus strittige Frage, ob Maßnahmen, die dem Schutz extraterritorialer Güter dienen, überhaupt nach Art. XX GATT 1994 gerechtfertigt werden können, vgl. etwa *Zengerling/Buck*, in: Koch/Hofmann/Reese, Umweltrecht, 5. Aufl. 2018, § 16 Rn. 103.
94 Energy Charter Treaty; Vertrag über die Energiecharta v. 17.12.1994, ABl. 1994 L 380/24 oder ABl. 1998 L69/20, abrufbar unter: https://www.energycharter.org/fileadmin/DocumentsMedia/Legal/ECTC-en.pdf (Stand: 30.9.23).
95 *Selivanova*, Regulation of energy in international trade law, 2011, S. 373.
96 *Krüger*, European Energy Law and Policy, 2016, S. 218.
97 Vgl. https://www.energycharter.org/fileadmin/DocumentsMedia/Legal/ECTC-en.pdf (Stand: 30.9.2023).
98 Enthalten im Abschlussdokument der Ministerkonferenz („Den Haag II") über die internationale Energiecharta.
99 Ausführlich dazu *Mantilla Blanco*, EnK-Aktuell 2023, 01046.

Der Energiehandel ist nur ein Schwerpunkt des ECT (vgl. Art. 3–9 ECT). Daneben betreffen die Regelungen vornehmlich Auslandsinvestitionen (Art. 10–17 ECT)[100], Umweltschutz (Art. 19 ECT), Transparenz (Art. 20 ECT) und Streitbeilegung (Art. 26–28 ECT). Nach Art. 4 ECT beeinträchtigt der ECT zwischen einzelnen Vertragsparteien, die Vertragsparteien des GATT sind, die Bestimmungen des GATT und der dazugehörigen Rechtsinstrumente nicht. Das heißt: Zwischen ECT-Mitgliedern, die zugleich WTO-Mitglieder sind, gelten vorrangig die Regeln des WTO-Übereinkommens für den Energiehandel.[101] Abgesehen von Aserbaidschan, Belarus, Bosnien und Herzegowina, Turkmenistan und Usbekistan sind alle Parteien des ECT auch WTO-Mitglieder,[102] so dass nur insoweit Art. 29 Abs. 2 ECT die materiellen Regelungen des GATT für anwendbar erklärt.

In allen anderen Handelsbeziehungen gelten nur die Regeln des ECT, die über das WTO-Recht hinausgehende Pflichten begründen. Hier sind beispielsweise die Regeln über den Transit zu nennen, die für die Entwicklung eines internationalen Energiehandels maßgebliche Bedeutung haben.[103] Transit ist gem. Art. 7 Abs. 10 ECT die Beförderung durch das Gebiet einer Vertragspartei. Nach Art. 7 ECT sind die Vertragsparteien dazu verpflichtet, den Transit von Primärenergieträgern und Energieerzeugnissen zu erleichtern, ohne Unterscheidung hinsichtlich des Ursprungs, der Bestimmung des Eigentums sowie ohne Diskriminierung bei der Preisfestsetzung, ohne unangemessene Verzögerungen, Beschränkungen oder Abgaben.

G. Fazit

Weitestgehend ergebnislose (mit Ausnahme des Bali-Pakets) Welthandelsrunden in der jüngsten Vergangenheit, die drohende Handlungsunfähigkeit des AB und Tweets eines ehemaligen Präsidenten[104] der größten weltweiten Wirtschaftsmacht, die den Multilateralismus „kritisieren", sind nicht folgenlos geblieben.

Die Zahl neuer bilateraler und regionaler Freihandelsabkommen der EU ist in die Höhe geschossen. Derzeit sind zahlreiche solcher Abkommen mit ganz unterschiedlichen Schwerpunkten in Kraft.[105] Nach dem erfolgreichen Abschluss des Abkommens mit Kanada (CETA) im Dezember 2017 schloss die EU ein weiteres Abkommen mit Japan. Seit Anfang Juli 2015 führte die EU darüber hinaus offizielle Verhandlungen mit weiteren WTO-Mitgliedern zu einem Abkommen über die Liberalisierung des Handels mit umweltfreundlichen Produkten,[106] wobei ein Abschluss bisher nicht verwirklicht werden konnte.[107] Ob der Trend zum Bilateralismus sich irgendwann wieder umkehrt,

---

100 Siehe hierzu Kap. 10.
101 *Gemmer*, Die Energieaußenhandelspolitik der Europäischen Union, 2017, S. 608.
102 *Baumgart*, in: Leal-Arcas, Commentary on the Energy Charter Treaty, 2. Aufl. 2023, Art. 29 Rn. 1.
103 Vgl. in diesem Sinne *Gundel*, ArchVR 2004, 157 (174). Daneben begründen die Regelungen des ECT zum Wettbewerb (Art. 6 ECT), zur Weitergabe von Technologie (Art. 8 ECT) und zum Zugang zu Kapital (Art. 9 ECT) über WTO-Recht hinausgehende Pflichten, vgl. *Gemmer*, Die Energieaußenhandelspolitik der Europäischen Union, 2017, S. 608 f.
104 "[...] Bilateral deals are far more efficient, profitable and better for OUR workers. Look how bad WTO is to U.S.", Tweet von @realDonaldTrump vom 17.4.2018, abrufbar unter: https://twitter.com/realdonaldtrump/status/986436520444866560?lang=de (Stand: 30.9.2023).
105 Vgl. *Vedder/Lorenzmeier*, in: Grabitz/Hilf/Nettesheim, Recht der EU, 78. EL 2023, AEUV Art. 133 Rn. 251 ff.
106 Vgl. Pressemitteilung der Kommission vom 9.7.2014, IP/14/820, abrufbar unter: https://europa.eu/rapid/press-release_IP-14-820_de.htm (Stand: 30.9.2023).
107 *Ruppel/Dobers*, ESG 2022, 198 (202 f.).

ist derzeit nicht abzusehen. Kommt es dazu nicht, könnten die WTO-Regelungen über den Welthandel bald ein Relikt einer multilateralen Vergangenheit sein.

H. Wiederholungs- und Vertiefungsfragen

1. Welche zentralen völkerrechtlichen Grundlagen gelten für die EU im Hinblick auf den internationalen Handel?
2. Umfassen diese auch den Handel mit Energie? Ist Energie eine Ware im Sinne des GATTs bzw. eine Dienstleistung im Sinne des GATS'?
3. Beschreiben Sie die Entwicklung der WTO. Welche Ziele verfolgt die Organisation?
4. Erläutern Sie die Struktur der WTO.
5. Welche Rolle spielt die EU im Rahmen der WTO?
6. Welche Schutzprinzipien gelten im Rahmen der WTO? Was sind die wichtigsten Prinzipien von GATT und GATS, mit denen die Liberalisierung des Welthandels verwirklicht wird?
7. Wie werden Streitigkeiten im Rahmen der WTO beigelegt?
8. Welche Rolle spielt der Umweltschutz im Rahmen der WTO?
9. Was ist der Vertrag über die Energiecharta?
10. Was regelt er? Welche über das WTO-Recht hinausgehende Bedeutung hat der ECT für den Energiehandel?

Kapitel 10: Der Schutz energiebezogener Auslandsinvestitionen

A. Einführung und Grundsätze

Der Investitionsschutz als Teil des Außenwirtschaftsrechts befindet sich derzeit im Wandel. Nach Jahrzehnten des Multilateralismus scheint nunmehr eine Trendwende anzustehen: Immer mehr Staaten betonen die Notwendigkeit, primär ihren eigenen Interessen zu folgen.

Nichtsdestotrotz sichern sich Länder mit bi- oder multilateralen völkerrechtlichen Verträgen, die Regelungen zum Investitionsschutz enthalten, gegenseitig den Schutz ihrer Investitionen zu. Dabei ist zwischen BITs (Bilateral Investment Treaties), MITs (Multilateral Investment Treaties) und FTAs (Free Trade Agreement) zu unterscheiden. Deutschland begann im Jahre 1959 seine Investitionen in Pakistan mit dem weltweit ersten BIT zu schützen. Diesem Beispiel folgten auch andere vornehmlich westeuropäische Länder. Statt den Schutz vor eigentumsbeeinträchtigenden Maßnahmen der lokalen Justiz in den Entwicklungs- und Schwellenländern zu überlassen, wurde ein Schutzniveau ausgehandelt, dessen Überprüfung an unabhängige Schiedsgerichte übertragen wurde.[1] Westlichen Unternehmen war ansonsten das Verlustrisiko aufgrund politischer Instabilitäten zu groß. Angewiesen auf die Investitionen gaben die Zielländer ein Stück ihrer Souveränität auf und unterwarfen sich den Vertragsbestimmungen und einer Schiedsgerichtsbarkeit. Neben den BITs sind auch multilaterale Abkommen denkbar. Der Versuch, Ende der neunziger Jahre innerhalb der OECD mit dem Multilateral Agreement on Investment (MAI) die unzähligen BITs durch ein einheitliches MIT zu ersetzen, ist jedoch gescheitert. Immer häufiger wurden in jüngerer Vergangenheit jedoch Investitionsschutzbestimmungen zum Teil von umfassenden FTAs gemacht (zuletzt etwa das United States Mexico Canada Agreement, abgekürzt USMCA oder das Umfassende Wirtschafts- und Handelsabkommen EU-Kanada, kurz CETA). Auch die bereits im letzten Kapitel beschriebenen internationalen Übereinkommen im Rahmen der WTO beinhalten investitionsschützende Bestimmungen (zB TRIPS-Abkommen, GATS-Abkommen).

Diese Verträge, wie auch der vorliegend im Fokus stehende ECT[2], enthalten sog. „Schutzstandards".[3] Diese sind der Auslegung zugänglich und bedürfen der Konkretisierung. Die Verletzung solcher Standards kann der Investor im Wege eines internationalen Schiedsverfahrens gem. Art. 26 ECT rügen und Ersatz seines Schadens beanspruchen.

B. Schutzstandards (am Beispiel des ECT)

Die von den Abkommen vorgesehenen Schutzstandards ähneln sich auf den ersten Blick, können sich jedoch bei genauerer Betrachtung erheblich unterscheiden. Dies zeigt sich bereits bei der Frage, wann die Schutzstandards überhaupt Anwendung finden können. Denn die Frage, wie eng oder weit eine Investition verstanden wird, kann sehr unterschiedlich interpretiert werden und ist in der Praxis letztlich Ausdruck eines Verhandlungsergebnisses. Abhängig von der Wirtschaftskraft, Investitionsabhängigkeit

---
1 Vgl. schon Art. 11 Deutschland – Pakistan BIT (1959).
2 Dazu bereits Teil 3 Rn. 22.
3 Für eine eingehende Diskussion des Begriffs „Standard" im Hinblick auf das internationale Investitionsschutzrecht siehe *Tudor*, The Fair and Equitable Treatment Standard, 2008, S. 109 ff.

und anderen entscheidungsrelevanten Faktoren werden die eingangs beschriebenen widerstreitenden Interessen in Einklang gebracht. Während im gescheiterten MAI nach einem offenen Investitionsbegriff alles, was zukünftig eine Investition darstellt, miteinbezogen werden sollte[4], gilt nach Art. 1 Abs. 6 ECT zwar auch ein weiter Investitionsbegriff, er wird aber genau definiert. Er reicht von beweglichem und unbeweglichem Eigentum und Geld bis zu geistigem Eigentum.

Alle erfassten Investitionen sind nach den folgenden absoluten Schutzstandards geschützt. Daneben gibt es (wie auch in den WTO-Abkommen) relative Schutzstandards, die Investoren vor Benachteiligungen gegenüber anderen Investoren aus dem Zielland (Inländergleichbehandlung) oder aus anderen Ländern mit günstigeren Abkommen schützen (Meistbegünstigung).[5]

I. Enteignungsschutz (Expropriation)

3   Der Schutz vor Enteignungen ist in Art. 13 ECT geregelt. Danach sind sämtliche Verstaatlichungen und Enteignungen grundsätzlich verboten. Dasselbe gilt (wie auch nach anderen modernen Investitionsschutzabkommen) für Maßnahmen mit gleicher Wirkung.[6] Erfasst sind daher auch staatliche Einwirkungen, die dem Investor ganz oder größtenteils die wirtschaftliche Nutzbarkeit seiner Investition nehmen.[7] Wann das genau der Fall ist, ist allerdings nicht abschließend geklärt.[8]

Von dem Verbot ausgenommen sind die erfassten Maßnahmen nur, wenn sie im öffentlichen Interesse liegen, nicht diskriminierend sind, nach rechtsstaatlichen Grundsätzen erfolgen oder mit einer umgehenden, wertentsprechenden oder tatsächlich verwertbaren Entschädigung einhergehen.[9]

II. Gewährleistung von „Schutz und Sicherheit" (Full Protection and Security)

4   Nach Art. 10 Abs. 1 ECT wird Investitionen „auf Dauer Schutz und Sicherheit" („*most constant protection and security*") garantiert. Dahinter verbirgt sich trotz einer anderen Formulierung letztlich der allgemeine Investitionsschutzstandard „*full protection and security*".[10] Auch hier wird die Reichweite des Schutzniveaus von Schiedsgerichten unterschiedlich interpretiert, wobei sich im Wesentlichen drei Strömungen herauskristalisiert haben:

---

4 Vgl. Entwurf des MAI Verhandlungstextes, S. 11 (abrufbar unter: https://www.oecd.org/investment/internationalinvestmentagreements/multilateralagreementoninvestment.htm, Stand: 30.9.2023).
5 Zur Funktionsweise der relativen Schutzstandards wird auf die Ausführungen in Kap. 9 verwiesen.
6 Vgl. *Hoffmann*, Indirect Expropriation, in: Reinisch: Standards of Investment Protection, New York 2008, S. 151 (151); *Baumgart/Mantilla Blanco*, KSzW 2016, 179 (182); vgl. auch *Electrabel v. Hungary*, ICSID Case No. ARB/07/19, Decision on Jurisdiction, Applicable Law and Liability, 30.11.2012, Rn. 6.51.
7 *Herdegen*, Internationales Wirtschaftsrecht, 11. Aufl., 2017, § 23 Rn. 21 f. (hinsichtlich des Schutzes vor Enteignung allgemein im Investitionsrecht; *Baumgart/Mantilla Blanco*, KSzW 2016, 179 (182).
8 Siehe *Wälde*, JWIT 2004, 373 (402 f.); allgemein zur Enteignung im Investitionsrecht *Herdegen*, Internationales Wirtschaftsrecht, 11. Aufl., 2017, § 23 Rn. 22.
9 Siehe *Happ*, in: Bungenberg/Griebel/Hobe/Reinisch, International Investment Law, 2015, S. 240 (Rn. 36 ff.); *Baumgart/Mantilla Blanco*, KSzW 2016, 179 (182).
10 Vgl. *Cordero*, in: Reinisch, Standards of Investment Protection, 2008, S. 131 (132), und *Schreuer*, J. Int'l Disp. Settlement 2010, S. 1 (1). Dennoch als FPS bezeichnet und semantische Unterscheidung daher ohne Bedeutung in *Electrabel v. Hungary*, ICSID Case No. ARB/07/19, Decision on Jurisdiction, Applicable Law and Liability, 30.11.2012, Rn. 7.40. Eingehend zu verschiedenen Interpretationen *Cordero*, in: Reinisch, Standards of Investment Protection, 2008, S. 131 (134 ff.), auch *Salacuse*, in: Wälde, The Energy Charter Treaty. An East-West Gateway for Investment and Trade, London 1996, S. 321 (339 f.); *Baumgart/Mantilla Blanco*, KSzW 2016, 179 (183).

Einige Schiedsgerichte interpretieren den Begriff eng und beschränken den Schutz auf die Gewährleistung physischer Sicherheit.[11] Eine weitergehende Auffassung liest zusätzlich die Aspekte der Rechtssicherheit und des Vertrauensschutzes in den FPS-Standard.[12] Prominent wird diese Auffassung mit Blick auf Art. 10 Abs. 1 ECT vertreten, da schon dessen Wortlaut für eine weite Interpretation spreche.[13] Wiederum andere Schiedsgerichte beschränken den Standard auf den Schutz vor *privaten* Übergriffen.[14]

III. Gewährleistung einer „fairen und gerechten Behandlung" (Fair and Equitable Treatment)

Art. 10 Abs. 1 ECT enthält den in der Schiedspraxis relevantesten Schutzstandard. Die Vorschrift garantiert eine „faire und gerechte Behandlung" (*„fair and equitable treatment"*).[15] Besondere Bedeutung hat dies im Hinblick auf den Themenkomplex der legitimen Erwartungen der Investoren erlangt.[16] Gefragt wird, ob die Empfangsstaaten legitime Erwartungen der Investoren frustriert haben.[17] Insoweit wird der Aspekt des Vertrauensschutzes in den FET-Standard hineingelesen. Diese Interpretation wird gelegentlich auch hinterfragt vor dem Hintergrund, dass sie als unangemessene Einschränkung staatlicher Regulierungsspielräume gesehen wird.[18]

IV. Umbrella Clause

Darüber hinaus enthält der ECT, wie auch viele der BITs, eine sog. Umbrella Clause (Art. 10 Abs. 1 letzter Satz ECT). Sie soll insbesondere Investor-Staat-Verträge absichern, indem solche dem „schützenden Schirm" des Abkommens unterstellt werden. In solchen Verträgen können dem Investor bestimmte Genehmigungen oder Subventionen versprochen werden, während der Investor ein bestimmtes Investitionsvolumen zusichert. Letztlich werden dadurch allgemeine vertragliche Ansprüche (sog. *contract claims* im Gegensatz zu *treaty claims*) des Investors gegen das Zielland der Investition dem besonderen Schutz des Abkommens unterstellt. Der Investor erhält somit noch mehr Sicherheit für seine Investition und kann eine Verletzung seines individuellen Vertrags im Rahmen der im ECT vorgesehenen Streitbeilegungsmechanismen (siehe unten) rügen. Da potenziell jede vertragliche Pflichtverletzung zu einer Verletzung des Abkommens aufgewertet werden kann, ist die Reichweite solcher Klauseln umstritten.[19]

---

11 Siehe *BG Group v. Argentina*, UNCITRAL, Final Award, 24.12.2007, Rn. 324.
12 Siehe *Siemens v. Argentina*, ICSID Case No. ARB/02/8, Award, Rn. 301 ff.
13 *Wälde*, JWIT 2004, 373 (390 f.). Ähnlich *Moench/Lennarz*, RdE 2015, 153 (158).
14 *Electrabel v. Hungary*, ICSID Case No. ARB/07/19, Decision on Jurisdiction, Applicable Law and Liability, 30.11.2012, Rn. 7.42 f.
15 Vgl. *Moench/Lennarz*, RdE 2015, 153 (158); *Baumgart/Mantilla Blanco*, KSzW 2016, 179 (183).
16 *Baumgart/Mantilla Blanco*, RdE 2018, 242 (242).
17 Eingehend *Potestà*, ICSID Rev. 2013, 88 (88 ff.); siehe auch *Schreuer*, in: Coop/Ribeiro, Investment Protection and the Energy Charter Treaty, Huntington 2008, S. 63 (89 ff.).
18 *Suez v. Argentina*, ICSID Case No. ARB/03/19, Decision on Liability, Separate Opinion of Arbitrator Pedro Nikken, 30.7.2010, Rn. 3; siehe dazu auch *Baumgart/Mantilla Blanco*, RdE 2018, 242 (243).
19 Eingehend *Meschede*, Die Schutzwirkung von umbrella clauses für Investor-Staat-Verträge, 2014.

C. Streitbeilegung durch Schiedsgerichte

7 Durch das Mittel der Schiedsgerichtsbarkeit können Streitigkeiten im Rahmen nichtstaatlicher Gerichtsbarkeit gelöst werden. Schiedsgerichte treten aufgrund einer Vereinbarung zwischen Parteien zusammen, um einen Schiedsspruch zu verkünden.

In internationalen Abkommen werden regelmäßig mehrstufige Streitschlichtungsverfahren begründet, in denen, falls in erster Stufe eine außergerichtliche Streitschlichtung nicht erfolgreich ist, in zweiter Stufe ein Schiedsgericht einberufen wird.[20] Auch die EU kann als Völkerrechtssubjekt Partei solcher völkerrechtlicher Streitbeilegungsverfahren sein. Damit stehen ihr auch alle in Art. 33 UN-Charta genannten Instrumente internationaler Streitbeilegung zur Verfügung.[21] Die Schiedsverfahren im internationalen Investitionsrecht sind von anderen Schiedsverfahren insbesondere dadurch zu unterscheiden, dass vor privaten Schiedsgerichten Streitigkeiten zwischen ausschließlich privaten Akteuren beigelegt werden, während bei den Schiedsverfahren nach dem internationalen Investitionsrecht auf einer Seite ein Staat steht.[22]

I. Rechtsgrundlagen für internationale Schiedsverfahren

8 Wie das Schiedsverfahren im konkreten Fall abläuft, regelt das Investitionsschutzabkommen im Regelfall nicht selbst. Es enthält stattdessen einen Verweis auf die anwendbare Verfahrensordnung. Eine entsprechende Regelung findet sich in Art. 26 ECT.[23] Nach Art. 26 Abs. 2 lit. a) ECT kann der Investor zunächst die Gerichte des Gaststaates anrufen. Er kann jedoch auch auf alternative Streitbeilegungsmöglichkeiten zurückgreifen. Dabei stehen dem Investor die folgenden Wahlmöglichkeiten offen: Er kann nach Art. 26 Abs. 2 lit. b) ECT ein vorher vereinbartes Streitbeilegungsverfahren, nach Art. 26 Abs. 4 lit. a) (ii) ECT ein Verfahren vor einem ICSID-Schiedsgericht bzw. nach Art. 26 Abs. 4 a) (ii) ECT dessen Additional Facility, nach Art. 26 Abs. 4 lit. b) ein Verfahren nach den UNCITRAL-Regeln oder nach Art. 26 Abs. 4 lit. c) ECT ein Verfahren vor dem Schiedsinstitut der Stockholmer Handelskammer einleiten.[24]

In der Praxis ist die Streitbeilegung durch Schiedsgerichte der Regelfall, im Grundsatz ist sie aber nur rein fakultativ. Dabei ist zwischen Verfahren, die mithilfe institutioneller Unterstützung durchgeführt werden, und ad-hoc Verfahren zu differenzieren.

---

20 *Vöneky*, in: Grabitz/Hilf/Nettesheim, Recht der EU, 78. EL 2023, EGV Art. 310 Rn. 47.
21 *Dörr*, in: Grabitz/Hilf/Nettesheim, Recht der EU, 78. EL 2023, EUV Art. 47 Rn. 75.
22 Auch die Bedeutung von Schiedsverfahren zwischen Privaten nimmt stetig zu. So gab im Sommer 2011 beispielsweise E.ON Ruhrgas, die ihrem russischem Lieferanten Gazprom durch den Gasbezugsvertrag vereinbart zu hohe Preise zahlen musste, bekannt, ein Schiedsverfahren eingeleitet zu haben, da sich Preisanpassungsverhandlungen als fruchtlos erwiesen (https://www.handelsblatt.com/unternehmen/industrie/preisanpassungen-eon-und-gazprom-einig-ueber-neue-gas-vertraege/6827966.html?ticket=ST-74440850-IVI0PZyOUYZAZRqVCpux-ap6, Stand: 30.9.2023). Auch die Essener RWE verkündete in ihrer Hauptversammlung im April 2011, dass sie bei einem Großteil der langfristig vereinbarten Gasbezugsverträge auf Verfahren vor Schiedsgerichten setze (https://www.finanzen.net/nachricht/aktien/rwe-muss-gasvertraege-in-schiedsverfahren-anpassen-lassen-1101783, Stand: 30.9.2023). Zudem hat sich mit dem Energy Arbitration Center Switzerland (EACS) mit Sitz in Zürich unlängst eine Spezialschiedsinstitution für das Energiewirtschaftsrecht und verwandte Wirtschaftszweige etabliert, die sich ausschließlich mit der alternativen Streitschlichtung in energiewirtschaftlichen Fällen befasst, siehe auch *Gussone/Conrad*, EnZW 2013, 304 (305).
23 Zur ECT-Schiedspraxis im Rahmen des ICSID siehe *Börner*, in: Bungenberg/Griebel/Hobe/Reinisch, International Investment Law, 2015, S. 1644 (Rn. 17 ff.).
24 Einen vergleichbaren institutionellen Rahmen bieten etwa die Internationale Handelskammer in Paris (International Chamber of Commerce, ICC) oder der London Court of International Arbitration (LCIA).

C. Streitbeilegung durch Schiedsgerichte

1. Institutionell: ICSID

Bei den Schiedsinstitutionen handelt es sich nicht um internationale Gerichte, sondern um Einrichtungen, die eine Verfahrensverwaltung und einen Rechtsrahmen für das konkret zu bildende und entscheidungsbefugte Schiedsgericht bereitstellen.[25]

Die größte Bedeutung für Investitionsschutzverfahren hat dabei mit einer zweistelligen Zahl neuer Verfahren pro Jahr die ICSID-Schiedsgerichtsbarkeit erlangt.[26] Der Grund dafür dürfte in den Vollstreckungsmöglichkeiten zu sehen sein. Denn Schiedssprüche können nur im Aufhebungsverfahren nach den ICSID-Regeln beseitigt werden und sind in den Vertragsstaaten wie Endurteile zu behandeln (Art. 54 ICSID). Eine Berufungs-, Revisions- oder sonstige Anfechtungsmöglichkeit der Entscheidung ist nicht vorgesehen.[27]

Das ICSID-Übereinkommen[28] wurde am 18.3.1965 unterzeichnet, ist inzwischen von 154 Staaten ratifiziert worden und in diesen, unter anderem in Deutschland, in Kraft getreten.[29] Als Teil der Weltbank-Gruppe sollte die Institution einen internationalen gerichtlichen Rahmen speziell für Investitionsstreitigkeiten gewährleisten und so Auslandsinvestitionen fördern.[30] Die ICSID-Konvention enthält in ihren Art. 37 bis 47 und in den regelmäßig ergänzend geltenden Schiedsverfahrensregeln (ICSID Arbitration Rules) strenge Vorgaben für die Konstituierung und die Zusammensetzung des Schiedsgerichts sowie an den Ablauf des Schiedsverfahrens.

Nach Art. 26 ICSID-Übereinkommen verzichten die Staaten, falls keine anderweitige Erklärung vorliegt, auf jeden anderen Rechtsbehelf neben dem Schiedsverfahren und schließen damit auch die Beanspruchung staatlicher Gerichte aus.[31]

Die Voraussetzungen für die Zuständigkeit des ICSID-Schiedsgerichts sind in Art. 25 ICSID-Übereinkommen geregelt.[32]

Eingeleitet wird das Schiedsverfahren nach schriftlicher Antragstellung an den ICSID-Generalsekretär (Artikel 36 (1), Rule 1 ICSID Institution Rules) und Zahlung einer Registrierungsgebühr iHv 7000 USD (Art. 59 iVm Rules 1 ff. ICSID Institution Rules.[33] Der Antrag muss nach Artikel 36 (2) ICSID-Übereinkommen detaillierte Angaben enthalten, auf deren Grundlage die in Art. 25 ICSID-Übereinkommen genannten Zuständigkeitsvoraussetzungen überprüft werden können.

---

[25] *Engel*, SchiedsVZ 2015, 218 (219).
[26] *Weller*, Die Grenze der Vertragstreue von (Krisen-)Staaten, 2013, S. 10 bei Fn. 11; *Happ*, SchiedsVZ 2008, 19 (19).
[27] Auch ein Aufhebungsantrag nach § 1059 Abs. 1 ZPO nach nationalem Recht ist ausgeschlossen, *Semler* SchiedsVZ 2003, 97 (101).
[28] *Convention on the Settlement of Investment Disputes Between States and Nationals of Other States* v. 18. 3. 1965.
[29] Liste der Vertragsstaaten abrufbar unter: https://icsid.worldbank.org/en/Pages/about/Database-of-Member-States.aspx, Stand: 30.9.2023.
[30] *Lew/Kröll/Mistelis*, Comparative International Commercial Arbitration, 2003, Kap. 28, Rn. 38.
[31] Von anderweitigen Erklärungen im Sinne dieses Artikels wurde bislang in der Praxis allerdings nur selten Gebrauch gemacht, vgl. *Lew/Kröll/Mistelis*, Comparative International Commercial Arbitration, 2003, Kap. 28, Rn. 42.
[32] Dazu grundlegend: *Athen/Dörr*, in: Grabitz/Hilf/Nettesheim, Recht der EU, 78. EL 2023, AEUV Art. 344 Rn. 11. Näher zu den Voraussetzungen für die Zuständigkeiten des ICSID-Schiedsgerichts: *Lörcher*, SchiedsVZ 2005, 11.
[33] *Lörcher*, SchiedsVZ 2005, 11 (14).

2. Ad-hoc Verfahren

10   Investoren, die ihre Streitigkeiten vor einem Schiedsgericht austragen wollen, müssen sich nicht zwingend eines institutionalisierten Rahmens einer Schiedsorganisation bedienen, sondern können (häufig) auch die Zuständigkeit eines ad-hoc zu bildenden Schiedsgerichts vereinbaren (vgl. nur die durch Art. 26 ECT eröffneten Möglichkeiten). Während in Ermangelung einer regelgebenden Institution die Parteien sich bei ad-hoc Verfahren grundsätzlich selbst über die Verfahrensordnung einigen, sehen Investitionsschutzabkommen regelmäßig die UNCITRAL Regeln vor. Diese Schiedsordnung wurde 1976 vom Ausschuss der Vereinten Nationen für das Internationale Handelsrecht (UNCITRAL) verabschiedet.[34] Seitdem wurden die Regeln weiterentwickelt, um den Bedürfnissen einer im Wandel befindlichen Schiedspraxis gerecht zu werden.[35]

II. Zuständigkeitsabgrenzung zum EuGH

11   Noch weitestgehend ungeklärt ist die Frage, ob EU-interne Streitigkeiten von Schiedsgerichten geklärt werden können oder ob nicht auch der EuGH insoweit das Rechtssprechungsmonopol haben sollte.

1. Die Rechtsprechung des EuGHs in der Rs. *Achmea*

12   *Achmea B.V. v. Slowakei*[36]: Auf Grundlage des in den 90er Jahren geschlossenen Investitionsschutzabkommens zwischen der damaligen Tschechoslowakei und den Niederlanden (BIT) wurde gegen die Slowakei ein Schiedsspruch erlassen, der sie zur Zahlung von Schadensersatz iHv 22 Mio. EUR verurteilte. Grund dafür war, dass die Slowakei die Liberalisierung des privaten Krankenversicherungsmarkts tlw. rückgängig gemacht hatte, wogegen ein niederländischer Investor geklagt hat. Die Slowakei forderte die Aufhebung des Schiedsspruchs, da das Schiedsgericht unzuständig und die Klausel somit unionsrechtswidrig sei.

Generalanwalt Wathelet hielt in seinen Schlussanträgen[37] die Schiedsklausel für mit Art. 344 AEUV, der die ausschließliche Zuständigkeit des Gerichtshofs für Streitigkeiten zwischen Mitgliedstaaten über die Auslegung und Anwendung der Verträge begründet[38], für vereinbar. Streitigkeiten mit Investoren seien davon nicht umfasst. Auch Art. 267 AEUV[39] sei nicht betroffen, da völkervertraglich geschaffene Schiedsgerichte vorlageberechtigt seien, wenn sie Unionsrecht entscheidungserheblich anwenden müssen.

Der EuGH hingegen hat entschieden, dass Investor-Staat-Schiedsklauseln, wie solche im Investitionsschutzvertrag zwischen den Niederlanden und der Tschechoslowakei, gegen die in Art. 267 und 344 AEUV verankerte Autonomie des Unionsrechts verstoßen, womit 196 bestehende Intra-EU-BITs für europarechtswidrig erklärt wurden.[40]

---

34   Vgl. etwa *Sanders*, Commentary on UNCITRAL Arbitration Rules, YCA II (1977), 172 ff.
35   *Stöbener de Mora*, EuZW 2016, 203.
36   Achmea B.V. v. Slowakei, Schiedsspruch v. 7.12.2012, PCA Case No. 2008–13; *Stöbener de Mora*, EuZW 2018, 363; siehe auch *Kläger*, SchiedsVZ 2018, 186.
37   Generalanwalt Wathelet, Schlussanträge v. 19.9.2017, Rs. C-284/16, ECLI:EU:C:2017:699 – *Achmea*.
38   EuGH, Gutachten 2/13 des Gerichtshofs v. 18.12.2012, ECLI:EU:C:2014:2454 – EMRK-Beitritt II; *Wegener*, in: Calliess/Ruffert, 6. Aufl. 2022, AEUV Art. 344 Rn. 1.
39   *Wegener*, in: Calliess/Ruffert, 6. Aufl. 2022, AEUV Art. 267.
40   Achmea B.V. v. Slowakei, Schiedsspruch v. 7.12.2012, PCA Case No. 2008–13; *Stöbener de Mora*, EuZW 2018, 363; siehe auch *Kläger*, SchiedsVZ 2018, 186.

C. Streitbeilegung durch Schiedsgerichte

Der an dieses Urteil gebundene BGH hat den Schiedsspruch entsprechend aufgehoben.[41]

Die in Art. 344 und 267 AEUV verankerte Autonomie des Unionsrechts sei deshalb mit einer mit Art. 8 BIT vergleichbaren Schiedsklausel in einem Investitionsschutzvertrag zwischen zwei Mitgliedstaaten unvereinbar, da ein solcher Streitbeilegungsmechanismus, obwohl er die Auslegung und Anwendung des Unionsrechts betreffen könne, nicht hinreichend in den Dialog zwischen den Gerichten der Mitgliedstaaten und der Union eingebunden und dadurch die volle Wirksamkeit des Unionsrechts gefährdet sei.[42]

Mit dieser Entscheidung des EuGHs wird die Möglichkeit der Investitionsgerichtsbarkeit in Europa beschnitten; bereits vorhandene Intra-EU-BITs müssen von den Vertragsparteien modifiziert oder gekündigt werden.[43]

2. Auswirkungen auf den Vertrag über die Energiecharta

Zunächst war ungeklärt, welche Folgen das Urteil für den Vertrag über die Energiecharta (ECT) hat, soweit es um innereuropäische Verfahren geht. Im Schrifttum wurde tlw. für eine Übertragbarkeit des *Achmea*-Urteils plädiert und ISDS zwischen EU-Investoren und EU-Mitgliedstaaten auch auf Basis des ECT für unionsrechtlich unzulässig gehalten.[44]

Dagegen spricht jedoch, dass einerseits vom ECT vorgeschrieben ist, dass Streitigkeiten nach dem ECT selbst und den geltenden Regeln des Völkerrechts entschieden werden. Andererseits sind beim ECT nicht nur europäische Staaten, sondern auch Drittstaaten, die nicht der europäischen Gerichtsbarkeit unterfallen, betroffen. Damit würde gegen den Gleichbehandlungsgrundsatz des ECT verstoßen werden, wenn Drittstaat-Investoren im Wege der Schiedsgerichtsbarkeit Rechtshilfe suchen können, europäische Investoren jedoch nicht.[45]

Zudem stellt der ECT aufgrund der Mitgliedschaft der EU unionsrechtlich betrachtet EU-Recht dar.[46] Damit gilt für diesen aus EU-Perspektive auch das Verwerfungsmonopol des EuGHs.[47] Dementsprechend besteht, selbst wenn man den ECT mit dem Unionsrecht für unvereinbar hält oder auf dessen zwingenden Vorrang vor dem ECT besteht, die Notwendigkeit eines EuGH-Urteils, um die Vorschriften zur Investor-Staat-Streitbeilegung unangewendet lassen zu können.[48]

3. Die Rechtsprechung des EuGHs in der Rechtssache Komstroy

Dieses aus Sicht des Unionsrechts notwendige Urteil fällte der EuGH in der Rechtssache *Republik Moldau v. Komstroy LLC*.[49] Darin stellte der EuGH – im Rahmen eines *obiter dictums* – die **Unvereinbarkeit eines intra-EU-Schiedsverfahrens nach Art. 26 ECV mit Art. 267 AEUV und 344 AEUV** vor dem Hintergrund fest, dass dadurch

---

41 BGH Beschl. v. 31.10.2018, Az. I ZB 2/15, BeckRS 2018, 28148.
42 EuGH Urt. v. 6.3.2018 – Rs. C-284/16, ECLI:EU:C:2018:158 – *Achmea*.
43 *Kläger*, SchiedsVZ 2018, 186 (193).
44 *Hindelang*, VerfBlog 9.3.2018; *Schepel*, European Law Blog 23.3.2018; *Nikitin*, KluwerArbBlog 10.4.2018.
45 *Stöbener de Mora*, EuZW 2018, 363 (367).
46 EuGH Urt. v. 30.4.1974 – Rs. 181/73, ECLI:EU:C:1974:41 – *Haegeman*.
47 EuGH Urt. v. 22.10.1987 – Rs. 314/85, ECLI:EU:C:1987:452 – *Foto-Frost*.
48 So auch *Stöbener de Mora*, EuZW 2018, 363.
49 EuGH, Urt. v. 2.9.2021, Rs. C-741/19, ECLI:EU:C:2021:655 – *Komstroy*.

"ein Rechtsstreit zwischen einem Investor eines Mitgliedstaats und einem anderen Mitgliedstaat über das Unionsrecht dem Gerichtssystem der Union entzogen werden könnte, so dass die volle Wirksamkeit des Unionsrechts nicht gewährleistet wäre".[50] Während sich der EuGH in der *Achmea*-Entscheidung noch auf ein bilaterales Investitionsschutzabkommen bezog, fällte der EuGH in der Rs. *Komstroy* die Entscheidung ausdrücklich in Bezug auf den ECT.[51] Ob das Urteil des EuGHs aber etwas an der Praxis der Schiedsgerichte ändern wird, ist fraglich. Diese müssen den Rechtsstreit aus der Perspektive des Schiedsrechts beurteilen. Insbesondere unterliegen Schiedsgerichte auf der Grundlage der ICSID Konvention nicht dem EU-Recht und auch nicht den Rechtsordnungen der EU-Mitgliedstaaten.[52] Ein Auslegungsmonopol für multilaterale Verträge kommt dem EuGH gerade nicht zu.[53] Vielmehr entscheidet **das Schiedsgericht** nach Art. 41 der ICSID-Konvention **über seine eigene Zuständigkeit.**[54]

D. Fazit

Das internationale Investitionsrecht bietet einen **Rahmen zum Schutz von internationalen Energieinvestitionen** in Länder außerhalb der EU. Der Anwendbarkeit und der Auslegung der im ECT geregelten Standards kommt für die Energiewirtschaft dabei eine besondere Rolle zu. Ob Investoren auch für Streitigkeiten, die innerhalb der EU getätigte Investitionen betreffen, Schiedsgerichte anrufen können oder ob das EU-Recht diese Sachverhalte bereits dahingehend abschließend regelt, dass der EuGH zuständig ist, bleibt im besten Fall umstritten. Im schlechtesten Fall ist durch die Entscheidungen des EuGHs in den Rs. *Achmea* und *Komstroy* eine Regimekollision von Unionsrecht und internationalem Investitionsrecht provoziert worden.[55]

Aller Voraussicht nach wird es jedoch dabei bleiben, dass der Investitionsschiedsgerichtsbarkeit in der Praxis sowohl innerhalb der EU als auch im Verhältnis zu Drittstaaten weiterhin große Bedeutung zukommt.[56]

E. Wiederholungs- und Vertiefungsfragen

1. Welche Rolle spielt der Schutz der Auslandsinvestitionen für die Energiewirtschaft?
2. Was sind Investitionsschutzverträge? Welche Arten von Investitionsschutzverträgen gibt es?
3. Welche Rolle spielt der Vertrag über die Energiecharta für den Schutz von Auslandsinvestitionen im Energiebereich (noch), insbesondere vor dem Hintergrund der EuGH-Entscheidung in den Sachen *Achmea* und *Komstroy*?
4. Welche materiellen Garantien ("Schutzstandards") kennt der Vertrag über die Energiecharta?

---

50 EuGH, Urt. v. 2.9.2021, Rs. C-741/19, ECLI:EU:C:2021:655, Rn. 62 – *Komstroy*.
51 EuGH, Urt. v. 2.9.2021, Rs. C-741/19, ECLI:EU:C:2021:655, Rn. 65 – *Komstroy*; *Mantilla Blanco*, in: Baumgart, Energierecht, 2022, S. 207 f.
52 Vgl. *Mantilla Blanco*, in: Baumgart, Energierecht, 2022, S. 207 f. m.w.N.
53 Vgl. *Mantilla Blanco*, in: Baumgart, Energierecht, 2022, S. 207 f. m.w.N.
54 Vgl. *Mantilla Blanco*, in: Baumgart, Energierecht, 2022, S. 207 f. m.w.N.
55 Vgl. *Mantilla Blanco*, in: Baumgart, Energierecht, 2022, S. 218.
56 Zur Bedeutung siehe *Baumgart/Mantilla Blanco*, RdE 2018, 242 (242).

E. Wiederholungs- und Vertiefungsfragen

5. Was ist eine Enteignung (*Expropriation*) im Sinne des internationalen Investitionsrechts?
6. Was beinhaltet der Schutzstandard von „Schutz und Sicherheit"' (*Full Protection and Security*) des internationalen Investitionsrechts?
7. Was beinhaltet der Schutzstandard einer „fairen und gerechten Behandlung" (*Fair and Equitable Treatment*) des internationalen Investitionsrechts?
8. Welche Rolle spielt die Schiedsgerichtsbarkeit für den Schutz von Auslandsinvestitionen?
9. Wie gestaltet sich der Ablauf eines Investitionsschiedsverfahrens und wie unterscheidet es sich von anderen Schiedsverfahren?
10. Welche Parallelen erkennen Sie zwischen dem Schutz von Auslandsinvestitionen nach dem internationalen Investitionsrecht und dem Schutz von Investoren durch die Europäischen Grundfreiheiten?

Kapitel 11: Europäisches Energieprivatrecht

A. Europäisches Energieprivatrecht

1 Im Ausland erzeugte Energie wird über verschiedene Handelsstufen bis zum Endkunden gebracht, wodurch regelmäßig internationale Rechtsbeziehungen entstehen. Gegenstand der Rechtsbeziehungen unter den Teilnehmern des Energiemarktes ist primär der **Energieliefervertrag**. Er regelt die Belieferung mit Strom und Gas zum Weiterverkauf oder Eigenverbrauch und kann sowohl die Großhandelsebene zwischen Produzenten oder Händlern mit (Zwischen-)Händlern oder Lieferanten als auch die Ebene der Lieferanten mit den letztverbrauchenden Kunden betreffen[1]. Während sich die Lieferbeziehungen rechtlich primär nach dem materiellen, nationalen Recht richten,[2] werfen die grenzüberschreitenden Sachverhalte im Energiehandel oftmals Fragen des **Internationalen Privatrechts** und des **Internationalen Zivilverfahrensrechts** auf. Dem Fokus des vorliegenden Studienbuchs folgend soll das folgende Kapitel die internationalen Energielieferbeziehungen vor dem Hintergrund des Europäischen Privat- und Zivilverfahrensrechts beleuchten.

I. Das europäische Privatrecht und das Zivilverfahrensrecht

2 Aufgrund der internationalen Dimension des Energiemarktes stellt sich im Falle von Konflikten bei der Energielieferung zum einen die Frage nach dem Gerichtsstand und zum anderen die Frage nach dem **anwendbaren Sachrecht**. Anhand der aktuellen politischen Diskussion im Gashandel mit Russland lassen sich die Problematiken illustrieren: So forderte beispielsweise die russische Regierung im Frühjahr 2022, dass die Energieexporte Russlands in Rubel zu zahlen seien, auch entgegen vertraglichen Absprachen, die eine Zahlung in Euro oder Dollar vorsahen.[3] Der Bundeswirtschaftsminister Robert Habeck bezeichnete das russische Vorgehen als „Bruch der Verträge".[4] Trotzdem veranlasste der russische Staatskonzern Gazprom zahlreiche Gaslieferstopps, wenn Unternehmen der Aufforderung zur Zahlung in Rubel nicht nachkamen.[5] In diesem Zusammenhang werden folgende Fragestellungen relevant: Welches Gericht wäre für eine gerichtliche Klärung einer solchen Rechtsstreitigkeit zuständig? Und nach welchem Sachrecht würde sich die materielle Prüfung richten? Diese zwei Fragen lassen sich mit Hilfe des internationalen Privatrechts lösen. Wichtige **Rechtsquellen** im Energierecht sind hier vor allem die **Brüssel Ia-VO**[6] sowie die **Rom I-VO**[7]. Für Sachverhalte, die einen Auslandsbezug haben, jedoch außerhalb des Energierechts liegen, kommen noch viele weitere Rechtsquellen, bspw. die Brüssel IIa-VO für Ehescheidun-

---

1 *De Wyl*, in: Schneider/Theobald, Recht der Energiewirtschaft, 5. Aufl. 2021, § 12 Rn. 3; *Tüngler*, in: Gsell/Krüger/Lorenz/Reymann, BeckOGK, Stand 01.05.2022, BGB, § 433 Rn. 11.1.
2 Vgl. nur *Herzhoff*, in: Baumgart, Energierecht, 2022, Kapitel 1 bis 4.
3 UKuR 2022, 167 (170).
4 Gaslieferungen aus Russland: Robert Habeck wirft Wladimir Putin Vertragsbruch vor | ZEIT ONLINE (Stand: 30.09.23).
5 UKuR 2022, 167 (167).
6 VO (EU) 1215/2012 des Europäischen Parlaments und des Rates vom 12. Dezember 2012 über die gerichtliche Zuständigkeit und die Anerkennung und Vollstreckung von Entscheidungen in Zivil- und Handelssachen.
7 VO (EG) 593/2008 des Europäischen Parlaments und des Rates vom 17. Juni 2008 über das auf vertragliche Schuldverhältnisse anzuwendende Recht; im Folgenden Rom I-VO.

A. Europäisches Energieprivatrecht

gen und das Sorgerecht, die Europäische Unterhalts-VO für Unterhaltssachen oder die Rom II-VO für außervertragliche Schuldverhältnisse in Betracht.[8]

1. Das zuständige Gericht

Weist ein Sachverhalt Bezüge zum Recht eines ausländischen Staates auf und es wird eine gerichtliche Klärung notwendig, stellt sich die Frage, welches Gericht hierfür zuständig ist. Diese Frage lässt sich mit Hilfe der Brüssel Ia-VO klären.

a) Anwendbarkeit der Brüssel Ia-Verordnung

Der **sachliche, der räumlich-persönliche und der zeitliche Anwendungsbereich** der Brüssel Ia-VO muss eröffnet sein. Gem. Art. 1 Abs. 1 der Brüssel Ia-VO ist diese sachlich in Zivil- und Handelssachen anzuwenden, ohne dass es auf die Art der Gerichtsbarkeit ankommt. Dies ist bei Klagen aus Energielieferverträgen zu bejahen. Ferner muss im Einzelfall der Beklagte seinen Wohnsitz in einem Mitgliedstaat haben (räumlich-persönlicher Anwendungsbereich) sowie das Verfahren nach dem 10.1.2015 eingeleitet worden sein.

b) Verträge auf der Großhandelsebene

aa) Allgemeiner Gerichtsstand

Nach Art. 4 Abs. 1 Brüssel Ia-VO ist der **allgemeine Gerichtsstand** am Wohnsitz des Beklagten. Dies gilt unabhängig von dessen Staatsangehörigkeit. Nach Art. 63 Abs. 1 Brüssel Ia-VO steht der Sitz von Gesellschaften und juristischen Personen dem Wohnsitz natürlicher Personen gleich[9]. Gemäß der Vorschrift haben Gesellschaften und juristische Personen für die Anwendung der Brüssel Ia-VO für ihren Wohnsitz drei Anknüpfungen: ihren satzungsmäßigen Sitz (lit. a)), ihre Hauptverwaltung (lit. b)) oder ihre Hauptniederlassung (lit. c)). Hiermit wird die Rechtsverfolgung erleichtert.

bb) Besondere Gerichtsstände

In Art. 7 Brüssel Ia-VO sind **besondere Gerichtsstände** normiert. Besondere Gerichtsstände verdrängen nicht den allgemeinen Gerichtsstand. Vielmehr stehen sie dem Kläger fakultativ, d.h. neben dem allgemeinen Gerichtsstand zur Verfügung, sodass er eine Auswahlmöglichkeit hat[10]. Bei Energielieferverträgen ist hierbei insbesondere Art. 7 Nr. 1 lit. a) Brüssel Ia-VO relevant. Hiernach ist bei vertraglichen Ansprüchen das Gericht des Ortes, an dem die Verpflichtung erfüllt worden ist oder zu erfüllen wäre, zuständig. Art. 7 Abs. 1 lit. b) Brüssel Ia-VO ist mangels der Sacheigenschaft von Energie nicht einschlägig. Erfüllungsort ist bei Energielieferverträgen der Ort der Abnahme, sodass in der Regel der Sitz des Käufers, d.h. des (Zwischen-)Händlers bzw. Lieferanten ein besonderer Gerichtsstand ist.

---

8 VO (EG) 2201/2003 des Rates vom 27. November 2003 über die Zuständigkeit und die Anerkennung und Vollstreckung von Entscheidungen in Ehesachen und in Verfahren betreffend die elterliche Verantwortung und zur Aufhebung der Verordnung (EG) Nr. 1347/2000; VO (EG) Nr. 4/2009 des Rates vom 18. Dezember 2008 über die Zuständigkeit, das anwendbare Recht, die Anerkennung und Vollstreckung von Entscheidungen und die Zusammenarbeit in Unterhaltssachen; VO (EG) Nr. 864/2007 des Europäischen Parlaments und des Rates vom 11. Juli 2007 über das auf außervertragliche Schuldverhältnisse anzuwendende Recht.
9 *Gottwald*, in: MüKo, ZPO, 6. Aufl. 2022, Brüssel Ia-VO, Art. 4 Rn. 21.
10 *Dörner*, in: Saenger, ZPO, 9. Aufl. 2021, EuGVVO, Art. 7 Rn. 1; *Thode*, in: Vorwerk/Wolf, BeckOK ZPO, Stand 1.9.2023, Brüssel Ia-VO, Art. 7 Rn. 5.

11 Teil III: Globalisierung der Energiewirtschaft

Hat etwa ein deutsches Stromversorgungsunternehmen mit einem österreichischen Stromproduzenten einen Stromlieferungsvertrag geschlossen und kommt letzterer seiner Lieferverpflichtung nicht nach, stellt sich die Frage, wo eine Klageerhebung seitens des Stromversorgungsunternehmens möglich ist. Der allgemeine Gerichtsstand ist nach Art. 4 Abs. 1 Brüssel Ia-VO am Wohnsitz des Beklagten, hier also in Österreich. Zudem handelt es sich um die Einklagung eines vertraglichen Anspruches, sodass neben dem allgemeinen Gerichtsstand der besondere Gerichtsstand des Erfüllungsortes nach Art. 7 Brüssel Ia-VO einschlägig ist. Bei Stromlieferungsverträgen ist der Ort der Abnahme als Erfüllungsort anzusehen, vorliegend also Deutschland. Der Kläger kann somit wählen, ob er die Klage in Österreich oder Deutschland erhebt.

cc) Gerichtsstandsvereinbarungen nach Art. 25 Brüssel Ia-VO

7   Über die geregelten Gerichtsstände hinaus sind auch privatautonome Regelungen möglich. **Gerichtsstandsvereinbarungen** sind nach Art. 25 Brüssel Ia-VO in weitem Umfang rechtlich zulässig und praktisch weit verbreitet. Hierunter sind Vereinbarungen zu verstehen, wonach ein Gericht oder die Gerichte eines Mitgliedsstaates über eine bereits entstandene oder aus einem bestimmten Rechtsverhältnis entspringende Rechtsstreitigkeit entscheiden sollen. Rechtsfolge einer wirksamen Gerichtsstandsvereinbarung ist nach dem Wortlaut von Art. 25 Abs. 1 S. 2 Brüssel Ia-VO grundsätzlich die ausschließliche Zuständigkeit des vereinbarten Gerichts.

c) Verträge auf der Letztverbraucherebene

8   Bei Unternehmen als Letztverbrauchern ergeben sich erneut keine Besonderheiten im Vergleich zum Großhandelsmarkt. Handelt es sich bei den Letztverbrauchern jedoch um Privatkunden, gelten nach dem Abschnitt 4 der Brüssel Ia-VO einige Abweichungen. Dieser Abschnitt ist bei Energielieferverträgen wegen der Ausübung der beruflichen Tätigkeit des Energieversorgungsunternehmens im Mitgliedstaat des Verbrauchers gem. Art. 17 Abs. 1 lit. c) Brüssel Ia-VO anwendbar. Art. 17, 18 Brüssel Ia-VO enthalten besondere Zuständigkeitsvorschriften hinsichtlich der gerichtlichen Zuständigkeit bei **Verbraucherverträgen**[11].

aa) Wahlgerichtsstände des Verbrauchers

9   Nach Art. 18 Abs. 1 Brüssel Ia-VO stehen dem Verbraucher für seine Klage sowohl die Gerichte des Wohnsitzstaates des Vertragspartners als auch die Gerichte des eigenen Wohnsitzstaates zur Verfügung. Hingegen kann nach Art. 18 Abs. 2 Brüssel Ia-VO die Klage des Vertragspartners gegen den Verbraucher nur vor den Gerichten des Wohnsitzstaates des Verbrauchers erhoben werden.

bb) Besonderheiten bei Gerichtsstandsvereinbarungen gem. Art. 25 Brüssel Ia-VO

10 Bei Gerichtsstandsvereinbarungen im Rahmen von Verbraucherverträgen ist Art. 19 Brüssel Ia-VO zu beachten, was Art. 25 Abs. 4 Brüssel Ia-VO deklaratorisch klarstellt[12]. Eine Gerichtsstandsvereinbarung stellt eine von den Zuständigkeitsvorschriften des Abschnittes 4 der Brüssel Ia-VO abweichende Regelung dar. Sie entfaltet gem. Art. 19 Brüssel Ia-VO folglich nur Wirksamkeit, wenn sie nach Entstehung der Strei-

---

11 *Schmidt*, in: Anders/Gehle, ZPO, 80. Aufl. 2022, VO (EU) 1215/2012, Art. 17 Rn. 1.
12 *Gottwald*, in: MüKo, ZPO, 6. Aufl. 2022, Brüssel Ia-VO, Art. 25 Rn. 69.

A. Europäisches Energieprivatrecht

tigkeit getroffen wird (Nr. 1), sie dem Verbraucher die Befugnis einräumt, andere als die in Abschnitt 4 angeführten Gerichte anzurufen (Nr. 2) oder beide Vertragsparteien denselben Wohnsitzstaat haben und die Zuständigkeit der Gerichte dieses Staates begründen, es sei denn, eine solche Vereinbarung ist nach diesem Recht nicht zulässig (Nr. 3).

2. Das anwendbare materielle Recht

Erfolgen **Energielieferverträge** unter Überschreitung von Ländergrenzen, stellt sich unabhängig von der gerichtlichen Zuständigkeit stets die Frage des anwendbaren materiellen Rechtes. Relevant wird hierbei das Kollisionsrecht. Es regelt, welches Sachrecht auf einen Sachverhalt mit Auslandsbezug Anwendung findet.[13]

Im Gegensatz zur Rom II-Verordnung[14], die nur für außervertragliche Schuldverhältnisse in Zivil- und Handelssachen, die eine Verbindung zum Recht verschiedener Staaten aufweisen gilt, gilt die Rom I-Verordnung[15] nach Art. 1 Abs. 1 Rom I-VO für vertragliche Schuldverhältnisse und ist damit die wichtigste Rechtsquelle für Lieferbeziehungen. Nach ihr beurteilt sich auch im europäischen Energierecht, welches Sachrecht Anwendung findet.

a) Anwendbarkeit der Rom I-Verordnung

Der Anwendungsbereich der Rom I-Verordnung muss in **sachlicher, räumlicher und zeitlicher Hinsicht** eröffnet sein. Gemäß Art. 1 Abs. 1 Rom I-VO gilt die Verordnung für vertragliche Schuldverhältnisse in Zivil- und Handelssachen, die eine Verbindung zum Recht verschiedener Staaten aufweisen. Bei Energielieferverträgen handelt es sich um vertragliche Schuldverhältnisse, bei denen bei der Verbindung zum Recht eines anderen Staates die Rom I-VO anwendbar ist. Räumlich gilt die Rom I-Verordnung in allen Mitgliedsstaaten der EU mit Ausnahme Dänemarks. Allerdings genießt die Rom I-VO nach Art. 2 Rom I-VO universelle Anwendung. Sie ist damit bei jeder Art der Auslandsberührung anzuwenden unabhängig davon, ob die Verordnung in dem anderen Staat gilt. Hierdurch unterscheidet sich die Rom I-VO maßgeblich von der Brüssel Ia-VO. Zeitlich wird die Rom I-VO auf alle Verträge angewendet, die ab dem 17. Dezember 2009 geschlossen wurden.

b) Verträge auf der Großhandelsebene

Energielieferverträge auf der Großhandelsebene weisen häufig Verbindungen zum Recht verschiedener Staaten auf. Die Großhandelsebene betrifft die Rechtsbeziehungen zwischen Produzenten oder Händlern mit (Zwischen-)Händlern oder Lieferanten. Auf dieser Ebene bestehen häufig grenzüberschreitende Vertragsabschlüsse, damit im Ausland produzierte Energie in andere Länder verteilt werden kann. Demnach ergibt sich

---

[13] *Junker*, Internationales Privatrecht, 3. Aufl. 2019, § 1 Rn. 5; *Güllemann*, Internationales Vertragsrecht, 3. Aufl. 2018, S. 12.
[14] VO (EG) Nr. 864/2007 des Europäischen Parlaments und des Rates vom 11. Juli 2007 über das auf außervertragliche Schuldverhältnisse anzuwendende Recht.
[15] VO (EG) Nr. 593/2008 des Europäischen Parlaments und des Rates vom 17. Juni 2008 über das auf vertragliche Schuldverhältnisse anzuwendende Recht; im Folgenden Rom I-VO.

ein besonderes Bedürfnis der kollisionsrechtlichen Klärung anhand der Rom I-VO, welches Sachrecht auf den zugrundeliegenden Energieliefervertrag Anwendung findet.

Abbildug 14: Stufen des Stromhandels

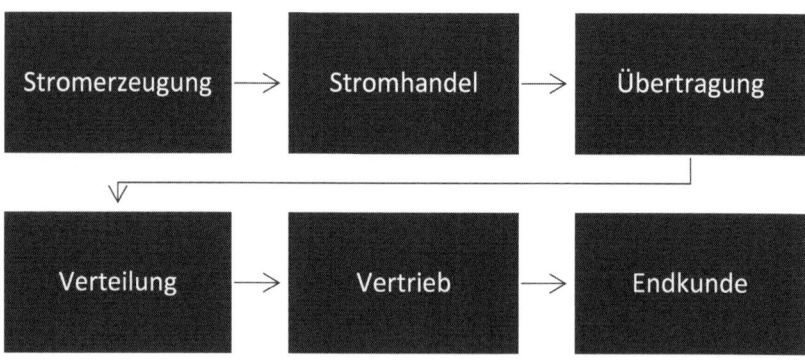

Quelle: eigene Darstellung

aa) Grundsatz der freien Rechtswahl

14 Nach Art. 3 Abs. 1 Rom I-VO gilt der Grundsatz der freien Rechtswahl. Danach können die Vertragsparteien selbst wählen, welcher Rechtsordnung sie ihre vertraglichen Beziehungen unterwerfen wollen. Dies ist Ausdruck der **Privatautonomie**.[16] Erwägungsgrund 11 der Rom I-VO verdeutlicht, dass die freie Rechtswahl der Parteien einer der Ecksteine des Systems der Kollisionsnormen im Bereich der vertraglichen Schuldverhältnisse sein sollte. Eine Rechtswahl kann ausdrücklich oder stillschweigend erfolgen.[17] Im Falle der stillschweigenden Rechtswahl muss sich diese gem. Art. 3 Abs. 1 S. 2 Rom I-VO eindeutig aus den Bestimmungen des Vertrags oder aus den Umständen des Falles ergeben. Hierfür sind insbesondere der Inhalt des Vertrages, die Umstände des Vertragsabschlusses und das Verhalten der Vertragsparteien heranzuziehen.[18]

Schließt beispielsweise ein deutsches Erdgasversorgungsunternehmen mit einem französischen Stromproduzenten einen Stromlieferungsvertrag und treffen die Vertragsparteien eine ausdrückliche Rechtswahl nach Art. 3 Rom I-VO, kommt es nicht auf die Art. 4 ff. Rom I-VO an. Vielmehr ist dasjenige Recht auf das Schuldverhältnis anzuwenden, das die Parteien gewählt haben. Somit ist hier das deutsche Recht anwendbar, unabhängig davon, ob nach einer objektiven Anknüpfung französisches Recht anwendbar wäre.

Für die Wahl eines Rechtes bedarf es keines berechtigten Interesses der Parteien oder einer Verbindung des Sachverhaltes zum entsprechenden Recht. Möglich ist auch die Wahl eines **neutralen Rechtes**.[19]

---

16 *Martiny*, in: MüKo, BGB, 8. Aufl. 2021, Rom I-VO, Art. 3 Rn. 8; *Ferrari*, in: Ferrari/Kieninger/Mankowski u.a., Internationales Vertragsrecht, 3. Aufl. 2018, VO (EG) 593/2008, Art. 3 Rn. 4 ff.; *Wendland*, in: Gsell/Krüger/Lorenz/Reymann, BeckOGK, Stand 1.9.2021, Rom I-VO, Art. 3 Rn. 1.
17 *Martiny*, in: MüKo, BGB, 8. Aufl. 2021, Rom I-VO, Art. 3 Rn. 8.
18 *Martiny*, in: MüKo, BGB, 8. Aufl. 2021, Rom I-VO, Art. 3 Rn. 46.
19 *Martiny*, in: MüKo, BGB, 8. Aufl. 2021, Rom I-VO, Art. 3 Rn. 23; *Wendland*, in: Gsell/Krüger/Lorenz/Reymann, BeckOGK, Stand 1.9.2021, Rom I-VO, Art. 3 Rn. 63 f.

A. Europäisches Energieprivatrecht

Daher können das zuvor genannte deutsche Erdgasversorgungsunternehmen und der französische Stromproduzent auch die Geltung italienischen Rechts für ihr Schuldverhältnis vereinbaren. Die Rechtswahl des italienischen Rechts ist nach Art. 3 Rom I-VO zulässig. Es ist weder ein nachvollziehbares Interesse der Parteien an der gewählten Rechtsordnung noch eine Beziehung des Sachverhalts zur gewählten Rechtsordnung erforderlich.[20] Die Wahl des „neutralen" italienischen Rechts ist daher wirksam. Die Rechtswahlfreiheit wird bei Personenbeförderungs- und Versicherungsverträgen (Art. 5 Abs. 2, Art. 7 Abs. 3 Rom I-VO) sowie bei Arbeits- und Verbraucherverträgen (Art. 6 Abs. 2, Art. 8 Abs. 1 Rom I-VO) eingeschränkt. Bei Energielieferverträgen auf der Großhandelsebene sind diese Grenzen jedoch nicht einschlägig, sodass die Rechtswahlfreiheit uneingeschränkt gilt. Rechtsfolge der wirksamen Rechtswahl ist grundsätzlich die vollständige Verdrängung der objektiv maßgeblichen Rechtsordnung.[21]

bb) Das mangels Rechtswahl anzuwendende Recht

Haben die Vertragsparteien des Energieliefervertrages keine Rechtswahl nach Art. 3 Abs. 1 Rom I-VO getroffen, so bestimmt sich das anzuwendende Recht nach den Art. 4 ff. Rom I-VO. Es findet mangels subjektiver Wahl eine **objektive Anknüpfung** statt. Art. 4 Rom I-VO enthält die allgemeine Regel, welche in den Fällen der Art. 5-8 Rom I-VO für besondere Vertragstypen als *leges speciales* verdrängt wird[22]. Bei den Energielieferverträgen auf Ebene des Großhandels handelt es sich grundsätzlich nicht um Verbraucherverträge i.S.d. Art. 6 Rom I-VO, sodass mangels Einschlägigkeit der anderen Sondervorschriften die allgemeine Regel des Art. 4 Rom I-VO Anwendung findet. Grundgedanke des Art. 4 Rom I-VO ist es, Verträge derjenigen Rechtsordnung zu unterstellen, mit der sie am engsten verbunden sind. Art. 4 Abs. 1 normiert die Anknüpfung für acht im Einzelnen aufgezählte Vertragsverhältnisse. Nach Art. 4 Abs. 1 lit. a) Rom I-VO unterliegen Kaufverträge über bewegliche Sachen dem Recht des Staates, in dem der Verkäufer seinen gewöhnlichen Aufenthalt hat. Bei Energielieferverträgen handelt es sich zwar nach gefestigter Rechtsprechung und herrschender Literatur um Kaufverträge.[23] Allerdings fehlt der Energie nach der herrschenden Meinung wegen mangelnder Körperlichkeit bzw. Abgrenzbarkeit die Sacheigenschaft.[24] Art. 4 Abs. 1 lit. a) Rom I-VO ist damit nicht einschlägig. Fällt der Vertrag nicht unter Art. 4 Abs. 1 Rom I-VO, so richtet sich das anwendbare Sachrecht nach Art. 4 Abs. 2 Rom I-VO. Danach unterliegt der Vertrag dem Recht des Staates, in dem die Partei, welche die für den Vertrag charakteristische Leistung zu erbringen hat, ihren gewöhnlichen Aufenthalt hat. Die charakteristische Leistung ist diejenige, welche dem betreffenden Vertragstyp seine Eigenschaft verleiht und seine Unterscheidung von anderen Vertrags-

15

---

20 *Junker*, Internationales Privatrecht, 3. Aufl. 2019, § 15 Rn. 17.
21 *Staudinger*, in: Schulze, BGB, 11. Aufl. 2021, Rom I-VO, Art. 3 Rn. 1; *Wendland*, in: Gsell/Krüger/Lorenz/Reymann, BeckOGK, Stand 1.9.2021, Rom I-VO, Art. 3 Rn. 49.
22 *Martiny*, in: MüKo, BGB, 8. Aufl. 2021, Rom I-VO, Art. 4 Rn. 3.
23 BGH, Urteil vom 06.12.1978, Az. VIII ZR 273/77, NJW 1979, 1304, 1305; BGH, Urteil vom 02.07.1969, Az. VIII ZR 172/68, NJW 1969, 1903, 1905; *Tüngler*, in: Gsell/Krüger/Lorenz/Reymann, BeckOGK, Stand 1.0.2022, BGB, § 433 Rn. 114; *Theobald/Theobald*, Grundzüge des Energiewirtschaftsrechts, 3. Auflage 2013, 2. Teil, S. 155.
24 *Rauscher*, Internationales Privatrecht, 5. Aufl. 2017, § 10 Rn. 1207; *Saenger*, in: Schulze, BGB, 11. Aufl. 2021, § 433 Rn. 4; *Dörner*, in: Schulze, BGB, 11. Aufl. 2021, § 90 Rn. 2; *Stresemann*, in: MüKo, BGB, 9. Aufl. 2021, § 90 Rn. 24; *Fritzsche*, in: Hau/Poseck, BeckOK, BGB, Stand 01.08.2002, § 90 Rn. 25; *Mössner*, in: Gsell/Krüger/Lorenz/Reymann, BeckOGK, Stand 01.03.2021, BGB, § 90 Rn. 71 ff. Gas in Behältnissen wird hingegen teilweise als Sache i.S.d. § 90 BGB angesehen, so etwa *Dörner*, in: Schulze, BGB, 11. Aufl. 2021, § 90 Rn. 2; *Saenger*, in: Schulze, BGB, 11. Aufl. 2021, § 433 Rn. 4.

typen ermöglicht[25]. Die Leistungen beim Energieliefervertrag bestehen in der Lieferung von Energie einerseits und der Kaufpreiszahlung andererseits. Vertragscharakteristisch ist hierbei die Energielieferung des Verkäufers. Somit ist das Recht des Staates, in dem der Verkäufer seinen gewöhnlichen Aufenthalt hat, anzuwenden. Art. 4 Abs. 2 Rom I-VO kommt damit zum gleichen Ergebnis wie Art. 4 Abs. 1 lit. a) Rom I-VO.[26] Nach Art. 19 Abs. 1 S. 1 Rom I-VO ist für die Zwecke der Rom I-VO der Ort des gewöhnlichen Aufenthalts von Gesellschaften, Vereinen und juristischen Personen anhand des Ortes ihrer Hauptverwaltung zu ermitteln. Der Begriff des Ortes der Hauptverwaltung ist verordnungsautonom zu verstehen, wobei der effektive Verwaltungssitz entscheidet. Dies ist in der Regel der Ort, an dem die geschäftliche Oberleitung durch den bzw. die gesetzlichen Vertreter erfolgt und die wichtigsten Leitungs- und Organisationsentscheidungen getroffen werden.[27]

c) Verträge auf der Letztverbraucherebene

Typischerweise sind die Energielieferverträge auf Letztverbraucherebene, d.h. zwischen Händler und dem Letztverbraucher, rein innerstaatlichen Charakters. Es ist jedoch erlaubt, den Energieversorger frei aus allen Strom- und Gasversorgern zu wählen, die ihre Dienste in der jeweiligen Region anbieten. Es ist folglich möglich, Strom von einem im Ausland ansässigen Energieversorgungsunternehmen zu beziehen.[28] In diesen Konstellationen ergibt sich erneut die Frage des anwendbaren Sachrechtes. Sind die Letztverbraucher keine Privatkunden, sondern energiebeziehende Unternehmen, ergeben sich hierfür keine Unterschiede zur Ermittlung des anwendbaren Sachrechts auf der Großhandelsebene. Verbraucher i.S.v. Art. 6 Rom I-VO sind nur natürliche Personen, die den in Rede stehenden Vertrag zu einem Zweck schließen, der nicht ihrer beruflichen oder gewerblichen Tätigkeit zuzurechnen ist.[29] Handelt es sich jedoch bei den Letztverbrauchern um Privatkunden, sind die Energielieferverträge als Verbraucherverträge gem. Art. 6 Rom I-VO anzusehen und es ergeben sich Unterschiede im Vergleich zur Großhandelsebene. Diese Unterschiede werden im Folgenden beleuchtet.

aa) Grundsatz der freien Rechtswahl

Auch bei Verbraucherverträgen gilt der Grundsatz der freien Rechtswahl nach Art. 3 Abs. 1 Rom I-VO, er wird jedoch durch das sog. **Günstigkeitsprinzip** gem. Art. 6 Abs. 2 Rom I-VO eingeschränkt. Demnach ist eine Rechtswahl unwirksam, wenn sie dazu führt, dass dem Verbraucher der Schutz entzogen wird, der ihm durch diejenigen Bestimmungen gewährt wird, von denen nach dem Recht, das nach Abs. 1 anzuwenden wäre, nicht durch Vereinbarung abgewichen werden darf. Dem Verbraucher darf somit durch die Rechtswahl nicht der Schutz der zwingenden Vorschriften seines Aufenthaltsrechtes entzogen werden.[30] Ist dies der Fall, sind die zwingenden Verbraucher-

---

25 *Martiny*, in: MüKo, BGB, 8. Aufl. 2021, Rom I-VO, Art. 4 Rn. 177; *Spickhoff*, in: Hau/Poseck, BeckOK BGB, Stand 1.5.2022, VO (EG) 593/2008, Art. 4 Rn. 55.
26 *Spickhoff*, in: Hau/Poseck, BeckOK, BGB, Stand 1.5.2022, VO (EG) 593/2008, Art. 4 Rn. 67.
27 *Martiny*, in: MüKo, BGB, 8. Aufl. 2021, Rom I-VO, Art. 19 Rn. 6.
28 Siehe: Energiedienstleistungen – Zugang und Nutzung – Ihr Europa (zuletzt abgerufen am 04.08.22).
29 *Rühl*, in: Gsell/Krüger/Lorenz/Reymann, BeckOGK, Stand 1.7.2019, Rom I-VO, Art. 6 Rn. 60; *Martiny*, in: MüKo, BGB, 8. Auflage 2021, Rom I-VO, Art. 6 Rn. 13.
30 *Rühl*, in: Gsell/Krüger/Lorenz/Reymann, BeckOGK, Stand 1.7.2019, Rom I-VO, Art. 6 Rn. 232.

A. Europäisches Energieprivatrecht

schutzvorschriften des Aufenthaltsrechts des Verbrauchers anzuwenden, während die Rechtswahl im Übrigen wirksam bleibt[31].

bb) Das mangels Rechtswahl anzuwendende Recht

Ist keine wirksame Rechtswahl erfolgt, so ist das anwendbare Recht bei Verbraucherverträgen nach Art. 6 Abs. 1 Rom I-VO zu ermitteln. Voraussetzung für den Abschluss des Energieliefervertrages ist es, dass das Energieversorgungsunternehmen seine Dienste in der Region des Letztverbrauchers anbietet. Die Voraussetzung des Art. 6 Abs. 1 lit a) liegt in diesem Fall stets vor, sodass auf den Energieliefervertrag das Recht desjenigen Staates Anwendung findet, in dem der Verbraucher seinen gewöhnlichen Aufenthalt hat. Im Gegensatz zur Großhandelsebene ist demnach grundsätzlich das Aufenthaltsrecht des Verbrauchers maßgeblich.

18

▶ **Beispiel:** Ein in Deutschland lebender Familienvater (F) schließt für den Privatverbrauch über das Internet einen Stromlieferungsvertrag mit einem niederländischen Stromanbieter ab. Vereinbart wird die Geltung niederländischen Rechts für das Schuldverhältnis. Wenige Tage nach Vertragsschluss möchte F den Stromlieferungsvertrag widerrufen. Welches Recht gilt? ◀

Bei dem Widerrufsrecht des Verbrauchers aus §§ 312g, 312c BGB bei Abschluss eines Fernabsatzvertrages handelt es sich um eine zwingende Verbraucherschutzvorschrift des deutschen Rechts, von der nach § 312m BGB nicht zum Nachteil des Verbrauchers abgewichen werden darf. Aufgrund der Verbraucherrechte-Richtlinie der EU wurden jedoch alle Mitgliedstaaten verpflichtet, ein entsprechendes Widerrufsrecht für Verbraucher einzurichten. Somit besteht für den F auch nach niederländischem Recht die Möglichkeit, das Fernabsatzgeschäft zu widerrufen. Art. 6 Abs. 2 Rom I-VO normiert ein Günstigkeitsprinzip, wodurch der Verbraucher durch das gewählte Recht nicht schlechter, sondern nur gleich gut oder besser gestellt werden darf. Da auch das niederländische Recht ein Widerrufsrecht für den F vorsieht, ist er durch die Anwendung niederländischen Rechts nicht benachteiligt. Kommen das gewählte Recht und das *lex domicilii* des Verbrauchers zum gleichen Ergebnis, gilt das gewählte Recht[32]. Folglich ist niederländisches Recht auf den Sachverhalt anzuwenden.

▶ **Abwandlung:** Der in Deutschland lebende Familienvater (F) schließt für den Privatverbrauch über das Internet einen Gaslieferungsvertrag mit einem russischen Gasanbieter ab. Vereinbart wird die Geltung russischen Rechts. Erneut möchte F den Vertrag nach wenigen Tagen widerrufen. ◀

Das russische Recht enthält als Nicht-EU-Rechtsordnung keine den §§ 312 ff. BGB entsprechenden Vorschriften. Bei der Anwendung russischen Rechts würde dem F die zwingende Verbraucherschutzvorschrift des Widerrufsrechts bei Fernabsatzverträgen nach §§ 312g, 312c BGB vorenthalten. Somit sind nach dem Günstigkeitsprinzip des Art. 6 Abs. 2 Rom I-VO die §§ 312 ff. BGB auf den Sachverhalt anwendbar; F kann sich damit auf sein Widerrufsrecht aus §§ 312g, 312c BGB berufen. Im Übrigen ist die Rechtswahl jedoch wirksam, also russisches Recht anzuwenden.

---

31 *Martiny*, in: MüKo, BGB, 8. Aufl. 2021, Rom I-VO, Art. 6 Rn. 59; *Rühl*, in: Gsell/Krüger/Lorenz/Reymann, BeckOGK, Stand 1.7.2019, Rom I-VO Rn. 257.
32 *Junker*, Internationales Privatrecht, 3. Aufl. 2019, § 15 Rn. 42.

Teil III: Globalisierung der Energiewirtschaft

II. Materielles europäisches Energieprivatrecht

19 Das **private Energierecht** bezeichnet den Teil des Energierechts, der sich vorrangig mit den vielfältigen Rechtsbeziehungen der Marktteilnehmer untereinander befasst.[33] Dieser Bereich ist stark durch die europäische Rechtsetzung geprägt.

Der gesetzgeberische Fokus liegt insoweit auf dem **Verbraucherschutz**. Dieser nimmt in der europäischen Rechtsetzung im Allgemeinen einen hohen Stellenwert ein. Auch im Energierecht besteht aufgrund der Systemrelevanz der Energieversorgung ein hohes Interesse an einem verbraucherschützenden Rechtsgefüge. Auf europäischer Ebene ist zum einen das allgemeine Verbraucherrecht – insbesondere die Klausel-RL[34] – anwendbar, es sind jedoch auch energiespezifische Regelungen zum Verbraucherschutz erlassen worden. Zum zweiten gehören insbesondere das dritte Binnenmarktpaket[35] sowie die Richtlinie 2019/944.[36]

Hinsichtlich der Begrifflichkeiten ist bei den Richtlinien zu unterscheiden zwischen dem „**Endkunden**", der Energie für den Eigenverbrauch – nicht zum Weiterverkauf – kauft und dem „**Großhändler**", der Energie zum Zwecke des Weiterverkaufs kauft. Beim Endkunden wiederum ist zu unterscheiden zwischen dem „**gewerblichen Kunden**" bzw. „**Nichthaushaltskunden**", der Energie für andere Zwecke als den Verbrauch im eigenen Haushalt kauft sowie dem „**Haushaltskunden**", der Energie für den Eigenverbrauch im Haushalt, nicht für gewerbliche und berufliche Tätigkeiten, kauft.

Die verbraucherschützenden Vorschriften der Richtlinien finden teilweise auf alle Endkunden, d.h. auch auf energiebeziehende Unternehmen, und teilweise nur auf Haushaltskunden als Verbraucher im engeren Sinne Anwendung.

Vor allem die Artikel 3 der RL 2009/72/EG und RL 2009/73/EG in Verbindung mit den Anhängen I sowie das Kapitel III der RL 2019/944 enthalten verbraucherschützende Vorschriften. Die im Anhang I der RL 2009/72/EG und RL 2009/73/EG aufgeführten Maßnahmen sind hierbei von den Mitgliedstaaten zumindest für Haushaltskunden zu ergreifen.

Einige der das europäische Energierecht prägenden verbraucherschützenden Vorgaben werden im Folgenden kurz dargestellt.

a) Vorgaben zum Energielieferungsvertrag

20 Die Richtlinien normieren Mindestanforderungen an den Inhalt eines Energielieferungsvertrages.[37] Es müssen in diesem beispielsweise Name und Anschrift des Anbieters, die erbrachten Leistungen und angebotenen Qualitätsstufen, die Vertragsdauer und die Bedingungen für eine Verlängerung und Beendigung der Leistungen enthalten sein. Die Frage, ob ein kostenfreier Rücktritt vom Vertrag zulässig ist sowie etwaige Entschädigungs- und Erstattungsregelungen bei Nichteinhaltung der vertraglich vereinbarten Leistungsqualität müssen ebenfalls im Energielieferungsvertrag festgehalten sein.

---

33 *Germer*, in: Germer/Loibl, Handbuch Energierecht, 2. Aufl. 2007, S. 48.
34 RL 93/13/EWG des Rates vom 5. April 1993 über missbräuchliche Klauseln in Verbraucherverträgen.
35 RL 2009/72/EG des Europäischen Parlaments und des Rates vom 13. Juli 2009 über gemeinsame Vorschriften für den Elektrizitätsbinnenmarkt und zur Aufhebung der Richtlinie 2003/54/EG; RL 2009/73/EG des Europäischen Parlaments und des Rates vom 13. Juli 2009 über gemeinsame Vorschriften für den Erdgasbinnenmarkt und zur Aufhebung der Richtlinie 2003/55/EG.
36 RL (EU) 2019/944 des Europäischen Parlaments und des Rates vom 5. Juni 2019 mit gemeinsamen Vorschriften für den Elektrizitätsbinnenmarkt und zur Änderung der Richtlinie 2012/27/EU.
37 Siehe Anhänge I (1) a) der RL 2009/72/EG und RL 2009/73/EG sowie Art. 10 (3) der RL 2019/944.

A. Europäisches Energieprivatrecht

Auch zu den Verbraucherrechten müssen sich eindeutige Informationen im Vertrag befinden.

Die Informationen müssen in jedem Fall vor Abschluss oder Bestätigung des Vertrages gegenüber den Kunden bereitgestellt werden. Die Bedingungen des Energieliefervertrages müssen gerecht und im Voraus gut bekannt sein.

b) Rechtzeitige Unterrichtung und Rücktrittsrecht bei Änderung der Vertragsbedingungen

Die Richtlinien normieren auch die Pflicht der Energieversorger, die Kunden über eine beabsichtigte Änderung der Vertragsbedingungen und ihr hierbei bestehendes Rücktrittsrecht rechtzeitig zu unterrichten.[38] Die Energieversorger müssen die Kunden direkt und auf transparente und verständliche Weise über jede Änderung der Lieferpreise in angemessener Frist unterrichten. Die RL 2019/944 konkretisiert, dass Endkunden zumindest zwei Wochen und Haushaltskunden mindestens einen Monat vor Eintritt der Änderung informiert werden müssen. Für den Fall, dass die Kunden mit den neuen Vertragsbedingungen nicht einverstanden sind, steht ihnen das Recht zu, sich vom Vertrag zu lösen.

c) Gestaltung der allgemeinen Vertragsbedingungen

Die allgemeinen Vertragsbedingungen müssen fair und transparent sein.[39] Sie müssen klar und verständlich abgefasst sein und dürfen keine übermäßige Zahl an Vertragsunterlagen enthalten. Ferner müssen die Kunden gegen unfaire oder irreführende Verkaufsmethoden geschützt sein.

d) Lieferantenwechsel

Die Kunden haben das Recht, den Lieferanten ohne Berechnung von Gebühren zu wechseln.[40] Hierfür müssen die Mitgliedsstaaten sicherstellen, dass die Lieferanten den Wechsel innerhalb von drei Wochen vornehmen und die Kunden das Recht haben, sämtliche sie betreffenden Verbrauchsdaten zu erhalten.[41] Diese Rechte müssen allen Kunden ohne Diskriminierung bezüglich der Kosten, des Aufwands und der Dauer gewährt werden. Die Endkunden müssen ferner von den Versorgern spätestens sechs Wochen nach einem Wechsel des Versorgers eine Abschlussrechnung erhalten.[42]

e) Versorgerwahl

Die Mitgliedsstaaten haben sicherzustellen, dass alle Kunden das Recht haben, von jedem Lieferanten mit Energie versorgt zu werden, der in einem Mitgliedsstaat der EU zugelassen ist, sofern der Lieferant die geltenden Regeln im Bereich Handel und Ausgleich einhält.[43] Hiermit korreliert das Recht auf freie Wahl des Versorgers aus Art. 4 der RL 2019/944.

---

38 Siehe Anhänge I (1) b) der RL 2009/72/EG und RL 2009/73/EG sowie Art. 10 (4) der RL 2019/944.
39 Siehe Anhänge I (1) d) der RL 2009/72/EG und RL 2009/73/EG sowie Art. 10 (8) der RL 2019/944.
40 Siehe Anhänge I (1) e) der RL 2009/72/EG und RL 2009/73/EG.
41 Siehe Art. 3 (5) der RL 2009/72/EG und Art. 3 (6) RL 2009/73/EG.
42 Siehe Anhänge I (1) j) der RL 2009/72/EG und RL 2009/73/EG sowie Art. 10 (12) der RL 2019/944.
43 Siehe Art. 3 (4) der RL 2009/72/EG und Art. 3 (5) RL 2009/73/EG sowie Art. 10 (1) der RL 2019/944.

f) Einrichtung zentraler Anlaufstellen

25 Die Mitgliedsstaaten müssen aus Erwägungen des Verbraucherschutzes sicherstellen, dass zentrale Anlaufstellen eingerichtet werden, über die die Kunden alle notwendigen Informationen über ihre Rechte, das geltende Recht und die Streitbeilegungsverfahren, die ihnen im Streitfall zur Verfügung stehen, erhalten[44].

B. Aktuelle Debatten im Energierecht

I. Preisanpassungen durch die Energieversorger

26 Von aktueller Relevanz ist vor dem Hintergrund des sich immer weiter zuspitzenden Konfliktes mit Russland im Jahr 2022 und der steigenden Gas- und Strompreise die Frage, ob Energieversorger wirksam Preiserhöhungen gegenüber den Kunden durchsetzen können. Diese Problematik ist durch das europäische **Sekundärrecht** geprägt.

Die Richtlinie 2019/944[45] normiert in Art. 10 Abs. 4 die Pflicht der Mitgliedsstaaten sicherzustellen, dass die Kunden rechtzeitig über eine beabsichtigte Änderung der Vertragsbedingungen und dabei über ihr Recht, den Vertrag zu beenden, unterrichtet werden. Es muss gesetzlich vorgesehen sein, dass die Energieversorger ihre Kunden direkt und auf transparente und verständliche Weise über jede Änderung des Lieferpreises und deren Anlass, Voraussetzungen und Umfang zu einem angemessenen Zeitpunkt, spätestens jedoch zwei Wochen, im Fall von Haushaltskunden einen Monat, vor Eintritt der Änderung **unterrichten**. Die Mitgliedsstaaten haben sicherzustellen, dass es den Endkunden freisteht, den Vertrag zu beenden, wenn sie die neuen Vertragsbedingungen oder Änderungen des Lieferpreises nicht akzeptieren, die ihnen ihr Versorger mitgeteilt hat. Auch in den vorhergegangenen Richtlinien 2003/54/EG, 2003/55/EG, 2009/72/EG und 2009/73/EG fand sich in leicht abgeänderter Form bereits eine Regelung zur Preisanpassung und dem korrelierenden Kündigungsrecht.[46]

Die Pflicht zur Unterrichtung besteht für „**Endkunden**", welche nach Art. 2 Nr. 3 RL 2019/944 alle Kunden sind, die Elektrizität für den Eigenverbrauch kaufen. Im Hinblick auf die Rechtzeitigkeit der Unterrichtung gilt für „Haushaltskunden" eine Verschärfung. „Haushaltskunden" sind gem. Art. 2 Nr. 4 Kunden, die Elektrizität für den Eigenverbrauch im Haushalt kaufen, ausgenommen gewerbliche und berufliche Tätigkeiten. Hierunter fallen demnach nur Privatkunden, nicht jedoch Unternehmen.

Ob eine Preiserhöhung im Einzelfall zulässig ist, hängt maßgeblich davon ab, ob die Möglichkeit der Preiserhöhung vertraglich vorgesehen ist. Eine Einschränkung der Preiserhöhungsmöglichkeit liegt bei einer **Preisgarantie** vor. Eine vollständige Preisgarantie fixiert den vertraglich vereinbarten Preis für einen bestimmten Zeitraum. Nur Änderungen der Mehrwert- und Stromsteuer dürfen in Form einer Preiserhöhung an den Kunden weitergegeben werden. Möglich ist auch die Vereinbarung einer eingeschränkten Preisgarantie. Hierunter ist die Vereinbarung zwischen Energieversorger und Endkunde zu verstehen, dass Preisänderungen nur wegen gestiegener Steuern, Abgaben oder Umlagen zulässig sind. Weniger umfassend als die eingeschränkte Preisgarantie ist die sogenannte Energiepreisgarantie, bei der nur der Energiekostenanteil

---

44 Siehe Art. 3 (12) der RL 2009/72/EG und Art. 3 (9) RL 2009/73/EG sowie Art. 25 der RL 2019/944.
45 Richtlinie (EU) des Europäischen Parlaments und des Rates vom 5. Juni 2019 mit gemeinsamen Vorschriften für den Elektrizitätsbinnenmarkt und zur Änderung der Richtlinie 2012/27/EU.
46 Siehe Art. 3 Abs. 5 i.V.m. Anhang A der RL 2003/54/EG, Art. 3 Abs. 3 i.V.m. Anhang A der RL 2003/55/EG, Art. 3 Abs. 7 i.V.m. Anhang I der RL 2009/72/EG und Art. 3 Abs. 3 i.V.m. Anhang I der RL 2009/73/EG.

des Gesamtpreises garantiert wird. Bei Änderungen der Netzentgelte, der Steuern oder Abgaben ist eine Preiserhöhung hingegen zulässig. Für die durch eine Preisgarantie vermittelte Preissicherheit sind die Tarife in der Regel höher. Bei Preisgarantien ist also stets im Einzelfall zu prüfen, ob eine Preiserhöhung zulässig ist.

▶ **Beispiel: LG Düsseldorf vom 26.8.2022, Az. 12 O 247/22**[47] Der Haushaltskunde (K) schloss mit dem Energieversorger (E) einen Stromliefervertrag. Hierbei wurde eine eingeschränkte Preisgarantie vereinbart. Aufgrund des Ukraine-Krieges und des Konflikts mit Russland sind im Jahr 2022 die Gaspreise und infolgedessen auch die Strompreise erheblich gestiegen. E hat daher mit Hinweis auf seine höheren Beschaffungspreise gegenüber K eine Preiserhöhung erklärt. War die Preiserhöhung wirksam? ◀

Die zwischen E und K vereinbarte eingeschränkte Preisgarantie erlaubt nur Preiserhöhungen wegen gestiegener Steuern, Abgaben oder Umlagen. Eine Preiserhöhung wegen gestiegener Beschaffungspreise ist jedoch nicht möglich. Ein vertragliches Recht zur Preiserhöhung steht E somit nicht zu. Fraglich ist jedoch, ob E sich wegen der gestiegenen Beschaffungspreise auf § 313 Abs. 1 BGB wegen **Störung der Geschäftsgrundlage** berufen kann.[48] Danach kann vom Vertrag abgewichen werden, wenn eine derartig grundlegende Änderung der maßgeblichen Umstände vorliegt, dass ein weiteres Festhalten an der ursprünglichen Vertragsregelung zu einem, untragbaren, mit Recht und Gerechtigkeit schlechthin nicht mehr zu vereinbarenden Ergebnis führen würde.[49] Dies ist vorliegend zu verneinen. Preisschwankungen fallen in die **Risikosphäre** von Energieversorgern und die Absicherung vor steigenden Beschaffungspreisen gehört zu den Kernaufgaben zuverlässiger Energievertriebe.[50] Zudem hat E das Risiko für eigene Kostensteigerungen mit der eingeschränkten Preisgarantie ausdrücklich übernommen. Übernimmt eine Partei vertraglich bestimmte Risiken, können negative Vorfälle innerhalb dieses Risikobereichs nicht der Gegenpartei unter dem Gesichtspunkt der Änderung der Geschäftsgrundlage zugeordnet werden[51]. Als Risikoübernahme ist nach der Rechtsprechung des BGH insbesondere die Vereinbarung eines Festpreises, d.h. einer Preisgarantie, anzusehen. Mit dieser Begründung wurde bereits eine Vertragsanpassung bei einem Festpreis für Heizöl im Fall gestiegener Selbstkosten verneint.[52] E kann sich damit auch nicht auf § 313 Abs. 1 BGB berufen und hat kein Recht auf die Preiserhöhung. Er muss K damit zu den ursprünglich vereinbarten Preisen weiter beliefern.

II. Kurzfristige Kündigung und Belieferungseinstellung durch die Energieversorger

Im Zusammenhang mit den steigenden Beschaffungskosten für Gas und Strom tritt auch vermehrt das Problem von kurzfristigen außerordentlichen Kündigungen der Energieversorger mit anschließender Belieferungseinstellung auf. Auch diese Problemstellung soll kurz anhand eines Beispiels erläutert werden:

▶ **Beispiel:** Der Haushaltskunde (K) schloss mit dem Energieversorger (E) einen Stromliefervertrag. Aufgrund des Ukraine-Krieges und dem Konflikt mit Russland sind im Jahr

---

47 BeckRS 2022, 33631..
48 Bestimmungen zu grundlegenden Fehlvorstellungen und ihren Auswirkungen auf Verträge, finden sich heute in allen europäischen Rechtsordnungen, siehe hierzu BeckOGK/*Martens*, 1.10.2022, BGB § 313 Rn. 19.
49 BGH, NJW 1959, 2203.
50 LG Düsseldorf, VuR 2022, 434, 43.
51 BGH, NJW 2014, 3439, 3441, Rn. 22.
52 BGH, BeckRS 1978, 31119358.

11 Teil III: Globalisierung der Energiewirtschaft

2022 die Gaspreise und infolgedessen auch die Strompreise erheblich gestiegen. In dessen Folge kündigte E gegenüber K mit dem Hinweis auf explosionsartig gestiegene Beschaffungspreise den Stromliefervertrag fristlos und kündigte an, die Stromversorgung einzustellen. War die Kündigung wirksam? ◄

Für eine wirksame Kündigung müsste dem E ein **Recht zur außerordentlichen Kündigung** zugestanden haben. Ein solches könnte sich aus § 314 Abs. 1 BGB ergeben.[53] Danach kann jeder Vertragsteil ein Dauerschuldverhältnis aus wichtigem Grund ohne Einhaltung einer Kündigungsfrist kündigen. Ein wichtiger Grund liegt nach § 314 Abs. 1 S. 1 BGB vor, wenn dem kündigenden Teil unter Berücksichtigung aller Umstände des Einzelfalls und unter Abwägung der beiderseitigen Interessen die Fortsetzung des Vertragsverhältnisses bis zur vereinbarten Beendigung oder bis zum Ablauf einer Kündigungsfrist nicht zugemutet werden kann. Hierbei ist insbesondere die **vertragliche Risikoverteilung** zu beachten. Der Kündigungsgrund muss hierbei grundsätzlich im Risikobereich des Kündigungsgegners liegen[54]. Auch hier kommt die Erwägung zum Tragen, dass eine Änderung der Umstände des Vertrages eine Kündigung nur dann rechtfertigen kann, wenn die Störung nicht aus dem eigenen Risikobereich herrührt. Daraus folgt spiegelbildlich, dass eine außerordentliche Kündigung i.d.R. nur dann rechtmäßig ist, wenn die Gründe, auf die die Kündigung gestützt wird, im Risikobereich des Kündigungsgegners liegen[55]. Dies ist bei der von E vorgebrachten Erhöhung der Beschaffungspreise nicht der Fall. Das Beschaffungsrisiko liegt im Falle eines Austauschvertrages bei dem lieferverpflichteten Vertragspartner; dies gilt auch für Energielieferverträge.[56] Es liegt somit kein wichtiger Grund für eine Kündigung nach § 314 Abs. 1 BGB vor.

Eine Kündigung nach §§ 313 Abs. 1, Abs. 3 BGB wegen Wegfalls der Geschäftsgrundlage scheidet aus den oben genannten Gründen ebenfalls aus.

Folglich war die Kündigung seitens des E mangels Kündigungsgrundes unwirksam und der Stromliefervertrag besteht fort.

III. Vorgehen im Wege einer Verbandsklage

28 Bei den soeben dargestellten Problematiken handelt es sich um sog. „Massenschadensereignisse". So hat die Verbraucherzentrale Hessen gegen die Stromio GmbH, die in den letzten Wochen des Jahres 2021 in zahlreichen Fällen die Lieferverträge fristlos gekündigt und die Belieferung ihrer Kunden eingestellt hat, eine Musterfeststellungsklage eingereicht. Hierbei ist Feststellungsziel insbesondere die Unwirksamkeit der durch die Stromio GmbH ausgesprochenen Kündigung sowie das Bestehen eines Schadensersatzanspruchs.

Ein weiteres Instrument einer Verbandsklage wurde den Mitgliedsstaaten durch die sog. „**Verbandsklagerichtlinie**" auferlegt.[57] Durch sie soll das Bestehen eines Verfahrens für Verbandsklagen zum Schutz der Kollektivinteressen der Verbraucher in allen

---

53 Ein allgemeines gesetzliches fristloses Kündigungsrecht aus wichtigem Grund wie in § 314 dürfte nur in Deutschland bestehen. Viele Rechtsordnungen enthalten jedoch einen allgemeinen Rechtsbehelf zur Vertragsauflösung. So existiert etwa im italienischen Recht ein allgemeines Institut der risoluzione wegen Nichterfüllung (Art. 1453 CC); siehe hierzu auch BeckOGK/*Martens*, 1.10.2022, BGB § 314, Rn. 9 ff.
54 BGH, NJW 2010, 1874, 1875, Rn. 14.
55 BGH, BeckRS 2017, 103448, Rn. 92.
56 BHG, NJW 2013, 991, 994, Rn. 43.
57 RL (EU) 2020/1828 des Europäischen Parlaments und des Rates vom 25. November 2020 über Verbandsklagen zum Schutz der Kollektivinteressen der Verbraucher und zur Aufhebung der Richtlinie 2009/22/EG.

Mitgliedsstaaten gewährleistet werden, wie Art. 1 der RL klarstellt. Die Verbandsklagerichtlinie ist von den Mitgliedsstaaten bis zum 25.12.2022 umzusetzen und die entsprechenden Vorschriften müssen ab dem 25.6.2023 angewendet werden. Der deutsche Bundesjustizminister Marco Buschmann hat bereits einen Referentenentwurf zur Umsetzung der Verbandsklagerichtlinie vorgelegt. Ein neues Verbraucherrechtedurchsetzungsgesetz (VDuG) soll die Vorgaben der Richtlinie umsetzen.

Die Relevanz der europäischen Verbandsklage für das Energierecht ergibt sich aus Art. 2 i.V.m. Anhang I (24) und (25) der RL (EU) 2020/1828. Danach findet die Richtlinie Anwendung auf Verbandsklagen gegen Verstöße durch Unternehmer gegen die in Anhang I enthaltenen Vorschriften einschließlich ihrer Umsetzung in nationales Recht, welche die Kollektivinteressen der Verbraucher beeinträchtigen oder zu beeinträchtigen drohen. In Anhang I sind unter Nr. 24 und 25 die Elektrizitätsbinnenmarkt-Richtlinie 2009/72/EG und die Erdgasbinnenmarkt-Richtlinie 2009/73/EG genannt.

Die Klagebefugnis haben lediglich qualifizierte Einrichtungen nach Art. 4 Abs. 1, 3 Nr. 4 der RL (EU) 2020/1828. Die Verbandsklagerichtlinie kann als Klageziel einerseits auf Unterlassung (Art. 8 der RL (EU) 2020/1828), d.h. auf Beendigung oder Verbot einer Praktik, und andererseits auf Abhilfe (Art. 9 der RL (EU) 2020/1828), d.h. auf Schadensersatz, Reparatur, Ersatzleistung, Preisminderung, Vertragsauflösung oder Erstattung des gezahlten Preises gerichtet sein. Hierdurch unterscheidet sie sich maßgeblich von der Musterfeststellungsklage gemäß § 606 ZPO, bei der ausschließlich eine Feststellung Klageziel sein kann. Eine direkte Klage beispielsweise auf Schadensersatz ermöglicht eine Musterfeststellungsklage nicht, die angemeldeten Verbraucher müssen vielmehr im Anschluss an das Musterfeststellungsverfahren einen erneuten Prozess gegen das Unternehmen anstrengen. Dies soll bei der europäischen Verbandsklage anders sein.

Somit bietet die Verbandsklagerichtlinie mit ihren zu erwartenden Umsetzungsgesetzen für Verbraucher die Möglichkeit, mit geringem Risiko und Aufwand gegen Energieversorgungsunternehmen vorzugehen.

C. Fazit und Ausblick

Das Energierecht ist ein Rechtsgebiet, das erheblich durch die europäische Gesetzgebung beeinflusst wird. Dies betrifft einerseits das Europäische Privatrecht, das bei Energielieferverträgen aufgrund ihrer grenzüberschreitenden Dimension von hoher Relevanz ist. Aber auch das materielle Energierecht – insbesondere die verbraucherschützenden Vorschriften sowie die den Energiehandel betreffenden Regelungen – hat eine europäische Prägung. Die aktuell herrschende Energiekrise sensibilisiert die Bürger für die Themen des Energierechts. Es wird deutlich, dass ein gemeinsames europäisches Rechtsgebilde notwendig ist, um eine Energiesicherheit in Europa und auf lange Sicht eine energetische Unabhängigkeit zu schaffen. Zu berücksichtigen sind an dieser Stelle auch die vielen weiteren Aspekte des Energierechts, die weitaus mehr Themen betreffen als nur die Energielieferungsverträge. Auch in Fragen des Energieanlagenausbaus wird das europäische Energierecht relevant. Hierbei geht es insbesondere um diejenigen Rechtsverhältnisse, die die Lieferung, Errichtung und Wartung von Windkraftanlagen betreffen. Dies können bspw. die Kauf- und Werkverträge über die Anlagen sein, bei denen sich abermals die Frage stellt, welches Gericht zuständig und welches Recht anwendbar ist, wenn der Vertrag eine internationale Komponente hat. Denn gerade bei Offshore Windanlagen, die sich zu einem großen Teil in sog. Ausschließlichen Wirtschaftszonen befinden, stellt sich die Frage des zuständigen Gerichts und anwendbaren Rechts.[58] Interessant wird sein, wie die Europäische Union in Zukunft vorgehen wird, um die Versorgungssicherheit in Europa zu gewährleisten, ohne gegen ihre politischen Grundsätze zu verstoßen.

D. Wiederholungsfragen

1. Anhand welches europäischen Rechtsaktes lässt sich die Frage klären, welches Gericht für eine allgemeine Zivilsache mit Bezug zum Recht eines anderen Staates zuständig ist?
2. Wo befindet sich nach der Brüssel Ia-Verordnung der allgemeine Gerichtsstand?
3. Welcher besondere Gerichtsstand ist bei Energielieferverträgen relevant?
4. Sind Gerichtsstandsvereinbarungen zulässig?
5. Was ist stets zu prüfen, wenn es um die Frage des anwendbaren Sachrechtes bei einem Sachverhalt mit Verbindung zum Recht eines anderen Staates geht?
6. Welches materielle Recht ist in der Regel bei grenzüberschreitenden Energielieferverträgen zwischen Unternehmen (b2b) und welches bei Energielieferverträgen zwischen Unternehmen und Verbrauchern (b2c) anzuwenden?
7. Nennen Sie mindestens drei verbraucherschützende Vorgaben, die den Mitgliedstaaten der EU durch die europäischen Richtlinien im Energierecht gemacht wurden.
8. Was ist der wichtigste Unterschied zwischen der europäischen Verbandsklage und der Musterfeststellungsklage?
9. Was versteht man unter dem privaten Energierecht und wodurch ist dieses gekennzeichnet?
10. In welchen Fällen zeigt sich die Relevanz des Energierechts?

---

58 ZfBR-Beil. 2012, 3 (8).

Stichwortverzeichnis

Die fetten Zahlen verweisen auf die Kapitel, die mageren Zahlen auf die Randnummern des Buches.

Abgaben **3** 19
Abrechnungsinformationen **7** 19 f.
ACER, Agentur für die Zusammenarbeit der Energieregulierungsbehörden
– Aufgaben **1** 31 f.
– Zweck **5** 10
Akzeptanz **8** 2
Anhörung
– Ausschüsse **2** 40
– Genehmigungsverfahren, Netzausbau **6** 31
Anwendungsbereich
– Sachlicher Anwendungsbereich; Räumlich-persönlicher Anwendungsbereich Zeitlicher Anwendungsbereich; **11** 3
Arbeitnehmer
– Freizügigkeit **3** 15
Ausbeutungsmissbrauch **4** 21
Ausfuhrbeschränkungen
– Strom **3** 7 ff.
Auslandsinvestitionen
– Investitionsschutz **10** 1 ff.
Ausschuss
– Anhörung, Handlungsermächtigung **2** 40
Behinderungsmissbrauch **4** 23 f.
Behörden
– s. ACER **1** 31
– s. ENTSO **1** 33
Beihilfen, staatliche
– Aufsichtsverfahren **4** 44 ff.
– Ausnahmen **4** 39
– Begriff, Beihilfe **4** 38
– Beihilfeverbot **4** 50
– Beihilfeverbot, Voraussetzungen **4** 43
– Durchführungsverordnung **4** 47 f.
– Förderpolitik **4** 36
– Genehmigungsentscheidungen **4** 51
– Klima-, Umwelt- und Energiebeihilfeleitlinien **4** 49
– Rechtfertigungsgrund **4** 40
– Rechtsgrundlagen **4** 36
– Rechtsprechung **4** 40
– Rückforderung **4** 46
– Verfahren der Beihilfengewährung **4** 44
– Voraussetzungen **4** 38 ff.

Bretton-Woods-System **9** 2
Bundesnetzagentur
– fachliche Ressourcen **6** 37
– Genehmigungsverfahren, Netzausbau **6** 34 f.
– personelle Ressourcen **6** 37
– Zuständigkeit **6** 36
Bürger, Einbindung
– „aktiver" Kunde **1** 27
– Bürgerenergiegemeinschaft **1** 26, 28
– Bürgerenergiegesellschaften **1** 30
– Erneuerbare-Energien-Gemeinschaften **1** 29 f.
Bürgerenergiegemeinschaften **1** 28
Carbon Border Adjustment Mechanism **8** 15
CBAM
– Carbon Border Adjustment Mechanism **8** 15
Clean Energy Package
– Energieeffizienz **7** 22
– Energieunion **5** 11, 37
CO2-Emissionen
– Preis **7** 38
– Schutzverstärkungsmaßnahmen **8** 16
– Verknappung **8** 8
– Zertifikate **8** 7
Datenschutz
– Smart Meter **7** 27
Datenschutzgrundverordnung, DSGVO **7** 27 ff.
Datenverarbeitung
– Smart Meter **7** 27
– Smart Meter, Missbrauch **7** 37
– Smart Meter, Rechtmäßigkeit **7** 28
Dekarbonisierung **1** 24
Dienstleistung
– Energie **9** 11
Dienstleistungsfreiheit **3** 17
Doha-Entwicklungsagenda **9** 3
Drittstaaten
– Ausschlussklauseln **2** 22
Eigentum
– Begriff **5** 29
– Eingriff **5** 30

Stichwortverzeichnis

- Eingriff, Eignung 5 35
- Eingriff, Erforderlichkeit 5 36
- Eingriff, Gemeinwohl 5 34
- Eingriff, ISO/ITO 5 32
- Eingriff, Verhältnismäßigkeit 5 33
- Einschränkung 5 30
- Grundrechtecharta 5 29
- Ownership Unbundling 5 31

Einfuhrbeschränkungen
- Strom 3 7 ff.

Elektrizitäts- und Gasbinnenmarktrichtlinie 7 15

Emissionshandel
- Ausgabe von Zertifikaten 8 7
- erfasste Bereiche 8 5
- Funktionsweise 8 6
- Green Deal 8 10
- Nationale Maßnahmen, Kompatibilität 8 17
- Rechtsgrundlagen 8 6
- Reformen 8 10
- Senkung des Energieverbrauchs 8 4
- Treibhausgas 8 4 ff.
- Treibhausgas-Emissionshandelsgesetz, TEHG 8 11
- Verknappung der CO_2-Emissionen 8 8

Emissionszertifikatehandel 1 15

Energiebesteuerung 8 18

Energiebinnenmarkt
- Abgaben 3 19
- Arbeitnehmerfreizügigkeit 3 15
- Bedeutung 1 45
- Begriff 1 17, 2 45
- Clean Energy Package (Viertes Energiebinnenmarktpaket) 1 21
- Dienstleistungsfreiheit 3 17
- Drittes Energiebinnenmarktpaket 1 21
- Ein- und Ausfuhrzölle 3 19
- Entwicklung 1 21
- Erstes Energiebinnenmarktpaket 1 21
- Grundfreiheiten 3 1 ff., 22
- Kapital- und Zahlungsverkehrsfreiheit 3 18
- Liberalisierung der Energiewirtschaft 5 1 ff.
- Netzausbau 6 42
- Niederlassungsfreiheit 3 16
- Rechtsgrundlage 1 20
- s. Gesetzgebungskompetenzen 2 8
- s. Steuern 3 21
- Smart Meter 7 37
- Verwirklichung 1 19
- Warenverkehrsfreiheit 3 2
- Wettbewerb 1 17
- Wettbewerbsrecht 4 52
- Zweites Energiebinnenmarktpaket 1 21

Energiebinnenmarktpakete 5 7 ff.

Energiecharta, ECT
- Austritt 1 13
- Bestandteile 1 13
- Inhalt 9 22
- Investitionsschutz 10 2
- Umbrella Clause 10 6
- Ziele 1 13
- Zuständigkeitsabgrenzung, EuGH/Schiedsverfahren 10 13

Energieeffizienz 2 35
- Begriff 7 1
- Bestandteil des Energierechts 7 3
- Clean Energy Package 7 22
- CO_2-Preis 7 38
- Elektrizitäts- und Gasbinnenmarktrichtlinie 7 15
- Energiedienstleistungsrichtlinie 7 9
- Energieeffizienzrichtlinie 7 16, 23
- Energieeinsparung 7 2
- Energieverbrauchskennzeichnung, Neufassung 7 25
- Energieverbrauchskennzeichnung, Neufassung der Richtlinie 7 13
- Entwicklung bei Gebäuden 7 6
- Entwicklung der rechtlichen Grundlagen 7 5 ff.
- EU-Recht 7 4
- Gebäudeeffizienz 7 12
- Gebäudeeffizienzrichtlinie 7 24
- Intensivierung, aktuelle 7 22 ff.
- Intensivierung 2005 7 8
- Intensivierung der Regulierung 7 11
- Kraft-Wärme-Kopplung 7 7, 21
- Ökodesignrichtlinie, Neufassung 7 14
- Smart Home 7 24
- Smart Meter 7 36
- Smart Meter Rollout 7 26 ff.
- Steigerung, Initiative 20–20–20 7 10 f.
- Verbrauchseffizienz 7 17
- Versorgungseffizienz 7 21
- Werkzeug des Klimaschutzes 7 1 ff.
- Ziele der EU 7 3

Energieeffizienzrichtlinie
- Änderungen 7 23
- Ziel 7 16

Energieeinsparung 2 35
- Energieeinsparungsgesetz 1976 7 2

Stichwortverzeichnis

- Treibhausgasemissionshandel 8 4
- Verbrauchseffizienz 7 19

Energiehandel
- Aggregatzustand 9 10
- Energie als Dienstleistung 9 11
- Energie als Ware 9 9
- Energieliefervertrag 11 1
- Energy Charter Treaty 9 22
- handelsübliche Energie 9 10
- Inländerbehandlung 9 14
- Kompetenzübertragung auf EU 9 1
- Nichtdiskriminierung 9 13
- Regelungsbefugnisse der WTO 9 8
- völkerrechtliche Regulierung 9 1 ff.
- Warenbegriff 9 9

Energielieferungsvertrag
- Allgemeine Vertragsbedingungen; Rechte und Pflichten 11 19

Energieliefervertäge
- Großhandelsebene; Letztverbraucherebene 11 11

Energiepolitik, europäische
- Akzeptanz 1 12
- Atomstrom 1 3
- Ausrichtung 1 2
- Binnenmarkt 1 17, 2 28
- Bürger, Einbindung 1 26
- Energieeffizienz 2 35
- Energieerzeugung 1 1
- Energieversorgungssicherheit 2 33 f.
- Entwicklung 1 1
- Entwicklung von Energiequellen 2 35 f.
- EU-Mitgliedstaaten 1 4
- EU-Recht, acquis communautaire 1 38
- Fiskalische Steuerung 8 1, 19
- Funktionieren des Energiemarkts 2 31 f.
- Governance 1 40
- Handlungsermächtigung 2 40
- Interkonnektion 2 38
- Kernpunkte 6 1
- Leitziele 1 5
- s. Energiegesetzgebungskompetenzen 2 1
- s. Energieunion 1 22
- s. Nachhaltigkeit 1 8
- s. Wettbewerbsfähigkeit 1 9
- Solidarität 2 26
- Spannungsfeld, nationale/internationale Interessen 2 67
- Umsetzung 1 12
- Umwelt 2 29
- Versorgungssicherheit 1 6 f.
- Völkerrecht 1 13

- Ziele 2 30 ff.

Energierecht
- Acquis communautaire 1 38 f.

Energieunion
- Begriff 1 22
- Bewertung 1 25
- Clean Energy Package 5 11
- Liberalisierung der Energiewirtschaft 5 1 ff.
- Netzausbau 6 42
- s. Dekarbonisierung 1 24
- Ziele 1 23, 46

Energieversorgung
- Beihilfeleitlinien 4 49
- Drittländerimporte 2 34
- Ein- und Ausfuhrbeschränkungen 3 7 ff.
- Entflechtung der Unternehmen 5 7
- essential facilities Doktrin 4 24
- Europäisches Wettbewerbsrecht 4 1
- Grundfreiheiten 3 1
- Kartellverbot, Freistellungen 4 17
- Kompetenzgrundlagen der EU 2 23
- marktbeherrschende Stellung 4 18 f.
- Netzausbau 6 1 ff.
- öffentliche Unternehmen 4 33
- privilegierte Unternehmen 4 33
- s. Gesetzgebungskompetenzen 2 8
- s. Nachhaltigkeit 1 8
- s. Versorgungssicherheit 1 6
- s. Wettbewerbsfähigkeit 1 9
- staatliche Beihilfen 4 36
- Verbraucherschutz 2 49
- Versorgungseffizienz 7 21
- Wechselmöglichkeiten des Kunden 5 13

Energieversorgungsunternehmen
- Entflechtung 5 7

Energy Charter Treaty, ECT 9 22

Enteignungs-Schutz 10 3

Entflechtung
- Anwendungsbereich 5 16
- Eigentum 5 29
- Eigentumseingriff 5 30
- Eigentumseingriff, Rechtfertigung 5 33
- eigentumsrechtliche ~/Ownership Unbundling 5 20 f.
- Energieversorgungsunternehmen 5 7
- Entflechtungsmodelle 5 19
- Gesetzgebungskompetenz der EU 5 27
- Grundrechtecharta 5 26
- Grundrechtsbindung 5 29
- Liberalisierung der Energiewirtschaft 5 14

207

Stichwortverzeichnis

- Ownership Unbundling 5 10
- Pflichten der Mitgliedstaaten 5 8
- Rechtsgrundlagen 5 7
- Schutzklausel für nationale Eigentumsordnung 5 28
- Strombinnenmarktrichtlinie 5 37
- Übertragungs- und Verteilernetze 5 8
- unabhängiger Systembetreiber, ISO 5 23
- unabhängiger Übertragungsnetzbetreiber, ITO 5 24
- Unabhängigkeit des Netzbetriebs 5 15
- Zertifizierungsverfahren 5 25

ENTSO, European Network of Transmission System Operators 1 33 ff.
- Aufgaben 1 34 ff.
- Governance 1 44

Erneuerbare Energien
- Stromerzeugung 6 3
- Warenverkehrsfreiheit 3 5

Erneuerbare-Energien-Gemeinschaften 1 29 ff.

Essential Facilities Doktrin 4 24

EU
- Stimmrecht, WTO 9 7

EU, Gesetzgebungskompetenz
- Abgrenzung 2 12
- Außenkompetenz, s. Implied powers-Doktrin 2 19
- Außen- und Sicherheitspolitik 2 10
- Begrenzte Einzelermächtigung 2 15
- Binnenkompetenz 2 18
- Entflechtungsvorschriften 5 27
- Kompetenzgrundlagen 2 23 ff.
- Koordinierung, Wirtschafts-/Beschäftigungspolitik 2 9
- Sekundärrecht 2 22
- Subsidiaritätsprinzip 2 16
- Tertiärrecht 2 22
- Umweltaußenkompetenz 2 21
- Unionsrechtliche Schrankentrias 2 15
- Unterstützungsmaßnahmen, Energiebereich 2 11
- Verhältnismäßigkeitsprinzip 2 17

EuGH
- Abgrenzung, Schiedsverfahren 10 11
- staatliche Beihilfen 4 41

EU-Grundrechte 7 30 ff.
- Beeinträchtigung 7 31
- Gesetzesvorbehalt 7 34
- Grundrechtseinschränkung, Rechtfertigung 7 32
- Grundrechtseinschränkung, Verhältnismäßigkeit 7 35
- Wesensgehalt 7 33

EU-Recht, acquis communautaire
- Energierecht 1 38
- Sekundärrecht 1 38

Europäisches Klimagesetz 1 8

Fernwärme
- Kraft-Wärme-Kopplung 7 7
- Marktabgrenzung 4 11

Finanzmittel
- Netzausbau 6 38
- Unterstützte Vorhaben 6 39, 40
- Vorhaben von gegenseitigen Interesse 6 40
- Vorhaben von gemeinsamem Interesse 6 39

Fiskalische Steuerung
- Abgrenzung Ordnungsrecht 8 1
- Finanzielle Anreize 8 2
- Innovationsanreize 8 1
- Internalisierung externer Kosten 8 2
- Treibhausgasemissionshandel 8 4 ff.
- Umwelt-/Energiesteuern 8 18

Freihandelsabkommen
- EU, Nichtdiskriminierung 9 13
- Zunahme, EU 9 24

Fusionskontrolle
- Anwendungsbereich 4 28
- Rechtsgrundlage 4 28
- Zuständigkeit 4 28

Gassektor
- Entflechtung 5 16
- Entflechtungsregime 5 8
- Marktabgrenzung 4 11
- Nord Stream 2 5 12

GATS
- Grundprinzipien 9 12
- Handel mit Dienstleistungen 9 11

GATT
- Energie als Ware 9 9
- Erhebung von Zöllen 9 15
- Nichtdiskriminierung 9 13
- Regelungsgegenstand 9 2
- Schutzmaßnahmen gegenüber Importen 9 15
- Umweltschutz 9 18
- Umweltschutz, Art. III GATT 1994 9 19

Gebäude
- Energieausweis 7 6

Stichwortverzeichnis

- Energieeffizienz, Neufassung der Richtlinie 7 12
- Gebäudeeffizienzrichtlinie, Änderungen 7 24
- Smart Home 7 24
- Verbrauchseffizienz 7 18

Gemeinwohl
- Smart Meter, Grundrechtseinschränkung 7 36

Genehmigungsverfahren, Netzausbau
- Amtshaftung 6 23
- Bundesnetzagentur 6 34 f.
- Koordinator 6 22
- Öffentlichkeitsbeteiligung 6 29
- Planfeststellungsverfahren, deutsches Recht 6 28, 29
- Verfahrensablauf 6 25 ff.
- Verfahrensdauer 6 21 ff.
- Vorhaben von Gemeinsamen Interesse, VGI 6 24
- Zuständigkeit 6 34 ff.

Gerichtsstand
- Allgemeiner Gerichtsstand; Besonderer Gerichtsstand; Gerichtsstandsvereinbarung; Wahlgerichtsstand 11 3

Gesetzgebungskompetenzen 2 1 ff.
- Anwendungsvorrang 2 14, 6 10
- Ausschüsse 2 2
- EU-Gesetzgeber 2 2
- mitgliedstaatliche Kompetenz 2 3 ff.
- mitgliedstaatliche Kompetenz, Grenzen 2 13
- Rechtsgrundlagen 2 3 ff.
- Zuständigkeit, ausschließliche 2 3 ff.
- Zuständigkeit, geteilte 2 3 ff.

Governance
- Energiepolitische Ziele 1 40
- ENTSO 1 44
- Staatliche/private Akteure 1 44
- Verordnung 1 40

Green Deal 1 1

Handel
- Doha-Runde 9 3
- Internationale Handelsorganisation, ITO 9 2
- Liberalisierung des Welthandels 9 2
- Zoll- und Handelsabkommen GATT 9 2

Handelsmonopole
- staatliche ~, Regulierung 3 14

Harmonisierung 2 46

Implied powers-Doktrin 2 19

Industrie
- Emissionshandel 8 5

Infrastruktur
- Beitrag, EU 2 55
- finanzielle Unterstützung, Netzausbau 6 38
- Genehmigungsverfahren, Netzausbau 6 21 ff.
- TEN-E VO 6 7 ff.
- Transparenz beim Netzausbau 6 30
- Trassenkorridore 6 26
- Vorhaben von gegenseitigem Interesse 6 17
- Vorhaben von gemeinsamem Interesse 6 16

Internationales Privatrecht; Internationales Zivilverfahrensrecht 11 1

Investitionsschutz
- Außenwirtschaftsrecht 10 1
- Energiecharta, ECT 10 15
- Enteignungs-Schutz 10 3
- faire und gerechte Behandlung 10 5
- Schiedsverfahren 10 8
- Schutzstandards 10 2
- Schutz und Sicherheit 10 4
- Umbrella Clause 10 6
- Zuständigkeitsabgrenzung, Schiedsverfahren/EuGH 10 11 f.

ITO, Internationale Handelsorganisation
- Zielsetzung 9 2

Kapital- und Zahlungsverkehrsfreiheit 3 18

Kartellrecht, europäisches
- Abgrenzung, nationales Kartellrecht 4 14
- Adressat 4 15
- Anwendungsbereich 4 4
- Beendigung von Kartellverfahren 4 9
- Charakter eines Finanzmonopols 4 32
- Dienstleistungen von allgemeinem wirtschaftlichen Interesse 4 32
- Energieversorgung 4 2
- Fusionskontrolle 4 28 ff.
- Kartellverbot 4 13
- Kartellverbot, Anwendungsausschluss 4 17
- Kartellverbot, Rechtsfolge 4 16
- Marktabgrenzung 4 10
- marktbeherrschende Stellung 4 18 f.
- Missbrauch marktbeherrschender Stellung 4 18 ff.
- Mitgliedstaaten, Inpflichtnahme 4 30

Stichwortverzeichnis

- Mitgliedstaaten, Verpflichtungen 4 34
- Monopolausdehnung 4 30
- öffentliche Unternehmen 4 29 ff.
- repressive Regelung 4 3
- Sanktionen 4 35
- Unternehmen, staatliche Einflusssphäre 4 29 ff.
- Ziele im Energierecht 4 5
- Zuständigkeit 4 6

Klima-, Umwelt- und Energiebeihilfeleitlinien 4 49

Klimarat 1 8

Klimaschutz 1 8
- Energieeffizienz 7 1 ff.
- s. Europäisches Klimagesetz 1 8

Kompetenzgrundlagen der EU 2 41 ff.
- Abgrenzung 2 50, 62 ff.
- Abgrenzung, Vorrang 2 64 f.
- Binnenmarkt 2 45
- Binnenmarkt, Subsidiarität 2 47
- Einstimmigkeitsprinzip 2 41
- Einzelfallabgrenzung 2 66
- Energie 2 24 ff.
- Finanzhoheit 2 44
- Forschung und Energie 2 57
- Industriepolitik 2 56
- Leitprinzipien der Energiepolitik 2 25 ff.
- Notfallkompetenz 2 51 f.
- Raumfahrt und Energie 2 57
- s. Vertrag zur Gründung der Europäischen Atomgemeinschaft, EAG 2 61
- Schwerpunkttheorie 2 63
- Technologische Entwicklung und Energie 2 57
- Transeuropäische Infrastruktur 2 53
- Umwelt und Energie 2 58
- Verbraucherschutz 2 49
- Vertragsabrundungskompetenz 2 60

Kraft-Wärme-Kopplung
- Verfahren 7 7
- Versorgungseffizienz 7 21

Kyoto-Protokoll 8 4

Liberalisierung, Energiewirtschaft
- Clean Energy Package 5 11
- eigentumsrechtliche Trennung der Netze 5 9
- Eingriffsmöglichkeiten, nationale 5 3
- Energiebinnenmarktpaket, drittes 5 9
- Energiebinnenmarktpaket, erstes 5 7
- Energiebinnenmarktpaket, zweites 5 8
- Energieunion/-binnenmarkt 5 1
- EU-Ebene, Darstellung 5 6 ff.
- EU-Ebene, Regelungsansätze 5 4
- kartellrechtliche Missbrauchskontrolle 5 3
- Netzabhängigkeit 5 2
- rechtliche Problematik 5 14 ff.

Liberalisierung, Welthandel 9 2
- GATT 1994 9 12
- Grundprinzipien 9 12
- Nichtdiskriminierung 9 13
- Ziel, WTO 9 5

Liberalisierungsrichtlinien 5 7 ff.

Marktabgrenzung
- Energiemarkt 4 10
- Erdgas 4 11
- Fernwärme 4 11
- Strom 4 11

Marktbeherrschung
- Marktabgrenzung 4 19

Marktstabilitätsreserve 8 13, 14

Messstellenbetrieb
- Informationsreichweite 7 15

Ministerkonferenz, WTO
- Aufgaben 9 6
- Zusammensetzung 9 6

Missbrauch marktbeherrschender Stellung
- Ausbeutungsmissbrauch 4 21
- Behinderungsmissbrauch 4 23 f.
- Entscheidungen, EU-Kommission 4 27
- essential facilities Doktrin 4 24
- missbräuchliche Ausnutzung 4 20 ff.
- Regelbeispiele 4 18
- Strukturmissbrauch 4 26

Mitgliedstaaten
- Ausgabe von Zertifikaten 8 7
- CO_2-Preis 7 38
- Einhaltung des Kartellrechts 4 34
- Energiehandel 9 1
- Ownership Unbundling 5 21
- Schutzverstärkungsmaßnahmen, CO_2-Emissionen 8 16
- smart Meter, Pflichten 7 31
- Stimmrecht, WTO 9 7
- Verbrauchseffizienz 7 17
- Zertifikate 8 13

nachhaltige Produktionsmethoden 9 18

Nachhaltigkeit 1 8

Naturkatastrophen 2 51

Netzabhängigkeit
- Liberalisierung der Energiewirtschaft 5 2

Stichwortverzeichnis

Netzausbau
- Beitrag, EU 2 55
- Beschleunigungsgesetz, NABEG 6 8
- Energiebinnenmarkt 6 42
- Energiewende 6 1
- finanzielle Unterstützung 6 38
- Genehmigungsverfahren 6 21 ff.
- Mitteilungen der EU-Kommission 6 4
- Sekundärrecht 6 4
- TEN-E VO 6 7 ff.
- Transparenz 6 30
- Trassenkorridore 6 26
- Vorhaben von gegenseitigem Interesse 6 17
- Vorhaben von gemeinsamem Interesse 6 16 ff.

Netzentwicklungsplan 1 34
- Übertragungsnetzbetreiber 6 5 f.

Netzkodizes
- Grenzüberschreitung 1 34, 35

Netznutzungsentgelte 5 5
Netzzugang 1 34
Niederlassungsfreiheit 3 16
Nord Stream 2 5 12
NOVA-Prinzip 2 17

Öffentlichkeitsbeteiligung
- Anhörung 6 31
- Netzausbau 6 29
- Netzausbau, deutsches Recht 6 33

Ökodesignrichtlinie 7 14
One-Stop-Shop-Prinzip 6 34 f.

Ordnungsrecht
- energierechtliche Zielsetzung 8 1

Ownership Unbundling
- Auswirkung 5 20
- Begriff 5 20
- Eigentumseingriff 5 31
- Erwerbsverbot 5 22
- Grundrechtecharta 5 26
- Mitgliedstaaten 5 21
- Rechtsgrundlage 5 10
- Veräußerungsgebot 5 22

Pariser Abkommen 1 42, 8 4
- Ziele 1 16

Planfeststellungsverfahren
- Netzausbau 6 28, 29

Preisanpassungen
- Preisgarantie; Preiserhöhung; Störung der Geschäftsgrundlage; Risikosphäre 11 26

Privates Energierecht
- Endkunde; Großhändler 11 19

Projects of Common Interest
- s. Vorhaben von gemeinsamem Interesse, VGI 6 16

Rechtsquellen
- Brüssel-Ia-VO; Rom-I-VO 11 2

Rechtswahl
- Grundsatz der freien Rechtswahl; Günstigkeitsprinzip; Objektive Anknüpfung 11 11

Regionale Koordinierungszentren 1 36
Regulierung 4 3

Regulierungsbehörde
- Bundesnetzagentur 6 36
- Netzentwicklungsplan 6 5 f.

Regulierungsbehörden
- Nationale 5 8
- Zertifizierungsverfahren, Entflechtung 5 25

Regulierungsbehörden, nationale
- Unabhängigkeit 1 37

Regulierungsrecht 4 3, 6, 22, 26

Sachrecht
- Auslandsbezug 11 2

Schadensersatz
- Kartellrechtsverstoß 4 35

Schiedsverfahren
- Ad-hoc Verfahren 10 10
- Bedeutung 10 15
- ICSID-Schiedsgerichtsbarkeit 10 9
- Institutionen 10 9
- internationale Abkommen 10 7
- Investitionsschutz 10 12
- Investitionsschutzabkommen 10 8
- Streitbeilegung durch Schiedsgerichte 10 7
- Zuständigkeitsabgrenzung zum EuGH 10 11

Schrankentrias, unionsrechtliche 2 15

Sekundärrecht
- Energieeffizienz 7 4
- europäisches Kartellrecht 4 6
- Netzausbau 6 4

211

Stichwortverzeichnis

Smart Meter
- Beeinträchtigung, Privat- und Familienleben 7 30
- Belehrungspflichten 7 29
- Datenmissbrauch 7 37
- Effizienzrichtlinie 7 36
- Elektrizitätsbinnenmarktrichtlinie 7 37
- Energieeffizienz 7 15
- Europäische Grundrechtecharta, GRC 7 30
- Funktionsweise 7 31
- Grundrechtliche Bedenken 7 30 ff.
- Grundrechtseinschränkung, Rechtfertigung 7 32
- Pflichten der Mitgliedstaaten 7 31
- Rechtmäßigkeit der Datenverarbeitung 7 28
- Transparenzpflichten 7 29

Smart Meter Rollout
- Datenschutzrecht, DSGVO 7 27 ff.
- Verbesserung, Energieeffizienz 7 26

Solidarität
- Leitlinie, Energiepolitik 2 26

Souveränitätsvorbehalt 2 41 ff.

Steuern 3 21
- Energiebesteuerung 8 18

Steuerrecht 2 44

Streitbeilegung, WTO
- Antrag 9 17
- Gremium 9 16
- Rechtsmittel 9 17
- Shrimp-Turtle-Fall 9 21
- Strafmaßnahmen 9 17
- Verfahren, Ablauf 9 17
- Verfahren, schiedsgerichtliches 9 16

Strom
- Warenbegriff 9 10
- Wareneigenschaft 3 3
- Warenverkehrsfreiheit 3 7 ff.
- Zuteilung von Stromzertifikaten 3 11

Stromsektor
- Einspeisevorrang 6 2
- Emissionshandel 8 5
- Entflechtung 5 16
- Entflechtungsregime 5 8
- erneuerbare Energien 6 3
- Marktabgrenzung 4 11
- Transport, erneuerbare Energien 6 2
- Übertragungsnetze 6 2
- Unterlassen des Leitungsausbaus 4 22

Strukturmissbrauch 4 26

TEN-E VO
- Adressat 6 13
- Anhang VI 6 30
- Erlass 6 7
- Ermächtigungsgrundlage 6 13
- finanzielle Unterstützung 6 38
- Genehmigungsverfahren 6 21 ff.
- Kompetenz 6 10
- Konkurrenzen 6 9
- Kritik 6 11
- Netzausbaubeschleunigungsgesetz, NABEG 6 8
- Rechtsform 6 10 ff., 12
- Regelungsgegenstand 6 8
- Regelungsinhalt 6 14 ff.
- Vorhaben von gegenseitigem Interesse 6 17
- Vorhaben von gemeinsamem Interesse 6 16 ff.
- Zuständigkeit, Netzausbau 6 34
- Zweck 6 8

Trassenkorridore
- Verfahren 6 26

Treibhausgasemissionen
- Energiewende 6 1
- Handel 8 4 ff.

Treibhausgas-Emissionshandelsgesetz, TEHG 8 11

Übertragungsnetzbetreiber
- Entflechtung 5 8, 16
- Pflichten 6 5
- s. ENTSO 1 33
- s. Koordinierungszentren 1 36
- unabhängiger ~, ITO 5 24

Umweltschutz
- Gleichartigkeit von Produkten 9 19
- Warenverkehrsfreiheit 3 10
- WTO 9 18

Unabhängiger Systembetreiber, ISO 5 23
- Eigentumseingriff 5 32
- Grundrechtecharta 5 26

Unabhängiger Übertragungsnetzbetreiber, ITO 5 24
- Eigentumseingriff 5 32

Unabhängige Übertragungsnetzbetreiber, ITO
- Netzentwicklungsplan 6 5

Unternehmen
- funktionaler Begriff 4 8

212